创新创业教育译丛

杨晓慧 王占仁 主编

创业教育研究手册

（第二卷）

背景视角

〔法〕阿兰·法约尔 主编

王 戎 詹继续 郑苏文 译

姜 丹 校

2019 年 · 北京

HANDBOOK OF RESEARCH IN ENTREPRENEURSHIP EDUCATION, VOLUME 2: CONTEXTUAL PERSPECTIVES

中译丛书序言

高校深入开展创新创业教育对于提高高等教育质量、促进学生全面发展、推动毕业生就业创业、服务创新型国家建设发挥了重要作用。高校创新创业教育的基本定位是培养创新创业型人才，造就“大众创业、万众创新”的生力军。为了切实提高创新创业型人才培养质量，就要把创新创业教育真正融入高校人才培养全过程，以培养创新创业型人才为核心目标，以把握创新创业型人才成长规律为基本依据，以创新创业型人才培养质量为主要评价标准，在创新创业型人才培养视域下规划和推进高校创新创业教育。

培养创新创业型人才是国家实施创新驱动发展战略、促进经济提质增效升级的迫切需要。在创新型国家建设的新形势下，国家对创新创业教育有了新的期待，希望创新创业教育能够培养冲击传统经济结构、带动经济结构调整的人才，这样的人才就是大批的创新创业型人才，以此来支撑从“人力资源大国”到“人力资源强国”的跨越。

培养创新创业型人才是世界高等教育发展的必然趋势。创新驱动的实质是人才驱动，国家需要的创新创业型人才主要依靠高等教育来培养。但现有的高等教育体制机制还不足以满足创新型人才培养的需要，必须要进行深入改革。这种改革不是局部调整，而是系统革新。这恰好需要高校创新创业教育先行先试，发挥示范引领作用，以带动高等教育的整体转型。

培养创新创业型人才是高校创新创业教育当前所处历史方位的必然要求。我们要清醒地认识到高校创新创业教育当前所处的发展阶段，以及将来能够发挥什么作用。当前，高校创新创业教育已经在大胆尝试和创新中完成了从无到有的初级目标，关于未来发展就是要看它能为对它有所期待、有所需要的国家、社会、高等教育和广大学生创造何种新价值。国内外创业教育的实践都充分表明，高校创业教育的核心价值是提升人们的创新意识、创业精神和创业能力，即培养创新创业型人才。这是高校创新创业教育能够有所作为并且必须有所作为的关键之处。

在我国深化高等学校创新创业教育改革的同时，世界范围内的很多国家也在大力发展创新创业教育。其中，在有些创新创业教育起步较早的国家或地区已经形成了“早发内生型”的创新创业教育模式，如美国的创新创业教育。在起步较晚的国家和地区形成的“后发外生型”的创新创业教育模式也值得学习和借鉴，如欧盟的创新创业教育。因此，我们需要从中国创新创业教育的发展逻辑和迫切需要出发，进行国际比较研究。创新创业教育的国际比较面临着夯实理论基础、创新研究范式、整合研究力量等艰巨任务，其中一个非常重要的前提性、基础性的工作就是加强学术资源开发，特别是要拥有世界上创新创业教育相关理论和实践的第一手资料，这就需要开展深入细致的文献翻译工作。目前围绕国外创新创业教育理论及实践，学界虽不乏翻译力作，但成规模、成系统的译丛还不多见，难以满足创新创业教育的长远发展需要。

正是从创新创业教育的时代背景和学科立场出发，我们精选国外创新创业教育相关领域具有权威性、代表性、前沿性的力作，推出了具有很高研究价值与应用价值的系列翻译作品——《创新创业教育译丛》（以下简称“译丛”）。译丛主要面向创新创业教育领域的研究者，帮助其开阔研究视野，了解全世界创新创业教育的发展现状；面向教育主管部门的决策者、中小学及高校从事创新创业教育的工作者，帮助其丰富教育方法，实现理论认知水平与教育水平的双重提升；面向创新创业教育专业及其他专业的本科生与研究生，在学习内容和学习方法上为其提供导向性支持，使之具备更为广阔的专业视角和更为完善的知识结构，从而为自我创业打下坚实的基础并能应对不断出现的种种挑战。

基于以上考虑，译丛的定位是体现权威性、代表性和前沿性。权威性体现在译丛选取与我国创新创业教育相关性大、国际学术界反响好的学术著作进行译介。既有国外相关领域知名专家学者的扛鼎力作，也有创业经历丰富、观点新颖的学术新秀的代表性著作。代表性体现在译丛选取了在全球创新创业教育领域位居前列的美国、芬兰、英国、澳大利亚和新加坡等国家，着重介绍了创新创业教育在各国的教学理念、教育模式、发展现状，有力展现了创新创业教育理论研究与实践探索的最新现实状况及前沿发展趋势。前沿性体现在译丛主体选取了自 2000 年以来的研究专著，确保入选书目是国外最新的研究力作。在研究主题上，入选书目聚焦了近年来学界集中关注的热点难点问题，紧扣我国创新创业教育发展的重大问题，把握国外创新创业教育理论与实践的最新动态，为深化创新创业教育改革提供前沿性理论支撑和实践引导。

译丛精选了 12 本专著，计划分批翻译出版，将陆续与广大读者见面。它们分别是《本科生创业教育》《研究生创业教育》《创业教育与培训》《创业教育：美国、英国和芬兰的论争》《创新与创业教育》《创业教育评价》《国际创业教育》《广谱式大学创业生态系统发展研究》《广谱式创业教育》《创业教育研究手册（第一卷）》《创业教育研究手册（第二卷）》和《创业教育研究手册（第三卷）》。

译丛坚持“以我为主、学习借鉴、交流对话”的基本原则，旨在丰富我国创新创业教育在国外译著、理论研究与实践探索等方面的学术资源，实现译著系列在学科定位、理论旨趣以及国别覆盖上的多重创新，为推动学术交流和深度对话提供有力支撑。

杨晓慧

2015 年 12 月 25 日

目　录

第三部分　国家背景

第四部分　政治背景

图

表

作者列表

比约恩·威利·阿莫，博德研究生商学院，挪威

罗伯特·安德森，里贾纳大学，加拿大

让－皮埃尔·布瓦森，法国应用管理研究中心，格勒诺布尔企业管理学院，法国

维罗尼卡·布沙尔，里昂商学院，法国

玛丽斯·布兰德，格罗宁根大学，荷兰

吉安·卡西米尔，研究生商学院，纽卡斯尔大学，澳大利亚

巴泰勒米·肖莱，管理和经济学研究所，萨瓦大学，法国

塞西尔·克莱若，南特大学，法国

汉斯·克来因斯，弗拉瑞克－鲁汶－根特管理学院和根特大学，比利时

莱奥－保罗·达纳，坎特伯雷大学，新西兰

迪尔克·德克勒克，布洛克大学，加拿大

费尔南多·多拉贝拉，卡布拉尔皇家基金会商学院，贝洛奥里藏特，巴西

瓦莱丽·埃克豪特，大学教育学和多媒体研究所，天主教鲁汶大学，比利时

桑德里娜·艾敏，昂热经济管理研究小组和昂热组织管理研究实验室，昂热大学，法国

阿兰·法约尔，里昂商学院和法国应用管理研究中心，法国，索尔韦商学院，比利时

路易·雅克·菲利翁，罗杰斯－J.A.－邦巴尔迪耶创业学教授，蒙特利

尔大学高等商学院，加拿大

贝努瓦·加伊，鲁汶管理学院，天主教鲁汶大学，比利时

马丁内·哈拉迪－里斯帕尔，管理与组织研究所，孟德斯鸠—波尔多第四大学，法国

乌拉·许蒂，图尔库经济学院，芬兰

弗兰克·扬森，布雷德罗德创业学教授，鲁汶管理学院，天主教鲁汶大学，比利时

诺伯特·凯利亚，林茨约翰·开普勒大学，奥地利

吉尔·基库尔，迈阿密大学，美国

拉尔斯·科尔沃雷德，博德研究生商学院，挪威

葆拉·库普亚维，图尔库经济学院，芬兰

斯科特·麦考利，北方大学学院，加拿大

西尔维亚·马克斯菲尔德，西蒙斯管理学院，美国

迈克尔·T. 沙佩尔，商学院，邦德大学，澳大利亚

纳塔莉·席布－宾法伊特，南特大学，法国

伯纳德·叙勒蒙，列日大学，比利时

马里克·范·德·维恩，新维根中小企业创新组织（Syntens），荷兰

蒂埃里·韦斯特艾特，管理与组织研究所，孟德斯鸠—波尔多第四大学，法国

英格丽德·瓦基，阿姆斯特丹自由大学，荷兰

沃伦·韦尔，萨省大学，加拿大

沃伦哈罗德·P. 韦尔施，德保罗大学，美国

汪达·乌图尼，曼尼托巴大学，加拿大

前　言

本书讲述了一系列的创业教育新方法。在一众国际学者的帮助下，本书涵盖了从通过机会识别构建梦想到收获创业的果实等话题。

这本书就如何构建成功的创业教育项目慷慨地提出了一系列富有洞察力的建议。随着数百万潜在的创业者的涌入，必须确保我们已经竭尽所能，向他们展示我们对创业设计和实施的最佳思考，以达到最有效的创业方案。

这种方式不仅包括传统的硕士和本科的学位项目，也考虑到包括成年人在内的年轻群体、资格证书项目、工作坊、研讨会、案例研究、高中创业倡议和女性创业家等项目。企业家精神的历史轨迹展现了一种突出的适应性，他们不断适应变化的环境，依照这本书所提供的具有创新性的培训和教育过程学习新的战略以利用新机遇。

我们赞赏这些作者，不仅仅是因为他们的方法的创新性，而且也因为他们的话题的深度。这本书提供了很多新的范式、模型和模板，必将给创业教育家和行政管理人员带来很多思考，在设计教育体系时也可以参考这些模板。在诸如此类的指导和洞察力之下，更多富有成效的创业项目必将涌现！

哈罗德·P. 韦尔茨博士
科尔曼基金会创业教育主席
美国芝加哥德保罗大学

第一章　未来创业教育研究的新兴视角

阿兰·法约尔和吉尔·基库尔

《创业教育研究指南》(Fayolle，2007) 第一辑曾指出，为了在全球范围内成功获得竞争优势，创业组织在过去十年经历了天翻地覆的变化和改革。保持营收增长、提高股东价值以及提升产品 / 服务的价值已经成为衡量创业组织成功的关键要素。为了达成这些目标，创业家必须找到替代方式或创新方式提高效率、降低运行成本和优化整个组织的整体流程。此外，随着组织不断成长和成熟，创业家必须能够制定灵活的战略和战术以应对未来组织持续的再设计和重组 (Hitt，1998；Teece and Pisano，1994；Teece et al.，1997)。

面对创业家技能和能力的不断变化、要求的不断提高，创业导师必须寻求创新的和非传统的创业教育手段。创业导师需要更加主动地开发、设计和实施创业家指导方案。更具体地说，导师需要更加适应市场的不断变化，方能培养出有抱负的未来创业者。与此同时，他们还需要教给学生一些概念和技能，这样可以让学生在创立、管理一家企业以及在促进企业成长过程中直接应用。要求非线性学习和思维的技能 (Hitt et al.，1998；Kerr and Jackofsky，1989) 可能成为企业成败的关键。此外，财务 / 现金管理、会计、战略思维和企业领导力等方面知识的多样性也经常被视为成功企业最需关注的领域。(Hood and Young，1993)

因此，显而易见的是，创业教育和教学的这些变化要求目标是为创业导师提供“可习得”的具体知识、技能和能力的这些研究具有新意。本指南的第一辑围绕三种变化介绍了众多创新研究视角，包括 (1) 范式、(2)

方法和（3）内容。与第一辑强调背景变化的角色和重要性一致，第二辑划分四种背景并展示理论和实践研究：

- 文化的
- 制度的
- 国家的
- 政治的

尽管我们在两辑书稿中采用的分类与贝查德和格雷戈里（Béchard and Grégoire，2004）所采取的分类方式不同，但是本辑介绍的研究作品面向诸多需要解决的障碍，从而推进创业教育研究。例如，贝查德和格雷戈里（2004，pp. 36，37）强调大学教授缺乏如何进行教学的专门知识和在寻求跨学科研究时面临的困境。就第一个障碍而言，本辑作者（以及第一辑作者）均在创业、课程设计、教学和创业方面有过多年经验，并在逐渐完善教学材料。就第二个障碍而言，这本集册包含了跨学科研究方法的章节（例如第八、九章）。

因此，在本书接下来的几个章节里，作者为创业教育和训练描绘了一幅新的路线图。第一章介绍这些作者的工作以及围绕前文提及的四种分类所作出的贡献。针对每位作者及其对应章节的文章，我们将介绍他们的工作，并在结尾加以评论和提供新的思考，其目的在于推动创业教育及创业领域在未来研究和课堂实践中有新的发展。

一、文化背景

本指南（第二卷）第一部分包含四个章节，探讨不同视角之下的文化观念。第二章（巴西革命的生成：在初期教育中引入创业教学法）作者为路易·雅克·菲利翁（Louis Jacques Filion）和费尔南多·多拉贝拉（Fernando Dolabela）。该文称得上是这个南美国家的一场文化革命。正如这两位分别来自加拿大和巴西的作者所言，创业教学方法论（EPM）是一种旨在支持小学教育中的创业学习的教学方式。EPM 以系统和远见为出发点，其开发目的是为了支持创业活动中的思维和行动流程的学习。该项目包含一系列量身定制的资源。EPM 于 2002 年开始试点。在 2003 年和 2004 年，巴西巴拉那州 1566 所小学的 6352 名教师和 173304 名学生富有热情地参与了这个项目。在两年时间内，整个巴西 123 所城市总计有 34 万学生涉及了这个项目。本章展示了 EPM 的内容和应用并讨论了该项目在日益蓬勃的创业精神和行为中的重要性。第二章讨论了巴拉那州的项目，从自我认同、民主、合作和学习的维度探讨了创业教育——所有这些均可视为创业发展的重要因素。

第三章（全球视角下的创业性别差异：对创业教育和创业项目规划的影响）作者是西尔维亚·马克斯菲尔德（Sylvia Maxfield）。这是一位注重性别维度以及男人与女人之间的文化差异的美国学者。作者认为，当代研究突出了美国、加拿大和部分英国女性在创业活动中发挥的作用。而在欠发达国家，似乎很少有女性参与到创业活动中，尽管不同国家女性创业参与度天差地别。创业性别差异衡量的是创业活动中男性数量和女性数量的差异。最新数据显示，创业性别差异最大的国家是波兰、阿根廷、挪威和希腊，而差异最小的国家有南非、秘鲁、葡萄牙和日本。创业政策和创业教育项目通常从一个国家传导到另一个国家，很少因为性别而有所区分。但是，如果创业的活力随性别、国家文化或经济状况而变化，那么对一些国家适用的政策在另外一些国家可能不适用。只要我们可以解释创业性别差异中的变化因素，我们就可能更好地设计旨在提高女性创业活动参与度的项目和政策。本章阐释并总结了女性创业的五类激励因素，简要讨论了当前女性创业项目如何应对这五类因素。

第四章（针对非商科学生的创业教学：来自两所荷兰大学的观点）的作者是一支荷兰的研究团队，包括玛丽斯·布兰德（Maryse Brand）、英格丽德·瓦基（Ingrid Wakkee）和马里克·范·德·维恩（Marijke van der Veen）。通过专注于学术机构的创业项目，作者认为文化差异可能存在于不同学科中。按照作者的观点，学术层次的创业教学在若干方面具有突出的重要性。首先，受过良好教育的创业家所创立的企业更具创新能力，增长速度更为显著，成活率更高，同时也更具国际化。其次，学术层次的创业教学刺激了创业研究，既从研究的角度也从职业领域的角度提升了创业知识水平。相应地，不同层次的创业教育课程和政策制定由此得以提升。最后，作者将讨论聚焦于向学术机构的非商科本科生和硕士生提供创业辅修和选修课，而这一研究领域很少被人关注。作者在文章中考察了如何使创业项目激励来自于其他不同学科的非商科学生通过创立自己的企业或企业创业活动来参与到创业中来。作者还仔细考量了面向非商科学生的创业项目应当包含哪些必要内容。因此，他们首先简要描述了创业教育的历史和现状，其次提出了描述创业作为一种旨在追求机遇的过程的理论模型。该模型系统分析创业流程，以确保针对非商科学生的创业课程包含必要的内容。他们的分析为我们提供了一套可以用来建构或衡量创业课程或项目的框架。

第五章（在试验中摸索企业内创业教学）的作者维罗尼卡·布沙尔（Véronique Bouchard）教授是一名法裔加拿大人。她认为企业内创业和独立创业之间的文化差异十分不同。商学院的企业内创业教育远比独立创业教学小众化。鉴于"企业内创业"实证研究的稀缺和该术语的模糊性，这一观点很难说明什么。因此，企业内创业很难基于业已形成的有效的理论、实证或方法论的基础开展教学——它完全就是一种开创性研究。正如所有的开拓者一样，踏入冒险之地的人们必须在看似武断的选择中做出决断。他们必须就诸多悬而未决的问题表明立场，例如"什么是企业内创业？"、"与独立创业相比，企业内创业有何不同？"和"企业内创业有何实践价值？"此外，他们还需要判断在众多繁杂和混乱的文献中哪些有益于未来的企业管理者。他们也不得不制定目标、制作内容以及在缺乏既有模型的情况下选择合适的教学法。在这种情况下，我们似乎应该谨慎地认为企业创业是一种实验流程，即，这种创业行为需要严格的监督，在任何时候可以灵活地调整。从最初（与一名同事）决定开设一门关于企业内创业的选修课到这门课程的最新版本，本章详细叙述了作者的亲身体验和课程的发展轨迹。本章第一部分简要介绍了课程定位和总体导向。第二部分综述了课程的组织结构和内容（绝大多数均为原创）。第三部分介绍了教学方法，重点强调了合作教学的益处。第四部分综述了教授在“试验”中的收获以及如何指导未来教学。结尾部分回顾了这种奇特的过程所产生的理论的、教学的和管理的影响。

二、制度背景

本书第二部分包含四个章节，均强调广泛意义上的制度和体系的角色。第六章（从理论产出到创业学习方案设计）出自两位法国学者之手，他们分别是蒂埃里・韦斯特艾特（Thierry Verstraete）和马丁内・哈拉迪－里斯帕尔（Martine Hlady-Rispal）。本章开篇论述了与创业教学爆发式增长相关的主要因素。作者指出当前创业教学中的一个难点就是无法定义创业这一概念。

他们在文章第一节阐释的对创业的理解仍然被归类为创立一个新组织的范式。

任何通过限制学生观点（但不意味着与观点分离）以帮助其决定创业项目所处的领域而得到的教学收益均可以帮助他们利用知识训练思想。正是在这样的观点之下，创业课程才得以设计并提供给学生。这些项目的核心目标在于“行动”，即除了将整个创业课程展现给他们以外，只有促使学生采取行动，他们才能够获得人们普遍认为更加“传统的”课程无法提供的思考维度。在这一章，作者并没有明确提出两个相互对立的争论：先天与后天以及技术和艺术。作者认为，某些人有天赋，而另外一些人需要一些手段才能发掘出潜力。这也就是说，对于不太具有创业精神的学生，创业教学揭示了，他们（特别是艺术、文学或科学专业的学生）需要创业者，因为创业者让他们意识到现实的经济世界。

第七章（高等教育课程对创业目标和意图的影响）的作者是两名澳大利亚人，迈克尔・T. 沙佩尔（Michael T. Schaper）和吉安・卡西米尔（Gian Casimir）。他们提出了这个问题：创业课程对学生选择创业有何影响？人们通常认为，选择合适的教育或培训课程将会提高学生自主创业的倾向性。但是，这种先入为主的看法并没有得到检验。这一章报告了近期开展的一项关于高等教育课程对创业目标和意图影响的研究。该研究的出发点是为了确定修读一门一学期的创业课程是否能够提高学生自我报告的商业技能知识水平。一共有两所澳大利亚大学的 138 名学生在学期伊始和学期末尾接受了问卷调查。结果显示，学生的自我报告知识水平在一学期后增长明显。然而，这似乎并不能提高打算创业的学生的比例（总体目标）。尽管学生发生了较为显著的变化：一些学生更加确定自己对创业的渴求，而另一些之前对创业抱有热情的学生产生了退缩的想法，或者是相反的情形。

第八章（在一所大型多学科大学运营一家创业中心：解决正确的问题）的作者是两名法国女性，塞西尔·克莱若（Cécile Clergeau）和纳塔莉·席布－宾法伊特（Nathalie Schieb-Bienfait）。她们讨论了定义框架的总体利益和重要性，即创业中心在创业文化发展和传播中的利益和重要性。在寻求更多和更好的方式培养创业人才这一渴求之下，尤其是创业人才培养方面，教育与培训是先决条件。第八章进一步讨论了在大型多学科大学内设立创业中心面临的利益问题和挑战。在回顾了若干重要的研究问题并讨论了创业教育和培训模式后，作者讨论了在法国大学设立创业中心这一教育经验。这一项目是基于创业教育项目开发的不同教学法。

第九章（创业教育项目中的跨学科方法）的作者是一个比利时学术团体，其成员包括弗兰克·扬森（Frank Janssen）、瓦莱丽·埃克豪特（Valérie Eeckhout）、贝努瓦·加伊（Benoît Gailly）。从教育的角度来看，这几位作者认为创业教育不应该仅仅被限制在创业上，还必须扩大到创业精神的培育上。不论在商业上还是在其他人类活动中，创业精神都是由发现机遇和收集资源构成，这样可以创造满足需求的财富。不论是新兴领域还是成熟话题，从学术角度看，创业的性质是跨学科的，因此要求调整教学方法。若干所大学已经尝试开拓新的教学方法，专门服务于特定目标和满足创业教育项目的要求。然而，只有为数不多的大学已经采用了真正跨学科的方法。确实，大学经常囿于其学科结构，但是创业课程通常以学院为单位，仅对一个或两个学科开放。在这样的背景下，第九章的目标是通过分析比利时鲁汶大学自 1997 年开始的跨部门创业教学项目来讨论创业和跨学科教学方法之间的关联。因此，这一章试图回应贝查德和格雷戈里（2004）所强调的创业教育文献招致的批评。由于文献很少从管理学以外的学科借用概念或理论，第九章作者强调在创业和教育学的结合处开展研究增加经验。此外，这些作者讨论了创业教育项目可能存在的学习目标以及对应的教学策略。他们还在雷杰·科利特（Rege Colet）的概念框架的基础上讨论了创业和跨学科方法之间的联系。最后，他们还通过分析现有项目，尤其是该项目的跨学科特征，进一步深化这方面的讨论。在结尾处，第九章的作者讨论了跨学科创业教学项目对于创业的影响。

三、国家背景

本书第三部分由四个章节组成，每篇文章均凸显了国家环境的重要性。按照先后顺序，这些文章涉及四个国家：比利时、加拿大、新西兰和挪威。其中，两个欧洲国家，两个非欧洲国家。第十章（比利时的创业和教育：全球创业观察的调查结果和启示）的作者是迪尔克·德克勒克（Dirk De Clercq）和汉斯·克来因斯（Hans Crijns），其目的是为了就比利时的创业和教育提供实证结论。更为具体地说，两位作者突出了通过全球创业观察所发现的教育在促进或抑制比利时的创业活动中发挥的作用。这一研究与全球范围内的政策制定者和教育家的意识提升相符合，一个国家创业活动的成功在很大程度上与教育项目的质量和关注点有关系。一个国家的教育体系为何对激发创业有重要作用？针对这一问题，本文作者提出了诸多理由。例如，教育可能为个人提供一种自主、独立或自信的感觉，而这些均是创业时重要的特质。此外，教育扩大了个人的视野，让人们能够更好地发现新的商业机遇。然而，有人建议需要区分“普通”教育和“特别”教育，后者专注于推动创业、增进创业技巧和知识。例如，教育体系可以用来鼓励提高商业意识，也可以用于提高诸如谈判和发掘机会方面的必备创业技巧。

第十一章（增强土著经济发展能力：土著发展推进理事会）的作者是罗伯特·安德森（Robert Anderson）、斯科特·麦考利（Scott MacAulay）、沃伦·韦尔（Warren Weir）和汪达·乌图尼（Wanda Wuttunee）。他们研究了一个很少人了解的话题——原住民创业。在这一章里，“土著”这个词只有在涉及加拿大的原住民时才使用，而“原住民”这个词只有在指称更广泛意义上的“原始人”时才使用。随着西欧经济体系向世界各地扩张和全球经济的崛起，加拿大的土著和世界各地的原住民遭受了非常大的损害。

曾经，这些人自给自足，社会凝聚力强，如今却与世界脱离。依然保留的社会凝聚力和原住民对于在凝聚力的基础上重建社区的强烈愿望很少为人所知，但却十分重要。尤为重要的是，他们打算通过参与全球经济来实现这一愿望，只不过是按照他们自己的方式。土著发展推进理事会在创业能力培养中发挥了核心作用；创业能力的培养是成功参与全球经济的必要议题。

本章描述土著发展推进理事会的活动，尤其是其开发的面向土著社区和负责组织经济发展工作官员的国家培训和专业认证项目。文章认为，土著发展推进理事会的架构本身就极大地有利于能力建构。

第十二章（创业中的新西兰毕业生：互相依赖的一个范例）的作者是莱奥－保罗·达纳（Léo-Paul Dana）。本章以一个问题为出发点：学生毕业后做什么？本章是对新西兰基督城坎特伯雷大学的毕业生的研究结果。基督城是新西兰南岛最大的城市，但是政府或大型企业的就业机会十分有限。本文的方法涉及七个焦点小组以及坎特伯雷大学已经毕业的学生。那些希望参与到创业而非就业中的学生被邀请参与开放式访谈。与美国那种崇尚个人主义和寻求独立的企业家不同，参与访谈的毕业生倾向于在网络中寻求合作。此结论可以由下述两种形式说明：（1）成为加盟商的吸引力；和（2）积极参与既有网络。很多文献讨论了不同族群创造的关系网络，而企业家总是乐于与想法类似的人一起做生意，因为他了解他们也能处得来。但是，参与本研究的学生没有利用族群作为构建关系网络的基础，而是与具有相同技术文化的人一起构建关系网络。本章的前几个小节讨论了这种技术文化并回顾了与教育和创业相关的文献。随后，作者讨论了经典的独立的创业家，揭示出这些接受访谈的学生并不符合这种传统形象。在回顾了新西兰的关系网络建构后，作者接下来讨论了新西兰的技术文化网络建构（如加盟也是一种关系网络建构的行为）。本章最后讨论了此文对未来研究的影响并提出若干建议。

第十三章（商学院毕业生中的创业：以挪威为例）是第三部分最后一篇文章，作者是拉尔斯·科尔沃雷德（Lars Kolvereid）和比约恩·威利·阿莫（Bjørn Willy Åmo）。本文为我们提供了一个比较前文提及的新西兰和本文中的挪威的机会。本章的目的是考察一个长期的重大的创业项目并得出结论。对于那些希望评估正在进行的创业教育项目的人和正打算开展类似项目的教育机构，这种结论可能证明是有用的。

本章解答了挪威博德商学院（Bodø Graduate School of Business）的创业学位在何种程度上达到了成功这一问题。因此，本章讨论了该教育项目的目的并将其与从学生数据库中得到的统计结果和面向所有校友的四项调查结果进行比较。本章展示了教育项目的教学目标是如何与项目的总体目标相联系的。第十三章还考虑了要确保创业学位项目成功可以采取哪些措施，并总结认为该创业学位项目一直都是成功的。最后，本章重点突出了评估创业教育项目成功与否所需要的其他工作和研究。

四、政治背景

本书第四部分也是最后一部分包含四个章节，解答了创业教育中的一些关键问题，例如创业项目的推动和创业教育的评估。这两大问题均与政治因素有关。第十四章（创业教育评估：评估设计的规划问题、概念和建议）的作者是奥地利学者诺伯特·凯利亚（Norbert Kailer），他认为创业教育本身是一个快速发展的行业。大量的公共投入导致支持性的基础设施激增，而针对新兴企业和创业启动的供应侧的培训、指导、信息和金融也在增长。

本章开头讨论了创业教育的繁荣和对关于这些教育措施的影响的数据缺失的不断增加的批评。作者重点放在如何开发并建立一个关于评价的实践导向的模型这一问题。在讨论了评估的多重定义后，本章提供了一个近期关于分析评估方法的使用和不足之处以及大学创业项目评估研究的实证研究的概述。本章还讨论了引入评估方法的相关问题。最后，本章讨论了评估规划过程中出现的问题和做出的决策并提供了若干评估模型。结论强调了设计和实施评估研究的实践建议。

基于相同的研究主题，第十五章（评估创业教育：评估人、项目推动人和政策制定者之间的权力游戏）的作者是两名来自芬兰的女性，乌拉·许蒂（Ulla Hytti）和葆拉·库普亚维（Paula Kuopusjärvi），她们认为评估研究已经普遍应用于创业教育和创业培训项目。然而，必须指出的是，评估研究的目的是多样的，例如作为项目规划和检测的工具，或作为衡量影响和项目经济效率的工具。除了这种工具上的评估使用（评估结果用于改变项目或政策），流程上的使用（评估的实施可能引出概念）也是评估流程中的一个重要因素。评估研究的不同相关者对于评估有不同的期待。项目推动人认为实施项目是首要工作。他们倾向于内部的临时评估，这样可以持续地为项目规划和执行的决策制定流程提供信息帮助。政策制定者和投资人主要关心项目影响的评估。评估人将其定位为主要为项目推动人或政策指定人的决策过程提供帮助。不同的目的导致评估流程和评估报告无法满足所有利益群体的诉求。直到最近才有研究关注这些塑造评估和评估流程的力量以及其背后的知识。本章分析投资人、项目推动人和评估人就创业教育和创业培训评估产生的权力游戏。作者认为，如果没有围绕评估流程的这种权力游戏，那么最终无法实行评估。但是，他们逐渐意识到正是围绕权力的这些力量帮助他们理解不同的利益相关方及其看法，阅读评估报告的技巧也越来越强。在一个更加开放的环境中讨论这些评估和评估结果将有助于防止误读，也将帮助不同的利益相关方了解项目涉及的各方。因此，作者建议，评估的应用流程应当更加开放和明显。组织工作坊以及其他为不同利益相关方讨论评估提供渠道的活动就可以做到这一点。此外，一个更加开放应对评估的环境应该允许在更加广泛的范围内出版和传播评估报告。

第十六章（推广创业：一项促进高校在推广创业方面进行合作的战略

举措）的作者伯纳德·叙勒蒙（Bernard Surlemont）是一名比利时学者。他最早认为大多数的国家在课堂上实施创业项目，尤其是在中学阶段，面临着很大困难。因此，本章首先就讨论了这种抵制是如何与创业概念的模糊性关联起来的。在与创业相关的技术能力（商业规划、机会发现、融资等）和与进取精神相关的战略能力（自我实现、毅力、创造力、团队合作等）之间做出明显区分是至关重要的，本章也支持这一论据。因此，微妙的语义差别可能对于如何理解创业教育及中学教师和教育工作者如何接受创业教育产生巨大影响。随后，本章提出了核心论据，认为应该在中学提倡进取精神教育，其目的在于（1）提高创业技能并改变态度，而且（2）缓解中学引入“创业文化”的困难。本章结尾提出了若干关键的影响并为未来研究提供了建议。

由让-皮埃尔·布瓦森（Jean-Pierre Boissin）、巴泰勒米·肖莱（Barthélemy Chollet）和桑德里娜·艾敏（Sandrine Emin）组成的一支研究队伍撰写了第十七章（解释法国学生的创业意向：进一步探讨职业信念）。本章研究了学生对于创业的信仰和态度以及这种信仰和态度在其学生时代结束后是如何影响他们的创业意图的。作者基于计划行为理论（Theory of Planned Behavior，TPB）提出了一个解释这种意图的模型。根据这一模型，人们的意图来自于若干因素的综合印象，这些因素包括创业的愿望、社会对于创业施加的压力程度以及个人对于实现创业过程的能力的信心（自我效能感）。通过多元回归分析法并结合 908 名法国学生的数据，作者对该模型进行了测试。愿望似乎在意图的解释中占据了重要位置。这种结果表明，除了提供必需技能，创业课程还应当着眼于如何推动创业作为一个有吸引力的职业选择。计划行为理论认为，愿望和自我效能感由个人的信仰可以解释。愿望受到创业生涯中种种信念的影响；自我效能感受到关于企业家所需创业技能的信念的影响。另一组回归分析显示了，哪些职业信仰能够完美解释愿望以及哪些关键任务的自我效能形式可以完美解释创业的自我效能。这些结论为打算设计课程的创业学者提供了重要的帮助。确实，创业课程设计应当面向导致较低水平愿望和自我效能的具体信仰施加影响。

五、结语

在我们即将结束本书这一导论章节时，许多新的视角和观点已经呈现在我们面前了。

首先，本书所选取的文章包含了大量的研究课题和主题，理论方法多样。这再一次证明了，创业领域内容丰富，但也是纷繁复杂。其次，本书作者众多，共计有来自三大洲十多个国家的三十七位作者贡献了文章。为了能够对不同语境角度的创业教育研究有所贡献，来自不同文化、地理、体制、民族和政治体系的国家的拥有不同观点的作者汇编了这样一本文集也是一种特别有趣的事情。创业教育仍有待研究，但我们希望本书能够帮助创业教育家考虑这些丰富多样的视角开发新的项目和教学方法。

参考文献

Béchard, J.P. and Grégoire, D. (2004), ‘Entrepreneurship education research revisited: the case of higher education’, *Academy of Management, Learning and Education*, **4** (1), 22–43.

Fayolle, A. (2007), *Handbook of Research in Entrepreneurship Education: A General Perspective*, vol. 1, Cheltenham, UK: Edward Elgar.

Hitt, M.A. (1998), ‘Twenty-first century organizations: business firms, business schools, and the academy’, *Academy of Management Review*, **23** (2), 218–24.

Hitt, M.A., Keats, B.W. and DeMarie, S.M. (1998), ‘Navigating in the new competitive landscape: building strategic flexibility and competitive advantage in the twenty-first century’, *Academy of Management Executive*, **12** (4), 22–42.

Hood, J.N. and Young, J.E. (1993), ‘Entrepreneurship’s requisite areas of development: a survey of top executives in successful entrepreneurial firms’, *Journal of Business Venturing*, **8**, 115–35.

Kerr, J. and Jackofsky, E. (1989), ‘Aligning managers with strategies: management development versus selection', *Strategic Management Journal*, **10**, 157–70.

Teece, D.J. and Pisano, G.P. (1994), 'The dynamic capabilities of firms: an introduction', *Industrial and Corporate Change*, **3** (3), 537–56.

Teece, D.J., Pisano, G.P. and Shuen, A. (1997), 'Dynamic capabilities and strategic management', *Strategic Management Journal*, **18** (7), 509–33.

第一部分

文化背景

第二章　巴西革命的生成：在初期教育中引入创业教学法[1]

路易·雅克·菲利翁和费尔南多·多拉贝拉

一、引言

人们一般认为，创业发展可主要通过引入政策以刺激和促进新的企业创立从而达成。但是，本章认为，在一个社会里，发展创业最有效的手段之一是借助教育项目，这些教育项目自小学阶段开始就在教育体系内的每一阶段将创新思考纳入其中。在这里，创业被视为一种通过特殊形式的思考与行动表达的文化。我们认为，这种思考方式需要利用人的右脑（即想象力和直觉思维）。而右脑的开发可通过不同方式的训练达成。在这些训练中，学生学习如何提出梦想并通过确定和实施对应的创业项目来实现他们的梦想。

教学方法又称创业教育方法（EPM），为小学打造并在小学内部使用以帮助幼龄儿童学习创业知识。该方法基于一个连续梦想启动结构。但使用该结构的一个前提是，教育体系过于在意知识的传递，而忽略了独立的前瞻性思维方法学习的重要性。本文说明，基于巴西的经验，如果人们从梦想或背景确定的角度接受训练，幼龄即可开始创业知识的学习。这种方法与众不同，从根本上做出了改变。传统教育方法通常注重知识的传递，而不告诉学生如何去积极开展独立的思考。

诸如此类的实验需要在社会体系的各组成部分之间建立结构清晰的沟通机制以改变现有文化，但是这种组成成分之间通常没有任何沟通机制——例如，教师、经济发展官员与市政的政治领袖之间。本文在此介绍另一种设计和实践教育的方式，并且提出一种新方法以帮助其实施。该方法要求教师扮演一个新角色——催化剂和促进者——帮助学生学习新的思维方式，而不是简单作为内容的传递者。他们现在必须帮助学生从创业的角度学习如何思考。

二、革命性的学习方法对于改变社会秩序的必要性

如果社会将要发生改变，我们必须实施变革性的——甚至是极端的——方法，以满足将要发生的改变。从创业的角度来讲，改变需要自下而上地进行，而非自上而下。但是，社会体系中首先需要有结构性的改变，该改变将会产生所需的创业性改变。创业为改变现有的学习模式和学习过程提供了一个全新的视角。创业揭示了自文明起源时就存在的秘密：不论是在欠发达国家还是在社会结构复杂抑或有序的国家，每个人都有主宰自己命运的能力。任何人都可以主动去改变与世界和与他人的关系，并且可以不断地改变自己。

19 世纪大众教育产生，一直以来其发展自由而广泛，但人们知晓这一概念却不过 50 年。以前人们几乎不知道通过何种途径自给自足甚至变得富裕，但现在创业似乎是人们可以理解的事情。现在创业的学习模式与过程受到了来自各方专家的关注：经济学家、心理学家、社会学家、工程师、管理科学家、战略学家以及教育家（Béchard and Grégoire，2005）。

创业是一门可以掌握的工艺（Fayolle，1999；2003；2004；Filion，2004），而且它在社会中的发展也可以得到支持（Kao et al.，2002，2004；Lundström and Stevenson，2005；Van der Horst et al.，2005）。人们通常视其为一项孤立的充满个人主义色彩的活动，但朱利安（Julien，2005）表示，创业也是一种社会现象，它的兴盛反映了社会价值观、文化和企业家产生的活力。这种有关创业的观点让人们就如何获得学习方法有了更为深

刻的认识，该方法可以帮助年轻的学生获得技能，摆脱现有的文化模式与社会结构，尤其是对于发展中国家来说。他们将能够打破新的奴役形式的枷锁，摆脱对现有社会秩序的依赖，将命运掌握在自己手中。

这是发展教育学的革命性的方法，这种方法的提出是为了反对教育学的现状。当前教育学的现状是为了加强社会秩序。它让学生接受他们天生的社会角色，给穷人提供极少的希望，甚至不提供希望。没有受过教育的人和受教育程度较低的人，他们将成为维持社会这一机器运转的一部分。图 2–1（见下页）说明了包含创业逻辑和适当教学方法的选择的学习与社会变革和当地发展之间的动态关系。

三、创业作为一种人类活动体系

古典经济学理论认为企业家——与其他难以预估的事情一起，例如天气、政府、政治、瘟疫以及战争——是一种外部力量（Shane，2002a；2002b）。人们一直认为企业家在经济发展中发挥着重要的作用。

重新回顾让 – 巴蒂斯特 · 萨伊（Jean-Baptiste Say，1767—1832）的观点后，约瑟夫 · 熊彼特（Joseph Alois Schumpeter，1883—1950）的视角转向了“企业家、创新与经济增长”三者相互支撑的观点（Schumpeter，1934）。理查德 · 坎蒂隆（Richard Cantillon，1680—1734）出生后的一个世纪，萨伊（1803；1996）才出生。作为熊彼特的先辈，萨伊最先将创业精神引入经济学历史（Filion，1998）。虽然坎蒂隆（1755）将企业家与风险联系在一起，但萨伊是第一位对企业家、资本家进行区分的人。他认为企业家与创新相关，并且认为企业家是变革的代理人，是可以做到事半功倍的人。然而，事实上，熊彼特才是创造了创业精神这一领域的人。他清晰地将创业精神与创新相关联，并且通过他的英文著作，使该说法为人们所知。

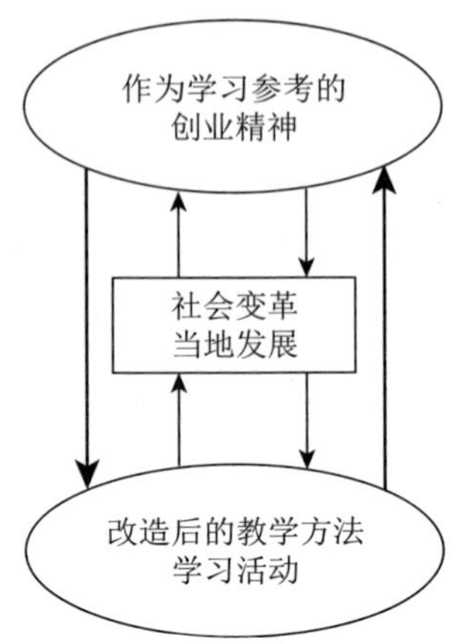

图 2–1　创业精神学习与根本性改变

发现并抓住机会是创新的关键要素（Filion，1998；Filion and Dolabela，2000；Sexton and Smilor，1997；Shane，2003；2005）。蒂蒙斯（Timmons）将企业家定义为：企业家是一些能够识别、抓住并利用机会的人，他们找寻资源、管理资源以便把机会转化为成功买卖（Filion，1991b；Timmons，2004；Shane，2005）。

菲利翁（1991a，1991b）从系统思考的角度研究企业家（Checkland，1999）。他试图想企业家所想，做企业家所做。通过实地调查采访，研究多名企业家后，他被这样的一个现象所震惊：在设计活动体系的时候，比起其他组织者，企业家做了更多发散性的思考，并且学习了很多需要学习的知识。企业家计划要做的事情与他们如何识别需要掌握的知识之间存在着密切的关系。他们通常以一种有机的、自适应的方式设计和构建组织活动，比起其他组织者，他们很少遵循组织管理中“已存的规则”（Filion，1988）。他们心怀梦想，充满期待。

因此，菲利翁认为企业家是“一群会想象、发展、实现梦想的人”（Filion，1991b，p. 26）。一般情况下从理论方法的视角与学科来说，有关企业家概念的理论各不相同。然而大多数研究该领域的人士通常研究企业家概念以此了解创造附加值的人，这些人通常成立公司或者致力于振兴已存的组织创造附加值（Bruyat and Julien，2001）。因此可以视企业家为“定义环境”的个体。以此为参照标准，我们开始研究学习方法的设计以帮助学生以某些方式思考，这些方式可以使他们创造新的环境（Filion，1989）。从这些体系的角度来看，多拉贝拉曾著书（1999；2003a；2003b；2004）说明积极学习方法，以帮助涉及教学法以及支持创业教育的各项活动。这些有关创业教学的方法将企业家的概念与一种状态相关联—— 一种生活方式、一种世界观、一种思维模式、一种创新导向、一种改变个人及环境的能力，和一种寻求自我实现（包括应对模糊性与不确定性的模式）的途径和方法（Dolabela，2000a）。

四、作为创业活动和学习基础的梦想

因此，我们有必要将企业家定义为有能力梦想未来，有能力让梦想实现的人。我们建议将梦想分为三类。第一，集体型梦想（CD）。集体型梦想指的是整个社会或者部分社会的人或明确的或者模糊的对这个社会未来的畅想。第二，结构型梦想（SD）。该梦想有能力催生一项有生命的工程；实现结构型梦想可以帮助实现集体梦想。第三，活动型梦想（AD）。该梦想使企业家构想和构建项目，这些会促进结构型梦想的产生。

上述有关梦想的概念适用于所有人类，尤其适用于儿童。儿童尝试着去学习如何学习，思考世界，思考自己。这样的概念涉及所有种类、级别、类型的潜在的企业家——他们作为职员、经理、自主专家、企业所有人，为企业、政府、服务业、非营利组织献出自己的创新成果。梦想暗示生成性思维，人们因此变得更加有条理，更加清晰地辨别出自己需要学习的东西并且提高自我满足感。

（一）集体型梦想

集体型梦想是企业家精神展现的基础，包含整个社会的价值观与期望。在一项有关英雄在历史中的所扮演角色调查（1961）中，大卫·麦克利兰（David McClelland）提出在文学作品中英雄人物出现之后，有些集体型梦想就形成了，这些集体型梦想极大地影响了后续几代人表达成就与权力需要的方式。然后结构型梦想形成，这使得社会更加进取、发达与繁荣。

好比现在的电影明星，英雄人物影响着年轻人的行为方式和职业选择。杂志、报纸、畅销书通过自己刻画构造的英雄人物表达着每日的集体梦想。但是如果社会中的人们明确自己所希望的领导类型，那么集体型梦想可以更加直接地展现出来。这些领导类型可以视为范例。例如，在许多社会群体中，企业家获得了各种各样的奖项，这很好地说明了企业家可以作为一种职业，受到社会群体的重视。

我们可以更进一步进行研究。20 世纪 90 年代末期，魁北克省通过一项法律，根据该法律规定，每个小学和初中必须成立由学生、教师，以及社区代表组成的校园理事会，由这些代表们决定他们想要的社区类型、学校中应该学习的科目等等。该理事会为学校选择具体的科目，例如：音乐、企业家精神或者某种手工艺。研究表明，小企业提供了大多数的就业机会，理事会需要尤其注意社区中的小企业类型，以便更好地为需要聘用人员的组织机构提供具体的人力资源（Filion，2005）。

在当今世界，所有的集体型梦想应该成为企业的组成部分。全球的企业需要高度发达的创业行为，并且所有的社会都需要更多的企业家（Filion，2005）。创业精神是领导才能的一种形式；与创业精神相关的知识意味着未来企业所必须的领导知识（Roberts，2004）。所有的社会都需要激发更多的创业行为，需要更多能够创造并分享财富的人。这些人通常被称为内部创业家和企业家。

（二）结构型梦想

集体型梦想可以通过个人结构型梦想与活动型梦想实现。结构型梦想指有关个人畅想未来的梦想。这种梦想有助于自我实现。判断是否为结构型梦想需要回答以下两个问题，即“你人生的梦想是什么？”“你想要实现什么？”。每当人们聊起梦想时，眼睛里都闪烁着光芒。

不论身处何种环境，任何人都有能力制定梦想：这是人类的本性。创业教学领域视梦想为边缘性梦想，其分类与创业精神无关。这说明这些其他的梦想无论是孤立存在抑或含有多个种类，都不可能成为有生命的工程或者企业活动的基础，而且也不可能以结构化的方式达成自我实现。

如果缺少情感内涵，那么梦想就没有足够的力量激励梦想者采取行动，同样也不会被认为是结构型梦想或活动型梦想。只有梦想有足够的能量推动梦想者采取行动以实现自我时，这样的梦想才拥有结构化的特点。经历过梦想所蕴含的情感后，个体会进入一种状态，在该状态之下，看待世界、感受世界、理解自身能力的方式可以转化为行动的动力。

方框 2–1　三种不同类型的梦想

关于不同类型的梦想，我有一些观点要讲。从这个角度来讲，结构型梦想与活动型梦想的类型有一些不同的构造。此处我们谈三类：超预期的成就（OA）、连贯性（C）与低成就（UA）。这三种类型适用于所有种类的梦想：集体型梦想、结构型梦想与活动型梦想。在超预期成就的梦想中，儿童以过于宏大的目标展现其结构型梦想与活动型梦想，通常情况下，这种目标很难或者不能实现。在连贯性梦想中，儿童在力所能及的范围内建立可实现的结构型梦想与活动型梦想。最后，低成就梦想，在这种梦想中，儿童所建立的结构型梦想与活动型梦想低于——有时是远远低于他们的潜能。

大多数结构型梦想在构想之初是处于萌芽状态的。它们也许看似抽象；它们也许不能立刻加以应用或者立刻转化为行动。一般来说，梦想最初以社会交互作用的方式显现：推动社会公平、摆脱贫困、传播知识和改善生活条件。结构型梦想使人设法找到方法谋生、实现自主、规划命运、为家庭提供更好的未来、让自己受人尊重，等等。我们发现儿童默默地在诱发系统的部分领域形成结构型梦想，这样他们才能够发挥他们与生俱来的能力。儿童多少熟悉这些领域，他们在意识中已经构造出一种形象，因为也正通过私下交往、阅读、教育或者媒体接触到了该领域。

（三）活动型梦想

结构型梦想通过活动型梦想的设计与实施得以实现。活动型梦想是创业项目。结构型梦想中的这种抽象表达取决于梦想者及其生活所处的阶段。

例如：六岁的儿童更容易设想活动型梦想，而不是结构型梦想。处于这个年龄阶段的儿童在意一些具体的梦想，例如某一个玩具。如果对于成年人来说，结构型梦想要成为现实，那么它必须先成为可通过行动实现的活动型梦想。大多数结构型梦想可以通过充满创业思想的活动型梦想得以实现。

因梦想而起的意象（Block，1981）既不是静止不变的，也不是永恒存在的。事实上，由顺随诱发系统、接受人生大事产生的意象会作为诱发因子，刺激产生新的仍在形成之中的结构型梦想与活动型梦想。包括模式与社会角色在内的价值体系是促进结构型梦想产生的强有力因子。活动型梦想会受到相同因素的影响，尤其是有关儿童展现出来的专业知识。在考虑可能发生的事情、环境、能力、资质、知识和行为等因素后，活动型梦想逐渐形成，可用于计划安排活动。孩子经历成长，成为阅历丰富的成年人后，他们将会有能力制定一个蓝图，即他们能在市场中占领的份额以及实现这样的目标所需要的组织体系（Filion，1991a；1991b）。他们所了解的形成梦想的程序可以作为有益的背景知识，帮助他们以更加精确、有条理的方式进行规划。表 2–1 对每一类梦想进行了说明。

表 2–1　三种不同种类的梦想

集体型梦想	结构型梦想	活动型梦想
改善身体状况	成为医生 开发新型医院	学医 建造医院
保护动物的生命	成为野生动物专家	成立非营利组织，照顾野生动物
提高贫困人群的生活水平，尤其是贫民窟人群的住房条件	成为建筑师 成为政治家	成立公司，为贫穷的人建造房屋 提出法案，资助低收入家庭

参与本章所讨论的学习程序的儿童，随着他们自身的改变以及成长，会时常构建以及重建他们的结构型梦想与活动型梦想。他们的参照组也在结构型梦想以及活动型梦想的构建中发挥着重要的作用。因为结构型梦想自身的改变以及诱发系统的变化会影响并决定结构型梦想形成，所以结构型梦想可能是暂时性的。梦与梦想者之间，以及在儿童间，尤其是在梦想者与结构型梦想之间存在着一种持续的动态。只要结构型梦想持续存在，

或者直到被其他梦想取代，亦或者转变为其他梦想，那么该梦想就提供了一个价值、一个目的以及一个动力，并且影响年轻人身份认同感。图 2–2 解释了这种动态。

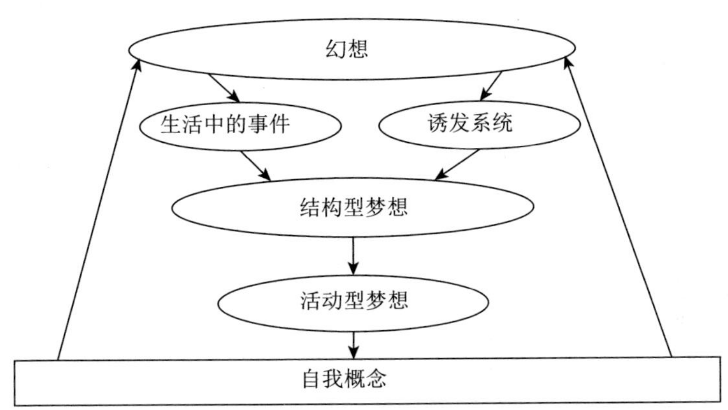

图 2–2　结构型梦想和身份的形成

只有梦想者才能将边缘性梦想、结构型梦想、活动型梦想加以区分。梦想者通过评估梦想所激发的情感强度实现该区分。结构型梦想通常会持续存在并且为了实现该梦想，赋予梦想者自身必要的情感。在试图实现梦想的过程中，个人在自我认知与实现结构型梦想和活动型梦想的能力之间，以及在自我认知与实现结构型梦想的潜能之间做出调整。

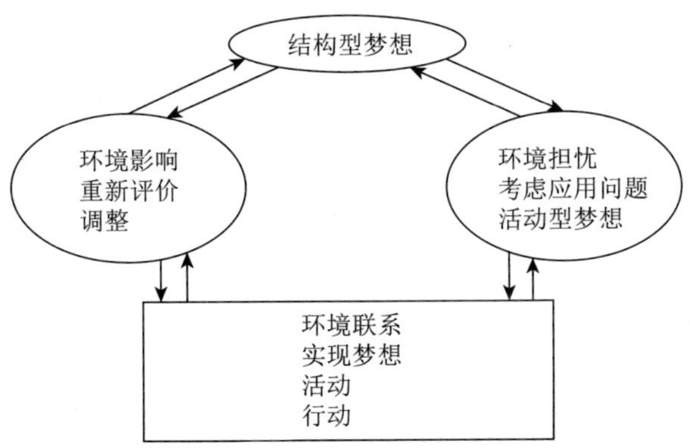

图 2–3　结构型梦想、活动型梦想构建与再构建的循环

儿童周边环境中的社会角色、模式，以及由此而生的自尊心都是决定自我认知的关键因素（Filion，1999）。在试图实现结构型梦想与活动型梦想的过程中，个体开始执行，犯错误，重新评估自我，改变自我，改变结构型梦想与活动型梦想，以及再次执行。在自我形成的过程中，个体会遵循自我创造的动态运动系统，这种运动意味着个体通过不断交换表述人类尤其是年轻人特点的因子实现持续的自我创造。个体所维持的与环境之间的这类关系极大地影响了该过程，这就是创业型教育不同的地方。

通过与环境之间建立互惠互利的关系，个体构想他/她所希望成为的完美的人。通过这样的方式，个体以一种独特的方式理解/吸收环境中的干扰，这迫使个人不断进行调整与再调整，重新获得二者之间的平衡。上述流程在“构想结构型梦想和活动型梦想，努力实现它们”的循环中不断重复出现，个体在该循环中开始与环境建立关系。企业家们不断雕琢与以下三者的相容性：自我，结构型梦想代表的自我实现模式，以及开展活动的环境。参见图 2–3。

（四）集体型梦想可以激发个人梦想

梦想是在社会大环境下表现出来的。如果一个社会的社会结构将要发生改变，那么社会环境注定要发生改变，这将会影响集体型梦想、结构型梦想、活动型梦想衍生的来源——意象。但是梦想是怎么产生的？暂不考虑梦想中的心理因素（Fishbein，1981；Freud，1955；Winget and Kramer，1979），我们先考虑与结构型梦想、活动型梦想相关的社会因素（McClelland，1961；Piaget，1962；Richardson，1969；Segal，Huba and Singer，1980；Singer，1973；1981；Singer and Pope，1978），尤其是对于未来生活结构的投射性影响，该种生活结构以投射性思考与想象为指导（Feather，1982；Gollwitzer，1999；Klinger and Cox，2004；Oetingen et al.，2001；Rabin，1981；Schmuck and Sheldon，2001；Semeonoff，1976；Snyder，1994；Wong and Fry，1998）。

个体的梦想的本质在很大程度上受到梦想者所处文化中的文化价值观的影响。为什么呢？人类是社会的产物。个体梦想的建立需要参照个体所处的社会环境。在充分了解文化价值观之后，每一个个体根据世界的特殊代表、个体自己的发展历程、自我建立的过程以及与世界与他人建立的关系创造梦想。

如果文化决定梦想，那么我们的目标是利用教育过程为创业与伦理价值观构建基础，个人所处的环境中不存在该种价值观且并未在社会中发挥作用。个人在社会中成长，相关的新的价值观和文化也必须在社会中进行传递。这也可以通过引入新类型的社会模式得以实现。文学作品中英雄的影响是对于麦克利兰（McClelland）的发现（1961）的一项直接应用。

这一过程也可以通过其他方式完成，例如展现所需价值观与社会行为的教育计划。所需的价值观可以是爱与合作。开展的活动经常着眼于社会公共利益，从而促进提高生活质量，为大家争取更多的自由——即使是在每天遭受暴力的危胁的社会中。教育计划可以把重点放在能够促进收入、财富、知识和权力更为均匀分布的活动上。由于社会是个人的梦想之源，它可以说是儿童学习和识别过程背后隐含的社会模式将导致社会现状再现。人类往往重现他们所看到的、所知道的以及别人告诉他们是有价值的东西。教育可以展现出一种模式，如果这些社会模式的吸引力足以影响青年学生的结构型梦想，足以强大到影响对于未来的新愿望，那么这会影响社会秩序所发生的变化。以下是一些我们能够提出的问题：给定的社会中，通过媒介展现的社会模式是否符合儿童的期望？这些模式是否可以用于教育？如果不可以，那么有什么其他的方案可以支持理智而又大有前景的儿童的集体型梦想与结构型梦想？这里，集体型梦想可以帮助教育者、父母、儿童和社会各界关注教育事业的代表们设计所需要的教育计划，为幼童未来进入社会做好准备——未来某种我们想要看到的创业型的社会（Dolabela，2003a；Filion，2005）。

但是，如果只是社会的一小部分人以这样的方式看待梦想，那么社会的其他成员会视这个小团体为一种威胁。“一个有梦想的社会，这个社会里的每一个人的梦想都是实现这个社会的梦想，那么这些人就是那些试图延续权力结构、阻止变化的人的眼中钉。正是由于这个原因，梦想可能是危险的”（Dolabela，2003b，p. 43）。

五、关注为社会创造价值的创业

无论在其构想之中，个人处于何种地位，结构型梦想意味着其目的中含有集体性的因素：此时应该向社会中增加价值，而非减少。而且即使个体存在于其概念之中，梦想很大程度上受到梦想者所属的社会的价值观的影响。此外，结构型梦想将在施行的过程中，带有集体型梦想的特点，因为它会成为各种角色、资源合力的成果并且支持能使其成功的因素。

从这个角度来看，创业的做法受到社会支持系统，如教育的支持，其应该包括集体价值。它应该有助于提升社会的生活质量，除经济活动、个人利益之外，创造更多的价值。与此社会贡献相关，我们可以识别出四种类型的企业家，详见表 2–2。

表 2–2　企业家类型以及社会贡献

价值	企业家类型	社会贡献
利己主义	毁灭型	消极
以自我为中心	静止型	中性
个人主义	高效	积极
集体主义	人性	积极

教育工作者需要关注可以同时带有个人主义和集体主义价值的创业类型。在创业方面，强调的重点在于识别并掌握一个工作领域的能力，但这些机会应该以知识、幸福、自由、健康、民主、物质以及精神财富、提高生活质量等形式为社会增加价值。这些就是创业教学法所注重的价值观。创业教育要明确为社会做出贡献的志愿。与过去相比，它应该从非营利与营利角度更加注重企业家的人道主义类型。可以将许多发迹的企业家归为个人主义，但是他们也为提升社会生活质量贡献了价值，如亨利 · 福特、本田宗一郎和比尔 · 盖茨。

可以将集体型梦想定义为社会成员所需的未来社会的构想，该构想是社会各个成员拥有的多个不同构想的合集。集体型梦想应该与具体的项目相关联，这种项目能通过人类、社会，以及社会本身的自然属性之间的动态互动转化为社会现实。作为众多个人梦想的来源、养分和框架，集体型梦想激励了个人梦想。考虑到这些资源和支持，这些结构型梦想将会成形。个体的结构型梦想的内容应该覆盖并遵循社会可接受的事物，显性或者隐性的社会共识。与大多数想法不同的是，创业精神并非一项独自的行动。它遵循一系列的社会结构与价值观，这就是为什么某些创业精神的元素可以在某些社会、某些族群中被发现。

集体型梦想的定义中有多种含义。有组织的社会通常通过政党将其集体型梦想定义为他们想要的社会类型。但是也可以通过每一个学校的教育计划对集体型梦想进行定义，使其具有地方特色。集体型梦想的具体条件与含义将会影响现在生活在这个社会里的人，也会影响到未来将要来这里居住的人：社会是如何组织起来的，由此产生的社会结构是怎样的，产生的人际关系类型，为在不同社会角色之间建立合作关系而出现的对话类型，解决纷争的能力，促进价值与情感的表达，实现更高层次的自我。

在各种形式的社会多样性、社会参与的可替代性以及技术选择的丰富性的大背景下，集体型梦想应该创造条件，让个体结构型梦想含有更多的人性元素，更具多样性。如果集体型梦想基于自由与接纳他人的原则，以及围绕构建形成未来社会共识的探讨过程而形成，那么它将很有可能促进企业家构想有关提升社会福利的结构型梦想。如果一个社会致力于增进并拓宽对自身以及世界的了解，激发情感与梦想、幽默与冒险、信仰与希望的集体表达，并且尊重过去，再创未来，建设新社会，那么对于希望提高集体性的结构型梦想来说，这个社会更具有吸引力。未来似乎有社会同在，在社会中，体制结构使得人们得以协商进而达成共识。

六、创业教学：支撑创业发展的重要方法

建立创业教学法的目的是为了支持社会发展，促进社会融合。在创业教学法中，首先要建立集体型梦想，该梦想指的是用集体主义的方法定义

社会的未来。

（一）学校是社会的代表及缩影

在实施战略中，创业教育法利用现有的公共和私人学校系统，重视学校所发挥的作用——社会的代表。人们认为学校是获得能力以应对并建设未来的地方。从这个角度来讲，学校是一个缩小版的社会，能够帮助预测给定社会的未来模样。创业教学的一个特点是社会必须积极地作为学习者和支持者参与其中。社会是教育资料的来源，并且社会为教育设立目标，决定教育的用途。

集体型梦想构建社会未来的过程要求个体有投射性思维，通常情况下，社会现存的模式与结构中早已不存在这种思维。这种情况经常发生在发展中国家，例如巴西。所以从现实出发，社会成员为可能的和期望中的未来构建一种反思性关系至关重要。创业教学法为集体型梦想提供了一种环境，这种环境与人们集体设计自身的生活、生存和工作方式相关，也蕴含了新的知识形式。首先应该注意的是教育为了生活做准备，而不是为某个工作或者职业做准备。

（二）逐渐发展形成新的身份

学习环境应该培养并发展学习者的自信与自尊心。它应该使学生沉浸在学习体系中，在该体系中，学习者与世界的关系清晰易懂。有意义的教育应该考虑学习者的认知、情感与社会背景等因素。

在新的身份形成的过程中，儿童的成长必须是循序渐进的，并且必须与他们的过去保持连贯性，不应该完全拒绝过去。这里存在细微的差别。以循序渐进的方式形成新的身份可以缓解学习者与周边环境的紧张关系。儿童所获取的知识将帮助他们构建并践行个人的结构型梦想；而且可以随着儿童自信心的提升，激发儿童表现其创造力。

（三）文化根源：方法论的制约因素

一个国家发展进程的设计不但会影响企业家的社会角色，也会影响社会大多数成员所扮演的角色：每一个人都期望能够采取一定的创业行为。巴西急需创业教育，引入更多人力资本以发挥其创业潜能。否则，社会的一大部分领域将不能够得到机会创造收入，感受实现自我的满足感。尽管研究那些高收入、分配更均等、福利政策好、民主、创业精神可以自由表达的国家的经验很有趣也很有用，但是这些经验并不能应用于巴西。与每一个社会一样，巴西人的社会有着独特的特点、多样性、地区性以及复杂性，这些都需要发现与尊重。由于其多样性，巴西社会与文化结构富于创造性，但是由于历史原因，巴西的发展不均衡。巴西希望采取新的方式实现更好的发展，为创业教学法及其在基本教育体系[2]中的应用奠定坚实的基础。

还有其他的条件因素发挥作用。我们须研究巴西的教育体系。从历史的角度来说，由于意识形态与政治两极分化，缺乏民主实践与社会参与，教师价值被低估，教育体系经常受到威胁。不论从何种角度来看，教师、父母、社会从未参与到教育中或者从未参与确定学习需求；从这个角度来说，创业教学开辟了一片新天地。除了这些因素，我们还可以增加一些：缺乏对于创业精神的知识，对于创业精神的偏见，几乎未能意识到创业精神以及创业教育的重要性，未能意识到创业精神可能对于个人和发展的贡献。人们通常从负面的角度看待创业精神，认为企业家就是剥削、不道德的代表。

伦理道德也应该纳入考虑范围。创业教学是一个以发展为重点的教学法，创业教学将个体梦想应用的结果与社会和人类价值相联系，这种社会与人类价值能够提高社会的生活水平。我们的兴趣在于创业方法能够产生收入，分配由创业活动产生的财富。创业教学法必须促进产生更多的创业行为：它必须支持合作、民主与人性。个人梦想的施行应该可以提高社会的生活质量，推广社会道德与伦理价值。

七、创业教学法

创业家教学法为初等教育而设计，意在为青少年发展创造精神与创业精神夯实基础。

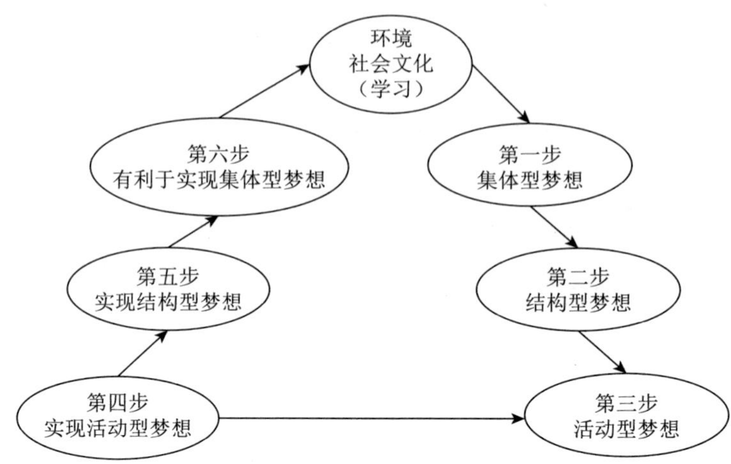

图 2–4　梦想形成的 6 个步骤与创业学习的循环

创业教学法向学生呈现一个学习计划，该计划设定两个目标：形成梦想与实现梦想。这是这个方法的基础。如图 2–4 所示，完成它们需要 6 个步骤。课时每周两小时，一年 40 周，这个计划应该构成学生课程的一部分，覆盖整个初等教育阶段。该计划可使用同样的原则延伸至高等教育阶段。一些学校中，甚至从幼儿园时期开始就使用了该计划或者在学前活动使用该计划。因此，该方法可从儿童 4 岁时开始使用，适用于高等教育结束前大概 16 岁或者 17 岁之前的每一个年龄段的学生。

每一个学年的教学任务包括“构想梦想并寻找实现方式”循环。但这个学年开始之初有一个问题：“你的梦想是什么？你怎么实现它？”，学期结束之时，学生需要做一个如下的自我展示：“这是我为构想梦想所做的，这是我构造梦想的过程，这是我实现梦想所做的事情。这是我已经实现的以及这是我仍然需要努力去实现的，这是我遇到的问题，以及我学到的经验，能帮助我更简单地解决问题。”

（一）课堂应用

2002 年 8 月，创业教学法在贫民窟劳德 · 韦拉 · 克鲁斯（Loud Vera Cruz）的市立学校 Israel Pinheiro 试点。阿德里安娜 · 莫拉（Adriana Moura）

在课程开始之时向学生提出两个问题："你们的梦想是什么？""你准备怎么样实现你的梦想？"（在巴西，学校或者家长几乎从来没有问过孩子这样的问题，大人遇到孩子的时候，一般会问比较寒暄的问题"你长大之后想做什么？"）

"我想卖毒品，"一个15岁的孩子回答道，"因为我妈妈快要饿死了。"这个学生想要成为巴西所谓的"飞机"——向消费者推销"商品"的人。这好像是他能想到的唯一能够赚钱让妈妈和家里其他孩子吃饱的方式了。

你能够想象课堂中老师的反应——她可能认为这是犯罪或者她可能向学生的妈妈伸出援手。也有可能老师会继续解释，例如如何算出平方根。

但是，这样的事情发生在创业教学法的课堂中—— 一开始学生将其称为"梦想课堂"——随后发生了两件事。

第一，走私毒品是一个学生的梦想，所以老师有可能讨论、评价然后摒弃这个梦想。第二，这个男孩的同学"进入"他的梦想。他们开始讨论并且提出建议：如果只是要解决一盘食物的问题，他必须考虑用其他方式获取这盘食物。然后他们想到一个办法：他们决定成立一家公司，生产清洁产品。他们共同设计了一个标志、一个文件夹和六件产品，科学老师建议了若干配方，之后"Tá limpo"（意为"十分干净"）牌的产品就产生了。这位学生不必进入毒品行业，而他的妈妈和弟弟妹妹也可以解决温饱问题了。

（二）倡议使用的创业教学法的过程及其使用的语言

创业教学使用的是清晰简单的语言，明确地表达了两个基本的问题：在你的梦想中，你未来想成为什么？要实现这样的梦想，你有什么计划？换句话说，你打算做些什么去实现你的梦想？创业教学法使用一系列的支持元素，主要是能做到的事情以及前几年其他学生所做到的事情的例子。

我们的想法开始于构建一种梦想，这种梦想能够简单地施行。例如，在贫困的社会中，结构型梦想可能就是给妈妈买食物，建造一间小小的房屋，为家庭买一个饮用水过滤器，设想一个庆祝生日的方式，去泳池或者买一双新鞋。随着学生的思想慢慢成熟，该教育计划将以当地企业家为例打造结构型梦想，但是在早期，目标是让学生通过实现简单、易完成的任务获得正面强化。

创业教学意在不断提高做出选择之时学生的自由度以及自信心。在构造结构型梦想、具体的活动型梦想以及努力实现这些梦想的过程中，儿童学习如何控制活动流程：如何设计并实施计划，成功实施计划需要的东西。他们学习如何开始并为自己的成果负责。教学练习邀请学生就几个方面进行预测性和系统性的思考：与自己水平相关的不断提升的复杂性以及将会影响未来活动决定的流程。对于创业教育项目的评价表明该项目对创业目的有一定的影响，因为它影响了感知行为控制（Fayolle et al.，2005）。

因此，基于梦想过程的创业学习循环可以如下 6 个步骤概括。首先，整个流程要在给定社会的文化和价值观下以及从显性或者隐性的结构型梦想开始。然后是结构型梦想的思考练习，该梦想呈现个体对未来的构想，包括自己想要的经历，想要成为什么样的人。个体可以形成可实现的活动型梦想，这有利于实现结构型梦想。这是项目的组成部分。接下来，个体努力实现这个活动型梦想，发现并学习实现活动型梦想所必要的东西。一个（通常是多个）活动型梦想的实现将会推动实现结构型梦想。实现结构型梦想有助于实现集体型梦想。学习任务开启，达到一个新的阶段，然后创业学习循环就再次重新开启。这些阶段之间关系的本质将决定能否形成创业型的特点以及这个特点的强烈程度。图 2–4 说明了这个过程。

上述学习的练习能够创造出多种形式的知识：懂得如何为人，懂得如何设计并执行活动，懂得如何去做，懂得如何去管理，懂得如何去学习，懂得如何与社会资本打交道并正确利用它。这些知识都是与创业精神相关的，人们称之为“创业的知识”或者“进取知识”。在梦想实现的情境之下，学生会获得该知识，并且在此情境之下，学生的舒适感会越来越强。集体型梦想、结构型梦想、活动型梦想的构想、执行与实现之间的矛盾应该达到一个阶段，在这一阶段，学生在创业设计循环的实践中，以及在实践创业活动之时，找到享受的感觉甚至是愉悦感。

活动型梦想与结构型梦想的实现之路，以及不断寻找实现梦想的方式都应该成为一种信息来源，这能够激发并维持高水平的积极性与情感，能够培养个体的锲而不舍与坚持不懈的精神，无论犯了什么错误，有多么困难，外界的压力有多大。从自己的错误中学习的能力有助于形成创业型知识，这与获取其他知识相比，是完全不同的体验，因为这不仅会影响学生获取知识与专业技能，而且会影响自我的形成。所以，个人经常显性或隐性地决定自己想要成为什么样的人（自己的梦想），不断对可以实现的事情做出评估。因此获取创业型知识意味着要做出一系列有关构建自我的决定。

创业型行为同样意味着创新——通过实现想象带来附加价值。这是另外一个可以影响将来要成为企业家的人在学习过程中如何获取知识的因素。详见图 2–5。

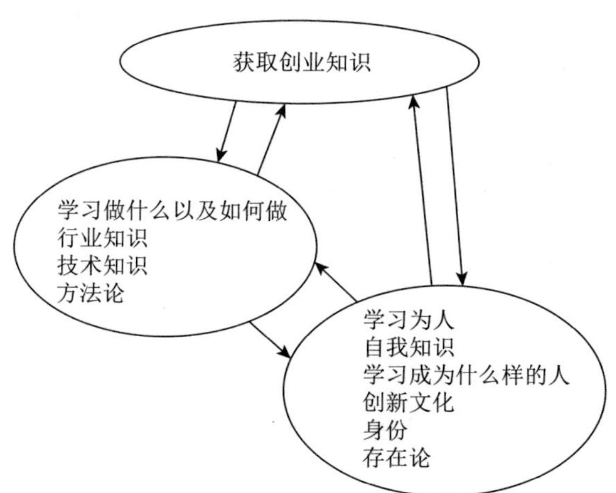

图 2–5 获取创业知识、认识论以及本体论

（三）努力实现梦想

创业教学法的动态包括创业学习循环，详见图 2–4：梦想以及寻求实现梦想。个体涉足实现梦想的任务之时，将要仔细思考梦想、环境以及个人的充分性。他们将以个人满足的方式努力去加深个人对知识以及对梦想环境的理解。

因此，他们将提升对周边他人和世界的意识。两个现象通常出现在学习过程中。第一是提升对自我、他人以及世界的意识；第二是个体需做出一系列有关自我以及即将执行活动的决定。

这能解释拥有创业精神的学生的焦虑经常保持在很高的水平。他们必须不断学习去决定将要做的事情。这些事情会影响他们所能达到的成就。与此同时，他们与其他学生一样获取专业知识和专业技能。与梦想一样，自我经历交替且持续地变化。这在图 2–5 中也有说明。创业的决定影响认识论后果以及本体论的效果，尤其是在创业之初时。

因此，创业知识的构成是动态的，并且经常会在很大程度上影响企业家的性格。这就使其成为教育的一个强有力的形式。对于有些学生来说，构想结构型梦想与活动型梦想轻而易举，但是实施并最终实现这些梦想对于大多数学生来说是最难的部分。这些必须符合个体的系统，让个体保持平衡的状态。我们称这个决定生成的过程为“人的生活生态系统”的构造（Filion and Dolabela，2000）。如果未来的企业家不学习如何和谐地做这些事情，那么他们将会遇到一段持续的困难时期，因为他们处在持续的失衡状态。

上述“生态系统”的构造是基础学习的一部分，基础学习对于掌握企业家技能是必要的，这需要对一个人的潜能有充分的了解，并且对如何利用自身有敏锐的判断力。基本的自我意识技巧是必须获得的。实现梦想有利于实现更卓越的成就。这样的动态系统告诉我们，梦想的构成和实现它的方式是一个无止境的过程。这是因为这个过程必须吸收并思考发生在梦想生活与环境中的改变。在螺旋式上升的运动中，所有部分都以原因—结果的方式相关联，这会逐渐形成一个人的创业系统。

因为创业精神属于行动派领域，构造梦想与实现梦想之间的联系是这个过程的核心。设计梦想的价值在于梦想的实施过程与梦想的最终实现。企业家是以行动为准则的，这是企业家的另外一个特点。管理教育体系中很少有其他领域要求思考活动的执行问题，也很少领域是以行动为准则的。

没有什么比这种联系更重要的了。这种联系几乎总是导致人们重新定义图 2–4 所示的梦想构造过程中的元素。一方面，梦想总是处于变化之中，另一方面，实现梦想所需的能力、资质以及资源也处于不断的变化之中。因此，没有什么是永恒不变的。创业的项目数量越多，创业的环境就会经历越多的变化。在这个过程中，创业者开始习惯处理各种充满不确定性与不可预测性的问题；这些成为创业唤醒的个性元素。

这就是需要创造性的原因，也是为什么创业者要学习很多关于什么是创造性事物的知识的原因。创业者通过创造性清楚地说明他们自己是谁，尤其是清楚地说明是什么让他们与众不同。这在构造梦想的过程中有所展现。这种“与众不同”的体现激发了创新能力，即做独特的事情。梦想的所有者总是会遇到一个问题：“下一步是什么？”。梦想的所有者有独立能力找到答案开始新的行动。简而言之，教学过程首要的是在梦想、梦想的执行与其实现之间建立联系。因为后者有不同的形式，包含动态元素。未来，构造梦想与实现梦想将不断从这些元素的基础上形成。

（四）教育材料[3]

教师的材料包括《创业教学法》（Dolabela，2003b），该书包含创业教学法理论和方法原则，这在前面部分有过总结。“笔记”（见附录 2.5）提供了一些练习，帮助教学者有效地在课堂上使用创业教学法。教师和学生可以阅读如下两本具有教育意义的小说：适合 10 至 15 岁学生的《魔力大桥》（*A Ponté mágica*）（Dolabela，2004）与适合 16 岁以上学生阅读的《路易莎的秘密》（*O Segre do de Luísa*）[4]（Dolabela，1999）。这些书籍为学生提供了丰富的阅读体验并且通过生动、现实的叙述讲解了创业活动与新企业的创建。教师将会发现这些材料具有激励意义，可以利用这些材料设计创新课程以及丰富多彩的教学环节。“梦想地图”（Dolabela，2002）是针对各个年级学生的引导书，通过一系列不同等级的练习，引导学生制定他们的梦想与创业设想并且描述具体实施这一创业设想的方法（Dolabela，2000b）。

（五）创业教学法（EPM）的应用

创业教学法或许是首个已经大规模应用于创业学习的方法。该方法为初等以及中等水平的学生设计，但现在仅用于初等水平的学生。大量人士投入精力研究如何将该方法应用于他们的学校中；数以千计的老师曾经使用过该方法。大量小学学生已经在课堂上对该方法有所接触。

该方法首次提出设计教学方法为学生成为企业家、成立公司打下基础。创业教学法认为创业精神是一种状态而非做事情的一种方式。该方法意在开发学生的创造潜能。该计划所涉及的因素，尤其是教师，说明该课程将会对一大部分学生成为企业家发挥作用。学生学习课程之后，创业行为有所体现，这说明大量的学生会在任何他们参加的活动或者任何工作的领域中以更加相似于企业家的方式行动。

他们将会接受并且支持其他企业家和那些想要做一些新颖的有创造性的事情的人。当然，成为企业家是学生的并且也只是学生的选择，但是当学生遇到机会选择一项技能或者专业活动，任何有关创业活动的事情都会成为他们诱发系统的一部分。

随着该项目不断扩大至巴西的其他领域，创业教学法通过教师工作坊宣传至其他地方。该工作坊向教师们介绍创业教学法并且提供训练课程以向学生讲授该课程。该方法的训练是民主的与交互的。整个过程并非强加在教师身上，而是教师们通过互相学习了解如何使用创业教学法。教师们创造自己的方式应用基本原则：他们可以原封不动地使用创业教学法，或者改造该方法，满足他们个人的需求。

此处没有其他方式。创业教学法应用领域广泛。另外，该方法处理的问题并非传统的认知内容。该方法要求教师要真正受到激励并且相信该方法的适合性与高效性。实施该方法所涉及的社会与政治因素不容小觑。通过突出的人文主义方法，创业教学法使个体做好准备，让他们通过同辈人，更重要的是通过牢记生活质量原则、民主实践以及社会偏见的消除而进行收入分配，从而积极参与到社会发展中。

（六）创业教学法应用成果：巴西巴拉那州的经验

创业教学法自 2003 年 9 月起实施，为史上首次投入使用，已经纳入巴拉那 Sebrae[5] 这一政府组织所提倡的当地主要的发展计划，在巴拉那州 123

座城市使用。这些入选城市最高 HDI-M[6] 指数为 0.800，每个城市建立一个当地领导人的民主大型组织——地方发展论坛，协调巴西中小公司支持机构的地方发展计划。

费尔南多 · 多拉贝拉协调创业教学法的实施工作，并且已有 16 名顾问接受了培训来管理和协调教师工作坊。Sebrae 资助此项目，总计 40 万美元。详见表 2–3。

表 2–3　2002 至 2004 年巴西巴拉那州通过 Sebrae 实施创业教学法数据

参与城市数量（座）	123
参与城市总人口（人）	2257150
参与学校数量（所）	1566
参与教师数量（人）	6352
参与学生数量（人）	173304
花费	US$ 400000

Sebrae 项目指南如下：

1. 创业教学法由参与学校的教师实施。在准备时，教师参加两种培训工作坊：

（a）方法工作坊：50 名教师学习如何在课堂上使用创业教学法。

（b）“繁殖”工作坊：训练来自第一个工作坊的 20 名参与者，让他们向其他老师们传授在方法工作坊上所涉及的内容。

参与第一个与第二个工作坊的教师数量与比例每个州之间不尽相同。例如圣保罗的圣若泽市（São José of Campos）拥有 2000 名公立学校教师。200 名教师参加了第一个方法工作坊，其中选出 20 人参与了“繁殖”工作坊。这 20 名教师随后为其余 1800 名教师提供方法工作坊中的内容。

这些教师从来没有参加过如此规模的此方面的培训。这种经历改变了教师对教学工作的看法，他们的动力以及参与度也因此得到了提高。

2. 创业教学法适合接受从学前教育到中等教育的学生。

3. 目标。

总体目标：从长远的角度来看，该方法意在引起文化变革，发展不同水平、层级的人的能力以促进经济、人类、社会的发展。

具体目标：发展学生创业能力，应用于任何合法的活动。

4. 参与城市需符合以下条件：

（a）正在实行促进当地发展的计划。

（b）HDI-M 最大值为 0.800。

（c）有一个机构（非营利性组织）代表。当地权力的构成（市长、行政机构）负责做出决定接受该计划，但是参与以及即将参与当地发展的当地各个组织的领导层必须致力于促进该计划的实施。

5. 巴拉那州巴西中小公司支持机构责任

（a）资助该计划。

（b）正如费尔南多·多拉贝拉教授的结论那样，教师成为教师的培训师。

（c）宣传该项目。

（d）提供地方政治上的协调。

（e）通过参与城市的评估报告，监测计划。

6. 城市责任

（a）动员每个参与城市当地发展的领导以及所有主要的组织。

（b）为教师培训工作坊、学生课程及教室协调必要的基础设施。

（c）通过每个市级行政区的学生监测计划内容的应用情况。

（d）学年末的时候完成 Sebrae 计划评估报告。

7. 任何城市若未能履行其责任，将禁止与 Sebrae 合作，时间可达两年。

8. 所有入选城市学校的教师受邀教授创业计划。

八、教师培训阶段

每个市政区域的领导人召开发布会介绍该计划。之后费尔南多·多拉贝拉介绍两种教师培训工作坊。

1. 发布会

受众：当地支持体系（政治、经济、社会领导人）

目标：坚定决心加以完成并支持创业教学计划

时长：2 小时

2. 方法工作坊

受众：学校负责人、监管人以及教师

目标：帮助教师以及教育者做好实施创业教育法的准备工作

时长：16 小时，即两天的沉浸式学习

最多参与人数：50 人

3.“繁殖”工作坊

受众：拥有培育能力的教师（从方法工作坊参与者中选出的子分支）

目标：通过培训，使教师成为其他教师的教练并且监控创业教学法的实施过程，借此使市区实现自给自足。

时长：16 小时，即两天的沉浸式学习

最多参与人数：20 人

实施过程中出现的问题主要是政治方面的问题，可以分为两类：

1. 反对使用结构性政治流程来支持发展。

2. 反对使用“创业”一词。左派人士以及认为创业与资本主义和剥削有关的人反对使用该词。

（一）评估

实施过程的每个阶段都对项目进行评估。

第一次评估：教师培训工作坊结束后开始第一次评估。评估内容包括对在工作坊上建议的创业教学法的实施过程进行优缺点的主观分析，目的是使教师在开始实施创业教学法之前对实施方法做调整。

信息来源：

- 教师与教育者
- 创业教学顾问
- Sebrae 专家

第二次评估：第二次评估需衡量该项目主要参与人员与赞助商的满意程度。2005 年计划由 Sebrae 资助。

通过采样的方式，向参与人员分发调查问卷：此培训的支持者、教师与学生。评估应强调项目各类人员之间的关系。

以下为须评估的方面的范例：

1. 学校与代表教育部的当地部门之间的关系（地方不同，该部门设置有所不同）；

2. 代表教育部的当地部门与市政府之间的关系；

3. 教师评价创业教学法；

4. 学生评价创业教学法；

5. 师生关系；

6. 学生与家人的关系：针对学生的变化，家人对此的看法；

7. 家庭与创业教学的关系：家人对创业教学法的看法；

8. 学校与社区的关系：创业教学如何改变学校与社区之间的关系？

这些经验表明教师可以轻松地理解这些过程，不论在哪里提出创业教学，他们都可以精力充沛地投入工作开展创业教学。在许多情况中，他们也开始构想并施行他们自己的梦想。

是否实施创业教学法要留给校方或者接受培训的教师决定，而不是教育统治集团。这证明是适合该计划的本质的。教师根据是否需要将生活技能获取纳入学生的课程之中，如创业教学法所建议的，做出决定是否采用创业教学法。

教师们积极主动并且充满激情，一致决定采用该计划。社会的参与和大众的意愿将激发学生表现创业潜能，这种潜能进一步证明创业教学法的有效性。一般的看法是该计划使学生有机会获取其他的对生活有用的方法。

创业教学法已经产生了卓越的成效。效果远比预期要好，这说明或许巴西正在进行基础教育变革。在每一个实施创业教学法的学校，学生辍学率有所降低，学业成绩有所提高[7]，学生表示更愿意去学习。这些结果为继续发展和扩展创业教学法提供了有力的支持。

九、结论

教育应该推动发展社会主要的自然资源之一：人力资源。这说明儿童的发展不仅涉及教师，其他人也在其中发挥着作用，尤其是父母与在社会经济发展中做出贡献的人。

创业教学法背后的思想在于利用最好的人力资源去帮助架起桥梁，这座桥梁将使得创业教育自主建立并且开始发展。这个角度说明人们认为合作中的共同兴趣点有助于帮助他们放下个人差异。在选择使用创业教学法时，参与初等和中等教育的人表示他们决心应用图 2–4 所示的构造梦想六部曲。在中等教育中，该计划有助于建立实体商业公司，学年末时，学生可以在学校活动中出售自己的产品。

创业教学法的主要创新之处在于利用社会因素发展集体型梦想，并且探讨人们理想中的世界类型。很明显，如果一个国家不断意识到需要提高生活质量、个人安全以及机会的均等性，那么该方法将有助于增加这个国家公共部门的合法性。创业教学法帮助在社会缩影中就教育计划构建社会共识，这种教育计划可以在教育体系中实施。可将该过程扩大并应用于社会其他领域。

另外，教师与教育体系的高效性也是其中一大益处。教育通常是为了维持并巩固已有的社会秩序，但是当一个国家正处于快速发展的阶段时，例如巴西，教育便成为支持社会快速变革的核心因素。创业教学法意在为更多的学生——想要开始构造梦想并且想让梦想实现的学生——打造一条自由之路。该项目应该提高人们的自尊心以及对自己命运的把控力。

创业教学法的首要贡献是针对学生的，这些学生在毕业之时会掌握一系列知识，让他们能更好地做好准备步入当今的社会。希望该计划能够鼓励更多的人承担社会责任并且为社会做出贡献。创业教学法不仅意在提高成就感与创业意识，并且意在提高学生对伦理与社会的关注。

根据城市以及课程水平的不同，创业教学法将需要做出改进与进一步的调整。已经参与到计划中的人支持在其他学校应用该方法。他们希望该计划每年都能以相同的程序运行：构造梦想与实施梦想。很明显上述的需求只有一部分被满足了。该计划为进一步发展教育方法与资料打开了新视角，该方法与资料将会引导学生对自我、自己的未来做出评价并且发展他们的想象力，给他们提供工具，更好满足他们对于成就的渴望。本文所描述的实验也许在世界上是绝无仅有的，并且可以作为其他教育体系转型的参考，适用于新兴经济体以及希望恢复本国最大的自然财富——人力资源的创业潜能——的开发的国家。

该实验基于系统而富于想象力的理论，在该理论中，首先，创业精神是思考与行动的一种方式，可以习得。如果想要进一步研究，创业与教育领域需要新的调研。在创业精神中，需要更好理解开发前瞻性思维的步骤。在教育中，智力发展的不同步骤之间的关联必须通过借鉴例如皮亚杰模式以及学习方法加以阐明。此类学习方法是最适合介绍创业及前瞻性思维的方法。

注：

1. 非常感谢朱迪思·里歇尔（Judith Richer）的评论、提问以及对本文的特别修订。

2. 巴西的“基础教育”包含：学前教育（3 个年级，适合 4~6 岁），初等教育（8 个年级或者 9 个年级，适合 7~14 岁），中等教育（3 个年级，适合 15~17 岁）。

3. 本章末尾处的附录 2.1~2.4 是对涉及创业教学法书籍的总结。附录 2.5 描述了“笔记”。“笔记”是在课堂上配合创业教学法应用的一系列教学练习。

4.《路易莎的秘密》（*O Segredo de Luísa*）是巴西人创作并出版的最畅销的书籍，截至 2004 年，已销售 10 万册。

5. Sebrae 是一个政府组织，支持中小企业的发展。

6. HDI-M（人类发展指数 – 市政）是由教育指标（读写能力以及上课频率）、寿命长度、一个城市人口的收入等数据库数据得出。

7. 数据尚在收集之中，届时将会公开。

参考文献

Béchard, J.–P. and Grégoire, D. (2005), 'Entrepreneurship education research revisited: the case of higher education', *Academy of Management Learning and Education*, **4** (1), 22–43.

Block, N. (ed.) (1981), Imagery, Cambridge, MA: MIT Press.

Bruyat, C. and Julien, P.–A. (2001), 'Defining the field of research in entrepreneurship', *Journal of Business Venturing*, **16** (2), 17–27.

Cantillon, R. (1755), *Essai sur la nature du commerce en général*, London: Fletcher Gyles. (Also edited by Henry Higgs, London: Frank Cass, 1931) .

Checkland, P. (1999), *Systems Thinking, Systems Practice*, 2nd edn, New York: Wiley. Dolabela, F. (1999), O Segredo de Luísa, São Paulo: Cultura Editores.

Dolabela, F. (2000a), *Oficina do Empreendedor*, São Paulo: Cultura Editores.

Dolabela, F. (2000b), *A Vez do Sonho*, São Paulo: Cultura Editores.

Dolabela, F. (2002), *Empreendedorismo. A Viagem do Sonho*, Brasília: AED (Agência de Educaçao para o Desenvolvimento) .

Dolabela, F. (2003a), *Empreendedorismo. Uma Forma de Ser*, Brasília: AED.

Dolabela, F. (2003b), *Pedagogia empreendedora*, São Paulo: Cultura Editores. Dolabela, F. (2004), A Ponte mágica, São Paulo: Cultura Editores.

Fayolle, A. (1999), *L' ingénieur entrepreneur français. Contribution à la compréhension des comportements de création et reprise d' entreprise des ingénieurs diplômés*, Paris: L' Harmattan.

Fayolle, A. (2003), *Le métier de créateur d'entreprise. Les motivations, parcours et facteurs clés de succès*, Paris: Éditions d' organisation.

Fayolle, A. (2004), *Entrepreneuriat. Apprendre à entreprendre*, Paris: Dunod.

Fayolle, A., Gailly, B., Kickul, J., Lassas-Clerc, N. and Whitcanack, L. (2005), 'Capturing variations in attitudes and intentions: a longitudinal study to assess the pedagogical effectiveness of entrepreneurship teaching programs', ICSB World Conference,

Washington, DC, 15–18 June (published in CD-ROM Conference Proceedings) .

Feather, N.T. (ed.) (1982), *Expectations and Actions: Expectancy-Value Models in Psychology*, Hillsdale, NJ: Erlbaum.

Filion, L.J. (1988), 'The strategy of successful entrepreneurs in small business: vision, relationships and anticipatory learning', PhD thesis, University of Lancaster, UK (UMI 8919064) .

Filion, L.J. (1989), 'The design of your entrepreneurial learning system: identify a vision and assess your relations system', Third Canadian Conference on Entrepreneurial Studies, University of Calgary, 28–30 September (Best Paper Award of the Conference. Published in J.G.M. McKirdy (ed.) (1989), P*roceedings of the Third Canadian Conference on Entrepreneurial Studies*, pp. 77–90) .

Filion, L.J. (1991a), 'Vision and relations: elements for an entrepreneurial metamodel', *International Small Business Journal*, **9** (2), 26–40.

Filion, L.J. (1991b), *Vision et relations: clefs du succès de l'entrepreneur*, Cap Rouge, Quebec: Éditions de l'entrepreneur.

Filion, L.J. (1998), 'Entrepreneurship: entrepreneurs and small business owner-managers', in P.A. Julien (ed.), *The State of the Art in Small Business and Entrepreneurship*, London: Avebury, pp. 117–49, 428–40.

Filion, L.J. (1999), Self-Space and Vision, Sixth International Conference of the United Kingdom Systems Society (UKSS), Lincoln, UK, 5–9 July in A.M. Castell et al. (eds) *Synergy Matters*, New York and London: Kluwer Academic/Plenum, pp. 613–18.

Filion, L.J. (2004), 'Operators and visionaries: differences in the entrepreneurial and managerial systems of two types of entrepreneurs', *International Journal of Entrepreneurship and Small Business*, **1** (1), 35–55.

Filion, L.J. (2005), *Pour une vision inspirante en milieu scolair*e, 2nd edn, Cap Rouge, Quebec: Presses Inter Universitaires.

Filion, L.J. and Dolabela, F. (eds) (2000), *Boa Idéia! E Agora? Plano de Negocio, o caminho mais seguro para criar a gerenciar sua empresa*, São Paulo: Cultura Editores.

Fishbein, W. (1981), *Sleep, Dreams, and Memory*, New York: Spectrum Publications Medical and Scientific Books.

Freud, S. (1955), *The Interpretation of Dreams*, New York: Strachey (original German edition, 1900) .

Gollwitzer, P.M. (1999), 'Implementation intentions: strong effects of simple plans', *American Psychologist*, **54**, 493–503.

Julien, P.–A. (2005), *Entrepreneuriat régional et économie de la connaissance: une métaphore des romans policiers*, Sainte-Foy, Quebec: Presses de l'Université du Québec.

Kao, R.W.Y., Kao, K.R. and Kao, R.R. (2002), *Entrepreneurism: A Philosophy and a Sensible Alternative for the Market Economy*, London: Imperial College Press.

Kao, R.W.Y., Kao, K.R. and Kao, R.R. (2004), *An Entrepreneurial Approach to Stewardship Accountability*, Singapore: World Scientific Publishing.

Klinger, E. and Cox, W.M. (eds) (2004), *Handbook of Motivational Counseling: Concepts, Approaches and Assessment*, Hoboken, NJ: Wiley.

Lundström, A. and Stevenson, L.A. (2005), *Entrepreneurship Policy: Theory and Practice,* New York: Springer/ISEN.

McClelland, D.C. (1961), *The Achieving Society*, Princeton, NJ: Van Nostrand (also, 2nd edn, 1976, New York: Irvington) .

Oetingen, G., Pak, H. and Schneller, K. (2001), 'Self-regulation and goal-setting: turning free fantasies about the future into binding goals', *Journal of Personality and Social Psychology*, **80**, 736–53.

Piaget, J. (1962), *Plays, Dreams and Imitation in Childhood*, New York: Norton.

Rabin, A.I. (ed.) (1981), *Assessment with Projective Techniques: A Concise Introduction*, New York: Springer. Richardson, A. (1969), Mental Imagery, New York: Springer.

Roberts, J. (2004), *The Modern Firm*, Oxford: Oxford University Press.

Say, J.B. (1803), *Traité d'économie politique, ou, simple exposition de la manière dont se forment, se distribuent, et se consomment les richesses (A Treatise on Political*

Economy; Or the Production, Distribution, and Consumption of Wealth), New York: Augustus M. Kelley, 1964 (1st edn, 1827, English translation) .

Say, J.B. (1996), *Cours d' économie politique et autres essais*, Paris: GF-Flammarion.

Schmuck, P. and Sheldon, K.M. (eds) (2001), *Life Goals and Well-Being: Towards a Positive Psychology of Human Striving*, Seattle, WA: Hogrefe and Huber.

Schumpeter, J.A. (1934), *The Theory of Economic Development*, Cambridge, MA: Harvard University Press (original German edition, 1912) .

Segal, B., Huba, G.J. and Singer, J.L. (1980), *Drugs, Daydreaming, and Personality: A Study of College Youth*, Hillsdale, NJ: Erlbaum.

Semeonoff, B. (1976), *Projective Techniques*, London: Wiley.

Sexton, D.L. and Smilor, R.W. (1997), *Entrepreneurship 2000*, Chicago, IL: Upstart.

Shane, S.A. (ed.) (2002a), *The Foundations of Entrepreneurship*, vol. 1, Cheltenham, UK and Northampton, MA: Edward Elgar.

Shane, S.A. (ed.) (2002b), *The Foundations of Entrepreneurship*, vol. 2, Cheltenham, UK and Northampton, MA: Edward Elgar.

Shane, S.A. (2003), *A General Theory of Entrepreneurship: The Individual-Opportunity Nexus*, Cheltenham, UK and Northampton, MA: Edward Elgar.

Shane, S.A. (2005), *Finding Fertile Ground: Identifying Extraordinary Opportunities for New Ventures*, Upper Saddle River, NJ: Wharton School Publishing.

Singer, J.L. (1973), *The Child's World of Make-Believe: Experimental Studies of Imaginative Play*, New York: Academic Press.

Singer, J.L. (1981), *Daydreaming and Fantasy*, Oxford: Oxford University Press.

Singer, J.L. and Pope, K.S. (1978), *The Power of Human Imagination: New Methods in Psychotherapy*, New York: Plenum Press.

Snyder, C.R. (1994), *The Psychology of Hope: You Can Get There from Here*, New York: Free Press.

Timmons, J.A. (2004), Opportunity recognition, in W.D. Bygrave and A. Zacharakis (eds), *The Portable MBA in Entrepreneurship*, Hoboken, NJ: Wiley.

Van der Horst, R., King-Kauanui, S. and Duffy, S. (eds) (2005), *Keystones of Entrepreneurship Knowledge*, London: Blackwell.

Winget, C. and Kramer, M. (1979), *Dimensions of Dreams, Gainesville*, FL: University Presses of Florida.

Wong, P.T.P. and Fry, P.S. (eds) (1998), *The Human Quest for Meaning: A Handbook of Psychological Research and Clinical Applications*, Mahwah, NJ: Erlbaum.

附录 2.1:《创业教学法》(*Pedagogia empreendedora*)(作者：费尔南多·多拉贝拉)

《创业教学法》描述了为巴西基础教育（从幼儿园到中学，即 4~17 岁这一阶段的教育）开发的一种创业教学法方法论。

该教学法于 2002 年试点，已经在 121 座城市开展，涉及 1 万名教师和 3 万名学生，影响了 250 万的人口，包括米纳斯吉拉斯州、圣保罗州、巴拉那州和南里奥格兰德州。

这本书所要面对的挑战是什么呢？在存在巨大的收入、权力和知识差异的巴西社会中建立新的价值观念。以梦想作为本书讨论的轴心，创业教学法的目的是为了激发形成结构型梦想，帮助梦想者实现梦想。

这一方法论基于社会融入 / 社会发展的概念，致力于提高作为创业基石的企业精神（尽管创业通常被视为经济的增长）和各领域的人类活动之间的联系。该方法论的中心思想是，巴西的创业应当通过社会发展消除贫穷。如果不这么做，很大一部分巴西人将会一直得不到收入的提高，无法从社会财富增长中获益。

全书共计 140 页，由 Cultura Editores 于 2003 年 8 月出版。

附录 2.2:《路易莎的秘密》(*O Segredo de Luísa*)(作者费尔南多·多拉贝拉)

《路易莎的秘密》出版于 1999 年 6 月，随即就成为畅销书。作者以小说的形式撰写这本著作，因为他认为创业的内容作为一种文化过程必须采用与纯粹知识完全不同的方式传达。这本书浅显易懂，引人入胜。在阅读完这本书之前，读者就完全沉浸在创业文化中了。

全书共计 320 页，由 Cultura Editores 于 1999 年 6 月出版。销售量：10 万册。

巴西畅销书。

附录 2.3:《神奇之桥》(*A Ponte mágica*)(作者：费尔南多·多拉贝拉)

《神奇之桥》这本书也是一本与《路易莎的秘密》类似的教育类小说。这本书主要是为 11~15 岁的初等教育阶段的学生而写。这一年龄段的学生充满激情和创造力，随时都有可能将梦想转化为现实。

全书共计 166 页，由 Cultura Editores 于 2004 年出版。

附录 2.4:《梦想地图》(*Mapa dos Sonhos*)(作者：费尔南多·多拉贝拉，2002)

《梦想地图》是一本完整的创业教学法项目的学生指南，提供了一份简洁的、结构完整的记录文档，在此文档中学生描绘了他们的梦想并且详细地记录了他们为实现梦想所要采取的路径和方法。这本指南详细记录了学生们如何完成目标、该学习哪些内容以及他们将利用的资源。

《梦想地图》没有公开出版，仅向实施创业教学法的学校提供。作为一种开放资源，教师可根据各自需求加以修改。

附录 2.5：教学材料："笔记"(作者：科迪·罗德里格斯、塞尔吉奥·戈迪尼奥奥利维拉、若泽·爱德华·多维迪加尔、西尔维亚·萨内蒂、玛格达·玛丽亚·梅内塞斯、罗马尼亚·艾拉·莫赖斯、罗米尔达·雷贝洛·杜阿尔特、克拉拉·阿马拉尔·坎波斯、费尔南多·多拉贝拉)

"笔记"这本材料包含用于帮助教师实施创业教学法的练习内容。这些练习旨在开发菲利翁（1991a；1991b）提出的支持要素：远景、关系、自我概念、领导力和自我空间。这些材料可以帮助学生实现梦想。

本材料包含 14 份笔记，分别对应基础教育中的每一个阶段。每份笔记包含 40 个练习，分别对应 14 周的项目周期。一共包含 560 个练习。

这本笔记为开始实施创业教学法的教师提供了课堂教学的有力工具。然而，随着教师经验的积累，他们也可以自己制作练习材料，以更大程度满足学生的现实需求。

第三章 全球视角下的创业性别差异：对创业教育和创业项目规划的影响

西尔维亚·马克斯菲尔德

忽视女性的经济活动，在道义上是站不住脚的，在经济上也是荒谬的。

——布拉德福特·莫尔斯（Bradford Morse）

联合国开发计划署

当代研究突出女性以创业者的角色在美国、加拿大以及英国等国发挥的作用（Carter and Anderson，2001；Domeisen，2003；National Foundation of Women Business Owners，1996）。在更为贫穷的国家，似乎参与创业活动的女性更少，尽管各国女性创业者的比例差异非常大。创业性别差异衡量男性和女性在参与创业活动中的数量差异。最新数据显示，创业性别差异最显著的国家为波兰、阿根廷、挪威和希腊，而差异最不显著的国家包括南非、秘鲁、葡萄牙和日本（Minniti et al.，2005）。如何解释不同国家之间的创业性别差异呢？世界各国的教育组织和政府机构通过一系列的项目和政策积极参与到创业宣传中，那么，又该如何解释这种差异呢？

创业政策和教育项目通常从一个国家传导至另一个国家，很少会因为性别产生不同。但是，如果创业活动的动力因性别、国家文化或经济状况而产生不同，那么，相似的政策可能在某些国家产生好的效果，而在其他国家则相反。如果我们可以解释创业性别差异中的不同，那么我们就可以更好地设计教育项目和政策，提高女性的创业参与度。本章考察并总结女性创业的五类促进因素研究，简要调查当前针对女性创业家的项目如何应对这些不同的促进因素。

一、全球范围内的女性与创业

尽管女性在创业家和小型企业所有者中占据了重要的地位，但在创业研究方面，性别一直为人们所忽略。直到20世纪80年代，大多数的创业活动研究仍对性别置若罔闻。通过学术期刊文章的调查发现，学术研究中，对女性创业家的关注不到百分之十（Baker et al.，1997；Brush and Edelman，2000；Gatewood et al.，2003）。在那些考察或包含女性创业的研究中，仔细翻阅也可能会揭示出在一般文献中同样可以发现的存在于美国和西欧国家中的地理偏见（Audretsch，2002；Thomas，2000）。对于有兴趣探索国家背景、性别和创业之间相互关系的学者来说，这方面的文献非常稀少。

在现在统称的盎格鲁 – 撒克逊国家，如美国、挪威和新西兰，开展的一项研究表明，在创业人群中，人口特征和创业流程不会因为性别产生多大差异（Alsos and Ljunggren，1998；Brush，1992；Hisrich，1986）。其他研究表明，在创业活动中，创业动机和成功 / 阻碍因素可能具有较大的性别差异。米勒（Mueller，2004）总结认为，创业的回顾性研究几乎没有发现性别差异，而前瞻性研究和理论却表明在创业动机和成功因素上存在着性别差异。米歇尔等人（Mitchel et al.，2000）发现，用来评估进入创业流程的潜在性的心智模式很少会受到国家文化之间差异的影响，但是在人们一旦选择创业时文化确实会影响创业者的行为。国家文化中的差异极大影响着米歇尔等人提出的所谓“意愿脚本”和“能力脚本”。关注动机和成功的相关因素，我们就必须要关注一些与文化无关但却可能与疆域有关的因素，例如社会学习、刻板印象、过往经验和模范作用。

在全球背景之下，现有的女性创业研究大体分成两个派别：以国家为基础的女性创业研究使用调查和 / 或访谈的形式收集女性创业的数据（Das，1999；de Groot，2001；Hatun and Ozlen，2001；Hisrich and Fulop，

1994/95；Hisrich and Ozturk，1999；Izyumov and Razumnova，2000；Lee，1997；Lerner et al.，1997；McElwee and Al-Riyami，2003；Mitchell，2004；Mroczkowski，1997；Neaerchou-Ellina and Ioannis，2004；Scheela and Van Hoa，2004；Siu and Chu，1994；Zapalsak，1997）。这些研究重点在于考察女性创业的人口统计，创业动机的等级排序（列表选项一般取决于研究内容），和/或评估女性创业中不同的成功/阻碍因素的强度（或多或少为开放式选项）。尽管这并非为了进行统计学特征显著的不同国家之间的比较，将这些研究视为一种类型凸显了这些研究中的一些共同主题。诸多此类研究中的一个严重不足，在于很少有学者试图寻找女性和男性创业人群中的相似之处和差异。

当前研究采用的第二种方法利用各种不同的数据源来量化考察女性创业中不同国家之间的差异模式。由于案例研究在方法上有助于生成假设，而大数量（Larger-n）研究有助于检验假设，寻找这两种研究方式中的一致性将有助于我们确定一致的发现和首要的主题，并凸显未来研究的议题（Rosa et al.，1994，p. 32）。

以跨国视角对这两种性别和创业研究方式的考察，突出了五类可能导致创业性别差异的变量，即经济必要性、企业融资可得性、社交网络的性质、认知特征和国家文化。

二、经济必要性和创业性别差异

人均国内生产总值（GDP）是一种衡量国家经济财富的方式，很显然，也塑造了创业性别差异。在不同收入水平的国家中，相比男性，经济必要性是女性的创业活动中一个更强的决定因素。明尼蒂和阿莱纽斯（Mimiti and Arenius，2003）以及明尼蒂等人（Minniti et al.，2005）使用相关性来描述女性创业家的一些特征。这些研究重点研究作为整体创业活动中的一部分的男性和女性创业活动。他们展示了国家收入水平对女性创业活动的影响呈U形；相比低收入或高收入国家，中等收入国家的女性更容易回避参与创业活动；创业活动中的性别差异在中等收入国家最显著，在高收入国家最不显著。这一结论重复了其他研究人员的发现（Verheul et al., 2005）。

在不同收入水平中，相比男性，经济必要性是女性创业活动中一个更强的决定因素，尽管这一汇总结论极大地受到了贫穷国家高水平的经济必要性的影响。这一结论与以国家为基础的女性创业案例研究得出的结论一致。在巴基斯坦、阿曼、南非、波兰和俄罗斯等国的女性创业活动的研究（Izyumov and Rzumnova，2000；McElwee and Al-Riyami，2003；Mitchell et al.，2000；Ylinenpaa and Chechurina，2000；Zapalsak，1997）中，女性认为，财政必要性和 / 或失业或不充分就业是一系列因素中导致创业活动的强烈的动机因素。南非和波兰的研究（Mitchell et al.，2000；Zapalsak，1997）比较了女性和男性人口，为经济必要性是女性创业活动中一个更强的决定因素这一观点提供了支持。

我们对经济必要性和创业性别差异的了解将帮助我们确定创业教育和规划的重要目标群体。直到最近，多数针对女性的创业教育和规划均出现在富裕国家。从 20 世纪 90 年代中期开始，一小部分举措倡议帮助和鼓励贫穷国家的女性参与创业活动。这些倡议最重要的力量来自于跨国政府机构，通常与各国政府协作实施新的倡议。在联合国系统内，一系列组织机构为女性创业项目提供支持。例如，联合国妇女发展基金会在全球有若干名区域项目咨询专家，寻找有创意的倡议并提供资金援助，以接触更大数量的女性创业家。联合国工业发展组织也为工业领域的女性创业家提供协助。

国际劳工组织和非洲发展银行在三个非洲国家为女性创业家设立了一个项目，经济合作与发展组织也为中东和北非的女性创业发展提供资金和指导帮助。作为世界银行的对私融资机构，国际金融公司也为包括南非等贫穷国家在内的女性创业家提供多个项目支持。在 2006 年初举行的第三届性别平等千年发展目标大会上，世界银行行长保罗 · 沃尔福威茨（Paul Wolfowitz）在发言中表示该组织致力于“性别主流化”时，展示了一名来自卢旺达的女性创业家的例子，指出要帮助女性在基础设施、能源和交通领域获得更多资源。

三、企业融资和创业性别差异

女性创业家比男性使用较少的创业启动资金。常见的解释认为，女性比男性更少获得企业投资（Brush et al.，2003）。尽管女性创业家寻求融资，但相比男性却不太容易获得或获得的数量较少。大量的以国家为基础的研究考察了促进或阻碍创业成功的因素，这些研究均证实了上述观点。在土耳其、塞浦路斯、匈牙利和俄罗斯开展的研究（Hatun and Ozlen，2001；Hisrich and Fulop，1994/95；Hisrich and Ozturk，1999；Izyumov and Razumnova，2000；Ylinenpaa and Chechurina，2000）均认为获得融资的难度极大阻碍了创业的成功。在 12 个国家进行的以国家为基础的研究中，在初创企业和成立已久的企业中，女性最常谈及的企业成功因素就是融资的难度。

同时，诸多原因使得女性获得更少的企业融资。她们担心在创业融资的分配上容易遭遇偏见。这种担心是有道理的。联合国工业发展组织（UNIDO，1995）的报告认为："尽管有证据表明女性的贷款还款率高于男性，但是，通常由于银行和借贷机构的偏见，女性往往在申请信贷上遇到更多的困难。"女性创业背后的金融问题还有一部分是由于，相比男性，女性创业活动的资本集中性程度较低，这是由吸引女性创业的领域而引起的（这些领域包括小规模零售业、教育和其他服务业）。银行可能没有评估这类企业信用的专业知识。一般说来，女性财富较少，因此没有太多抵押可以向融资机构申请贷款。另外一种针对此种金融差异的解释认为，女性更加不愿意承担金融风险，试图以"更少资金做更多事情"的方式避免增加金融负担（Kickul and Titus，2005）。在更为贫穷的国家，人们通常通过非正式的融资网络获得融资。在一些国家文化中，女性可能没有接触这类网络的有效机会。

在更为贫穷的国家，最为活跃的女性创业家的创业规划就是小额信贷。在这个领域，我们发现了大量的参与者，包括跨国机构、国家政府机构、私人企业和非政府组织。有很少比例的小额信贷以女性为对象。例如，2001 年，委内瑞拉设立了一家名为 Banmujer 的针对女性的小额信贷机构，这是一家专为女性设立的开发银行。孟加拉乡村银行（Grameen Bank of Bangladesh）是最早一家为低收入和中等收入国家提供小额信贷的企业之一。尽管这家银行并没有明确将女性作为主要目标，但是女性占据了它的小额信贷客户中的绝对主体。2005 年是联合国“小额信贷年”，这是一项由联合国、VISA、ING（荷兰国际集团）和花旗集团赞助的倡议。这项倡议包含一个隐含的女性主题，并由娜内・安南（Nane Annan）提出。娜内・安南是一名律师和画家，并且是联合国秘书长安南的妻子。她说道，“我希望国际小额信贷年能够为更多女性接触小额信贷服务提供机会，让她们为自己和家庭实现愿望和理想。”（Annan，2005）大约有 60 个国家加入了这项倡议并详细列明了小额信贷工作。仅有少数国家报告了针对女性的小额信贷项目。墨西哥提到了该国的“第二届女性赋权大会”。毛里塔尼亚和毛里求斯报告了在纺织行业发起了针对女性的小额贷款的推广工作。摩纳哥强调了该国在达喀尔地区针对女性合作经营企业开展的小额贷款的支持工作。中国在大会上报告了其对一家亚洲区域性大会的支持，以探索针对女性的小额贷款经验。安哥拉强调了该国的内政部和女性促进计划在小规模商业、农业和渔业融资中发挥的作用。

针对女性的小额贷款项目面临若干挑战。除非这些项目十分灵活，并且可以让农村地区的女性受益或在极度贫穷的区域让女性就近受益，否则这些最贫穷的女性依然面临金融障碍。另一项挑战就是如何为女性企业的成长提供支持。除了惠及某一位女性企业家之外，小额贷款很少能够为其他人创造就业机会。有鉴于此，国际劳工组织和非洲发展银行在 2004 年联合发起了一个项目，评估一个由埃塞俄比亚、坦桑尼亚和赞比亚三国专门设立的女性企业成长定位项目。越来越多的人呼吁解决“失去的中间层”问题——较大型的女性企业有能力提供就业岗位，并且有助于经济的增长和多样化。

各国政府应当与国际组织合作，确保为成长定位型企业提供资金支持，利用小额贷款项目支持小微企业的发展，正如全球银行业女性联盟所做的那样。全球银行业女性联盟（Global Banking Alliance for Women）是在2000年经济合作组织大会上的产物。这家机构坐落于华盛顿世界银行下辖的国际金融公司内。各国政府也应当考虑为银行的贷款发放机构设定目标，为女性经营的成长定位型企业提供支持。

在某些情况下，正式的或非正式的针对女性财产权的偏见也会阻碍女性获得融资。若女性的继承权或财产持有权遭受质疑，那么创业教育或规划将不会成功，因为一旦该类权利遭受质疑，她们的行动将会受限，并不被允许或鼓励通过获得国家身份认可证明来参与公共生活。

四、社交网络和创业性别差异

通常说来，企业家们认为其他企业家或相关领域的专业人士的社交网络在创业过程中发挥了积极的作用。在大数量量化研究中，明尼蒂等人（Minniti et al.，2005）对社交网络的作用提出了一个有趣的猜想。《全球创业观察》（Global Entrepreneurship Monitor）的研究认为，尽管大量数据表明其他企业家的社交网络是男性和女性创业中的一个非常重要的决定因素，但是女性的网络却有所不同。这份研究报告声称，这种差距在低收入国家表现得十分突出。在低收入国家，相比男性，女性的社交网络比较小，更容易形成地理集聚。明尼蒂等人（2005）进一步猜测，在这些国家，相比男性，女性也更倾向于将社交网络替代正式的法律合同[1]。

因为一项以国家为基础的案例研究，女性用社交网络替代法律合同这一猜想出现了一个有趣的转折。斯切拉和华（Scheela and Hoa，2004）利用开放式访谈在越南研究了四位女性企业家。这项研究突出了与政府人员建立的社交网络在女性企业家心目中的重要性。该研究总结认为，由于政府机构十分弱小，在越南，成功的女性企业家依赖与政府官员建立社交网络来为自己的企业赢得许可和支持。这项研究的作者发现了明尼蒂等人（2005）同样发现的一个潜在问题：薄弱的法律和官僚环境。这就提出了一个有趣的问题：这一因素是否对男性和女性的影响有所不同？由于这项越南的研究没有比较男性和女性，我们很难对性别与企业经营和国家政治环境之间的相互关系作出结论。

《全球创业观察》发布的报告在结尾建议“在更大范围内”考查女性的作用（Minniti et al.，2005，p. 24）。这一说辞暗含着创业性别差异是否存在于社会结构中这一问题的答案。

许多针对贫穷国家的女性创业家而发起的倡议关注女性的社会环境和社交网络建设。在发展中国家，女性的创业活动经常与男性不同，表现在与日常家庭生活的融和水平。拥有小商店或食品加工企业的女性可能将家庭和商业资源混杂在一起。在贫穷国家，针对女性发起的创业项目，通过教导女性分离账户可能有助于将家庭和企业分开。类似的项目曾在菲律宾开展过（Seymour，2001）。这一项目与创业成功的相关性非常大，因为女性开始更加严肃地对待她们的企业，并且意识到她们可以在多大程度上从丈夫身边实现经济独立。

女性社会环境的另一方面是她们承担的家庭责任（de Groot，2001）。一些女性创业家的案例研究指出了社交网络作为一种提供支持的资源在履行家庭责任方面发挥的作用。大多数贫穷国家的政府无法利用财政资源提供正式的幼儿托管服务，而女性承担的家庭责任限制了她们的时间。这是一个挑战。只有与家庭或亲友的社交网络方可缓解这种挑战的压力。

在经济条件较差的情况下，社交网络对女性企业家同样重要，因为这些社交资源可以弥补技能有限、较少的公众曝光带来的问题。罗马尼亚政府提出了一项四阶段的女性创业家支持项目，于 2005 年开始实施。第一阶段在七个城市开展“女性创业家日”，将各类女性创业家、投资人和女性商人组织聚集在一起，展示女性创业家的成功故事。经合组织在中东和北非开展的女性创业研究建议将社交网络作为知识的来源和女性创业家的工具加以推广（Estime，2005）。

非政府组织为支持女性创业家、也在社交网络建设中发挥作用。土耳其女企业家协会（Kagider）是一家非营利性的非政府机构，于 2002 年由 37 名显赫的土耳其企业家共同设立。2006 年，该机构已有数百名成员。土耳其女企业家协会的活动包括培训、社区联系和指导活动。该组织还与国际女企业家组织建立联络，向国内的金融机构游说，为女性创业家设立可持续的信贷项目。另一个例子来自于非洲。联合国工业发展组织于 1994 年在非洲开始提倡女性创业。在坦桑尼亚，该组织于 1997 年出资成立了坦桑尼亚食品加工企业家协会（TAFOPA）。作为商业网络组织，该机构在商业发展和女性创业家营销领域提供长期的组织支持。2006 年，该组织已有 220 名付费会员。如果信息技术基础设施良好，那么建立虚拟网络可以促进女性的创业活动。位于突尼斯的阿拉伯妇女训练研究中心（the Centre of Arab Women for Training and Research，CAWTAR）由世界银行和联合国发展规划署出资成立，该中心正考虑主持建立一座虚拟网络和资源中心。

五、认知特征和创业性别差异

从女性创业者动力研究所获得的一系列结果来看，其中最重要的主题就是女性之所以选择创业，是因为她们想要寻求更好的生活，可能包括个人的自由、满意的工作或成就。例如，在许多国家开展的研究表明，独立、个人自由和自主是女性企业家最主要的激励因素，尤其在土耳其、巴基斯坦、阿曼、波兰和南非（Hatun and Ozlen，2001；McElwee and Al-Riyami，2003；Mitchell，2004；Mroczkowski，1997）。另一项在波兰的研究（Hisrich and Ozturk，1999）比较了男性和女性创业者，发现女性雇员比男性雇员更容易感到无法实现自身潜力，因此寻求创业机会以弥补由此造成的失落。九项研究中，有四项研究结果认为成就也是十分重要的因素。

在性别和创业研究中，另一个重要的认知因素就是风险规避。就性别、风险和创业，文献没有给出明确的结论。由于风险规避是一个定义明确的各自国家文化的组成部分，在不同的国情之下，对性别和风险规避相关问题的答案就更加模糊。科尔沃雷德等人（Kolvereid et al.，1993）的研究比较了男性和女性企业家，发现了一些不同性别人群对政治风险的观点。总体说来，他们在挪威、新西兰和英国开展的研究说明，相比性别的影响，以国家为基础的变量对创业活动的影响更大。只有一种例外：与男性相比，在这三个国家中，女性感受到了更加强烈的政治不确定感。

上述两种认知变量说明，在女性创业培训中，树立持续的自我效能（self-efficacy）是重要的。例如，对前文提及的分离账户项目的评估强调了女性实现经济独立的自我意识。这一意识进一步激发了她们的进取心。这些女性培训项目种类繁多，如阿富汗的基本技能培训和摩洛哥的信息技术培训。非政府组织经常与跨国组织合作，如世界银行和联合国，构成了这些培训倡议的主要来源。然而，由于社会绩效作为大企业的一项标准，其地位愈发重要，这些企业也为女性创业者的培训项目提供资金支持。例如，在 2005 年埃克森美孚公司为印度尼西亚、哈萨克斯坦和卡塔尔的女性发起了一项创业培训的倡议。

特别是，针对女性创业激励的认知因素开展的研究表明，培训项目明确包括树立自我效能，而在项目影响评估中也包含这一变量。

是否在女性成年前进行教育干预也成为女性创业认知激励因素的另一项考虑。与为成年女性设立的创业教育项目相比较，很少有类似的未成年女性项目。在这种为数不多的项目中，乌干达女企业家协会（Ugandan Women Entrepreneurs Association，UWEAL）通过联合国支持的未成年女性企业家项目培训女学生（Ssonko，2004）。该项目十分特殊，因为在贫穷国家，首要的问题是促进女性接受任何形式的教育，不论这种教育是以企业家为导向还是其他形式。

六、国家文化与创业性别差异

激励女性企业家的认知因素和社会因素有可能以复杂的形式与国家文化耦合。一般的创业活动研究就国家文化如何影响创业活动提出了若干结论。在不考虑性别的条件下，研究人员希望创业活动在更加个人主义的文化下更为活跃，而在集体主义文化下不太活跃。米歇尔等（Mitchell et al.，2000，p. 894）认为：

> 身处个人主义社会的企业家可能拥有扫描和决策脚本，借此发现个人可以利用的机会……在集体主义社会里，企业家可能拥有扫描和

决策脚本，借此寻找集体或共同体可以利用的机会；这些机会可能包含协调和协作。

研究发现，这种常见的观点可能不适用于性别与国家文化之间的关系。米勒（Mueller，2004）认为，一个国家的文化越是个人主义，那么在创业者的性格特征上性别差异就越大。换句话说，在更加集体主义的文化中，创业的性别差异就越小。米勒对集体主义的定义十分宽泛。其他研究人员（House et al.，2004）将集体主义的定义缩小为两种形式，一种是家庭集体主义，另一种是分配或体制集体主义。家庭集体主义是指那些在组织和家庭中强调自豪感、忠诚和凝聚力的文化。分配集体主义是指强调那些组织或社会机构鼓励并奖励集体行为和集体分配资源的文化。

部分解释了为何女性觉得很难在集体主义文化中开展创业活动的因果故事可能包含了处于这种文化的女性对工作—家庭冲突的认知这一原因。一些国家的研究，如土耳其、塞浦路斯、波兰和匈牙利（Hatun and Ozlen，2001；Hisrich and Fulop，1994/95；Mroczkowski，1997；Neaerchou-Ellina and Ioannis，2004），突出了女性对工作—家庭冲突的认知阻碍了她们创业成功这一观点。

国家关于女性创业的研究得出的证据表明，女性从家庭和朋友网络受到的影响似乎与较强的集体主义文化会造成性别冲突并阻碍女性的创业活动这一认知矛盾。蒂森（Tiessen，1997）的研究认为，如果研究人员将创业过程分解为不同的几个阶段，那么或许可以较为容易地消解这些自相矛盾的发现。例如，个人主义和集体主义对创业活动的不同方面有着鼓励作用。发现机会需要个人的洞察力和创造力，但是操控资源需要集体主义。

若干调查还关注被称为“不确定性规避”的这一不同文化维度。“不确定性规避”与上一节所讨论的风险规避这一认知变量有关联。规避不确定性的文化不认可变化以及其他接受不确定性的文化所认可的那些观点。研究（Mitchell et al.，2000）表明，在国家文化接受不确定性的社会中，女性比男性更加容易成为风险的承担人。若国家文化习惯于避免不确定性，那么女性不太可能违反文化习惯而参与到创业活动中。

米勒（Mueller，2004）的研究中其他结论也证实了女性比男性更不容易挑战主流文化价值而选择成为一名企业家这一广受认可的论点。这项研究认为，在不确定性规避成为国家文化特征的社会里，男性和女性的风险承担差距巨大。霍夫斯坦德（Hofstede，1991）的不确定规避指数关注人们对不确定性和社会模糊状态的容忍程度。这些社会不接受变化或其他不确定性规避较弱的社会所接受的一系列观点。米勒的研究表明，在国家文化接受风险承担的这样一种社会里，相比男性，女性更容易成为风险承担人。创业性别差异应当在这些国家较小。就集体主义和个人主义而言，这也就指出了一个广为接受的观点，即女性比男性更难采取与主流文化相左的行动。这一宏观的发现从《全球创业观察》的一项研究（Minniti et al.，2005）中得到了一个认知层面的解释；该报告认为女性企业家害怕失败。

内在心理控制源是对另一个认知变量——自我效能的概念化。自我效能与国家文化背景存在联系。企业家往往感到他们可以控制外部环境。米勒发现，女性感受到更多的内在控制，因此，一种文化越具有男性主义，女性就更容易追求创业行为。霍夫斯坦德的男性化—女性化（masculinity-femininity）维度关注社会对成就、控制和权力所形成的固定思维模式。在男性化文化中，按照霍夫斯坦德的维度概念，性别差异较大（Simeon et al.，2001）。这再一次说明了，与男性相比，女性很少做出挑战社会习俗的行为。在不太重视成就和控制的社会，女性相比男性不太追求创业。尽管性别差异巨大，在男性化文化中，社会对成就和控制的重视激发了比男性创业活动更多的女性创业。

米勒的研究（2004）发现体现了这样一种重要的观点：女性比男性更少作出与国家文化价值不一致的行为。这一观点与创业行为的文化主导理论一致。文化价值和创业行为关系研究分为两大阵营（Uhlaner and Thurik，2004）。文化主导理论认为，创业行为在重视创业的文化中更为普遍。根据霍夫斯坦德的研究框架（1991），这一理论说明较低的权利差距、较弱的不确定性规避、更高的男性化和高度的个人主义会造就更多的创业活动。另一种观点从认知失调角度出发。这种观点认为，创业企业来源于个人特征与主流文化价值之间的失调。按照霍夫斯坦德的研究框架，高权利差距、较强的不确定性规避、更多的女性化和更多的集体主义将会带来更多的创业活动。不同国家背景之下创业活动的性别差异早期研究认为，女性创业活动可能与文化主导理论有关，而不是认知失调理论。

如果国家文化轻视创业，那么女性比男性更不可能抵抗这种文化。在这种文化之下开展的各种支持女性创业的项目都将面临极为严峻的挑战，还将面临如何与女性的心理惯性认知及社会状况互动的问题。

改变文化不易，但是，公共媒体的行动是一个旨在提高公共意识、提高女性创业接受度的创业教育项目中很重要的因素。一个极端的例子发生在阿富汗（Roberts，2005）。米娜·谢尔佐伊（Mina Sherzoy）是一名阿富汗人，在旅居海外二十多年后于 2002 年回到祖国。她在全球范围内为阿富汗的女性创业倡议发声并筹措资金。她认为，为成功鼓励阿富汗女性创业，她必须教育男人，否则他们将损害女性的创业规划。

七、结论

作为一种重新唤起增长或促进新增长的方式，人们对创业的兴趣在全球蓬勃发展，尽管人们很少关注快速崛起的女性企业家。虽然有学者已经开始记录并研究英语国家的女性创业活动，但是在此之外，女性创业研究相对缺乏。造成这种情况的理由也很多：数据收集十分有挑战性，连接个人和国家层面的研究分析在方法论上十分困难（Verheul et al.，2006）。有助于解释创业活动的诸多因素，包括认知的、文化的和监管层面的因素等等，均需要在跨领域知识上取得突破。

幸运的是，若干描述创业活动和价值的数据库，包括《全球创业观察》和《全球领导学及组织行为效率研究报告》（GLOBE），正在推动跨国研究，为过去十年里慢慢积累下来的为数不多的国家研究做了补充。本章利用上述数据库和其他数据，考察了关于全球范围内性别和创业研究的现有文献，目的在于整合关键发现，为未来研究提出问题。本文认为，为政策设计提供及时的信息，创业理论建构必须基于实际。本文强调了寻找这些关键研究问题的答案有助于指导政策架构建设，促进女性创业活动，特别是在非英语国家和那些低收入或中等收入国家。

注

1. 经济学家已经就税则、破产法、股东权益和市场机制等其他可能影响创业活动的因素发表了很多文章。例如，乔治利斯和瓦尔（Georgellis and Wall，2004）的文章。

参考文献

Alsos, G.A. and Ljunggren, E. (1998), 'Does the business start-up process differ by gender? A longitudinal study of nascent entrepreneurs', *Frontiers of Entrepreneurship Research*, www.babson.edu/entrep/fer/papers 98/V/V_A/V_A.html, accessed on 31 November, 2006.

Annan, N. (2005), www.yearofmicrocredit.org/whyayear_quotecollection.asp#naneannan, accessed 31 November 2006.

Audretsch, D. (2002), 'Entrepreneurship policy and the strategic management of places', at www.saturno. lombarida.it/upload/file/369/184535/filename, accessed at 31 November, 2006.

Baker, T., Aldrich, H.E. and Liou, N. (1997), 'Invisible entrepreneurs: the neglect of women business owners by mass media and scholarly journals in the USA', *Entrepreneurship and Regional Development*, **9**, 221–38.

Brush, C. (1992), 'Research on women business owners: past trends, a new perspective and future directions', *Entrepreneurship Theory and Practice*, **16** (4), 5–31.

Brush, C.G. and Edelman, L. (2000), 'Women entrepreneurs: opportunities for database research', in J. Katz (ed.), *Databases for the Study of Entrepreneurship*, New York: JAI, pp. 445–84.

Brush, C., de Bruin, A. and Welter, F. (2005), 'Call for papers – special issue: women's entrepreneurship', *Entrepreneurship Theory and Practice*, www.ecsb.org/doc/Call%20for%20papers_womens%20entrepreneurship.pdf.

Brush, C.G., Carter, N.M., Gatewood, E.J., Greene, P.G. and Hart, M.M. (2003), 'Venture capital access: is gender an issue?', in D. Hart (ed.), *The Emergence of Entrepreneurship Policy*, London: Cambridge University Press, pp.141–54.

Carter, S. and Anderson, S. (2001), *On the Move: Women and Men Business Owners in the UK*, Washington, DC: Center for Women' s Business Research.

Das, M. (1999), 'Work-family conflicts of Indian women entrepreneurs: a preliminary report', *New England Journal of Entrepreneurship*, **2** (2), 39–47.

De Groot, T. (2001), *Womens' Entrepreneurial Development in Selected African Countries*, Vienna: UNIDO.

Domeisen, N. (2003), 'Canada releases report on women entrepreneurs', *International Trade Forum*, **4** (1), 11–13.

Estime, M.–F. (2005), 'Promoting women' s entrepreneurship in the MENA region: background report and policy considerations', MENA-OECD Investment Program.

Gatewood, E.G., Carter, N.M., Brush, C.G., Greene, P.G. and Hart, M.M. (2003), *Women Entrepreneurs, Their Ventures and the Venture Industry*, Stockholm: ESBRI.

Georgellis, Y. and Wall, H.J. (2004), 'Entrepreneurship and the policy environment', Federal Reserve Bank of St Louis, Working Paper Series.

Hatun, U. and Ozlen, O. (2001), 'Interaction between the business and family lives of women entrepreneurs in Turkey', *Journal of Business Ethics*, **31** (2), 95–107.

Hisrich, R.D. (1986), 'The woman entrepreneur: a comparative analysis', *Leadership and Organizational Development Journal*, **7** (2), 8–17.

Hisrich, R.D. and Fulop, G. (1994/95), 'The role of women in Hungary's transition economy', *International Studies of Management and Organization*, **24** (4), 100–18.

Hisrich, R.D. and Ozturk, S.A. (1999), 'Women entrepreneurs in a developing economy', *Journal of Management Development*, **18** (2), 114.

Hofstede, G. (1991), *Culture and Organizations: Software of the Mind*, New York:

McGraw-Hill.

House, R.J., Hanges, P.J., Javidan, M., Dorfman, P.W. and Gupta, V. (2004), *Culture, Leadership and Organizations: The GLOBE Study of 62 Societies*, Thousand Oaks, CA: Sage.

Izyumov, A. and Razumnova, I. (2000), 'Women entrepreneurs in Russia: learning to survive the market', *Journal of Development Entrepreneurship*, **5** (1), 1–20.

Kickul, J. and Titus, L. (2005), 'Context for the legitimacy of women entrepreneurs: the role of expert capital', *CGO Working Paper No. 19, Simmons School of Management.*

Kolvereid, L., Scott, S. and Westhead, P. (1993), 'Is it equally difficult for female entrepreneurs to start businesses in all countries?', *Journal of Small Business Management*, **31** (4), 42–52.

Lee, J. (1997), 'The motivation of women entrepreneurs in Singapore', *International Journal of Entrepreneurial Behavior and Research*, **3** (2), 93.

Lerner, M., Brush, C. and Hisrich, R. (1997), 'Israeli women entrepreneurs: an examination of factors affecting performance', *Journal of Business Venturing*, **12** (4), 315–40.

McElwee, G. and Al-Riyami, R. (2003), 'Women entrepreneurs in Oman: some barriers to success', *Career Development*, **8** (7), 339–48.

Minniti, M. and Arenius, P. (2003), 'Women in entrepreneurship', paper prepared for the conference, The Entrepreneurial Advantage of Nations: First Annual Global Entrepreneurship Symposium, United Nations, New York, 29 April.

Minniti, M., Arenius, P. and Langowitz, N. (2005), *Global Entrepreneurship Monitor: 2004 Report on Women and Entrepreneurship*, Babson Park, MA: Center for Women' s Leadership at Babson College.

Mitchell, B.C. (2004), 'Motives of entrepreneurs: a case study of South Africa', *Journal of Entrepreneurship*, **13** (2), 167.

Mitchell, R.K., Smith, B., Seawright, K.W. and Morse, E. (2000), 'Cross-cultural cognitions and the venture creation decision', *Academy of Management Journal*, **43** (5),

974–94.

Mroczkowski, T. (1997), 'Women as employees and entrepreneurs in the Polish transformation', *Industrial Relations Journal*, **28** (2), 83–91.

Mueller, S.L. (2004), 'A cross-national study of gender gaps in potential for entrepreneurship', *Journal of Development Entrepreneurship*, **9** (3), 199–221.

National Foundation of Women Business Owners (1995), *Women-Owned Business: Breaking the Boundaries*, Washington, DC: Center for Women' s Business Research.

Neaerchou-Ellina, L. and Ioannis, K. (2004), 'Women entrepreneurs in Cyprus: a new dynamic in Cyprus economy', *Women in Management Review*, **19** (6), 325–32.

Roberts, M. (2005), 'Afghan women look to jump-start businesses', *Associated Press State and Local Wire*, 14 January, www.lexis-nexis.com, accessed on 31 November, 2006.

Rosa, P., Hamilton, D., Carter, S. and Burns, H. (1994), 'The impact of gender on small business management: preliminary findings of a British study', *International Small Business Journal*, **12** (3), 25–33.

Scheela, W. and Van Hoa, T.T. (2004), 'Women entrepreneurs in a transition economy: the case of Vietnam', *International Journal of Management and Decision Making*, **5** (1), 1–13.

Seymour, N. (2001), 'Women entrepreneurs in the developing world', Digest No. 01–04, Kaufman Center for Entrepreneurial Leadership Clearinghouse on Entrepreneurship Education, www.celcee.edu., accessed on 31 November, 2006.

Simeon, R., Nicholson, J.D. and Wong, Y.Y. (2001), 'Comparisons of Asian and US workplace gender roles', *Cross Cultural Management*, **8** (2), 47–59.

Siu, W. and Chu, P. (1994), 'Female entrepreneurs in Hong Kong: problems and solutions', *International Journal of Management*, **11** (2), 728–37.

Ssonko, K. (2004), 'Women students go into business', *New Vision* (Uganda), 7 December, www.lexis-nexis.com, accessed 31 January 2006.

Thomas, A. (2000), 'A case for comparative entrepreneurship: assessing the relevance of culture', *Journal of International Business Studies*, **31** (2), 287–304.

Tiessen, J.H. (1997), 'Individualism, collectivism, and entrepreneurship: a framework for international comparative research', *Journal of Business Venturing*, **12** (5), 367–84.

Uhlaner, L. and Thurik, R. (2005), Postmaterialism influencing total entrepreneurial activity across nations, Erasmus University, www.spea.indiana.edu/ids/pdfholder/2005/ISSN%2005-10.doc., accessed 31 November, 2006.

United Nations Industrial Development Organization (UNIDO) (1995), 'Women, industry and entrepreneurship', Women in Industry Series, Vienna: UNIDO.

Verheul, I., van Stel, A. and Thurick, R. (2006), 'Explaining female and male entrepreneurship at the country level', *Entrepreneurship and Regional Development*, **18** (2), 151–69.

Verheul, I., Uhlaner, L. and Thurik, R. (2005), 'Business accomplishments, gender and entrepreneurial selfimage', *Journal of Business Venturing*, **20** (4), 485–98.

Ylinenpaa, H. and Chechurina, M. (2000), 'Perceptions of female entrepreneurship in Russia', paper presented at 30th European Small Business Seminar, Ghent, September.

Zapalsak, A. (1997), 'A profile of woman entrepreneurs and enterprises in Poland', *Journal of Small Business Management*, **35** (4), 76–83.

第四章　针对非商科学生的创业教学：来自两所荷兰大学的观点

玛丽斯·布兰德，英格丽德·瓦基和马里克·范·德·维恩

一、引言

随着越来越多的人认识到创业对于社会的重要意义，人们对于创业教学的兴趣也显著提升。虽然有些人仍然认为“创业无法进行教学”，但各种各样的经验和研究却表明，事实并非如此。但是，还是有很多人十分困惑：创业教学到底意味着什么？

如今，创业教学已囊括各个阶段和不同教育层面（可以在 www.lerenondernemen.nl 上参考一些荷兰的例子）。尽管我们认可各级创业教育的潜在价值，但在本章中，我们将主要集中介绍学术机构的创业项目。学术层面的创业教学尤为重要，主要有以下几个原因。首先，高学历创业者创办的企业往往更具创新性，成长速度和存活率也会更高，而且会更加频繁地参与国际活动（Ching and Ellis，2004；The European Observatory for SMEs，1995）。因此，激励和教导受过高等教育的人进行创业对整个社会有十分积极的影响。其次，学术层面的创业教学会促进相关创业研究，并且增进我们对创业的认识，不论是作为研究对象，还是作为职业领域。这些反过来又可以帮助我们改进决策以及在不同教育层面设置更好的创业课程。

我们认为，创业教学是，也应该是，遵循以下两种不同的方法：（1）将

创业作为一种职业，和（2）将创业作为一种科学领域。根据学生类型和教育水平的不同，这两种方法会体现在具体的创业课程和项目中。依据这种二分法，我们可以将几种学术机构的创业教学模式加以区分：[1]

1. 创业主修课程和创业博士学位，主要侧重于将创业作为一种科学领域（理论与研究），同时也会涉及作为职业领域的创业。

2. 针对学士学位或硕士学位的商科学生的创业辅修课程，主要侧重于将创业作为一种职业，同时会涉及作为一门科学的创业。

3. 针对学士学位、硕士学位以及博士学位的非商科学生的创业辅修和选修课程，同样主要侧重于将创业作为一种职业，同时会涉及作为一门科学的创业。

在本章中，我们只讨论最后一种形式，即学术机构针对学士学位和硕士学位的非商科学生所设立的创业辅修和选修课程，这一课题至今几乎没有研究（Hynes，1996）。近来，斯坦迪什－昆和赖斯（Standish-Kuon and Rice，2002）提出，人们对于工程学和科学专业领域的创业仍然知之甚少，而且更少有人知道在非技术性的学科领域的创业教学，例如护理、法律和教育学等学科。

我们研究的是，如何使创业项目可以刺激不同学科领域的非商科学生，开始考虑通过成立新企业或进行公司内部创业活动来开始创业生涯。我们将仔细研究针对非商科学生的项目应该包含哪些基本要素。为此，我们首先会简要介绍创业教育的发展历史和当前状态。接下来，我们将展示由范·德·维恩和瓦基（Van der Veen and Wakkee，2004）建立的理论模型，其将创业描述为寻求机遇的一个过程。这一模型有助于对创业过程进行系统分析，以便弄清楚针对非商科学生的创业课程所应包含的要素。这样的分析得出的知识框架可以作为一种工具，来设置或评估创业课程或项目。

为了阐述我们的论点，我们将讨论和评估两所荷兰的学术机构对非商科学生的创业教学：一所技术型大学和一所传统大学。本章最后，我们将总结自己的主要观点，以及可以从荷兰的实践中所吸取到的经验。我们也会提出一些还需进一步研究的领域。

二、创业教育：我们为非商科学生所准备的课程

从第一次创业课程开始——据说是于 1947 年在美国进行的——创业学科一直不断发展。这可以从课程数量、附加的基础设施数量和相关主题的出版物数量，以及被资助的职位和专门中心的增加等方面清楚地看到（Gorman et al.，1997；Katz，1991；Kuratko，2003）。直到 20 世纪 90 年代初期，创业教育仍集中在美国，而欧洲则处于落后阶段（The European Observatory for SMEs，1995）。然而，在过去十年中，欧洲的创业课程和创业等相关活动的数量飙升，并预计将在未来几年进一步增长（Cockx et al.，2000；EFMD，2004）。例如，沃特金斯和斯通（Watkins and Stone，1999）的报告称，在 1997 年，45% 的英国院校提供完整的创业课程项目，而 68% 的院校提供至少一门创业课程。遗憾的是，有关荷兰的类似数据无法获得。然而，我们知道荷兰的 13 所大学都会至少提供一门创业课程，其中 3 所大学会提供一个或多个完整的创业课程项目，我们将选取其中两个作为本章的研究案例。在最近的一次全国创业教育会议上（2005 年 4 月 7 日在乌得勒支的荷兰佛兰德创业学院，即 NVAO），13 所院校中有 8 所展示了他们的创业活动，这至少表明，创业教育已经受到大多数荷兰大学的高度关注。

考虑到创业在经济增长（Carree and Thurik，2003；Kuratko，2003；Ministry of Economic Affairs，2002；UNIDO，2005）、提供就业（Hynes，1996）以及创业和创新的紧密联系方面（Jack and Anderson，1999；Ching and Ellis，2004）所作出的贡献，对于创业项目的关注和创业项目数量的增加都不足为奇。学者和从业者也指出，对于创业型员工的需求在不断增长，以便公司内部创业的进行（Hornsby et al.，1999；Hornsby et al.，1993；Kuratko et al.，1990）。除了这一科学证据，过去十年间，公众和政府对于创业的认识也日益提升；在荷兰，这一趋势有非常惊人的发展（Bosma et al.，2002）。

从这一领域的现状来看，似乎大多数的创业项目都是由工商管理和经济学院提供的。因此，这些项目大多数都只针对商科学生，而并没有向非

商科学生开放（Levie，1999；NVAO，2005）。几年前在英国的一项调查表明，所有参加创业课程的学生中只有25%的是非商科学生，即使非商科学生的人数占学生总数的90%左右（Levie，1999）。然而，可靠的证据表明，现在有越来越多的项目是以教导非商科学生创业为目的而建立的（Cockx et al.，2000；Kuratko，2003；Standish-Kuon and Rice，2002；Streeter et al.，2002）。例如，科克斯等人（Cockx et al.）在欧洲进行的一项研究表明（2000），大约三分之二的高等教育机构向商科学生提供创业课程，而这些院校中有三分之一到一半会向非商科学生提供创业课程。此外，这些院校中有6%到8%将创业课程作为非商科学生的必修课程。即使考虑到样本更偏向于因为创业教育而闻名的院校，这些数字也相当之高了。

对非商科学生的这种延伸似乎是很有意义的。出于多种原因，非商科学生成为创业项目潜在的非常有趣的目标群体。首先，非商科学生占学生总数的大部分（Levie，1999），因此他们是未来企业家的一个巨大人才库。其次，非商科学生具有商科学生所欠缺的几个提升创业的特质。最值得注意的是他们掌握了各领域限定的知识，这对发现商机有很重要的意义（例如，Shane，2000）。我们在4.3.2中阐述了领域限定知识的重要性。使得针对非商科学生的创业教育更有必要性的第三个因素是他们没有认识到将创业作为一种职业选择的可能性（Birch and Clements，2004；Hynes，1996）。认识可以通过教育，相对容易地发生改变。事实上，当非商科学生接触到这一领域（可能为第一次）时，他们想要开始创业的意图会比商科学生更加强烈，因为他们此前从未考虑过创业这一职业（Krueger et al.，2000）。创业教育也有助于激励潜在的创业者，并且有助于确保高质量的想法和创业者进入社会（Otto，1999）。瑞典的一项研究发现，从拥有一个为期三年的本科项目“创新工程师”的大学毕业的（实际的）企业家的数量是其他没有这类项目的技术型大学的两倍（Andren and Uudelepp，1996）。最后，非商科学生，特别是那些有工程学背景的，有可能选择创新和新产品开发的岗位。正如查尼和利贝卡普（Charney and Libecap，

2000）所说，教导这些人如何成为创业家对于现已建立的组织的创新和增长潜力至关重要。

在荷兰，人们对教导非商科学生进行创业越来越多的关注似乎部分是由大量被政府资助的帮助和扶持计划所引起的，如技术伙伴这项计划（www.technopartner.nl）。这些项目通常是针对想要在需要领域限定知识的特定市场开始创办新企业的非商科背景的专业人士或研究人员。这些方案大多数都力求与大学专家建立起联系和合作关系。这反过来又强调了为非商科学生提供创业教育的必要性。

我们可以得出结论，即越来越多的高等院校为非商科学生提供创业项目或课程，并且他们有充分的理由这样做。然而，在很大程度上，我们还不知道什么是最好的方法。在下一节中，我们提出了一个以理论为基础的模型，它可以帮助教育者开发和评估此类项目。

三、创业教学

一想到创业教学项目，我们首先会关注的是教学项目的实际内容：教学的主题，以及使用的教学方法。除了这些“知识方面的内容发展”，创业教学部门也致力于相关活动，例如获得机构认证，吸引学生和校友，建立与商界的联系，并展示他们的成功案例等（Standish-Kuon and Rice，2002）。虽然这些其他的活动十分有趣，但超出了本章的范围。在创业领域进行研究和教学的是一群缺乏共同模型或综合框架的多样化学者（参见 Morris et al.，2001；Shane and Venkataraman，2000）。由于创业课程的内容很大程度上取决于老师对创业真正含义的理解，因此创业课程在内容上有很大差异（Henry et al.，2003；Sexton and Bowman，1984）。创业课程主要可以分成三种。第一种涉及新企业的创办（例如，Gartner，1985）。这种课程通常会使用标准的教科书，例如拜格雷夫（Bygrave，1994）、史蒂文森等（Stevenson et al.，1989）、多林格（Dollinger，2003）以及库洛特克和霍杰茨（Kuratko and Hodgetts，2001）。这些书将创业定义为一种过程，但是将其缩小为想法的来源和发掘过程以及机会评估过程、撰写商业计划书、获得资源、启动和成长管理等一系列活动。迄今为止，这种类型的课程较为盛行（Cockx et al.，2000；Gnyawali and Fogel，1994；NVAO，2005）。然而，范·德·维恩和瓦基对创业研究的回顾（2004）表明，该方法限制太大，甚至已经过时。现代大多数关于创业的理论研究或以经验为基础的研究都采取更广阔的视野来研究创业，并且集中在机遇寻求上，而不是创办新企业等上，因此包括，例如，内部创业。第二种类型的课程集中在将创业作为一个寻求机遇的过程上，这一过程可能会发生在不同情况下，其中之一就是创立企业（Brush et al.，2003；Hornsby et al.，1999；Hornsby et al.，1993）。据我们所知，没有一个广泛使用的教科书选择了这种方法。第三类由专注于小型企业管理的“创业”课程构成。其他两种方法更关心的是创业过程的早期阶段，而这第三种方法更多的是与管理现有公司和管理公司成长有关。这类课程所使用的教科书的一个很好的例子就是斯卡伯勒（Scarborough）和齐默勒（Zimmerer）2004年出版的教科书。从荷兰和佛兰德学者在最近的NVAO（2005）会议上的讨论似乎可以看出，至少在荷兰，这种关于创业的更广阔的视野还没有完全渗入创业教育当中。

现有的少数围绕机遇寻求设立的创业项目主要停留在博士学位水平。几个博士创业项目（主要是针对商科学生）都建立了关于机遇寻求方法的课程。例如瑞典的延雪平国际商学院（Jönköping International Business School）的博士项目（www.jibs.se）和布鲁什等人所描述的项目（2003）。更多的例子可以在http：//eweb.slu.edu/phdlist.htm上找到。此外，一些针对非商科博士生的课程也显示出了对机遇的关注。荷兰格罗宁根大学提供给生物医学博士学位学生的“科学市场”课程就是一个例子（www.rug.nl/guide/education/generalcourses/courses/sciencemarket）。博士水平对于机遇寻求的关注已经不足为奇了。可以期待的是，博士项目比硕士和学士项目与最新的文献资料的联系更加紧密（参见Brush et al.，2003）。此外，工程学和科学有关领域的博士生往往会利用他们在博士研究过程中发现的机遇。所以，必然会在创业项目中利用它们。

除了比相对狭隘的创办新公司的观点更多地参考了最近的文献资料之

外（例如，EFMD，2004），基于机遇的观点还有其他一些重要的优点。这些优点主要在于把重点放在了创业的过程上，而不是针对创业家个人。其结果是，机遇寻求的方法开拓了除创办新业务之外的领域，并且包含了各种背景下的创业行为，例如现有的商业公司、大学和（非）政府组织。其次，重点放在过程上而非针对个人，创业就不再被当作是与生俱来的才能，而是可以教学的，因而对于感兴趣的群体而言也是可习得的（Bygrave，1994；EFMD，2004）。本章剩余部分将采纳关于创业的这一观点：（1）将创业作为一个过程，（2）比创办新企业更加广泛。然而，我们的主要论点也会对那些选择只关注创办新企业的项目和课程有所帮助，因为机遇寻求仍然是核心过程。创业作为一个机遇寻求的过程将在下一节中进一步阐释。

（一）创业过程

如以上所讨论的，当前的创业研究和教科书很大程度上都认同将创业定义为旨在寻求机遇的一个过程。沙恩和文卡塔拉曼（Venkataraman）在他们影响深远的文章（2000；2001）中介绍了发现、评估和开发机会的过程。基于详尽的文献综估，范·德·维恩和瓦基（2004）提出了不尽相同的几个阶段：（1）机会识别［包括发现和评估，其中包括许多反馈循环；参见例如德科宁（De Koning），1999 年］，（2）为开发做准备和（3）机会开发，最终实现价值创造（见图 4–1）。

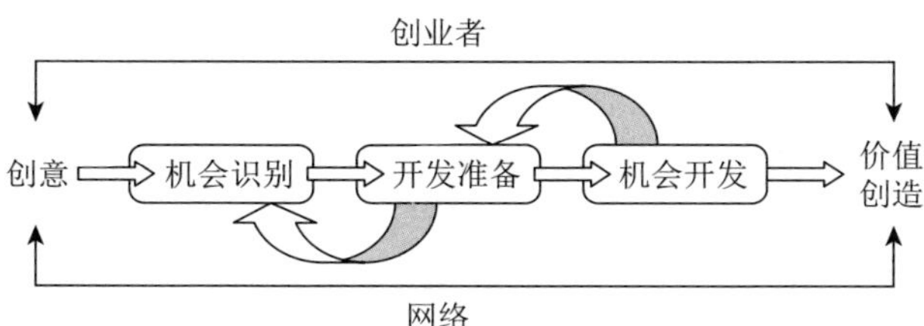

资料来源：选自 Van der Veen and Wakkee（2004）

图 4–1　作为机遇寻求的创业

范·德·维恩和瓦基使用的标签是“机会识别”，而不是“发现”，因为这一词语在文献资料中广泛使用（Singh，2000）。在机会识别过程中，创业者通过在头脑中将有形的和无形的资源与已知的市场需求相匹配，例如生产设施、所需知识以及人力资源等，从而将一个初步的想法发展成为切实可行的商业机会。在准备阶段，商业机会将被转化为具体的经营理念，该理念应该有助于将来与市场的交流。该经营理念包含了所有使这一交易成为可能的必要元素。在此过程中最重要的一个步骤就是资源基础的建立（见，例如，Brush et al.，2001；Dollinger，2003）。此外，（新）组织的创建（Bruyat and Julien，2001；Gartner，1985），人际网络的建立（例如，Greve，1995），产品的开发和商业计划的开发都发生在这个阶段。当准备过程催生了适销对路的产品（商品或服务），企业与客户之间的交流过程就开始发生。在准备过程中的任何时间点，创业者可能会发现用来开发机会的某个合适的资源基础是不可行的。同样，对于产品或服务的需求可能不足以实现有利可图的开发。在这些情况下，可能还会修改，甚至弃用该经营理念（Herron and Sapienza，1992）。

在真正的机会开发过程中，与市场的交流将会上升到一个更高的水平。创业者会通过将全新的或改进过的商品和服务投入市场和 / 或通过改善内部运作来继续更新该机会。这样一来创造了经济利益，提升了创新性，为客户提供更多的选择，获得更多的知识等（Autio et al.，2000）。价值的创造可以视为创业过程的成果（Zahra and Dess，2001）。在价值创造过程中，企业越来越稳固，日常管理活动也变得越来越重要。

图 4–1 中的两个大箭头表示，虽然过程看起来是线性和连续的，其实它是动态和迭代的（Bygrave and Hofer，1991；Ropo and Hunt，1995）。因为新的企业会随着时间的推移不断进化，从这个意义上讲它就是动态的。随着进程的展开，可能需要改变或重新考虑某些决定来应对不断变化的情况。因为它们的进化过程易受到包括竞争对手数量、未来客户需求等在内的一系列外部变量的影响，这些变量相互作用，影响最终结果，所以说它是整体的（Bygrave and Hofer，1991）。

最后，机遇寻求模型还包括创业过程中的另外两个决定因素：创业者及其人际网络。虽然创业过程是以机会为基础的，但还是要由创业者来主导整个过程：发起整个过程并将最初的想法付诸开发。这种模型与沙恩和文卡塔拉曼（2000）提出的模型最显著的区别在于，前者将人际网络作为整个过程中一个主要的影响因素。通过加入人际网络变量，该模型反映了创业不是独立发生的，而是融入社会大环境之中的。事实上，通过与人际网络的交互作用，可以引导、指引、促进和约束机遇的寻求（Aldrich and Zimmer，1986；Elfring and Hulsink，2003），所以将人际网络加入模型是很必要的。在整个过程中的不同阶段，人际网络的不同构成会被激活，以满足不同的需求（Elfring and Hulsink，2003；Greve，1995；Van der Veen and Wakkee，2004）。

为了成功地完成这三个阶段中的每一个，一个即将成为创业者的人必须具备一定水平的创业意识以及创业态度、技能和知识。把创业作为一种职业选择的认识是创业行为的先决条件（Bosma et al.，2002）。正如后面章节将进一步详细讨论的那样，意识也指对机会的意识或"警觉"（例如，Kirzner，1973）和对相关合作伙伴的认识（Wakkee and Van der Veen，2004）。培养积极的态度，积累知识和技能是职业教育的主要组成部分（Gorman et al.，1997；Bechard and Toulous，1998；Jones-Evans et al.，2000；Wallin，2003）。在创业教育中[2]，态度十分重要，因为其主导了整个创业过程，并已被证明是创业意向的主要预测指标（Van Gelderen et al.，2003）。知识和运用知识的技能在通过建立和管理相关活动来成功识别和开发机会的过程中是必不可少的（Bosma et al.，2002）。下一小节将讨论机遇寻求模型中有关激发意识的内容以及将相关的创业态度、知识和技能教授给非商科学生的三个阶段。之后，将把主要观点整合到一个用来评估非商科学生创业项目的框架之中。

（二）教导非商科学生识别机会

虽然机会识别只是创业过程中的第一步，但是我们认为在这最初且关键的阶段，非商科学生的具体需求与商科学生的区别最大。我们有两个论据来支撑这一论点。

首先，非商科学生已经从他们所选择的教育中获得了特定领域的知识，这决定了他们将来识别的机会类型。虽然一般来说，所有的创业者都是通过挖掘他们的个人和日常生活来发现新的想法，非商科学生则拥有某个特定领域知识的优势（与他们所受教育有关），这可能会给新的业务提供创新想法。例如，工程师（技术类非商科学生）每天都在处理技术开发和革新（Drucker，1985；Fayolle，1999），这让他们拥有明显的优势。同样，非技术类专业学生具备特定领域的专业知识，自然也会或多或少地决定他们识别机会的领域，例如，法学院学生的法律咨询服务或者学习语言的学生的特定翻译服务。反过来，商学院的学生可能无法直接从他们的教育中识别机会；也就是说，他们没有“必然的成果或服务领域”。

其次，非商科学生之前对与管理和商业相关的知识以及创业过程几乎没有任何了解。因此，他们对自己创业可能性的意识会不足或者有不同的想法。此外，对于某一特定研究的选择通常会受到不同的个人兴趣、性格特征、认知元素和技能的影响。其结果是，非商科学生会以特别的方式进入机会识别过程，从而也会以特别的方式开始创业过程（Paffen，2004）。

从文献资料中我们可以知道，对于创办新企业的想法的“探索”大致可以由两种方式来推动（Bhave，1994；Koller，1988）。首先，开创一个新的（内部的）企业的意愿可能会发生在发现想法之前。正如赫伦和萨皮恩扎（Herron and Sapienza，1992）解释的那样，寻找机会的动机可能来自于对某些现状的极度不满，例如，失业或缺乏资金，或者公司创业的竞争激烈。换句话说，创业者主动发现要解决的问题，而答案就是开启新的商业活动。其次，发现市场的缺口也可能发生在创业者希望开始新的创业活动之前（Bhave，1994）。所以，创业者发现机遇，并针对现有需求提供一种解决方法。通过他们对特定教育的选择，我们可以假设，相比普通的商业领域而言，非商科学生更热衷于特定领域。这种兴趣和相关的领域知识可以为特定产品 / 服务的机会提供坚实的基础。这反过来也表明，对于这些学生而言，开发某一特定机会［即自己的（技术）发现］的欲望会比创办一个新企业本身有更大的激励作用。另一方面，商科学生则可能对创办企业本身更感兴趣。

这些观点和机会识别过程的本质对教学有以下几点影响。首先，基于对创业过程的认识和理解，我们必须区分某个特定项目向所有非商科学生开设的必修课与选修课。必修课必须投入足够的精力培养出将创业作为一种职业选择的意识。在选修课中，自主选择会使创业意识一开始就处于更高水平。然而这两个群体都需要意识到，创业不仅仅指的是创办自己的企业，还包括在其他背景中识别机会。其次，有关于机会识别，培养正确的创业态度也应该是课程的一部分。毕竟，只是有一个初步的想法是远远不够的。企业家必须有足够的专注力和意志力去继续将他们的想法发展成一个成熟的商业机会，这可能需要相当多的时间和精力。因此，具有积极乐观的创业态度是至关重要的。创业对个人创业者（如个人发展、潜在的财富、自由等）、公司（在内部创业的情况下）和社会的积极影响能最大限度地激发这些积极乐观的态度（Lucas and Cooper，2004）。

在教导非商科学生机会识别时，教育者应该意识到他们可能——或者甚至应该——以这些学生在其他课程中已经获得的特定领域知识为基础。但是，因为单凭知识和经验识别机会是不够的，教育者还应该激发学生发现机会的警觉性和意愿（Kirzner，1973）。毕竟，如果没有意愿，新的信息将被忽略，也不会被用于发现机会（Bhave，1994；Wiklund，1998）。因此，教育者需要培养学生将新的信息与之前的知识和经验基础联系起来，这样他们才能学会发现新的机遇。尽管有些学者（例如，Casson，1982）认为，这种能力在很大程度上是与生俱来的，但是我们相信这个技能可以被培养至一定的水平。例如，兰普金等人（Lumpkin et al.，2001）、卢卡斯和库珀（Lucas and Cooper，2004）以及瓦基和范·德·维恩（Wakkee and Van der Veen，2004）认为，像创造力、警觉性等可以通过培训得以提高（例如通过与商业课程有关的头脑风暴或思维导图）。

此外，我们认为教育者需要注意人际网络在识别机会中的作用。人际网络对识别机会的重要性可以从三个方面来讲：第一，它们是新创意的源泉。德科宁（De Koning，1999）提出，弱关系（weak ties）提供有关新技术的信息，因而是想法的源泉。弱关系作用于创业者之外的社交圈，并且更有可能获得新的与创业者有关的信息（Granovetter，1973），因此可以产生新的想法或机会。冯·希普尔（Von Hippel，1988）和辛格（Singer，2000）都发现强关系（strong ties），例如与客户和供应商的关系，也可以形成重要的信息来源。第二，在将想法发展成为机会的过程中，他们会提供反馈和额外的信息（De Koning，1999）。强关系和弱关系都能够使创业者获得更多的知识、反馈、精神上的和实践方面的支持（Birley，1985；Greve，1995）。冯·希普尔（1988）认为，有效的创新来源于对不断变化的客户需求的敏锐意识，有时则来源于直接用户的要求和解决方案（Moss Kanter，1988；Rothwell，1992；Tidd et al.，1997）。因此，利用此类人际关系网络可以通过为产品、应用和市场的探索提供指导，巧妙地开发新的机会。第三，人际关系可以提供有助于创业者在面临挫折和失望时仍能继续下去的（精神上的）支持和建议。

虽然人际网络对商科学生和非商科学生而言同样重要，但非商科学生可能不太清楚可以利用例如类似机构之间的联系，如商会和扶持中心之间的联系，也不太清楚这些可以为创业者（即将成为创业者的人）提供什么帮助。此外，我们认为许多非商科学生不知道如何“利用”特定领域来进行机会识别。例如，他们的某个教授或许能够给他们介绍潜在的领先用户，或者是市场上现有的企业可能愿意提供有助于他们进一步开发机会的信息。因此，针对非商科学生的创业项目最好应包括介绍（已建立的）互助人际网络和培养建立人际网络的技能。

综上所述，为了促使非商科创业学生顺利通过机遇寻求模型的第一阶段，课程应解决以下问题：（1）鼓励将创业作为一种职业选择，不论是创办新的企业还是在已成立的公司内进行创业；（2）倡导积极乐观的创业态度，增强将初步想法付诸行动的意愿和决心，并且将这些想法发展成为以后可开发利用的商机；（3）促进知识和技能的发展，利用之前特定领域的知识来提高创业警觉性；（4）积累人际交往的知识和技能，以便于机会识别。

（三）教导非商科学生进行开发准备

在机会识别过程中或之后的某个时刻，创业者们必须决定他们是否会试图开发这个机会。如果答案是肯定的，创业者（们）将不得不下决心开始创业，并着手实际开发的准备工作。我们断定，在此第二阶段，如何教导创业准备也会受到非商科学生的特定领域背景的影响。

首先，正如在上一节所讨论的，非商科学生可能对创办一个新企业本身不感兴趣。因此，应该教导他们用其他的方法来进行机会的开发。

所以，在这个阶段，应该要让非商科学生意识到有其他替代的方法来进行机会开发。这些替代方法包括团队创业（例如，Laukkanen，2000；Shepherd and Krueger，2002）、企业风险投资（Kuratko and Hodgetts，2001）和接管现有的公司（例如，Bygrave，1994）。值得一提的是创业团队的优势，例如一个"机会驱动型"创业者（即非商业背景）和"企业所有权驱动型"创业者（即商业背景）的组合。通常这样的创业者掌握着不同的知识和技能，并且拥有不同的人际网络，这样可以互相协作，使创业成功成为可能。对于非商科学生而言，接管现有的公司（如果可能的话，还包括现有管理层），可能会比成立一个新公司更加有意思。因为他们往往会对管理本身缺乏认识和了解，所以接管现有公司使他们能够相对快速地开展（与领域相关的）业务，这一点拜格雷夫在他的《MBA 创业必修课》（*Portable MBA in Entrepreneurship*）一书中详细讨论了（Bygrave，1994；Stevenson et al.，1989）。

研究表明，荷兰未来五年内（总数为 640,000 家至少有一名员工的公司中）有超过 100,000 的"老"企业家想要出售其现有的企业并且退休（CBS www.statline.nl）。这意味着在不久的将来，可供选择的接管企业越来越多，价格也可负担得起（甚至是对那些仍然需要外部资金援助的创业者们）。因此，我们认为创业课程应该认真讨论这一选择。

想要使学生意识到可以进行开发的不同情况，老师可以将那些通过创立新公司、团队创业、企业风险投资和企业接管来开发机会的创业者作为榜样，告诉学生这些情况各自的利与弊，无论是就社会和激励方面的影响而言（即一个创业团队可能相对不会那么孤独）还是就成功率而言（Vyakarnam et al.，1997）。

此外，虽然在机会识别阶段，特定领域的知识很重要，然而在准备阶段，商业和管理方面的基础知识变得重要起来。商科学生在加入创业项目时，通过此前的课程已经具备这些领域相关的知识，或者他们会上与创业课程相似的课。非商科学生必须将这些商业和管理方面的基础知识作为自己创业项目的一部分来学习和掌握。因此，针对非商科学生的创业教育在入门阶段就应将相关领域纳入项目之中，包括基础的管理、市场营销和财务等。

有关识别和获得机构内部或外部的相关特定资源的技能培训，也应成为此阶段课程的一部分。在团队创业、企业风险投资或企业接管的背景下，团队建设能力和非商科学生游说不同利益相关者（主管、同事和银行等）的技能也应该包含在课程之中。为此，有关沟通和建立人际网络的进一步培训也很必要。

人际网络帮助创业者将机遇转化为适销对路的产品，它可以向创业者提供所需要的资源。德科宁（1999）认为，强关系在获得这些资源时尤为重要，因为强关系会比弱关系更加主动地帮助创业者，并因为更紧密的联系而为创业者提供低于市价的资源（或获得途径）。非商科学生可能知道在哪里可以找到帮助他们解决产品技术方面问题的联系人，因为这些人都活跃在同一个专业领域。然而，他们可能不太清楚潜在的资源提供者以及帮助他们进行市场营销的人。此外，非商科学生可能缺乏以较低（低于市场）的价格获得资源的谈判技巧。因此，课程应着眼于如何建立和使用人际网络来获取资源。除了构建一个机构和一个资源库，学生们也应该学会将他们发现的机会转化为具体的商品。商品包括产品或服务以及其呈现给市场的方式（营销组合）。就非商科学生而言，对机会的重视可能会导致广泛的研发（R & D）活动，因为“发现者型创业者”会持续不断地改进产品，而不是将其推向市场。其结果就是，这样的创业者可能无法构建起与市场之间的桥梁并进入开发。因此，针对技术类专业学生的项目需要提供评估商品完善程度以及符合市场程度的知识和技能。与客户共同开发可能是一个卓有成效的方法，因为它迫使企业家始终以问题为导向。让出于以上原因没有成功构建起与市场之间的桥梁的创业者进入课堂学习，是除了具体的案例分析之外一个有用的方法。

除了建立一个机构、创建一个资源库以及开发出最终的“商品”，在创业过程的这个阶段中，使众多利益相关者相信该机会有（潜在的未来）价值也是非常重要的。商业计划书是非常不错的选择。商业计划书似乎经常被定位为创业课程或项目的核心主题或任务（Karlsson，2005）。考虑到它往往是获得融资的最低要求，所以这并不奇怪（Kuratko and Hodgetts，2001）。学生通常只起草一份商业计划书。然而，研究（例如，Mason and Stark，2002）表明，事实上，创业者应该为不同的受众准备不同类型的商业计划书，例如，针对投资者的计划书应包括健全的财务规划，而针对主要客户或研发合作伙伴的商业计划书应突出正在制造的产品的功能和价值。虽然在创业过程中创业者真的准备多个商业计划书是不太可能的，但是我们认为学生应该至少练习针对特定受众起草不同的计划书。

总之，我们认为，针对机会准备阶段，对非商科学生的创业教育应着眼于（1）培养对不同情况（独自创业、团队创业、企业风险投资、企业接管）的意识和积极态度，在这些情况下可以建立公司开发机会；（2）培养在不同情况下建立公司的相关知识和技能，包括团队合作、谈判技巧以及建立人际网络的技巧；（3）培养有关管理、市场营销、组织和财务方面的基础知识与技能；（4）如何起草针对不同受众的商业计划书。

（四）教导非商科学生机会开发

根据欧洲创业研究基金会（EFER）的一项调查（EFER / EFMD，2004），目前的创业教育只重视企业的创立（和商业计划书的制定），几乎很少关注企业的管理和成长。其结果就是，很少有创业项目会关注开发和价值创造的过程。相反，这些问题被当作是常规管理课程的一部分，这可能有失公平。但是，早期的开发和成长管理对非商科学生来说可能特别复杂，因此值得关注。在本节中，我们将探讨对于此开发阶段，我们需要培养什么样的意识、态度、知识和技能。我们可以从许多商学院提供的小型企业管理课程的例子中找到相关重要线索（在某些情况下，这些课程都被定义为为商科学生提供的创业课程，例如使用斯卡伯勒和齐默勒 2004 年的教科书）。小型企业管理课程通常会忽略机会的识别和公司的创建，而专注于开发。倘若非商科学生的主要动力来源于机遇而非企业所有权，那么创业课程应使学生认识到聘用管理团队的可能性。新任命的管理人员可以负责企业的日常运行，而创始人则可以专注于自己的专业（即，进一步开发特定领域的机会）。

此外，该课程应致力于使非商科学生了解自己与商科学生相比，在和客户或潜在用户打交道时所拥有的优势。他们特定领域的知识使他们能够更好地了解客户的实际需求。因此，他们可以参与到联合产品开发当中，他们能够更好地认识到，各自领域的"技术"或其他方面的发展什么时候能够允许或要求更新或改进他们当前的商品，同时利用客户和供应商作为创意来源（Von Hippel，1988）。让非商科学生意识到自己的潜在竞争优势可以增强他们的自信心，从而提高进行创业活动的可能性。

最近的研究表明，荷兰与许多其他国家相比，高速成长的公司相对较少。此外，高速成长的公司的增长速度也比其他国家低（Ehrhardt et al.，2004）。这种成长速度的不足似乎一部分是因为缺乏成长方向的定位，甚至是因为更倾向于保持公司的小规模（Van der Sijde et al.，2002a）。如维克隆德（Wiklund，1998）所说，成长与动力的联系比知识更加密切。成长，反过来又与绩效息息相关。因此，很少设有解决企业成长问题的课程也是十分令人惊讶的。如果是出于正当理由（较少的繁文缛节和开销控制等），想要保持小规模也并不一定是个问题。然而，当缺乏成长是由于恐惧和缺乏知识而造成的，那这就是令人遗憾的，应予以克服。在我们看来，创业课程应该解决企业成长的问题，并且培养学生对成长的积极态度。我们认为，结合之前解决的聘用管理团队的问题来展示成长的积极影响，这可能是提高对成长的正确认识以及培养积极态度的一种很好的方法。

除了意识和正确的态度，知识和技能在开发过程中仍然是很重要的。与商科学生相比，非商科学生在有关机会开发的一般管理知识和技能方面存在劣势，因为他们缺乏之前的教育，甚至缺乏兴趣。因此，教导非商科学生机会开发时应侧重管理（进行中的）业务以及进一步认识市场上的革新和变化，这可能会对他们的企业造成新的挑战或机遇。

针对成长，创业课程必须也加强特定知识和技能的培养。这可能包括与识别、获取和管理金融投资、人力资源、创新和研发等相关的课题（Ehrhardt et al.，2004）。此外，有关日常管理的理论知识和技能也应该得到解决。文献研究、讲座和包括实习培训在内的实践作业可能都会有所帮助。最后，该课程还应该解决后续创业表现的问题，以及对新的（有关或无关的）机会保持警觉（Churchill and Muzyka，1994）的问题。例如变更管理和领导等课题也属于这些课程的范畴。同样，由经验丰富的创业者提供的讲座、相关任务和课程作业也可能是有用的。

综上所述，关于教学机会开发，一些问题值得特别注意：（1）激发对聘请外部管理团队的可能性的认识；（2）加强学生在与客户打交道时，对自己因为特定领域的知识而拥有的竞争优势的认识；（3）促进对成长的正确认识和积极态度；（4）培养相关的知识和技能来识别和吸引更多的资源以促进成长；（5）培养有关管理小型企业的知识和技能；（6）培养相关的意识、知识和技能以保持创业精神，并对新的机遇、管理层和领导层的改变保持警觉。

在下面的章节，我们将展示荷兰针对非商科学生的创业辅修课程中的两个案例。我们将探讨这些项目在何种程度上将以上讨论的问题包含在内。

四、来自荷兰的经验教训

（一）荷兰的创业教育

在上一章节中，我们提出了针对非商科学生的创业教育应该包括的内容。在下面的章节中，我们将讨论来自特文特（Twente）大学和格罗宁根大学的两个案例，这两个案例说明了荷兰针对非商科学生在本科水平的创业教育现状。

作为这些案例的介绍，本段将提供一些关于荷兰创业现状和水平的总体背景知识。表 4–1 用早期创业活动总数（TEA）指数（参与创立一个新公司或领导一个公司年份低于两年半的人口百分比）列出了一些数字。荷兰的 TEA 指数接近欧盟的平均水平；2004 年荷兰有 7.9% 的人参与到创业活动中，而欧盟的平均水平也是 7.9%。美国的指数刚刚超过 11%，秘鲁的指数为 40%（这项研究中最高的）。参与 TEA 的人员的平均年龄与欧盟和美国相比是相当高的（分别为 39 岁，37.5 岁和 37 岁）。在荷兰受过高等教育的人参与创业的几率是较低学历的人的两倍，也就是 7.2% 与 3.6% 的 TEA 指数（Hessels et al.，2005）。在过去十年中，荷兰对于创业者和创业的认可有所提升，并有望在未来几年进一步提升（Bosma et al.，2002；Hessels et al.，2005）。

表 4–1 荷兰创业者的特点（百分比均为 TEA 指数[1]，除非另有说明）

	荷兰	其他国家
总人数的 TEA 指数（2004）	7.9%	欧盟平均 7.9%，美国大约 11% 研究中最高的：秘鲁 40% 研究中最低的：日本大约 1%
TEA 涉及人员的平均年龄（2004）	39 岁	欧盟平均 37.5 岁，美国 37 岁 研究中最高的：丹麦和英国 40 岁 研究中最低的：葡萄牙 32 岁

备注：1. TEA 指数：参与创立一个新公司或领导一个公司年份低于两年半的人口百分比。
资料来源：Hessels et al.（2005）

有趣的是，荷兰的学术创业者十分注重他们自己的研究对目前专业的贡献（Bosma et al.，2002）。据他们所说，教育系统太过侧重于理论知识和知识的传播，而不是培养积极的态度和技能。这个相当否定的看法可能是由于荷兰的创业教育才刚刚起步，而且大多数院校仍然在寻找学术内容与实际应用之间的平衡。虽然大多数高校提供课程和项目（NVAO，2005），且一些大学在诸如小型企业管理等相关领域任命了教授或设立了教授职位（如合作教授），到 2004 年底，荷兰在创业领域仍没有全职教授。幸运的是，情况正随着越来越多的研究人员、教师和博士研究生加入创业领域而快速改变。这些学者已经采取了许多措施来改善创业项目和课程。以下小节将详细介绍这些举措中的两个。

（二）两个案例的介绍

选择特文特大学和格罗宁根大学的两个案例是基于以下两个原因。首先，考虑到获取数据的现实原因；所有的作者都参与到了这些案例中的其中一个。其次，案例之间存在相当大的差异。特文特大学的创业教育主要是提供给技术领域的非商科学生，例如电气工程和计算机科学[3]，而格罗宁根大学大多数报名参加创业项目的非商科学生都有第一类和第三类科学的背景，例如社会科学（包括心理学、社会学）和艺术。此外，两所大学的机构背景也是大不相同。特文特大学本身定位为创业型大学，并拥有完善的基础设施来刺激学术创业。而另一方面，格罗宁根大学本身定义为一个传统型大学，并且对学术创业几乎没有任何明显的支持。

（三）为工程专业学生提供的一门学术辅修课程

特文特大学是荷兰东部的一所相对年轻的大学。它始建于 1961 年，为了应对该地区纺织行业衰亡后的经济衰退而设立。虽然特文特大学主要是一所技术大学，但是它目前有六所院系在技术领域和非技术型科学领域提供不同的项目，即：行为科学；商务、公共管理和技术；电气工程；数学与计算机科学；工程技术；科学与技术。2003 年，该校学士、硕士及博士课程的学生总数大约为 7000 名，同时有将近 2700 名的教职工（www.utwente.nl）。

从 20 世纪 80 年代初期开始，创业就已经成为特文特大学政策的一个重要部分。这份执着催生了临时创业职位计划（TOP），以支持由大学（之前）的学生和员工创立的新企业（例如，Groen et al.，2004；Van Tilburg et al.，2004），还促进了包括 TSM 商学院的“成为一个创业者”课程在内的几门课程的发展，并且将该主题纳入各种课程之中。2000 年，这份执着实现了创业辅修课程项目的建立，该项目由商务、公共管理和技术学院的 NIKOS 研究所（荷兰知识密集型创业研究所）提供。这一辅修课程的设立是为了给非商科学生提供机会开阔视野，更好地获得与创业课题有关的知识，这与他们的毕业课题大不相同。课程围绕一个分为三类的框架结构来描述创业教育的不同方面：为了创业的教育、创业中的教育以及有关创业的教育（Gibb，1989）。为了创业的教育旨在鼓励学生将创立新企业作为一个职业选择，并做好创业准备。创业中的教育注重培养学生的创业（和管理）能力，并使他们做好准备去应对职场的需求。有关创业的教育旨在向学生揭示小型企业的本质和背景，同时侧重于理解创业和商业的本质（Van der Sijde and Ridder，2006）。

在头两年只从少数学校录取学生之后，2003~2004 学年来自 12 所不同院校 / 专业[4]的学生参加了该项目。这个时候，大多数报名辅修课程的是工程专业学生，但也有一些学生是学习行为科学的（例如，教育科学和通讯）。此外，商科学生现在也被允许参与到创业辅修课程当中。虽然所有学生一起上大部分的课程，但这些商科学生还必须选择与他们在商业和管理方面先进的理论背景相适应的其他道路。

创业辅修课程的理论视角与框架　在该辅修课程项目的前四个版本中，76 名学生完成了课程（Van der Sijde et al.，2004；Van der Sijde and Ridder，2006）。上述基于机会的创业过程观点（Van der Veen and Wakkee，2004）已经被创业辅修课程的老师广泛采用。这样一来的后果就是，原来的教科书——斯卡伯勒和齐默勒的《小型企业的有效管理》（2004）——不得不被取代。为了更加突出创业过程在课程中的重要性，主要的教科书变成了蒂蒙斯和斯皮内利（Timmons and Spinelli）的《新企业的创立：21 世纪的创业》（*New Venture Creation: Entrepreneurship for the 21th Century*）和（用于营销课程的）索伦·霍高（Søren Hougaard）的《经营理念：创业的初期阶段》（*The Business Idea: The Early Stages of Entrepreneurship*，2005）。这些书是否已经足够以及未来几年是否继续使用它们，都还有待评估。

对于非商科学生而言，不同的课程介绍了商业管理的基础知识，并继续进一步详细地研究这方面的理论、概念、方法和思想流派。虽然辅修课程不包括机会识别或创业人际网络方面的单独课程，但这些主题都直接或间接地包含在每个课程之中。辅修课程总共有 560 个课时。在该项目的第一阶段，将通过一系列的六节课传授学生们创业的基本知识。之后，将提供关于创业的进阶项目，其中包括创业基本知识、市场营销、财务和商法等模块。在这些模块中，教师、创业者和专家提出他们在创业方面引用的思想流派。在前四个版本中，这些课程以一个名为“创业的理论方面”（现在称为“中小型企业中的创业”）的课程作为补充。在这个课程中，重点是“关于创业的教育”（理论和案例）和“创业过程（任务）中的教育”（Van der Sijde and Ridder，即将出版）。此课程中讨论的理论主题包括创新、创业人际网络以及企业成长。选择这些主题，是因为它们对于即将创立公司的学生而言是必要且重要的；其他课程没有这些内容而且这些内容可以为创业案例和任务提供参考。本课程的第二部分本质上更加实用，并且是根据创业者的实际案例来教学，创业者通过展示创业生涯、收购和合并、新产品的市场推广以及企业创业来分享自己的经验。

创业课程以一个实用的培训模块结束，可以选择“成为创业者”或者“管理中小型企业”。其中前者的最终目标是制定一个切合实际的商业计划书。一个专家小组，例如成员由企业家、会计师和咨询顾问组成，将评估该商业计划书。这种方法具有多种功能（Groen et al.，2004）：

1. 通过商业计划书，学生可以证明所学的创业知识能够付诸实践。

2. 商业计划书也是评价学生法律和财务管理知识的一个手段。学生在商业计划书中必须明确解决这些问题。老师会对商务计划书中的法律和财务部分分开打分。

3. 此外，本课程提供了机会来开发和实践创业者需要的多种技能，比如销售、谈判和展示技能。

在后一种课程中，学生作为中小型企业的所有者兼经营者的个人助理/顾问，他们在这个过程中将制定自己的商业计划书。这提供了将理论付诸实践的宝贵机会。写一份对此经历的反思报告也是评估的一部分。

这些课程的内容都解决了在商业和管理领域的知识和经验的匮乏，同时旨在让学生将自己以前的特定领域知识（基于他们的主修课程）结合到创业任务当中（Van der Sijde et al.，2004）。如表 4–2 中提供的简介所示，大多数学生确实是从他们的“主修”课程中获得了有关机遇的想法。

创业辅修课程的评估 根据创业辅修课程迄今为止的经验，可以得出以下几点结论。首先，辅修课程每年招收的学生数量都在增长。在前三年中，这种增长主要是因为越来越多的院系允许学生参加辅修课程项目。然而，第四和第五年“参与”的院系数量没有增加，项目人数仍在增长。学生的反馈表明，这种增长在很大程度上是来自于辅修学生热情的口碑推广。未来几年预计还会进一步增长。从学生结束课程后完成的评估表格可以明显看出，参与项目的学生和教师对辅修课程的设立十分热心。此外，我们同意范·德·思德和里德的结论（2006），他们指出辅修课程是创新的并且可能成功的，因为它将三种创业方法结合为一体（为了创业的教育、关于创业的教育和创业中的教育）。本课程将教育（实际的课程）与推广（与真实商业社会的互动）结合起来，并有利于教学辅修课程的教师进行研究活动（见 Groen et al.，2004；Nikos，2005）；根据沃特金斯和斯通（Watkins and stone，1999）的说法，这是一个成功和可持续的项目的重要先决条件（见 Van der Sijde et al.，2002）。

表 4–2　为“成为一名创业者”制定的商业计划书的简介

年份	商业计划书主题	
2000~2001	• 颇具教育价值的动画产品 • 沟通咨询 • 虚拟外卖 • 安全和环境咨询服务	• 网络服务中介 • 餐饮行业的效率 • 学生会商店 • 学生创业者门户网站 • 定制产品 • 广播电台
2001~2002	• 摩托计程车服务 • 移动信息通信技术咨询服务 • 快递服务 • 家庭技术服务 • 商业和 IT 服务	• 考试解释和咨询服务 • 学生提供的 IT 服务中介
2002~2003	• 卡瑞邮箱 • 模拟学习 • 电脑医生 • 儿童书店 • 奶奶的晚餐 • 布罗克系统 • 网络解决方案	• 特文特大学学生解决中心 • 监管 • 汽车咨询 • 情绪调节 • “让 IT 变简单”软件 • 新世界解决方案

资料来源：Van de Sijde et al.（2004）。

（四）格罗宁根大学的第一类和第三类学生接触创业

格罗宁根大学（RuG）是一所成立于1614年的“传统型”大学，拥有众多院系，包括管理和组织学、经济学、神学、艺术、医学、行为与社会科学、法学、空间科学、哲学、数学以及自然科学。2003年，该大学招收了超过21万名学生，并聘用了大约6000名的教职工（annual report ReG，2003，www.rug.nl）。正如前面提到的，格罗宁根大学的经济学和管理与组织学有各自分开的独立院系。但一般来说，它们都主要提供我们所谓的“商业课程项目”。

在20世纪80年代和90年代，这两个院系都开始设立有关小型企业和创业的选修课。当地一个商业俱乐部在经济学院资助设立一个小型企业管理的特别教授职位后，一些非必修课程开始发展起来。这些课程非常重视创业技能；学生可以写一个创业计划、商业计划书，或者在一项全国性的项目“迷你企业”中创办一个“真正的企业”（参见Bosma，Stigter and Wennekers，2002）。1998年，第一个连续性的小型企业和创业（SB&E）项目由两个院系的研究生创办。这一项目更多是一个学术项目，涉及先进理论知识的传递和将这些知识应用于各种不同的研究背景。在同一时期，教师的研究进一步发展，主要表现在创办新企业和小型企业管理等领域。

在第一阶段，只有非必修和技能为主的课程，其他非商学院的学生，例如法学院的，顺便参加这些课程，不会导致有任何涉及专业的问题。然而，随着研究生课程的开发和引进，非商科学生在选择他们感兴趣的主题时就会遇到困难。首先，课程准入的前提条件使他们无法进入大部分的课程；其次，课程的内容变得更加抽象，更加偏向研究，这不是这些学生想要的。在那个时候，格罗宁根大学推出了针对“外部”院系学生的特别的研究生课程，目的是为了使学生熟悉其他学科的主题和科研习惯。获得一笔小额的教育发展补贴后，负责小型企业和创业项目的教师决定为感兴趣的非商科学生设立一门特别课程——“创新型创业”。随之而来的举措是一个被称为“磁铁”的方法，即由一个中心创业小组提供的全大学范围内的创业项目。斯特里特等人（Streeter et al.）的研究（2002）表明，拥有全校范围内的创业项目的美国大学中有超过50%的学校遵循了这一模式。正如下面将要讨论的，这一课程只进行过一次，因为教师委员会在第一年后决定撤回它。

课程的准备、大纲及评估 如前所述，新课程是由SB&E项目的老师设立的。由于课程发展的额外资助有限，因而只能有效地利用现有课程的元素。为了确定实际内容和教学方法，在老师、学生代表和各院系的学生中举行了一项探索性的定性调查（虽然有些教师拒绝合作，例如医学院教师[5]）。结果表明，学生主要可能来自以下领域：法学、医学（牙医，普通医师）、地理、信息和通信技术、艺术（主要是语言）。本课程的主要目标是：

- 提高对创业的认识，改善对创业的态度；
- 为创业、管理和组织提供必要的理论基础；
- 培养创业技能。

创新型创业成为了一门160课时的学士学位选修课。课程中选取的大纲如下：

- 课程，包括讲座和工作组；
- 具体主题的任务（个人和小团体的）；
- 制定和撰写商业计划书（启动阶段）；
- 在“商业挑战”中向外部委员会展示商业计划书；
- 书面的理论考试。

遵循本章前面所分类讨论的课程内容（意识、态度、技能和知识），课程的介绍如下。来自各种不同非商科背景的学生，由SB&E项目的教师以及来自商界和公共机构的客座讲师共同教学。这样，学生们面对着许多的榜样，从而可以刺激其创业意识和对创业的积极态度。通过展示创业者的数量统计资料和创业对于社会及个人发展的贡献，对创业的态度得到了进一步的改善。这其中很重要的一环就是一项旨在发现和认可学生个人创业素质的任务。其他的任务都是旨在培养学生的创业技能。重点是沟通技巧（小组、班级、老师和外部委员会）以及商业计划书的制定和撰写技巧。最后，但并非最不重要的，对创业这一理论概念的整体认识，以及它与课程包含的商业和管理理论之间的联系。为此，所选择的教科书不是教我们如何去做的书（有些学生可能更喜欢这样的），而是一本全面结合理论和应用的教科书。教师团队选择了柯比的《创业》（*Entrepreneurship*）（Kirby，2003）。这本书提供了课程的基础框架，并且可以用正式的笔试来结束项目。教学团队使用理论讲座来展示这一领域一些最新的研究例子，使学生了解商业领域的科研习惯。

评估　我们将简要讨论创新型创业课程的学生和老师的经验。第一年，课程吸引了 14 名学生，他们全都参与了一个简短的评估调查。学生们对课程反映非常热烈。由于他们没有任何商业领域的背景，他们觉得自己真的被引入到一个全新的、有趣的且可能富有成果的领域。能够在一个需要大量努力且有外部专家参与的任务中利用所学的知识，是大多数学生在此前的学习中没有经历过的。其中两个学生在完成课程后的三个月内真的开始了自己的创业。参与其中的老师大部分也是看好课程的；学生们充满求知欲，并做好准备努力完成课程。不过，他们也需要一些改进。首先，学生的背景和预期不同。一半的学生来自社会科学（7 名），其他的学生学习的是语言、生物和地理。如果提前知道这些，实例讲授和客座演讲会对实际受众更有针对性一些。此外，可用于发展课程的有限预算使教师个人无法投入与预期贡献相一致所需的所有精力。最后，虽然学生们十分踊跃地完成了他们的商业计划书，但这些计划书的质量平平。令教学团队感到惊讶的是，没有一个团队利用其特定领域的知识（或许有一个例外，一个社会科学小组想要开办一家为老人服务的社交俱乐部）。其他的小组选择了较安全的想法，例如开一家艺术商店，或者建立可以寻找国内援助的网站。虽然这些一般性的机会肯定能够创业成功，但他们很容易被模仿，而且不太具有竞争力。此次评估过后，老师们仍然没有明确的想法来改进这些缺点。不幸的是，教师委员会因为学生人数较少取消这一课程之后，也没有这样做的必要了（在第一年中，该课程没有达到其盈亏平衡点）。

在下一节中，将利用本章建立的过程模型和指南，更加系统地评估来自特文特大学的创新型创业和创业辅修课程。

（五）需要吸取的教训

在机遇寻求模型的基础上，我们可以得出关于上述两个创业项目的一些经验教训。教训可以用来评估这些课程以及其他将创业作为一种职业的课程。

首先，第一个教训涉及最初的想法和机会的识别。在格罗宁根大学，学生没有义务要在商业计划书中使用特定领域的想法。虽然在特文特大学，学生也没有义务利用其特定领域的背景，但至少鼓励他们利用自己的特定领域知识完成任务。尽管特文特大学的学生仍在呼吁更加重视创意的产生，但结果表明，大多数学生想出的创意和机遇都与他们的专业课题有关。

关于开发的准备，格罗宁根和特文特大学的两个项目都提到资源库的建立。然而，当涉及建立一个组织机构，重点显然已经放在创立新企业上（独自创立或团队合作）。根据我们的模型，更多的注意力应该放在公司内部创业的可能性以及以接管现有企业为手段来开发机会上。我们认为，在教导非商科学生进行创业时，这一点尤为重要，因为他们在管理方面的知识和经验不足。

至于开发，两个项目都提供运行一个小企业所需要的基本的企业管理知识和技能。在特文特大学，市场营销、财务和商业法规等受到瞩目，似乎被视为是运行新企业所需要的重要知识和技能。虽然这些知识可能确实是很重要的，但我们认为它们不属于创业的核心问题，因此也不应该在创业项目中占用太多时间。

对企业成长的关注似乎远远不够。我们认为，创业课程应该更明确地解决企业成长的问题，并且应该尝试培养对成长的积极态度，为学生提供所需的知识和技能，让他们能够通过其他不同的途径发展自己的企业（与其他企业的合作、吸引金融投资、雇用管理团队等等）。

最后，关于人际网络，调查结果表明，在格罗宁根大学，学生毫无压力地将人际网络的作用发挥到最大限度。在特文特大学，通过在“成为创业者”课程中鼓励大家组队完成商业计划书的准备，以及邀请创业家作为客座讲师来详细讨论人际网络的重要性等方法来激励大家建立自己的人际网络。我们认为，通过鼓励大家组队，更多的学生可能会决定开始创业生涯，因为它可以弥补在某些领域的不足，并且使创业变得不再那么孤单。

对人际网络的重视将提高学生在整个创业过程中寻求各种支持的信心，使他们更有可能继续其创业（Elfring and Hulsink，2003）。

我们在本章第三节第二部分到第四部分这几小节的末尾提出的主要观点将列在表 4–3 的第一列中。它们可以共同组成一个用于评估或开发非商科学生创业项目的框架结构。这一框架已被应用到这两个案例当中，来说明这两个项目是如何把过程模型中的不同要素（阶段和影响）包含在内的。这一概述表明，格罗宁根大学将重点放在创业过程中的阶段 1 和阶段 2，同时更加注重知识而不是技能。特文特大学的辅修课程有更多的自由空间，其特点是重视三个阶段中的每一个，但更加注重的是准备和开发阶段，而不是机会识别阶段。在特文特大学，项目的学术性受到严格保护，但对知识和技能几乎一视同仁。通过将创业作为大学教学任务的核心，不论是在创业项目中还是在整个大学范围内，都实现了意识的提高和积极态度的保护。

表 4–3　非商科学生创业项目的评估框架（应用于两个荷兰案例中）

框架			应用于两个荷兰案例中	
创业过程各阶段		应教会的职业态度、技巧和知识	被纳入到创业选修课中（案例1：特文特大学）	被纳入到创新就业中（案例2：格罗宁根大学）
1	发现机会	1. 意识到在新企业或旧企业创业是一种职业选择	1. 是，大多数针对初创企业，但是企业内部创业意识逐渐提高	1. 是，但仅限于初创企业
		2. 对创业的积极态度	2. 是，通过嘉宾讲座、作业和讲座内容，更为普遍地是通过将创业纳入到大学的宗旨和通过对创业家的支持	2. 是，通过讲座、嘉宾讲座和作业
		3. 具备使用已有特定领域的知识来提高创业的警觉性这种知识和技能	3. 是，通过嘉宾讲座和作业，激励团队合作完成商业计划	3. 有限；商业计划缺乏这些内容
		4. 构建关系网络必备的知识和技能	4. 是，但是需要更多关注才能够有效将学生引入相关的特定领域和体制网络中	4. 有限；商业计划缺乏这些内容

续表

框架			应用于两个荷兰案例中	
创业过程各阶段		应教会的职业态度、技巧和知识	被纳入到创业选修课中（案例1：特文特大学）	被纳入到创新就业中（案例2：格罗宁根大学）
2	为机会做准备	1. 对不同背景的意识和积极态度（个体初创企业、团队初创企业、企业风投和商业收购）	1. 有限；大多数是个体和团队创业	1. 否
		2. 在不同背景下创立一个组织必备的知识和技能，包括团队合作、沟通技巧和构建关系网络的技巧	2. 有限，通过文献和作业，但是很少通过实践来提高技巧	2. 否
		3. 管理、营销和财务的知识和技巧	3. 对知识，是；对技巧，并非强制，但是可能对“成为创业者”项目的合作是必备的或“中小企业”课程的企业家合作是必备的。	3. 指定书目、阅读材料、讲座和笔头考试中的知识；对技巧，否
		4. 如何撰写一份面向不同目标对象的商业计划	4. 是，通过“成为创业者”、“中小企业管理”和小作业。	4. 对商业计划，是，但仅限于潜在投资者的目标对象
3	利用机会	1. 提高雇佣外部管理人员的可能性的意识	1. 几乎没有	1. 否
		2. 在与顾客打交道的时候，基于学生特定领域的知识，提高学生对自身竞争优势的意识	2. 商业计划显示这些知识和意识有限	2. 否
		3. 提高对公司成长的意识和积极态度	3. 指定教科书、阅读材料和讲座的作用有限	3. 指定教科书、阅读材料和讲座的作用有限
		4. 发现和吸引其他资源来促进公司成长这种知识和技巧	4. 是，通过作业和向体制机构成员和其他创业家的展示演示	4. 否
		5. 小型投资企业管理相关的知识和技巧	5. 是，通过“中小企业家管理”、“创业理论”、“营销导向创业”和“中小企业管理相关法律”	5. 指定教科书、阅读材料和讲座的作用有限
		6. 保持创业精神、对新机会的警觉和改变管理和领导的意识、知识和技巧	6. 指定教科书、阅读材料和讲座的作用有限	6. 指定教科书、阅读材料和讲座的作用有限

此外，我们还可以从这些案例中学到一些普遍的教训。首先，在这两个项目中，小班教学都对课程的互动和整体质量是有帮助的。然而，正如格罗宁根的情况，只要得不到外部赞助，当前的预算体系会阻止此类课程。

其次，大多数非商科学生完全不清楚创业的概念、创业对他们个人而言的可能性以及商业领域的科研习惯。在格罗宁根大学，大部分学生承认是"出于好奇"才报名参加课程的。这意味着提高意识和改善态度等目标都比较容易达到，但是，要发展出更大的学生群体，创业课题必须得到整个大学的足够重视。在特文特大学，由于大学的教学任务对创业的持续关注、大量的创业支持项目，例如 TOP、大学生创业计划（USE）以及将成功的（以前的）学生创业者作为榜样，最初的创业意识可能会更高一点。

此外，非商科学生几乎没有与商业相关的知识。他们与外部专家也很少或根本没有接触。为了成功地实践创业技能和理解创业理论，基本的管理和规划知识也应列入该项目中。与此同时，应该培养学生寻求建议和援助的能力，并且培养他们通过建立合作来克服自己在这些领域的知识和技能的匮乏。在特文特大学，涉及许多区域性商业案例的新的教学案例和实验有望进一步改善和升级教学方法及考核方式（Groen et al.，2004）。我们认为，创业辅修课程应该将重点放在创业的核心课题，也就是机遇寻求上。我们觉得过多关注如一般的管理和市场营销等课题虽然可以理解，但会减少可用来了解其整个过程，即学习识别和开发各种机会的时间。

五、讨论和结论

（一）讨论

针对非商科学生的创业教育近来已经受到越来越多的教育者和决策者的关注。然而，到目前为止，很少有人知道如何开发相关课程和项目来鼓励非商科学生进行创业并成功建立和发展公司。

我们认为，将创业作为一种职业来教导非商科学生的项目和课程可以分为三类。第一类将创业定义为创办新企业，而第二类的视野更加广阔，也就是将创业定义为机遇的寻求。在本章中，我们已经论证过后一种方法将更受欢迎。为此，我们提出了一种创业过程的模型（正如范·德·维恩和瓦基所建立的，2004）。根据这个模型，创业首先要提出需要被开发成商机的创意（机会识别），这反过来又需要做好开发准备，这一切最终会实现价值创造。这个过程是由创业者推动的，但很大程度上会受到人际网络的影响（Aldrich and Zimmer，1986；Elfring and Hulsink，2003）。我们认为，当这样的过程观点被采用之后，可能会使用以下的方式来开发和评估项目及课程，即覆盖所有相关学科领域并且项目会照顾到具体的需要和特定目标群体的能力。

通过采用机遇寻求作为核心重点，创业已不再局限于创办新企业，而是扩大到不同的情况，包括内部创业和非营利部门的创业。考虑到许多组织都需要具有创业精神的员工来保持创新性，这一点是很重要的（Hornsby et al.，1993；Kuratko et al.，1990）。此外，通过关注整个过程，学生不仅学会了创办企业—— 一个相当短期的视角——而且学会了如何管理、发展和壮大自己的企业。考虑到非商科学生有限的管理经验和知识，这一点尤其重要。此外，通常来说，发展中的企业比简单的初创企业对社会更为有利。在荷兰，数据显示，公司增长滞后，应该得到改进（Ehrhardt et al.，2004）。

最后，把重点放在机会而不是创办新企业上，学生可以学会如何利用自己原有的知识获益（Shane，2000）。这些特定领域的知识，非商科学生通过他们的专业课程已经掌握得很扎实了。这些特定的原有知识有可能在机遇寻求过程的所有三个阶段中，为他们提供特殊的优势。因此，我们认为，将重点放在机会上将使非商科学生从他们的竞争优势中获益。

为了说明这个模型如何被用来评估现有课程，即是否适合不同的学生群体、是否适合进行除创办新企业之外的创业教学，以及荷兰目前是如何将这些想法纳入针对非商科学生的创业教育之中，我们已经提出了两个案例。来自特文特大学和格罗宁根大学的这两个案例有几点不同。首先，学生的背景不同。特文特大学的大多数学生拥有科学和技术类背景，而格罗宁根大学的学生就读于第一类和第三类课程项目。考虑到在机会识别过程中原有知识的重要性，这将表明学生背景的不同应该对项目有以下方面的影响，例如，受邀的客座教师的类型和课堂讨论的案例类型。

当我们比较两个项目及其成果时，最明显的结论是，特文特大学的学生与格罗宁根大学的学生相比，似乎能够更好地利用他们之前的特定领域的知识。我们的解释是，在特文特大学，组织层面对学术创业的关注更多，无论是在教育方面还是在研究成果商业化方面。正如前面所讨论的，诸如USE和TOP等非常成功的支持计划的存在，似乎激发了一大群学生“我也要”和“可以做”的态度。虽然要产生大量成功的学术衍生品和学生创业是很困难的，但格罗宁根大学为了激发类似的创业精神，有必要进行成功的创业努力和尝试。

另一种解释可能是，在特文特大学，机会识别和人际网络在创业教育中的位置比格罗宁根大学更加突出。辅修课程中的大部分课程经常会通过使用的文章和教科书，以及邀请成功的创业者来讲课等方式阐述这些概念。格罗宁根大学可能会举行类似的活动。想要这些起到作用，了解学生的背景是很重要的；在格罗宁根大学的案例中，背景了解并没有达到预期的效果。如果课程没有被撤销，这个问题也许会被解决，而且也有足够的时间来维持稳定的招生人数。

对于创业者所扮演的角色，很明显在两个项目中，创业都被认为是一种可培养的技能或天分（达到一定水平），而不是与生俱来的特征。然而，这两个项目似乎只涉及到学生总数中的一小部分，从而限制了潜在创业者的人才库。在特文特大学，男性学生和来自知识密集型科学领域的学生人数过多；以更加柔性的科学领域作为目标，如通信和教育科学等，可能会导致女性学生的大量涌入（Van Hoof，2004）。在格罗宁根大学，八个非商科学院中的一个（即社会科学）为一半的学生提供创业课程。

最后，我们想弄清楚格罗宁根大学和特文特大学的学生在进入项目时的意图有多大的差异。可能的情况是，特文特大学校园内大量的（大学生）创业者启发学生们真正考虑将创业作为一项职业选择，而对于格罗宁根大学的学生来说，可能是单纯地出于好奇心。另外在特文特大学，大部分学生的技术背景可能使他们更容易想到有关机遇的创意。当你拥有计算机科学领域的知识时，与当你是一个心理学家时相比，你会更容易想出一个“产品”，这似乎并不奇怪。毕竟前一个行业的创业活动得到的关注比后者更多。媒体报道中的大量实例可以产生“我也要”的效应，并为寻找好的创意提供了起点。而且，心理学家、律师之类的职业人士通常会被刻画成专业人士，而不是创业者，这可能是为什么他们许多人不认为自己是（潜在的）创业者的最好解释。

（二）结论和进一步研究的需要

从之前的研究、政策要求和案例来看，我们得出的结论是，开发专门针对非商科学生的创业教育课程是很有必要的。原因是，这些群体拥有不同的知识和经验，还有可能对创业持有不同的态度，这为他们提供了不同的长处和短处，因此也会带来不同的创业机遇。正如前面所说，这些差异将在创业过程的第一阶段即机会识别中表现最为明显。

我们也应该认识到，当谈及识别、准备和开发机会时，这些差异会使非商科学生和商科学生都拥有几个明显的优点和缺点。这表明，提供有利于商科学生和非商科学生进行合作的环境，可能会产生更多成功的创业活动。即使有些课程是专门针对非商科学生的，而另外一些是专门针对商科学生的，共同的课堂活动和练习不仅可以使学生认识到自己的优势和弱点，也可能会促进两组之间更多的合作。以往的研究显示，由团队建立的公司更有可能成功（Bamford et al.，2000；Carter et al.，1996），尤其是当这些团队在本质上是不同的时候。

其次，我们认为在比较和评估创业项目的原始目标时，范・德・维恩和瓦基（2004）的模型是非常适用的。通过对比模型，教育者可以决定他们的项目将从何种程度上涵盖创业过程的不同阶段，从而为学生提供多种建议，使之不仅可以成为一个所有者兼经营者，也可以从他们原来的发现中寻找机会。显然，其他的创业模型可能也是有用的；但是，这种模型在当前创业研究的文献资料中有扎实的理论基础。另外，该模型使用起来相对简单，并且提供了对创业过程的一个完整概述。因此，它可以通过说明应该解决哪些课题和主题，以及如何根据目标群体调整课程等，为课程开发提供一个起点。开发机会（即，将一个“发现”商业化）是不同于创立或运行一个企业的，这一点应当纳入课程的设计中。这可以通过提出其他可替代的开发手段，如接管现有企业或聘用经理人等来实现。将创业作为一个过程来展示，老师可以说明它并不限于特定的环境（新企业），而是适用于多种不同的组织环境。此外，该方法假定，创业是可教导的，而不是天生的。

虽然对于拥有不同非商科背景的学生而言，课程的基本内容是相同的，但老师可以通过鼓励学生运用他们的特定领域知识，来提高项目的效率。利用来自不同背景的创业者的例子和榜样是一种方法；利用文献资料指出原有知识的重要性则是另一种方法（例如，Shane，2000）。

荷兰现有的创业项目的经验表明，针对非商科学生的创业教学须设立专门的课程。除了具体的创业概念和理论以外，还需要让非商科学生熟悉管理领域的知识，这对商科学生来说，当然是没有必要的。同样的，非商科学生通常具有特别的经验和技巧，创业课程必须根据这些来建立。为了加强这一点，将创业课程和学生的常规课程联系起来，似乎可能会对课程的价值有所帮助。举例来说，不仅创业项目中的老师可以鼓励学生利用自己特定领域的知识，常规（专业）课程的老师也可以鼓励学生思考他们是否能够从课堂教授的知识和技能中发现创业机会以及得到相关启示。因此，在不同项目之间建立起某种形式的合作是必要的。然而，涉及到太多的学科时，这种合作可能十分困难，尤其是在创业课程是通过迷宫式模型教学的时候（Streeter et al.，2002）。

迷宫式和辐射式模型的选择关系到创业课程在学术大学内的定位（Streeter et al.，2002）。在美国（并且有可能在欧洲也是）最常见的是迷宫式模型。它也是特文特大学和格罗宁根大学所应用的模型。在这个模型中，创业课程是由一个（中央）部门或院系开发和教学的，通常是由商学院或创业中心来完成。然后这些课程会提供给学校所有院系的学生。另外，创业课程也可以由个别的院系或部门提供给这些特定院系的学生（辐射式模型）。这一模型被应用于格罗宁根大学生物医学院提供的“通向市场的科学”项目之中。迷宫式和辐射式模型都有自己的优点和缺点，并且对这两种模型的选择很可能会受到结构性因素的影响，例如课程的资助情况。格罗宁根大学的例子显示，尽管参与的学生热情高涨，但“创新型创业”项目不得不被废除，因为它并没有产生足够多的收入。在荷兰，鉴于外部赞助不是一个真正的选择，项目主管、教师和学者需要想出可替代的手段和方法，来继续创业课程的开发。

（三）限制

非商科学生是未来创业家一个很大且很重要的人才库。然而，到目前为止，在关于创业教育的研究和讨论中，这些学生在很大程度上是被忽视或遗忘的。他们特定领域的知识背景和动机需要我们开发与商科学生不同的创业项目。本章的主要贡献是提供一个基于理论的方法，来开发和比较针对非商科学生的创业项目。

但是，与任何研究一样，我们的调查有许多限制。首先，在引言中我们提到，我们将重点关注应纳入创业项目的课题和方法。我们已经解决了我们所认为的相关主题和知识领域的一些课题。方法的讨论是以教学方法示例为基础，例如引进客座讲师以发挥榜样作用，利用外部专家、培训和/或案例。进一步研究针对非商科学生的创业教学，也可以提出不同课程和项目中更为普遍的教学理念。

在本章中，我们在过程模型的基础上，评估并讨论了两个针对非商科学生的创业项目。这两个案例应该仅仅作为说明荷兰现状和模型应用的实例。研究的结果不能简单地推广到荷兰或国外的其他项目。为了更好地理解如何教导非商科学生创业，进一步的研究是很有必要的。这个研究最好应包括更多不同国家的课程样本，并且更加详细地审查项目。只有这样，我们才可以评估具体的课程（例如，“成为一名创业者”），而不是项目和正在使用的教学方法。

本章不仅受到实证分析水平的限制，而且范围也有限。我们决定只侧重于针对非商科学生的高校创业课程。显然，这不是进行创业教育的唯一教育水平。具体而言，在欧洲有很多专业院校提供创业课程和项目。比较学术性和专业性的课程及项目，最有可能使我们进一步了解如何设计出“最优”方案。

注

1. 高等教育机构（HEI）分为两类：学术性大学（大学）和专业性大学（也称为学院或高等职业培训机构，在荷兰也叫作“HBO”机构）。

2. 很明显，创业教学作为一个研究领域，该项目的主要重点应该放在创业知识的培养和研究创业现象的科学方法上。虽然将创业作为一个科学领域的学生应该知道特定技能、态度和意识的重要性，但这些学生并不一定要培养这些。

3. 应当注意到，通信和教育科学专业的学生也参加特文特大学的辅修课程。

4. 包括：商务信息技术；公共管理和公共政策；土木工程；化学工程；电气工程；计算机科学；工业工程与管理；应用传播学；远程信息处理；应用物理学；教育科学与技术；机械工程。

5. 医学院的传统就是可以独立作业，并且取消学生必须在“外部”学院选修课程的义务（其中之一就是创新型创业）。此外，医学院倾向于开发内部的项目，例如，在第三节所提到的它参与的博士课程“通向市场的科学”，这一课程没有任何的学术型创业人员参与其中。

参考文献

Aldrich, H.E. and Zimmer, C. (1986), ‘Entrepreneurship through social networks’, in D.L. Sexton and R.W. Smilor (eds), *The Art and Science of Entrepreneurship*, Cambridge, MA: Ballinger, pp. 3–23.

Andrén, L. and Uudelepp, U. (1996), ‘Search for an entrepreneurial education’, in H.Klandt, J. Mugler and D. Müller-Böhling (eds), *IntEnt93 – Internationalizing Entrepreneurship Education and Training: Proceedings of the IntEnt93 Conference*, Vienna, 5–7 July, 1993, Köln, Dortmund, pp. 219–28.

Autio, E., Sapienza, H.J. and Almeida, J. (2000), 'Effects of age at entry, knowledge intensity, and limitability of international growth', *Academy of Management Journal*, **43** (5), 909–24.

Bamford, C., Dean, T. and McDougall, P. (2000), 'An examination of the impact of initial founding conditions and decisions upon the performance of new bank start-ups', *Journal of Business Venturing*, **15** (3), 253–77.

Bechard, J. and Toulouse, J.M. (1998), 'Validation of a didactic model for the analysis of training objectives in entrepreneurship', *Journal of Business Venturing*, **13** (4), 317–32.

Bhave, M.P. (1994), 'A process model of venture creation', *Journal of Business Venturing*, **9** (3), 223–42.

Birch, C.J. and Clements, M. (2004), 'Can do, want to do and am going to do! Changing an anti-entrepreneurial culture to enable sustainable economic regeneration', working paper, Staffordshire University, Jacksonville, www.sulc.ac.uk/cjb/pdf/can_do_want_to_do_am_going_to_do.pdf, accessed on 12 April, 2005.

Birley, S. (1985), 'The role of networks in the entrepreneurial process', *Journal of Business Venturing*, **1** (1), 107–17.

Bosma, N., Stigter, H. and Wennekers, S. (2002), 'The long road to the entrepreneurial society', *Global Entrepreneurship Monitor 2001: the Netherlands*, Zoetermeer: EIM Business and Policy Research.

Brush, C.G., Greene, P.G., Hart, M.M. and Haller, H.S. (2001), 'From initial idea to unique advantage: the entrepreneurial challenge of constructing a resource base', *Academy of Management Executive*, **15** (1), 64–78.

Brush, C.G., Duhaime, I., Gartner, W., Stewart, A., Katz, J., Hitt, M., Alvarez, S., Dale Meyer, G. and Venkataraman, S. (2003), 'Doctoral education in the field of entrepreneurship', *Journal of Management*, **29** (3), 309–31.

Bruyat, C. and Julien, P.A. (2001), 'Defining the field of research in entrepreneurship?', *Journal of Business Venturing*, **16** (2), 165–180.

Bygrave, W. (1994), *The Portable MBA in Entrepreneurship*, New York: John Wiley and

Sons.

Bygrave, W.D. and Hofer, C.W. (1991), 'Theorizing about entrepreneurship', *Entrepreneurship Theory and Practice*, **16**, 13–22.

Carree, M.A. and Thurik, A.R. (2003), 'The impact of entrepreneurship on economic growth', inD.B. Audretsch and Z.J. Acs (eds), *Handbook of Entrepreneurship Research*, Boston, MA and Dordrecht: Kluwer Academic.

Carter, N., Gartner, W. and Reynolds, P. (1996), 'Exploring startup event sequences', *Journal of Business Venturing*, **11** (3), 151–66.

Casson, M. (1982), *The Entrepreneur: An Economic Theory*, Oxford: Martin Robertson.

Charney, A. and Libecap, G.D. (2000), 'Impact of entrepreneurship education', *Insights: A Kauffman Research Series*, Kauffman Center for Entrepreneurial Leadership, Kansas City.

Ching, H.L. and Ellis, P. (2004), 'Marketing in cyberspace: what factors drive e-commerce adoption?', *Journal of Marketing Management*, **20**, 409–29.

Churchill, N.C. and Muzyka, D.F. (1994), 'Defining and conceptualizing entrepreneurship: a process approach', in G.E. Hills (ed.), *Marketing and Entrepreneurship: Research Ideas and Opportunities*, Westport, CT: Quorum Books, pp. 11–23.

Cockx, R., De Vocht, S., Heylen, J. and Van Bockstaele, T. (2000), *Encouraging Entrepreneurship in Europe: A Comparative Study Focused on Education,* Antwerp: University of Antwerp, Center for Business Administration.

De Koning, A. (1999), 'Conceptualising opportunity formation as a socio-cognitive process', dissertation, INSEAD, Fontainebleau.

Dollinger, M.J. (2003), *Entrepreneurship, Strategies and Resources*, 3rd edn, Upper Saddle River, NJ: Prentice Hall.

Drucker, P.F. (1985), *Innovation and Entrepreneurship: Practice and Principles*, Oxford: Butterworth-Heinemann.

Ehrhardt, J., Van Gelderen, P., De Jong, J., Ten Klooster, H. and Kuipers, J. (2004), *InnovatieenGroei*, Ministerie van EconomischeZaken, Den Haag.

Elfring, T. and Hulsink, W. (2003), 'Networks in entrepreneurship: the case of high-technology firms', *Small Business Economics*, **21**, 409–22.

European Foundation for Entrepreneurship Research (EFER/EFMD) (2004), 'Pilot survey on entrepreneurship education at European universities and business schools', retrieved March 2004 from www.efer.nl.

European Foundation for Management Development (EFMD) (2004), 'Entrepreneurship and enterprise education in 'Europe. What must be learned and what can be taught', *EntreNews, the Newsletter of EFMD's Entrepreneurship, Innovation and Small Business Network*, no. 2

Fayolle, A. (1999), *Les ingénieurs entrepreneurs français, Contribution à la compéhension des comportements de creation et de reprise d'entreprise des ingénieurs diplômés*, Paris: L' Harmattan.

Gartner, W. (1985), 'A conceptual framework for describing the phenomenon of new venture creation', *Academy of Management Review*, **10**, 696–706.

Gibb, A.A. (1989), *A Study of the Spirit of Enterprise in Europe: Final Report of the SME Task Force of the European Community*, Brussels: EU.

Gnyawali, D.R. and Fogel, D.S. (1994), 'Environments for entrepreneurship development: key dimensions and research implications', *Entrepreneurship Theory and Practice*, **18** (4), 43–62.

Gorman, G.G., Hanlon, D. and King, W. (1997), 'Some research perspectives on entrepreneurship education, enterprise education and education for small business management: a ten-year literature review', *International Small Business Journal*, **15** (3), 56–77.

Granovetter, M.S. (1973), 'The strength of weak ties', *American Journal of Sociology*, **78** (6), 1360–80.

Greve, A. (1995), 'Networks and entrepreneurship – an analysis of social relations and occupational background, and use of contacts during the establishment process', *Scandinavian Journal of Management*, **11** (1), 1–24.

Groen, A.J., Jenniskens, C.G.M., Van Tilburg, J.J. and Morsink, G.M. (2004), 'Stimulating high tech entrepreneurship in a region: many visible hands creating heterogeneous entrepreneurial networks', in P.C. van der Sijde, A. Ridder and A.J. Groen (eds), *Entrepreneurship and Innovation. Essays in Honour of Wim During*, Enschede: Nikos, pp. 79–94.

Henry, C., Hill, F. and Leitch, C. (2003), *Entrepreneurship Education and Training: The Issue of Effectiveness*, Aldershot: Ashgate.

Herron, L. and Sapienza, H.J. (1992), 'The entrepreneur and the initiation of new venture launch activities', *Entrepreneurship Theory and Practice*, **17** (1), 49–55.

Hessels, J., Bosma, N. and Wennekers, S. (2005), 'Nieuw Ondernemerschap in herstel', *Global Entrepreneurship Monitor 2004, Nederland*, Zoetermeer: EIM Research and Consultancy.

Hornsby, J.S., Kuratko, D.F., and Montagno, R.V. (1999), 'Perception of internal factors for corporate entrepreneurship: a comparison of Canadian and U.S. managers', *Entrepreneurship Theory and Practice*, **24** (2), 9–24.

Hornsby, J.S., Naffziger, D.W., Kuratko, D.F. and Montagno, R.V. (1993), 'An interactive model of the corporate entrepreneurship process', *Entrepreneurship Theory and Practice*, **17** (2), 29–37.

Hougaard, S. (2005), *The Business Idea: The Early Stages of Entrepreneurship*, Berlin and Heidelberg: Springer.

Hynes, B. (1996), 'Example of teaching entrepreneurship to non-business students in Limerick (product design and development) ', *Journal of European Industrial Training*, 20/8, 10–17.

Jack, S.L. and Anderson, A.R. (1999), 'Entrepreneurship education within the enterprise culture: producing reflective practitioners', *International Journal of Entrepreneurial Behaviour and Research – Special Edition*, **5** (3), 110–25.

Jones-Evans, D., Williams, W. and Deacon, J. (2000), 'Developing entrepreneurial graduates: an action-learning approach', *Education and Training*, **42** (4/5), 282–8.

Karlsson, T. (2005), *Business Plans in New Ventures, an Institutional Perspective*, JIBS Dissertation Series, Jönköping: Jönköping International Business School.

Katz, J.A. (1991), 'The institute and infrastructure of entrepreneurship', *Entrepreneurship Theory and Practice*, **15** (3), 85–102.

Kirby, D.A. (2003), *Entrepreneurship, London*: McGraw-Hill.

Kirzner, I.M. (1973), *Competition and Entrepreneurship*, Chicago, IL: University of Chicago Press.

Koller, R.H. (1988), 'On the source of entrepreneurial ideas', in B.A. Kirchoff, W. Long, W. McMullan, K.H. Vesper and W.E. Wetzel (eds), *Frontiers Entrepreneurship Research*, Wellesley, MA: Babson, pp. 194–207.

Krueger, N.F., Reilly, M.D. and Carsrud, A.L. (2000), 'Competing models of entrepreneurial intentions', *Journal of Business Venturing*, **15** (5/6), 411–32.

Kuratko, D.F. (2003), *Entrepreneurship Education: Emerging Trends and Challenges for the 21st Century*, Coleman White Paper Series, www.usasbe.org, accessed on 12 April, 2004.

Kuratko, D.F. and Hodgetts, R.M. (2001), *Entrepreneurship: A Contemporary Approach*, 5th edn, Orlando, FL: Harcourt.

Kuratko, D.F., Montagno, R.V. and Hornsby, J.S. (1990), 'Developing an entrepreneurial assessment instrument for an effective corporate entrepreneurial environment', *Strategic Management Journal*, **11**, 49–58.

Laukkanen, M. (2000), 'Exploring alternative approaches in high-level entrepreneurship education: creating micromechanisms for endogenous regional growth', *Entrepreneurship and Regional Development*, **12** (1), 25–47.

Levie, J. (1999), 'Entrepreneurship education in higher education in England: a survey', research report, University of Strathclyde, www.entrepreneur.strath.ac.uk/research/surv.pdf, accessed on 12 June, 2005.

Lucas, W. and Cooper, S. (2004), 'Enhancing self-efficacy to enable entrepreneurship', in *Proceedings 11th High Tech Small Firms Conference Part 1: 263*, 24 May, Enschede,

The Netherlands.

Lumpkin, G.T., Hills, G.E. and Schrader, R.C. (2001), 'Opportunity recognition', a CEAE white paper, Coleman Council for Entrepreneurship Awareness and Education (CEAE), www.colemanfoundation.org, accessed on 12 June, 2005.

Mason, C. and Stark, M. (2002), 'What do investors look for in a business plan? A comparison of bankers, venture capitalists and business angels', paper presented at the 25th ISBA National Small Firms Conference: 'Competing perspectives of Small Business and Entrepreneurship', Brighton, UK, 13–15 November.

Ministry of Economic Affairs (2002), *Entrepreneurship Monitor, Spring 2002*, theme issue on entrepreneurship and education, The Hague: Ministry of Economic Affairs.

Morris, M.H., Kuratko, D.F. and Schindehutte, M. (2001), 'Towards integration: understanding entrepreneurship through frameworks', *International Journal of Innovation*, **2** (1), 35–49.

Moss Kanter, R. (1988), 'When a thousand flowers bloom: structural, collective, and social conditions for innovation in organizations', *Research Organizational Behavior*, **10**, 169–211.

Nederlands Vlaamse Academievoor Ondernemerschap (NVAO) (2005), unpublished report and minutes of meeting 7 April, Utrecht.

Nikos (2005), *Progress Report 2001–2005*, Enschede: University of Twente, Nikos.

Otto, J.R.C. (1999), 'Entrepreneurship skills for scientists and engineers: recent European initiatives', *IPTS Report*, **37** (special issue on enhancing human capital), www.jrc.es/pages/iptsreport/vol37/english/EHC5E376.htm#References, accessed on 12 June, 2005.

Paffen, P. (2004), 'The psychology of the entrepreneur', in A.J. Groen, P.C. van der Sijde and A. Ridder (eds), *Essays in Honor of Wim During*, Enschede: Nikos.

Ropo, A. and Hunt, J.G. (1995), 'Entrepreneurial processes as virtuous and vicious spirals in a changing opportunity structure: a paradoxical perspective', *Entrepreneurship Theory and Practice*, **19** (3), 91–111.

Rothwell, R. (1992), 'Successful industrial innovation: critical factors for the 1990s', *R&D Management*, **22** (3), 221–39.

Scarborough, M.N. and Zimmerer, T.W. (2004), '*Effective Small Business Management*', 4th edn, Englewood Cliffs, NJ: Prentice Hall.

Sexton, D.L. and Bowman, N.B. (1984), 'Entrepreneurship education: suggestions for increasing effectiveness', *Journal of Small Business Management*, **2**, 18–25.

Shane, S. (2000), 'Prior knowledge and the discovery of entrepreneurial opportunities', *Organization Science*, **11** (4), 448–69.

Shane, S. and Venkataraman, S. (2000), 'The promise of entrepreneurship as a field of research', *Academy of Management Review*, **25** (1), 217–26.

Shane, S. and Venkataraman, S. (2001), 'Entrepreneurship as a field of research: a response to Zahra and Dess, Singh, and Erikson', *Academy of Management Review*, **26** (1), 13–16.

Shepherd, D.A. and Krueger, N.F. (2002), 'An intentions-based model of entrepreneurial teams' social cognition', *Entrepreneurship Theory and Practice*, **27** (2), 167–85.

Singh, R.P. (2000), *Entrepreneurial Opportunity Recognition through Social Networks*, New York and London: Garland.

Standish-Kuon, T. and Rice, M.P. (2002), 'Introducing engineering and science students to entrepreneurship: models and influential factors at six American universities', *Journal of Engineering Education*, **91** (1), 33–9.

Stevenson, H., Roberts, M.J. and Grousbeck, H.I. (1989), *New Business Ventures and the Entrepreneur*, Homewood, IL: Irwin Publishing Company.

Streeter, D., Jaquette, P. and Hovis, K. (2002), *University-wide Entrepreneurship Education: Alternative Models and Current Trends*, working paper, March, Cornell University, Ithaca, New York.

The European Observatory for SMEs (1995), report submitted to Directorate-General XXIII of the EU, coordinated by EIM, Small Business Research and Consultancy, Zoetermeer.

Tidd, J., Bessant, J. and Pavitt, K. (1997), *Managing Innovation: Integrating Technological, Organizational and Market Change*, Chichester: John Wiley.

Timmons, J.A. and Spinelli, S. (2004), *New Venture Creation Enterprise for the 21st Century*, 6th edn, McGrawHill, Nova lorque.

UNIDO (2005), *Annual Report 2004*, Vienna, Austria: UNIDO.

Van der Sijde, P.C., Kekale, J. and Goddard, J. (2002a), 'University-region interaction: managing the interface', *Industry and Higher Education*, **16** (2), 73–6.

Van der Sijde, P., Van Karnebeek, S. and Van Benthem, J. (2002b), 'The university-industry relations of an entrepreneurial university: the case of the University of Twente', in F. Schutte and P. van der Sijde (eds), *The University and Its Region: Examples of Regional Development from the European Consortium of Innovative Universities*, Enschede: Twente University Press.

Van der Sijde, P.C. and Ridder, A. (2006), 'Students exploring and experiencing innovation in an entrepreneurship programme', *International Journal of Continuing Engineering Education and Life-Long Learning*, **16** (5), 280–91.

Van der Sijde, P.C., Ridder, A., Brinkman, J.G., Van Benthem, J.W.L., Bliek, P.P., Schoo, J.A. and Rossini, G. (2004), 'Entrepreneurship education for non-business students', in P.C. van der Sijde, A. Ridder andA.J. Groen (eds), *Entrepreneurship and Innovation: Essays in Honour of Wim During*, Enschede: Nikos, pp. 207–19.

Van der Veen, M. and Wakkee, I.A.M. (2004), 'Understanding Entrepreneurship', in D.S. Watkins (ed.), *Annual Review of Progress in Entrepreneurship Research*, vol. 2: 2002–03, Brussels: European Foundation for Management Development, pp. 114–52.

Van Gelderen, M., Brand, M., Van Praag, M., Ombach, M. and Bodewes, W. (2003), 'Some advances in the explanation of entrepreneurial career preferences and expectations', in M. Dowling, J. Schmude and D. zur Knyphausen-Aufsess (eds), *Advances in Interdisciplinary European Entrepreneurship Research*, vol. 3, Münster: LitVerlag.

Van Hoof, J. (2004), *Reflectie op Minor Ondernemerschap 2003–2004*, internal report, Nikos, Universiteit Twente.

Van Tilburg, J.J., Van der Sijde, P.C., Molero, J. and Casado, P. (2004), 'Virtual incubation of research spin-offs', in R. Oakey, W. During and S. Kauser, (eds), *New Technology-based Firms in the New Millennium*, vol. 3, Enschede, The Netherlands: Elsevier.

Von Hippel, E. (1988), *The Sources of Innovation*, New York and Oxford: Oxford University Press.

Vyakarnam, S., Jacobs, R.C. and Handelberg, J. (1997), 'Formation and development of entrepreneurial teams in rapid growth businesses', in P.D. Reynolds (ed.), *Frontiers of Entrepreneurship Research 1997*, Babson College, Wellesley, MA.

Wakkee, I.A.M. and Van der Veen, M. (2004), 'Teaching the entrepreneurial process', *Essays in Honor of Wim During*, in P.C. van der Sijde, A. Ridder and A.J. Groen (eds), Enschede: Nikos.

Wallin, D.L. (2003), 'Motivation and faculty development: a three state study of presidential perceptions of faculty professional development needs', *Community College Journal of Research and Practice*, **27** (4), 317–35.

Watkins, D. and Stone, G. (1999), 'Entrepreneurship education in UK HEIs – origins, developments and trends', *Industry and Higher Education*, **13** (6), 382–9.

Wiklund, J. (1998), *Small Firm Growth and Performance: Entrepreneurship and Beyond*, Jönköping: Jönköping International Business School.

Zahra, S.A. and Dess, G.D. (2001), 'Entrepreneurship as a field of research: encouraging dialogue and debate', *Academy of Management Review*, **26** (1), 8–10.

第五章　在实验中摸索企业内创业教学

维罗尼卡·布沙尔

一、引言

商学院的公司创业教学远没有创业教学普遍，考虑到与该主题相关的实证研究的缺乏和“企业内创业”这一概念的模糊性，这就不足为奇了。正因此，企业创业无法依赖坚实的理论、实践和方法论的基础来教学：这完全是一个全新的领域。

正如所有的开拓者那样，进入这一领域探险的人必须做出选择，而这些选择可能看起来有些主观臆断。他们必须就未回答的问题表明立场，这些问题包括：“企业是什么？”“与个人创业相比，企业内创业有何独特之处？”“企业内创业有何实际价值？”他们还要决定，在混杂的水平参差不齐的文献中，哪些对未来的企业家有用处。此外，他们还将在没有现成模式供参考的条件下设置目标，决定内容并选择教学方式。

在这种情况下，我们可以谨慎预见，企业内创业教学是一种实验。也就是说，它的结果必须严格监督并在任何时候处于随时调整方向的状态。

当我和我的同事潘乔·努内斯（Pancho Nunes）教授决定开设一门企业内创业的选修课时，我们决定采取一种实验的方式。本章回顾了从我们开创这门课程到这门课程的最新版本这一过程。

第二节简要描述了这门课程的定位和课程指导并进行了解释。第三节大体上总结了这门课程的框架和内容。第四节描述了我们的教学法，突出了共同教学的益处。第五节总结了我们从“实验”中的所学以及如何为未来教学做准备。在结尾，我们回顾了这一非常奇特的过程所带来的理论、教学法和管理方面的影响。

二、确定课程定位和课程指导

2002 年，当我和努内斯·潘乔决定尝试开设一门企业内创业的选修课时，我们首先想到的就是在网络上搜寻课程大纲。但是，我们一无所获，很快意识到我们不得不从头建设这门课程。

我们知道哪些人是我们的目标听众。我们认为，在职 MBA 的学生将是理想的参与人员。他们有足够的工作经验（平均六年）来理解企业内创业中的组织和人力资源问题。也正是因为他们已有技术或科学背景，他们十分关注与创新有关的话题。此外，很多的在职 MBA 学生也在参与商业开发项目。我们认为，这一点将有助于深化课程讨论，有可能拓展我们的数据库。

由于没有参考模型，我们很早就决定这门课程是“实验性质”的，也就是说，课程很短（12 小时）。因此，我们向学生和 MBA 项目主管予以说明，在课程期间和结束后小心地收集各方评价。如果进展不顺利，我们将愿意立即修改课程甚至是取消这门课程。我们一开始还要求这门课具备较强的互动性。我们的听众是一群管理人员，我们希望可以利用他们的经验和知识，并在借助他们持续反馈的条件下实时提升课程的内容和教学方式。最后，我们认为，主动和时刻参与是公司创业人员的态度要求。希望我们的课程从一开始就在正确的道路上前进。

三、确定课程内容

在决定开设这门课程时，我和我的同事已经有一些年的经验。虽然我们没有一起共同研究过，但我们经常讨论并达成了一些共识。鉴于本文标题中概念的异质性，我们能够就企业内创业的定义达成意见一致，这也是一项了不起的成就。在我们开始讨论这门课程的目标时，我们同意这门课程的听众的履历应当可以指导我们。这些 MBA 学生需要获取信息、概念和方法，并且可以立即在他们的工作环境中加以运用。为此，我们不得不确保参与者能够便捷地获取课程的内容。最后，关于我们想强调的具体的概念和信息，我们一致认为，我们拥有不同的视角，各自想要强调不同的方面。我们之间的这种差异和某些情况下的分歧将会使我们的课程更加生动有趣。

（一）定义“企业内创业”

企业内创业是一个多层次的概念。一些人认为是一种企业层面的战略创举（Covin and Slevin，1991；Lumpkin and Dess，1996；Miller，1983；Zahra，1993），另一些人认为这是在原有企业中建立新业务的过程（Block and MacMillan，1993；Burgelman，1984；Vesper，1985），还有一些人认为是企业员工恪守的企业家价值和行为（Pinchot III，1985；Stevenson and Jarillo，1990）。企业内创业的相关文献不论在目的还是视角方面都表现出很强的异质性，这既是由于这一概念本身的多层次性，也源于悬而未决的“定义问题”（Sharma and Chrisman，1999）。

在一门时长为 12 小时、面向从业者的课程中囊括企业内创业的方方面面，看起来既不可能也不可取。很明显，企业内层面的文献对于我们的听众来说太抽象，而过程文献与他们的经验和关切更加相近，因此我们决定将课程限制在这个视角上，并一致同意采纳夏尔马和克里斯曼（Sharma and Chrisman，1999，p. 18）对企业内创业的定义：企业内创业是指个人或集体在与现有组织有关联的情况下建立一个新的组织或在现有组织内更新或创新的过程。

（二）设立课程目标

鉴于课程听众的背景，我们最根本的目标是为他们提供信息和模型，以帮助他们参与、开展和管理企业内创业行为。

企业内创业不仅是一个概念，也是一个相对广泛的管理实践。我们认为学生应当理解不同的企业内创业项目在现实中如何导致成功或失败，并对其进行比较和评估。

自我评估也是本门课程另一个重要目标。我们认为课程参与者应当充分利用这门课，对照企业内创业内涵定位自己和企业。他们是否参与过企业内创业？他们打算这么做吗？他们企业的文化和组织是否鼓励创业行为？为什么？如何做可以改善这种状况？我们相信，为自我评估付出的努力和对现有企业内创业项目的架构及动态的了解将为未来打下坚实的基础。

（三）关键概念和信息

我对企业内创业案例研究（Bouchard，2001；2002）的调查让我意识到，在企业内创业这一大标题下，现实与过程之间存在着多么大的差异。因此，恰当的区分工具十分重要。自发型与诱发型企业内创业最根本的区别必须加以强调，这实际上也构成了本门课程大纲的主要内容（见表 5–1）。

表 5–1　自发型与诱发型企业内创业

自发型企业内创业	诱发型企业内创业
员工在既有企业内自发进行新的活动，由此引发的无计划的过程即为自发型企业内创业。	企业设立项目以鼓励和支持员工开发新的商业项目及其取得的结果。

R. A. 伯杰尔曼（R. A. Burgelman，1983）已经很好地解释和描述了自发型企业内创业的过程。尽管有着时间、空间和背景的不同，但其依然保留着高度的相似性。我们不难找到一些有趣的文章和案例研究深化有关自发型企业内创业的理解和课堂讨论。

相反，诱发型企业内创业是一种异质现象。根据背景和目的，诱发型企业内创业的结构和动态千差万别。按照我们的理解，这种类型的企业内创业需要特别关注，也需要一套概念工具方可正确理解它。

1. 自发型 Vs 诱发型企业内创业

自发型企业内创业研究十分重要，这是因为这可以让学生意识到所有的组织，即便是最官僚化的组织，也是新兴事物的核心，是自上而下的流程。同时，还可以让他们意识到战略更新既依赖于自主的战略行动，又不可缺少自上而下的变革计划（参阅 Burgelman，1983）。

另一个关键信息是，随着自主行动“自然地”崛起，现有组织——用坎特（Kanter）和诺思（North）的术语（1990）就是“主流”——“自然地”抵抗这些行动。除非行动的发起人成功避免冲突并在项目的每一个阶段获得合适的支持，否则现有的组织会摧毁他们。“主流”与“新流”的辩证关系已在大量文章和商业案例中得以描述（参阅 Burgelman，1983；Dougherty and Hardy，1996；Hamel，2000；Hill et al.，1992）。学生可对此进行分析和评论。

诱发型企业内创业的研究也十分重要。实际上，在过去 30 年里，一些知名企业，如美国的伊士曼柯达企业内、施乐集团和朗讯科技企业内，欧洲的 SAS 企业内和西门子 – 利多富，还有一些不太知名的企业内，已经开始正式启动项目以鼓励和支持企业员工的创业行动。大量高质量的文章已经详细描述了这些尝试：坎特关于“既有企业的创业媒介”系列文章（Kanter and Richardson，1991；Kanter et al.，1991a；Kanter et al.，1991b）；勒纳（Lerner）和亨特关于施乐 XTV 部门的案例研究（1998）；巴特利特（Bartlett）和穆罕默德（Mohammed）关于 3M 的案例研究（1995）；坎特等人（Kanter et al.）关于西门子 – 利多富的案例研究（1997）；阿马比尔（Amabile）和惠特尼（Whitney）关于宝洁 CNV 的案例研究（1997）；坎特和赫斯克特（Kanter and Heskett，2000）以及切斯布罗格和马萨罗（Chesbrough and Massaro，2001）关于朗讯科技 NVG 的案例研究；戴（Day）等人关于诺基亚 NVO 的文章。学生可以从中取其一，分小组分析某个项目的结构、功能及其在人力和经济方面的影响。他们也可以在课堂里比较不同的项目并进行排序。

2. 诱发型企业内创业流程的形态学

针对企业内创业项目的分析和比较揭示了目的和配置上的巨大异质性。因此，我们提出一种两轴坐标来帮助学生定位和比较不同的项目。这个坐标结合了坎特等人和伯金肖（Birkinshaw）提出的几种分类。

在“创业媒介”系列文章中，坎特等人（1990）区分了两种目的的企业内创业项目：一种主要目标是经济的（创造新的利润来源），另一种的主要目标是文化的（展示“主流”如何更具有创新力）。尽管有些企业内创业项目要么以经济、要么以文化为目标，但是大多数项目都试图结合这两种企业内创业类型带来的益处，借此在文化—经济连续体中占据中间地位。

伯金肖（1997）区分了集中型企业内创业和分散型企业内创业。集中型企业内创业是指创立一个独特的、自治的组织实体，其首要目标是开展新的经济活动。相反，分散型企业内创业基于这样的假设：任何员工都可以成为企业家，只要他 / 她嗅到了机遇并得到了足够的资源和支持。在分散型企业内创业中，企业创立人还属于“主流”。至少在初期，他们还继续履行正常工作，并照常向老板报告。

结合纵轴和横轴，我们制作了一个坐标，可用于定位企业内创业项目。在课堂上，学生使用这个坐标来比较和讨论需要加以分析和评估的不同企业内创业项目的定位。

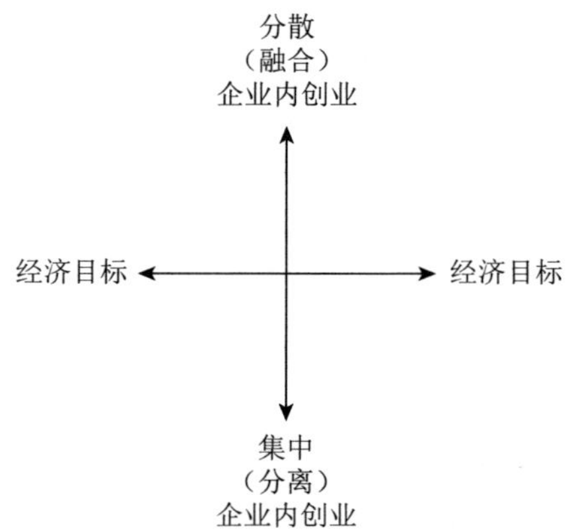

图 5–1　用坐标轴定位企业内创业项目

3. 诱发型企业内创业的若干准则

尽管企业内创业项目表现出巨大的异质性，我们仍有可能在这些项目的设计原则中找到一些基本的相似之处（Bouchard，2002）。我们提出三项“普遍的”设计原则或“基本准则”（见图 5–2）。

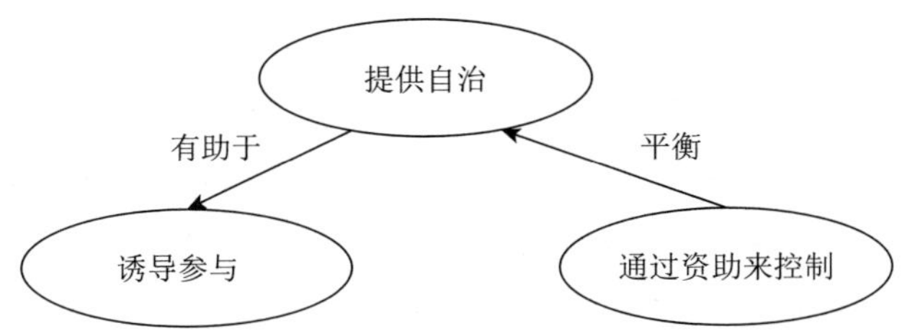

图 5–2　企业内创业项目的三大基本准则

"提供自治"是我们首先提出的基本准则。很多人认为，通常囿于大型组织内的个人自治是创业指导中的中心部分（Lumpkin and Dess，1996），也是企业内创业流程中的基本内容（Burgelman，1983；Siegel et al.，1988）。所有经我们调查过的企业内创业案例均强调个人自治。

自治随程度和种类而有所不同。一方面，企业内创业者属于一个独立的实体，享有很多的自治权利。他们可以自由地完全专注于自己的项目，并在考核间隙，按照自己的需要利用时间和可用的资源。另一方面，仍然是现有组织的一部分的企业内创业者必须完成日常工作规定的义务。然而，随着项目的信誉提升，认可度提高，他们逐渐获得自由时间和资源等形式的自治权利。

诱发型企业内创业第二个基本准则是"诱导个人参与"。企业内创业项目的推动人相信，个人的加入可以完全改变组织动态，从士气低落转为充满激情，将无动于衷转变为创意无限。所有我们调查过的企业内创业项目都鼓励个人开展他们认可并可以亲身实践的项目并且从构思到最终完成一直主导这个项目。企业内创业项目为未来的企业家提供了不同的激励，包括内在报酬（例如从追求具有挑战性和创造性的事业中获得兴奋感和满足感）和外在报酬（对外知名度、金钱奖励、领导自己的活动的期待、新事业的"影子股票"、认可度和职业发展，等等）。

第三条准则是"通过资助来控制"。大多数的企业内创业项目都围绕一个阶段和附加条件的资助开展下去。这样的流程可以管理企业内创业者并与他们的自治权利实现平衡。正是有了这一流程，企业内创业者的成绩才可以定期评估，打消了对创业者潜力的疑虑，管理层才可以减少或增加承诺资助。

4. 一条缺失的基本准则

我在 2002 年的一项研究证实了坎特等人在 1990 年发表的文章中观点，即企业内创业项目在某个阶段会面临严重的问题，经常导致项目失败。此外，相似的问题可能在完全不同的阶段出现。即便是 3M 这样经常在企业内创业文献中被提及的企业，也面临相似的问题，尽管这些问题不是很严重（参阅 Bartlett and Mohammed，1997）。尽管这个观点不是什么好消息，但还是要和学生们分享并一起讨论。我们观察到，学生对此既不感到惊讶也不感到震惊，这主要是因为他们已经亲身体验过“主流”和“新流”之间的紧张态势，知道前者通常占据主导。

这些反复出现的问题有多种原因，但是，我们认为主要的原因是企业内创业项目的发起人和管理者简单地忽视了独立创业和企业内创业之间的差别。自然地，他们忽略了所有“接口管理”的重要流程。实际上，与独立创业相反，企业内创业是扎根于原有组织，必须持续不断地与该组织内的成员协商以获取资源和帮助，同时还要保持自治。

因此，一个关键的信息就是在宏观层面“管理接口”（所有的企业内创业项目与组织的其他方面之间的接口），而在微观层面（单个企业内创业项目与组织的其他方面之间的接口）构成了任何企业内创业流程中的一个关键部分：实际上，我们认为这是企业内创业项目缺失的第四个基本准则（见图 5–3）。

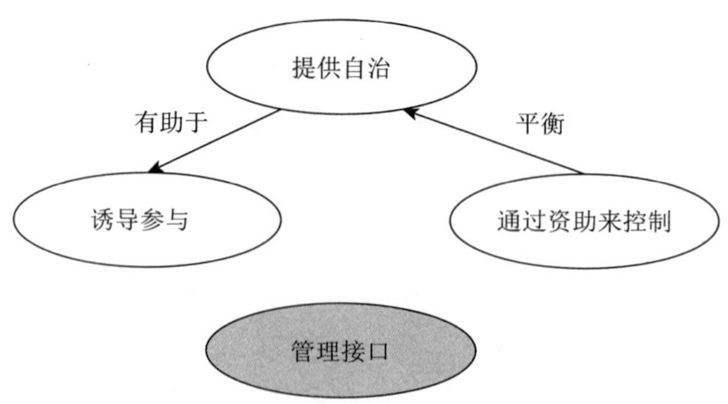

图 5–3　企业内创业项目中缺失的一个基本准则

关于第四个基本准则在结构、流程、系统和个人行为方面带来的实际影响可以与学生一起探讨。

在企业内创业的背景下，毫无疑问，战略一致性是一个关键概念。正如伯杰尔曼（1983）所说，自主行动 / 企业接口在本质上是组织性和战略性。尽管许多企业内创业项目声称，只要在经济上可行，支持任何企业内创业，但是人们可以观察到与企业战略版图相差甚远的项目遭遇了合法性问题，最终往往很少受到帮助（当然，除非这些项目的推动者能够改变高层对于企业战略版图的认知）。由此，战略一致性会影响到在企业内一个项目可能从不同行动者那里获得帮助的质量和范围；一个项目是否以及多久重新被纳入到"主流"也取决于战略一致性。我们希望向学生传达的信息是，企业内创业者面临的困难和承担的风险至少部分取决于项目的战略一致性水平。

四、选择教学法

我们将自己视为学生而非企业内创业的专家，而课程的目标受众是一群专业听众，因此，我们希望学生参与是本门课程教学法中一个关键特征。由于我们有共同的学术兴趣，也是为了乐趣和实验目的开设这门课程，因此，我们倾向于共同教学。我们轻松地获得了 MBA 项目主管的支持。项目主管也乐于接受具有实验性质的行动，期待看到我们成功。

（一）鼓励参与和交流

在学生参与这一假设下，我们确定了课程大纲的大部分内容。例如，我们选择将课程参与者人数限制在 25 人，并以口头形式为学生打分。大部分的课堂时间里，学生十分活跃，展示各自的工作或者讨论不同的话题，我们的角色仅限于提出问题，指出自相矛盾的地方。

我们将第一个三个小时的模块课用于举行圆桌讨论，让所有课程参与者解释企业内创业对他们意味着什么，以及如何与他们当前的工作或过去的工作经验联系起来。第二个模块的主题是自发型企业内创业，用于讨论一个商业案例。该案例描述了在一家大型企业女性企业内创业者面临的难题（Joline at Polaroid：Hill et al.，1992）。这个案例引起了很多学生的强烈共鸣。这些学生要么是站在这位企业家的角度，要么站在相反的一面指责她。第三个模块的主题是诱发型企业内创业。在这个模块里，学生小组展示了诸如柯达、朗讯或3M等知名企业内发起的企业内创业项目及其结构和动态。根据案例提供的信息，这些学生小组必须评估这些项目并提出改进意见。

第四个也就是最后一个模块也涉及学生参与，因为该模块将报告演示和总结讨论结合起来。总体说来，可能剩余不到三个小时的时间用于传统形式的讲课。

（二）共同教学

在决定开这门课程的时候，我的同事和我已经研究企业内创业好多年了。我们知道我们提出的有些观点十分不同，那么将这些观点抛到课堂上供讨论将会十分有趣。我的同事主要对企业内创业流程的人力和心理方面感兴趣，而我的兴趣更多在于诱发型企业内创业，具体而言，包括组织和个人战略之间的互动以及这些战略如何实现双赢。

共同教学有若干益处：带来较强的课堂活力，十分有趣和刺激。对像我们这样的实验而言，共同教学也是十分令人舒服的。随着时间的推进，我们自然变得“专业”。我的同事成为企业内创业家以及创业家的需求、动力和疑虑的代言人，而我则成为企业或个人创业的有效性和绩效的代言人。在很多情况下，我们之间的分歧十分清晰，这一点也令学生们感到有趣。热烈的讨论传达了一条重要的心照不宣的信息：在复杂问题上，即便“专家”也有不同意见，但是不同意见可能也有益处，发人深思。这种教学方式也得到了课程参与者的赞赏。他们感受到这种教学方式带来了一种不同的、更加“民主”的师生关系。

五、企业内创业实验方法教学

到今天，“理解企业内创业”已经开课三次。正如我们提到的，这门课最初只是一项实验，随时可能发生变化，甚至是被取消。幸运的是，没有发生这种情况。这门课从一开始就得到了学生们的欢迎。

如果按照学生的参与程度和我们得到的满意度，选择在职 MBA 学生作为我们的实验对象并按照他们的需求和背景定制课程显然是正确的。因此，从我们第一次建立起这门课程的大纲，这门课程的目标、关键信息和教学法就没有改变过。

然而，由于学生和我们自己十分喜欢这种实验性质而又非正式的课程，我们认为有必要尝试并保留这种趣味。为此，我们决定经常性地引入细节性的修改并对此进行测试，然后持续重视学生的反馈和提供的信息。

2005 年，我们增加了第五个模块，并邀请一位法国的企业内创业家作为客座发言人。他丰富的经验和真诚的发言得到了学生们的赞赏，让他们认识到了课堂上描述的多种情况和方式。他们还纷纷向他提出了很多关于企业内创业流程不同阶段的动机、预期和感受的私人问题。我们还改变了最后一个模块的形式和内容：我们要求学生按照具体问题分成不同小组，做出自己的发现并在规定的时间内与班级其他同学分享。挑选出来的这些问题十分具体，即什么可以引发企业内创业行为、中层管理人员怎样做才可以激励和支持企业内创业、高层管理人员怎样做才可以激励和支持企业内创业、如何确保企业内创业项目和行动的战略一致性，但也要求学生们很好地掌握概念和分类。这种高强度的团队合作环节的结果十分有趣，也展现了学生们已经熟练地掌握了企业内创业中与组织、管理和战略影响相关的部分重点知识（见图 5–4）。

Q4– 保证战略一致性（2005）

- 企业战略目标的有效沟通
  - OPS（一页纸战略描述）
  - 在所有层面
- 建立正式的导师网络
  - 合法
  - 支持企业内创业者
    - 在考虑企业战略目标的情况下批判性地分析创业想法和项目
    - 以非正式的咨询师和赞助人身份参与
- 建立项目评估委员会
  - 由正式的且受到激励的管理人员组成
  - 跨领域评估
    - 项目的商业潜力
    - 项目的战略一致性
- 根据潜力和战略一致性评估且随时跟踪项目并提供支持
  - 孵化”项目：高潜力和战略一致性
  - 分离项目：高潜力低战略一致性
  - 问号项目：高潜力，战略一致性不明
  - 不通过项目：潜力较差

布沙尔 潘乔 | 企业内创业

图 5–4　学生小组给出关于“如何保证企业内创业项目和行动的战略一致性”的结果

六、结论

当我们决定开设一门企业内创业的选修课时，我的同事和我既有个人目标也有共同目标。例如，我们希望借此增强里昂商学院作为一所以创业学专家著称且具有创新能力的商学院的形象和定位。三年后，我们对实现这些目标做出的贡献还是十分少的，这一点必须承认。实际上，我们的课程只是接触到了很少一部分学生，而由于实验的性质，除了口口相传以外，也几乎没有受到公众的关注。为了进一步接近我们的目标，我们现在不得不考虑向新的更大范围的听众宣传这门课程，并将课程内容打包，流传出去。

除了这一体制性的目标，我们还追求个人的职业目标。于我而言，我对下列事情感兴趣:（1）测试我的研究工作的学术相关性，（2）以新的问题和数据来充实我的反思和（3）测试教学直觉。

就第一点而言，在这门课程的不同版本中，学生的积极反馈和参与说明他们对这一话题及我们采取的实践的和批判的角度感兴趣。然而，我们意识到，这门课程是不完整的，仍有内容更新的空间。我认为，一门长达24小时的课程——这是里昂商学院的标准——应该包括以下话题：(1) 创业和企业内创业之间的相同和不同之处以及 (2) 企业内创业与创新。

创业专家将极大有助于第一个话题的讨论。第二个话题有助于定位企业内创业与其他创新渠道（传统的新产品开发流程、以项目为中心的管理等等）的异同，揭示了企业内创业的优势与劣势以及偏好领域。这两个新模块应该帮助学生结合背景讨论企业内创业。有时候他们会发现这么做很难。

至于利用这门课程充实我的反思与研究，结果可能不那么令人满意。我们了解到了一些学生的有趣故事，一些学生也提出了一些有趣的、发人深省的观点。但是，总体上，这种发人深省的作用发挥在其他地方了。一些课程的参与者受这门课程的影响，实际上已经向企业的执行委员会提出建议。从中期来看，关注这些行为可能会提供一些有趣的研究数据。一般说来，这门课可能促使一些课程参与人员在组织内或组织外表现出企业家的特质，因此，尝试评估这门课的影响也十分有趣。

最后，关于我的第三个目标，即测试教学直觉，包括教师在内的所有人的参与和满意已经证明了这种教学直觉的正确性。在职 MBA 学生是正确的研究对象，他们乐于学习和付出。共同教学也有助于建立一个活跃的、非正式的环境，让学生们感到十分自在。

我们在课程开发上已经进入了一个新的阶段。我们已经测试了“原型”，而且我们也知道这是可行的：如今，我们不得不深化和扩大这个教学项目的范围。我们的目标是接触到这所学校的若干关键群体，帮助他们理解什么是企业内创业，与其他组织流程和实践有何区别，以及它的实践价值何在。为此，我们打算依靠我们有限的经验，综合里昂商学院内外获得的理论和实证研究结果。在这一点上，行政教育自然成为我们下一个课程延伸的目标。参与者有需求，具备与最初课程听众相似的背景，同时我们对企业内创业有强烈的兴趣。当前，我们已经构思出若干课程设计，与企业内客户一道测试。我们希望，在中期就可以估量课程的影响，不仅仅是评估参与者的满意度，也要评估参与者成为“企业内创业家”的倾向性。

在任何新的环境或条件下，对企业内创业能够保持务实和批判的态度，创造一个有促进作用的环境，让所有人都可以表达观点，实现成长并享受快乐，这些对我们是非常重要的。

注

1. 当时，我们在网上找到了仅有的两份课程大纲，一份是巴布森企业内创业计划（Babson Program on Corporate Entrepreneurship）。这是一门为期三天面向高级管理人员的研讨课。另一份是企业内创业家发展计划，这是一门斯蒂文斯理工学院（Stevens Institute of Technology）开设的为期 14 周的课程。尽管这并不意味着当时没有其他企业内创业的课程，但至少说明了这方面资源确实很缺乏。

2. 主流 / “新流的辩证是指利益冲突以及参与到再生产、管理、优化和控制（“主流”）的组织和参与到实验及创造（“新流”）的组织之间的分歧。短期目标的重要性、对待风险的态度以及错误的接受程度、是否尊重规则和程序、对非正式网络的依赖等是主流和新流之间产生激烈斗争的因素。由此产生的摩擦随着地盘争夺的加剧，会导致冲突要么公开要么暗流汹涌，最终一般会使弱势的新流遭受损害。

参考文献

Amabile, T. and Whitney, D. (1997), ‘Corporate New Ventures at Procter & Gamble’, *Harvard Business School Case*, 9–897–088.

Bartlett, C.A. and Mohammed, A. (1995), ‘3M: profile of an innovating company’, *Harvard Business School Case*, 9–395–016, 1–20.

Birkinshaw, J. (1997), ‘Entrepreneurship in multinational corporations: the characteristics of subsidiary initiatives', *Strategic Management Journal*, **18** (3), 207–29.

Block, Z. and MacMillan, I.C. (1993), *Corporate Venturing: Creating New Businesses within the Firm*, Boston, MA: Harvard Business School Press.

Bouchard, V. (2001), 'Exploring corporate entrepreneurship: a corporate strategy perspective', *Cahiers de Recherche d' EMLYON, N° 2001/12.*

Bouchard, V. (2002), 'Corporate entrepreneurship: lessons from the field, blind spots and beyond ...', *Cahiers de la Recherche d'EMLYON, N° 2002/08.*

Burgelman, R.A. (1983), 'A process model of internal corporate venturing in the diversified major firm', *Administrative Science Quarterly*, **28** (2), 223–44.

Burgelman, R.A. (1984), 'Designs for corporate entrepreneurship in established firms', *California Management Review*, **26** (3), 154–66.

Chesbrough, H.W. and Massaro, A. (2001), 'Lucent Technologies: the future of the New Ventures Group', *Harvard Business School Case*, 9–601–102, 1–19.

Covin, J.G. and Slevin, D.P. (1991), 'A conceptual model of entrepreneurship as firm behavior', *Entrepreneurship Theory and Practice*, **16** (1), 7–25.

Day, J.D., Mang, P.Y., Richter, A. and Roberts, J. (2001), 'The innovative organization: why new ventures need more than a room of their own', *McKinsey Quarterly*, **2**, 21–31.

Dougherty, D. and Hardy, C. (1996), 'Sustained product innovation in large, mature organizations; overcoming innovation-to-organization problems', *Academy of Management Journal*, **39** (5), 1120–53.

Hamel, G. (2000), 'Waking up IBM: how a gang of unlikely rebels transformed Big Blue', *Harvard Business Review*, **78** (4), 137–48.

Hill, L.A., Kamprath, N.A. and Conrad, M.B. (1992), 'Joline Godfrey and the Polaroid Corporation (A) ', *Harvard Business School Case*, 9–492–037, 1–15.

Kanter, R.M. and Heskett, M. (2000), 'Lucent Technologies New Ventures Group', *Harvard Business School Case*, 9–300–085, 1–16.

Kanter, R.M. and Richardson, L. (1991), 'Engines of progress: designing and running entrepreneurial vehicles in established companies; the Enter-prize program at Ohio Bell, 1985–1990', *Journal of Business Venturing*, **6** (3), 209–29.

Kanter, R.M., McGuire, J.F. and Mohammed, A. (1997), 'The Change Agent Program at Siemens Nixdorf', *Harvard Business School Case*, 9–396–203, 1–17.

Kanter, R.M., North, J., Piaget Bernstein, A. and Williamson, A. (1990), 'Engines of progress: designing and running entrepreneurial vehicles in established companies', *Journal of Business Venturing*, **5** (6), 415–30.

Kanter, R.M., North, J., Richardson, L., Ingols, C. and Zolner, J. (1991a), 'Engines of progress: designing and running entrepreneurial vehicles in established companies: Raytheon' s New Product Center, 1969–1989', *Journal of Business Venturing*, **6** (2), 145–63.

Kanter, R.M., Richardson, L., North, J. and Morgan, E. (1991b), 'Engines of progress: designing and running entrepreneurial vehicles in established companies; the New Venture Process at Eastman Kodak, 1983–1989', *Journal of Business Venturing*, **6** (1), 63.

Lerner, J. and Hunt, B. (1998), 'Xerox technology ventures: March 1995', *Harvard Business School Case*, 9–295–127, 1–12.

Lumpkin, V. and Dess, V. (1996), 'Clarifying the entrepreneurial orientation construct and linking it to performance', *Academy of Management Review*, **21** (3), 135–72.

Miller, D. (1983), 'The correlates of entrepreneurship in three types of firms', *Management Science*, **29** (7), 770–91.

Pinchot III, G. (1985), *Intrapreneuring: Why You Don' t Have to Leave the Corporation to Become an Entrepreneur*, New York: Harper and Row.

Sharma, P. and Chrisman, J.J. (1999), 'Toward a reconciliation of the definitional issues in the field of corporate entrepreneurship', *Entrepreneurship Theory and Practice*, **23** (3), 11–28.

Siegel, R., Siegel, E. and MacMillan, I.C. (1988), 'Corporate venture capitalists: autonomy, obstacles and performance', *Journal of Business Venturing*, **3** (3), 233–47.

Stevenson, H.H. and Jarillo, J.C. (1990), 'A paradigm of entrepreneurship: entrepreneurial management', *Strategic Management Journal*, 11, special issue, 17–27.

Vesper, K.H. (1985), 'A new direction or just a new label?', in J. Kao and H. Stevenson (eds), *Entrepreneurship: What It Is and How to Teach It*, Boston, MA: Harvard Business School Press.

Zahra, S.A. (1993), 'A conceptual model of entrepreneurship as firm behavior: a critique and extension', *Entrepreneurship Theory and Practice*, **17** (4), 5–21.

第二部分

制度背景

第六章　从理论产出到创业学习方案设计：基于法国的案例

蒂埃里·韦斯特艾特和马丁内·哈拉迪－里斯帕尔

一、引言

两个主要问题似乎可以证明加大力度使用创业教学法是合理的。第一，要接受这样一个观点，即创业是一个文化问题。因此，在传播所谓的进取精神过程中，教育系统发挥着重要作用，尤其对于在人际关系圈里没有从创业[1]模式中获取足够利益的公众来说。但是，将创业精神植入法国等国家的培训项目中的确是不易的，应用于这些国家时，我们必须明白教学方案不仅仅包括通过信息传输—接收型这种单一的教学法进行技术传播。根据圣－翁奇（Saint-Onge，1996）的建议，我们应该讨论某些教学规则：相比其他规则，这些规则潜移默化地让我们相信任何科目都很有趣，他们能够吸引学生的注意力，所以学生能够在一小时时间内不断地接受信息，它也让我们相信所听到的内容能够促使学生去学习，相信学生可以将听过的内容转化为行动等等。这个想法只是讨论了创业教学对于过程的重视，并没有从根本上驳斥它。如果我们的目标是让学生在大学校园中了解有关公司成立方面的知识，并让他们参加一个研讨会（假设其中之一是非强制性的），那么与其相信他们能够自发产生兴趣，不如我们主动去激发他们的好奇心。在这些概念的指导下，创业教学需要创造一些情境。在这些情境中，学生将能够调动这些概念。创业教学一般不局限于课堂内。它为学生创造实际培训情境，在那里，概念将指引他们，将与他们交谈，并阐明行动的背景。

第二个问题涉及国家和区域发展的社会经济动态。在这个框架内，认为个人建立或者收购公司有助于丰富区域是很平常的，无论这是否与工业结构的更新、创造工作或者其他价值类型有关，尽管这些都能让股东获益。无疑，创业会被简单化为基本的展示。此外，我们不应该忘记所有已成立公司的贡献，尤其是在正常情况下，中小企业更需要企业家精神。为了应对这个问题，派遣招聘人员、受过培训的人，或至少是那些已经意识到主动进行处理或项目实施的人，或者更为了解基本创业精神的人，这些都是合理的措施。这不是一个将各种各样的主动性或项目与创业混淆的问题。另外，我们想在这里指出一个难题，在讨论创业教学时，对于创业精神这一概念达成一致仍然是必要的。我们在正文第一部分中提到的概念属于组织创建的范式。任何教学都会在摆脱相对局限的概念（这并不意味着完全局限）的过程中获益；首先，为了帮助学生确定方案的设想领域，然后帮助他们保持这样的想法，他或她完全可以套用所习得的所有一般原则。换言之，我们所给的方案包括一部分“理解”问题。

在第二部分中所提出的内容意在“行动”。它包括督促学生付诸实践，这样他们可以吸收某些无法通过课堂而获得的知识，人们称这种课堂为更为传统的课堂，除了向他们展示他们即将开始的工作流程之外。

最后，为了连接伯特兰（Bertrand，1995）[2]类型学的四个极点，本章没有涉及两个对立的论点：一方面，先天与后天的问题，另一方面，技术与艺术的问题。有些人有一些倾向，另外一些人有空白需要填补，并且在任何情况下，存在解决方案，这些方案暗示了学生的潜力。至于创业精神不够的问题，创业精神的一门课程说明他们需要让企业家使他们意识到经济世界的现实，尤其是艺术、文学或科学领域的学生。任何方案都需要根据以下最低限度的情况进行设置：

- 干预水平（例如，辅助教学、更高的水平、大学或研究生教育）。
- 方案目的（例如，了解、训练、陪同）。

- 受众类型（例如，最初的培训生和/或夜校、工程师、决策经理人、艺术或科学文化领域的学生）和学生的职业目标。
- 负责培训人员所安排的时间（会议、研讨会、文凭授予模块或致力于创业的培训）。

本章的第三节为我们提供了关于这些意外情况的各种课程的概念。前两个部分的内容与创业现象的概念（第一节）以及相关过程和学生的行动背景（第二节）有关，这两部分为这些方案提供了基础。

二、理解：三个层次的分析——阐释创业者与其运作组织之间紧密相连的关系

根据菲特（Fiet）的观点（2000a；2000b），理论维度在创业教学中非常重要。在创业教学中，如果把创业精神作为一个教学领域，以理论为基础的教学方法必须与清晰的创业精神的定义保持一致。这是为什么我们在下一节中要对这些问题提出看法的主要原因。

如果一个人不能接受“一个定义能够限制创业现象所涉及的多个维度”这一看法，那么他可以合理地同意以下内容：

> 为了创造或抓住商业机会（至少是被考虑过或被评估过的），由一个或几个人实施计划即企业。其中利益不必以金钱的形式呈现。或者，这种行动由能够产生一家或更多实体的组织所驱动，为项目相关方创造新的价值（就创新方面而言）。（Verstraete and Fayolle，2005）

这个问题包含了此领域的四大主要范式：创建一个组织、商业机会、创新以及创造价值。我们的方法属于组织创建的范式，完全与其他范式互补兼容。事实上，提到利用一个机会（已发现的或已启动的），或通过创新创造价值时［在最后的例子中，布吕雅（Bruyat）在1993年指出新价值的贡献是非常重要的］，无论如何，创业者最终必须调配他或她所需要的各种资源以开始自己的事业。稍后，我们会了解到，我们所协调的计划恰恰是为了激发此组织固有的培训。知道如何使它有形化可以引导学生了解机会这一概念，比如价值创造的概念，特别是当他或她必须说服资源的持

有者坚定支持项目，并成为股东的时候。[3] 组织是动态的，因为当学生被派去收集信息，与其业务项目的环境互动时，他们的动力促使他们的商业展望成为现实。这种动态导致或应该促进一个或几个实体的创建，这些实体在合法注册后（即在商会）就满足财产和责任的标准。这使他们能够保护和维护自己的权利，要求他们尊重他人。这种动态和由此产生的实体提倡统一和分配资源的有效管理。

下面的总结并未涉及指导教学计划的不同理论的细节[4]，但给出了概念基础，其中这三个层次明确阐释了创业者（们）及其运行的组织紧密相连的关系。我们应该明白指导我们计划的理论属于一个组织创建的范式，而且它包括个人与其运行的组织的关系，我们有必要把这些教给学生。三个层次及其互相影响阐明了这种关系。五个要素作为一个整体构成方程，然后引发创业现象（PhE）：

$$\text{创业现象} = F\left[(\text{认知层面} \times \text{行为层面} \times \text{结构层面}) \subset (\text{企业家} \times \text{组织})\right] \tag{6.1}$$

C（认知层面）、S（结构层面）和 P（行为层面）是分析要求必不可少的构成元素，但从实践层面来看它们是不可分割的；它们之间的相互作用（模型中的“×”）也构成了衡量创业精神分析研究水平的一部分。举个例子说明，该例子将认知层面和结构层面相结合以便更好地了解创业社会化的过程，我们有可能在有限的程度上诉诸于文化主义的主题以及习惯理论或社会表征理论等，当这些理论与身份理论联系在一起时，这可能构成一个相关的分析棱镜。

因此，研究这一现象的贡献在于：理解引导企业家创业的知识（C）；行为所要求的行动的奇异性（P）；现象出现的背景结构（S）；作为一个个体存在的企业家（E），特别是能让我们更好地了解他的背景或其他方面（性格，情绪，情感等）；组织（O）。换句话说，创业精神研究计划意在弄清楚 C、P、S 每一个维度，它们的相互影响以及它们所应用的关系，即企业家（们）和组织（E 和 O）。

学生们意识到这一理论要素非常重要，这并不难想象。基于这个理论，为了了解和表现创业现象，可以更确切地考虑以下方面：

- 认知层面（C）。这显然是一个教学计划设计的重要组成部分，因为它意在打造知识，这种知识应该在控制创业现象的同时有助于那些希望成立公司的候选人的事业。这与促使个体采取行动的认知状态、创业者的知识以及促成他们引入这方面的知识并创造这种认知状态（包括他们的意图和态度）的方面是一致的。这来源于他们的永久反思练习、所处的环境和经营所需的战略愿景。当有几个人一起参加一个项目时，一个可以描述为“认知”的与冲突有关的问题可能会出现。对于一些人来说，他们可以就这些问题去法院提起诉讼。相反，各种表现形式之间的冲突可以丰富项目且有利于项目的发展，其益处不亚于对主要参与者的益处（条件是这些分歧不会危害项目负责人具有建设性的交流）。
- 结构层面（S）。这与行动的创业者周围的环境结构是相对应的。在不能简单消除个体影响的情况下，一个人不应该忽视模型其他层面的重要性。无论是有关于规则、规约、表现，还是有关于机构，了解系统的结构基础是非常重要的。创业者必须用这些基础来控制以赢得股东的承诺，使组织延续下去（至少，当这是创业者的目标时）。显然，创业者能够建立一个传统的系统，在该系统中，股东会发现交易的有利条件。
- 行为层面（P）。这融入了所采取的基本行动中。一方面，这些都来自于创业者的多个定位以及与竞争对手和各种股东相关的组织；另一方面，来自于为了要素阐释而形成的配置，这些要素允许行动者间进行交易，如果可能的话，进行持久的交易。在这个框架内，落实政策（财政政策、政治工资等等）意在优化股东之间的交易关系。但从教育学的角度来看，行为层面让我们回到安排任务和活动的过程中去。因此，该联系是通过第二节提出的过程创造的。

要解释上述层面和它们之间相互作用的关系（创业者 × 组织），需要一个或多个创业个人之间拥有一个真正的合作关系[5]：

- 创业者（E）。他们的个性（心理控制源，对不确定性或模糊事物的承受力，生活方式等等），他们的动机（其中一个动机将讨论推进或者阻止创业的逻辑），他们的领导能力，他们的个人简介（出身、培训、经验等），这些在了解创业的奇异性时都必须考虑到。在创业培训计划中，“了解”创业者让项目负责人认可自己的身份并把自己投射到这个他们正在考虑被认可的角色中。对创业风险感兴趣的其他外界行动者（例如，顾问、银行家等等），需要了解这些将与他们一起工作进行创业的个人。特别是顾问。顾问在创业者和他们的项目创造的充分性评价中，将基于对这个问题的了解和认识来支持、认可候选人。
- 组织（O）。建立组织的同时我们必须预期其未来［换句话说，自战略形成以来，正如塞内卡（Sénèque）的格言说的那样，“没有顺风，谁也不知道他要去什么地方！”］并且必须获得应该获得的（和组织好的）资源以便我们能实现想要的未来。对于创业者来说，将他或她自己定位为资源拥有者是可取的，但资源拥有者必须确认成为股东，并搭建组织结构，通过实施政策（采购、工资、营销、财务政策等）充分利用这些资源，以达到价值交易关系的最优化。因此，组织不仅是从创业现象中产生的实体，而且是所有相关的组织动态。

本文总结的理论被用来作为学生概念训练的一个共同的主题，本章的第三节有一些插图。在理解这种通用的创业现象的过程中，此模式将时间看作一个文本变量（机会窗口在这里可以作为一个例子）。在涉及通过利用模式行为层面促使学生行动起来时，采用过程概念则以时间作为偶发经验结构变量。

三、行动：制定创业培训的过程——从想法到创业计划

呈现给学生的该过程以想法开始，然后演变为创业计划（见图6–1）。这并不是说，创业过程是严格制定出来的，开始时是想法，结束时为创业

计划。这里介绍的过程是从业务建设和发展方面对教师和学生，或顾问和创业者的指导。它构成了教学辅助工具。

对于每一个阶段来说，意味着在多种环境中定位自己以收集信息、建立网络、采取行动、说服等，以及为思考、构建、实现、管理等组织所收集到的资源都是一个问题。

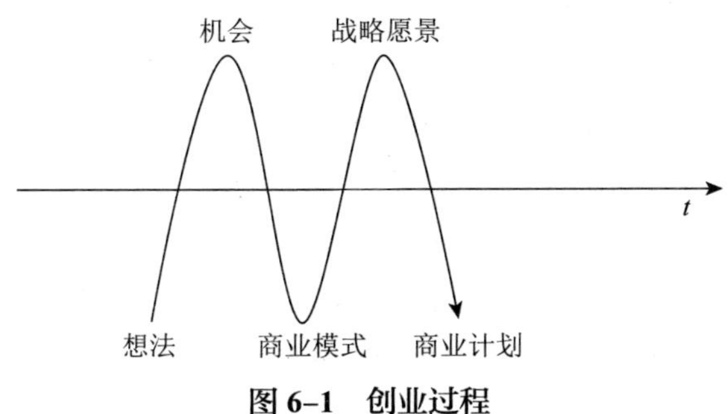

图 6–1　创业过程

在时间轴上，图 6–1 中过程的正弦曲线说明在不同阶段之间存在一个反复的思维过程。该图的三维表示可以比为螺丝钉，当转到一个方向时，这个螺丝钉会将它形式化的对象密封起来；反方向转动时，螺丝钉也会相应转动或完全转出来（即离开对象）。

时间轴转速很快，在这样一个过程中，时间是一个相对变量。在一定程度上，它也能向后移动，即使时钟和日历一直不停歇地向前走。换言之，这个过程不是线性的。例如，在商业模式的发展过程中，需要多次验证构想。

甚至在拥有一个能够作为商业模式基础的想法前，某些潜在的创造者就有欲望做一些事情。一些人相信在他人之前他们就拥有了某些想法。他们从来没有听过“我早就告诉过你了”。一个单独的想法毫无意义，因为不成形的想法是没有利用价值的，而且如果不对其进行开发，人们就会遗忘它们。该想法必须揭示一个真正的商业机会，我们将它定义为一个想法和社会经济现实的结合点，因此此项目可以是有形的。这个机会告诉我们商业模式可以形式化。当这成为接近资源所有者将他们转化为股东的问题时，它是必不可少的。令人信服的对应练习需要准备一个文件，该文件将说服股东（第一个可能就是本人）接受创造者对项目的前景分析，我们称这个文件为创业计划。

本文介绍的方法为线性的。一个想法必须得到测试才能验证一个机会是否值得利用，是否可以建立商业模式和是否可以从战略构想演变为创业计划。与其说是一个为了呈现一个再现的现实的问题，不如说是一个提出需要遵循的程序的问题，上述现实正如我们所想象的那样，提供了不那么线性的方法。例如，一个创业者在没有经过过多考虑的情况下到达市场，然后为此创建组织，在该步骤中，他或她会收获想法并且拿到获得机会的新渠道，他们会据此考虑其他的方法。

现在让我们通过概括地介绍这些学生的言论，来更详细地看看学生必须掌握的基本要素，而对读者来说，本章可能有些乏味。

（一）想法

非常令人惊讶的是，项目的实施者经常非常谨慎地展示他们的想法。如果他们在这一领域的谨慎是可以理解的，那么有多少次我们听见人们谈论各自提出的同样的想法，每一个人都被说服相信他或她的想法是原创的并且独一无二：我们应该质疑我们的想法是否真的是我们自己原创的想法。

信息交流越来越快。互联网、媒体的多元化、任何类型的交易的国际化，都可以论证世界各地、在不同的头脑中几乎可以同时出现的相同想法的。在国际上正确的东西或许不比在国家，甚至在地区有什么不同，因为处于同一文化下或者在地理位置上接近等因素将人们聚集在一起。

相比相信伟大的想法可以突然出现在发明者的脑海中，我们还是更愿意相信创建公司必须从一个模糊的想法开始进而再概念化，即被构建。这个想法必须能够通过人的智识成为一个更为具体的对象，但与此同时它要足够简单以便股东能够快速理解且传达（在商业计划书的起草过程中，这个想法必须以一两句话最多三句话写在一个段落中）。只有当这第一项工作完成时，人们才能想到保护这个想法，即使这比它第一次出现时显得更为复杂。保护一个想法是繁琐复杂、耗资高昂的。一个想法或许很容易保护。保护这个问题需要具体问题具体分析（这个话题已经超出了本章范围）。提出想法的人将联络专门的组织，这对保护想法是有帮助的[6]。在指导学生的过程中，需指导那些在任何时候都担心他们的想法可能被盗走的人不要产生偏执行为，特别是当讨论一种思想的发展时：建立一个创新项目时，他们要接触研究的稳定的单元或创业孵化器；利用专利考虑保护的关联性；调动技术来真正使思想得到发展。

在最后一点上，总会提出一些以“创新方法”为名义的方法。创造力并非寻常步骤，尽管它与创新关系密切。公司创建者与其团队发起征集创意方法。让我们考虑一下被称作是缺陷逻辑的分析，其原理是总结产品的功能，并系统地批判这些功能：有趣的是，这些功能包括：努力将预想的想法进行归类时意识到一个问题或建议的优点（多）和缺点（少），然后研究需要额外探究的问题（那些会很有趣）；或是研究一个名义上的团体（在某一问题上十分有效）并邀请参与者陈述，分等级处理问题或与主题有关概念；诸如此类。所有这些方法允许新思想的更新或精细化。甚至对于一个已经成熟的公司来说，创造力方法是非常宝贵的工具。当市场评估没有揭露商业机会，或不能调动对商业模式发展所必要的资源时，可以用它们来重新形成一个想法。

（二）机会

除非在创业想法和社会经济现实之间偿付对抗的代价，否则我们不能看到、发现、筹集或构建真正的商业机会，在上述社会经济现实中，必须调动资源让机会具体化。“适合”这一概念是我们所定义的机会的核心意义。

公司的创始人将不得不以更务实的方式尽可能多地去检验想法以验证机会是否真的存在或可以被利用。在此阶段，如果营销领域的技术和工具符合公司创建的情况，那么它们就可以起到帮助作用，其价值不可估量。市场确实是社会经济现实的首要考虑因素，想法必须对照这一现实。公司的创始人将尝试找出他或她所经营的环境中可预期的明显因素；识别这些因素，即“关键成功因素”（KFSs）[7]和“战略风险因素”（SRFs）[8]，会让他或她更有信心地计划接下来的阶段。

评价机会，即在持续的基础上衡量一个想法的资质以满足股东（最初的客户），这对于新手来说不是一件容易的事情。以第一种方法为例，他可以考虑潜在客户的存在，也就是说，已经订购产品或服务的客户能证实存在商业机会。事实上，有多少人可以确认这一想法是有根据的，并且促使个人参与到商业经营中呢，如果他们自身并不乐意获取交易中的物品。因此，进行一次销售可以确认业务场合。然而，这就够了吗？孤燕能报春吗？

相反，为了参与业务对某一想法进行积极评价而开展的广泛的市场研究能够确保项目成功吗？创建公司以及营销带来的问题让人们对准确估计不再抱有期望。有时我们可能从过去进行推测，但是没有过去同样会损害最终的计算结果。此外，如何在实际操作层面上测试想法、理解可能的商业机会？

理想情况下，鉴别一种想法的潜力，以及将其与价值（能带给股东的价值）的不同类型做比较这种做法是很有必要的。该评价中假设不同类别资源的所有者能够聚集在一起获得股东地位。这将是一个大的跨越，因为在长期的传统的意义上，通常进行评价的唯一有效方式就是去创建公司。因为根据定义我们是这一有效创造的源头，所以在评估公司的潜能的过程中，可能使得股东获益的关键点在于后者能使多少消费者感兴趣。因此，只有当所有要素都得到评估，我们才有可能鉴别其使足够消费者感兴趣的能力，商业机会才存在，不能不说，这种想法是合理的。这种与市场的比较显然是渐进的，并在整个公司创建的过程中变得明确，即从一个简单的机会假设的最初的面谈到最终实现销售营业额。换句话说，在开始的时候，一般会显示大约有机会，然后尤其当为了拓展市场采取了措施，这种机会一点一点地得到了证实。它将由有效开展的业务得到验证，因此它总是随后得到验证的，这对于那些喜欢确定性的人来说是不幸的。

（三）商业模式

在计划阶段，公司的创建者反复确认商业机会，而且他知道要掌握必要的资源与能力以抓住这一机会。无需太久，他就会拿起笔按照商业计划的规则写起来，然后与任何对商业计划有用的人来分享他对这一机会的信念。然而，公司的创建者需要付出额外的努力来对这一机会概念化，这就是所谓的商业模式。这是一个向股东展示商业核心构成的问题，因此若他们一致同意，这是增加其价值的一个好方法，但是首先需要实现销售额；与此同时，这些股东会更清楚，在这个演示结束之时，什么是公司真正的业务。这里的商业模式被视为一个概念化的业务，同时，整个的过程将揭示，具体来讲，钱会如何进账，更加抽象地来说，股东的交易关系将何以发生。不能忽视的是，创业者要求的这个额外任务与诞生于新经济的启动阶段的繁荣密切相关（Jouison，2005）。如果传播了它的使用方法，且其资格不仅仅限于一家以互联网为基础的公司，这不仅仅是一种传播效果，还将带来大量的有关公司创建的许多项目的附加信息。同样，我们还需要传递商业模式的意义，这就是我们与学生分享的东西。

我们强调，为了说服资源所有者成为股东，公司创建者必须向资源所有者展示他或她可以从项目中取得的价值。这种说服力可以通过借助惯例理论得到更好的理解，我们已经动员起来展示创建者所有提出常规的业务注册时，创业者必须信服。通过简要的归纳，该惯例理论通过对一个制定经济游戏规则的象征意义上的领域的认知进而将个人和集体联系起来；这个领域构成共享表征的地方，使得建立经济和社会行为规范成为可能。如果我们把商业模式置于这一理论的框架下，创业者有两个选择：让他们相信这种商业模式可以成为一种新的商业规约，或证明他或她的模式尊重在行规约，而且存在市场空间使自己开辟一席之地。如果它是一个修改规则（特别是在一个创新的框架内）或尊重规则的问题，该模式必须向股东展示他们能够从中获得的价值。当论及支持他们的信念时，我们发现了两类股东。

- 公司的创建者（或者是创业团队），因为这部分股权持有人必须激发信心，而且他或她是商业模式的设计者。
- 客户，当这些客户为他们所消费的支付价值或当这个价值是通过其他渠道（例如，通过互联网或电视宣传）得到补偿时，他们的存在确保识别项目的估计价值。

换句话说，被视为一个传统语域的商业模式，一方面，潜在的销售营业额必须令人信服并指明所带来的价值将达到一定类别的股东的要求；另一方面，要解释其他股东是如何从他们的交易关系价值中获益的。通过综合的方式形成商业模式目标，旨在从想法出发来表明它构成真正的商业机会，并且同时通过展示它是什么以及它是如何得到报酬的来将提议概念化。

调动战略家们所说的供应体系是可能的。供应体系决定了关键公司能否调动资源，能够解释集体行动是如何要求协调性的，其不仅体现在已经拥有的资源的管理方面，而且更广泛地体现在可用资源的管理上。因此，展示正在创建的公司是如何获得资源的，特别是它是如何通过它的网络来扩张的是非常有用的。除此之外，人们看到这些问题超出了互联网创业公司的范围，并与创建公司，甚至任何旨在实现效率这个共同目标的组织有关。从战略的角度来看，商业模式也需要战略意图、资源和能力等有关概念。定义商业模式的前提是知道目标（就是要有一个目标，或者至少是一个意图），并了解可用的独特资源，为股东提供潜在的投机价值，然后促使他们投资。

简而言之，如果参考图 6–2 中讨论的某种商业模式会更容易。我们提供的图表可以自下而上或自上而下地阅读，商业模式（BM）处于上下部分之间。

从最上方开始看。想法必须符合社会经济现实，这样创建企业的计划才可以执行或者才有机会发掘市场。若非如此，在缺少商业机会的情况下，这个过程会回到起点。事实上，这并不是一个倒退的问题，因为与现实的对抗往往能够提供有趣的训练。然而，构思商业模式，即构思拟议的想法，组合并开发所需要的资源甚至能力仍然是必要的。组织或供应体系的合作伙伴拥有资源时，这些都是可调动的。没有这些能力，系统将无法提供期望和两种可能性。第一种是要回到机会这一概念以便于重新定义相关条件，即使有时给我们增加了有关想法的工作。第二种是当试图培养或获得所需的能力（例如开发原型所需的能力），我们需要耐心，但不要忘记机会的存在是有时间限制的，它不会永远都是机遇。

然而，如果没有自下而上地阅读图 6–2，理解商业模式是不可能的。资源所有者必须认识到商业模式的价值，也就是说，相信有可能获得足够的营业额。如果他或她认为不可能满足客户的需求，资源所有者就不能变成股东。然而，即使资源所有者认为这是可能的，这也是不够的，因为他仍然需要同意市场上所产生的价值补偿。所需的第一项措施包括说服资源所有者，财政资源确实会通过在模式中计划的方式流动。第二个措施与酬劳的分享是相对应的，因为对于对成为股东有兴趣的资源所有者来说，他们的兴趣在于如果支持该项目，他们将获利多少。总之，在这里，没有认识到商业模式的价值的资源所有者将会失去兴趣，而且如果股东不能对（商业模式的，还有他们带来的）价值的酬劳达成一致，他们将不参与设计商业模式，然后就会失去股东。用这种方法，资源的所有者，甚至成为股东的人，会影响拟议的想法，进而影响商业模式。用一个比喻来描述，他们收到他们所认为的开胃的、丰盛的蛋糕，同时希望看到它变得更大，并且作为他们提供资源的报酬，他们商定分享那个蛋糕。

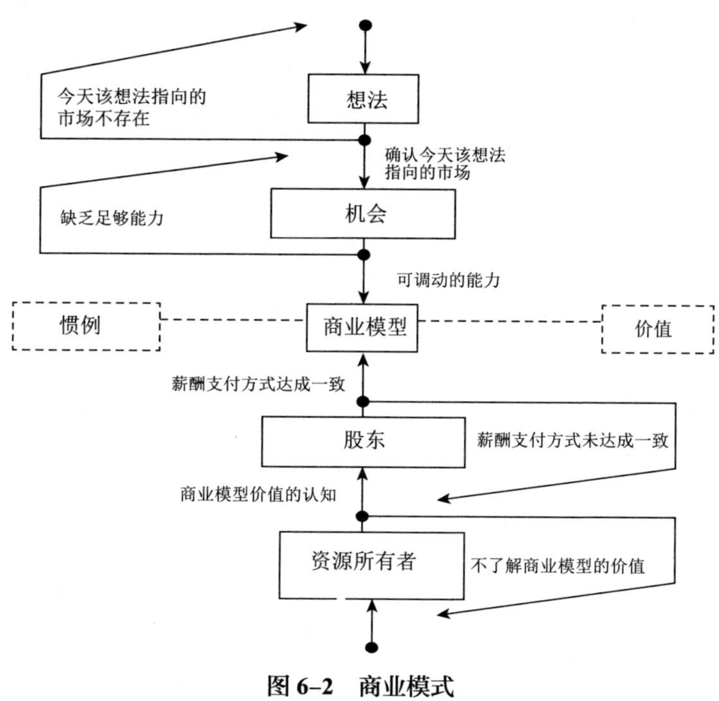

图 6–2　商业模式

资料来源：Verstraete and Jouison（2006）

在商业模式（虚线）右侧和左侧的分别是两个已经提出的概念，即价值和惯例，其在建模过程的每一个阶段都发挥着各自的作用。通过自上而下地阅读，从想法到机会的发展可以将其概念化，认可该想法的价值和存在市场需求。对于图中的这一部分，从机会到商业模式的发展假设这一过程拥有可增殖的资源（其中一个对资源的战略管理方法的标准），通过协调表达惯例。在自下而上的阅读中，只有在被企业创建者说服之后，任何资源所有者才能够成为股东，也就是说，阐明所提出的商业惯例。一方面，这一说服行为将与商业模式的价值有关，另一方面，与价值共享（薪酬模式的协议、尽可能多的渠道和共享）相关。从创建者的角度来看，这些努力需要一定口头表达能力，也就是说，需要与资源所有者会面，以将其转化为股东，这一过程还需要一份书面文件，因为在商业世界中，实现商业计划可以证明惯例的存在。

（四）战略愿景

开发一套业绩预测的模型仍然是一项有风险的活动，依靠模型为潜在的企业创建者或考虑咨询的人提供快速成功的机会是荒谬的。然而，相关研究强调创业者的核心作用及其愿景的重要性。无论突发事件会对项目成功造成何种影响，其载体所锻造的表现形式是一种变量，这种变量非但不是唯一的，而且有很多企业承认这是一个重要因素。当我们询问与项目认知相关的问题时，如果仅仅只有创建者自己认为可以完成，那么其他人会认为这个项目是不可能的，这种想法也是合理的。在实践层面上，创建者面临的挑战是找出良好愿景所具备的一般元素，并在一个具体的项目中实施。

这一设想的两个主要方面是从本章的第一部分介绍的创业现象建模中提取出来的。一方面，这个模式的行为学维度强调促成与多个股东交易的多重定位；另一方面，强调组织配置，这能够优化业务团体的组织结构，特别是通过公司战略的功能政策变化来进行。对我们来说，这两个主要的方面构成了我们公司的创建者愿景建立的基础。

对于创业者和组织处于多种环境之中这一问题，我们可以再次要求进行传统意义上的区分，其中包括：一方面，将这种环境分解为宏观环境，它由社会经济、体制、技术、生态和文化层面组成；另一方面，将这种环境分解为更紧密的由活动和市场、竞争对手和股东组成的微观环境。

在谈到组织结构、产品制造或服务提供时，相应的过程需要仔细思考。此外，创业者必须配置组织，以便功能政策能够优化与股东的价值交易关系，并加以实施（限购政策是与供应商价值交换，工资政策是与职员价值交换以及销售策略是与客户价值交换等等）。为此，创业者将会把组合的资源分开（所以才需要组织），以指导其已经开始着手的项目。

每一位股东都根据自己的标准评估公司的业绩。创业者希望控制其所创建的组织，他们需要谨慎地通过使用一个控制系统确保了解这些标准，他们也不会忘记将后续的成功关键因素包含在内。在这些因素中，创业环境提高了某些个人事业所具备的个人性格特点，帮助他们达到真正的能力水平。而且创造者将对与其发起的投机活动有关的自我优势和弱点进行评估。为了弥补弱点，但更主要的是学习创业技巧，他们必须在公司的头几年间进行大量的培训。这种培训可以从导师、教练或顾问，抑或有知识或有能力来克服困难的其他人的建议中获益，也就是说，有方法支持公司发展的人。[9]然后就到了通过使用工具将创业者的梦想变成现实的时候了，那些工具大多数是以创业环境的奇异点为特点。综合来看，一个创业项目的战略框架内有六点需要注意，如图 6–3 所示。

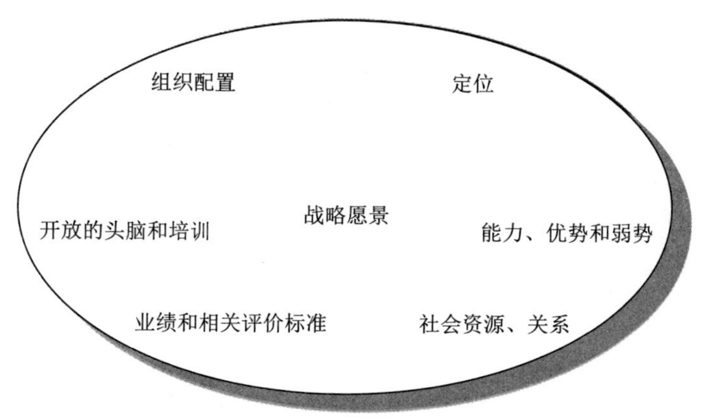

图 6–3 战略愿景的一般要素

（五）商业计划

对商业计划的兴趣不应该使人忽略商业计划应当是从属于项目承担人的能力。这是说，在图 6–1 所呈现的元素之外，项目承担人是很重要的。对于导师或指导者来说，鉴别项目和其承担人之间的匹配度是他们的工作之一。除了绕过标准这一难题以外，商业计划必须让人相信由于细节上所传递出的战略愿景与潜在的或有效的股东之间存在关联性，因此该商业模式值得支持。冈珀特（Gumpert，1996）将商业计划书比作销售文件，使利益相关方，不仅仅限于潜在的投资人，接受待议的业务。创建者是第一个利益相关方，自身的批判意识保证了他们能够起草一份诚实而又充满智慧的谈判文件，这份文件能够激发他们的商业愿景。显然，投资方的知识及其决策标准影响计划的起草。这一节的最后部分提出了标准结构，建议学生阅读。

不应该视商业计划的起草为一个约束，而是把它当作详细说明战略性展望的机会。它本质上是横向的。它结合了需要加以阐述、协调和管理的营销、金融、法律等方面的问题。出于此原因，商业计划的起草具有正式的意味，而这种正式是通过让他们了解到未来必须具备的管理能力展现出来的。因此，我们认为，项目承担人必须是文件的作者，无论他是否得到专家（由创建者认可的注册会计师或来自一个专门机构的顾问）的帮助。

在公司创建的框架内，战略愿景的书面陈述不仅具备义务性质，同时也是必要的。义务来自于掌握支持细节的利益相关方，他们希望衡量与项目相关的分析。商业计划书显示，因为战略易于传播和解释，所以战略“存在”（显示这个动词不是偶然使用的）并且创建者的愿景十分明确。我们提出了如下的定义：商业计划是有说服力的实践的一种书面形式，它能够传达项目承担人的战略愿景并且说明该商业模式可以产生充分共享的价值，文件涉及的各方支持该价值并且希望得到该价值产生的资源。它对所需要的和所使用的资源进行阐述，及时注册项目以达到目标实现愿景。这个定义中的每一个元素对应教学计划中解释的关键元素（大体上根据项目数量采取详尽的方式）。例如，由于练习是以书面形式呈现的，我们向学生解释说，口头形式是不足以说服某些股东的。除了情感关系以外，亲密的朋友或父母同意贷款或投资不需要任何担保，其他可能已经成为股东的资源所有者需要递交一份文件，允许他们熟悉最终完成的项目的细节。这份文件并不轻薄。如果该项目非常复杂，文件超过 40 页，读者可能会因此感到厌倦。但这不适用于大公司推出的复杂的新项目商业计划，例如在国外设立新厂，甚至涉及大规模具体操作的项目（例如 Richard Stutely，2002 年就奥运会的组织工作的讲话），其文件可达几百页。商业计划书的模板可在互联网上找到。向我们的学生提出一个标准结构，这让我们感到满足，该结构利用了公司创建时所制定的基本规则。为此，风险投资专家针对具体商业计划给出了他们的意见，并提供了分析方法，这不会阻碍学生对投资者产生质疑，但他们会在不忽略预期的基本要素的情况下准备一份商业计划书。

四、教学：将理解和行动结合在教学计划中

正如图 6–1 所示，而且从这一章一开始便作了说明，创业的过程，包括创建公司，并非线性，每一个阶段的基本活动实际上都涉及几个阶段。发展是频繁的，就像这一图表中元素之间的来回运动。我们已经对这个演示进行了测试，在众多的教学实验间，在长期的教学中已经渐渐证明了其相关性。与此同时，我们也考虑到学生的类型和级别，制定了一定数量的经过测试的教学计划，我们与同事们和各科专家一起，或者在专家以及商业领域的专家（例如，风险资本投资者）干预下一一实施该计划。根据图 6–1 所示的系统化的过程，审慎地采用干预方法，我们所提出的创业过程可以提高项目的完成效率。例如，在图 6–1 所示的想法和机会之间的时间轴上，我们倾向于邀请营销方面的专家，要求他们部署工具，如果不测试想法，至少让他们针对什么是市场这个问题提出最为合理的解释。记住这个过程不是线性的，但是，这个教学计划和写作一样需要开头和结尾。

我们提出的教学计划取决于第一部分中所提出的理论模型，第一部分与第二部分中系统化的过程相关联。该模型从全球的和长远的角度理解创业现象，而创业过程主要在于通过行动开展训练。这两种方法相辅相成，是高水平教学计划成功的关键因素所在。然而，在短期的培训计划中（例如一个意识研讨会），我们强调该过程以便让学生迅速采取行动，而且往往经过多年的“固定”培训后他们产生了一些具体的和积极的东西。以上强调并不是暗示该模型会被遗忘。事实上，在长时间的和专业的培训之后（例如创业硕士学位），它充当了学生主要的阅读网络。然后，这些学生把时间作为一个偶然因素，创业过程构成了指导方针，其中各个阶段让模型的组成要素之间彼此相联系。

换言之，不同阶段在不同时间范围内，可以加速、减速或转变创业过程。每一个阶段将承担人（E）与其运行的组织（O）相连接，并且在知识（C）的服务下从在结构（S）中产生的行动（P）中汲取知识，该结构由行动者构成（竞争者、利益相关者、权力部门等等），他们依照惯例（法律的、文化的和代表性的惯例等）以及社会表现采取行动，该社会表现又包含这个结构（可以通过惯例或者由来已久的手段从理论上解读结构的层次）。在专业的高水平培训中，这个图表（见公式 6.1）用以帮助理解行动者和创业背景。总的来说，学生们努力成为创业方面的专家，特别是在建立或收购公司方面。他们是项目的承担人，或者在还没有商业想法时考虑成为一名创业者；有时他们希望参与创业领域（例如，咨询公司通常对学生开设咨询组织培训课程，他们可以很容易地进入相应的职业），或学习一个有利于他们基本职业的专业（例如，银行家，有时也可能是特许会计师）。

然后就是通过展示模型的每一组成部分以及它们是如何相互作用的，来向学生演示分析相关性。例如，研究认知水平（公式 6.1 的模型中的 C 模型的“知识”）时，重点在于培训的各不同层次和要素，这都是创业者必须考虑的东西。这样的话将有可能引用阿吉里斯和舍恩（Argyris and Schon，1978）的理论，区分单回路和双回路的训练，足以让大家了解不能再拖延，方可立刻理解“水平”一词在这里的含义。[10]因为了解一个人是如何思考的是很困难的，了解一个人是如何学习的也是同样的道理，尤其是在某种程度上不以强迫他去自我探究的方式来鼓励他。模型的 E（“创业者”）让人们讨论基于人的“先天特质”的方法以及“后天获得”的性格特征的方法（行为主义的方法），创业者的动机以及创业者的事业等等方面的问题。这也是一个让学生[11]完成人生项目的问题并且是询问财产所有权和社会责任的问题（这也让人们重新回顾模型的“认知”和“结构”之间的相互作用）。

如果任何类型的专业项目都存在这些问题的话，这种与创业者的个人生活保持的频繁的亲密关系带来了一系列约束，学生必须为这些约束做准备（这样他才能更好地推断出需求以丰富知识，如此方可产生模型中的“认知”）。任何一个创业者都知道，让他离开自己创立的组织，尤其当他是该组织的所有者时，要比组织中一名能力受到认可的成员去改变组织（即雇主）更加困难。培训的目的是为了更好地辅助未来的行动，学生在项目中充当创业者的角色，这能够预测他们的行动。这是一个帮助个人来构建他或她所渴望的未来，也就是战略愿景的问题。在案例研究中，当与计划的持续时间相比较时（Hlady-Rispal，2002），人们的认知是最重要的。此外，心理学家将愿景视为概念型知识。

换言之，概念是知识服务于行为的构成要素。韦伊 – 巴雷（Weil-Barais，1999）举出的例子看似不重要但却是明确的。如果一个人必须给四个孩子分发 28 颗糖果，则必须掌握两种概念型知识的类型。第一个是分配概念，包括逐个给每个孩子分发糖果，直到 28 颗糖果没有剩余。第二个是分割概念，个体利用算术方程来计算得出结果，直接给每个孩子分发相等数量的糖果，即 28 ÷ 4=7。通过有效地给孩子分配糖果这一事实，这两种知识类型得到了验证，而且能够对其进行调整（这使我们更容易理解反思性概念）。对必须成为创业者的战略家们来说同样如此，也就是说，最好培养他们的战略概念，在完成项目过程中，这种概念适用于他可能会面临的情况，因此他至少可以为树立战略愿景做准备。

根据培训课程（水平、受众等），教学计划将读物（从新闻到学术文章）、专家的介入（风险资本投资者、顾问、创建者等等）、演讲、圆桌会议、组织展示、案例研究和创建项目相结合，直到“出售”商业模式（短期培训），或直到展示商业计划。在一个短期课程的框架内，讲到商业模型就有理由结束了，因为实现商业计划通常会提供一些简单的文件。这并不意味着学生不必交上文件。该文件包括一个执行摘要的一类标题，即：

- 一段内容描述想法；
- 两个段落引用有助于达成这一目的的合法的和可靠的信息源，来说明该想法包含一个真实的商业机遇；
- 两个段落通过展示它是如何建构的（“蛋糕”的原料，我们暂且说它的配方，股东提出要求参与进来，然后获得股份），来使人们相信商业模式。

还需要两页内容让学生给出引用源，指出难题、认识的人以及采用的方法。

学生在团队中工作，并在（为此成立）评委小组的老师面前维护他们的商业模式。老师为团队中的学生提供一个或多个约 15 分钟的指导，帮助他们进一步取得进展。

在一个长期项目的框架内，这个简短的（但要求信念和质量）展示完全被商业计划替换。在负责这个项目的老师面前，商业模式一直受到保护（关于商业模式的概念和相关的教学法的详细介绍，参见韦斯特拉特和乔伊森，2006）。但在项目中，商业计划书的答辩将在咨询师、顾问、投资家、资源贡献者和商业管理人士面前展开，他们构成了答辩专家委员会。换句话说，在一个长期课程或一个能够获得文凭的课程中，商业计划包含了专业人士评估出来的专业知识，自然需要他们的评估。学生可以在一年内，从教学人员的意见和建议中获益。

同样，获得专业硕士学位的学生需要撰写一篇与创业主题相关的论文，说明针对研究对象所采取的学术方法（在实证阶段一般采用访谈或案例研究）。这篇以学术风格为切入点的论文篇幅短小（约 30 页），但质量要求很高。

我们用以波尔多为背景开展的一些培训项目的列表结束本章。该列表简要描述了围绕创业项目最近开展的教学项目（见表 6–1）。

表 6–1 示 例 项 目

项目类型	教学内容	下一步工作
约 12 小时的意识研讨会，分为三个半天和两个月后的 15 分钟的答辩会。可以在工程学院、商学院的第一年课程和为期两年的职业培训课程中开展研讨会。	内容主要是基于过程。这在第一个半天中进行展示，之后学生组队进行案例研究，会根据商业模式对其中的每一个阶段进行分析。研讨会的最后两个小时是基于理论模型来探索创业的奇异性，并谈论创业者、背景、行动类型，通过与研究过程相联系得出关于载体，即项目充分性的结论。	在研讨会后的两个月，商业模式（BM）在答辩委员会（由教师组成）面前接受答辩。在这两个月里，学生们从与老师的一个到三个会面中获益。案例在研讨会期间进行分析研究，并以报告的形式向老师反馈。
项目承担人的创业培训课程，有时这些课程还处于开发中，课程时长约 30 小时，需几周完成。	与上述内容相近。通用过程演示后，营销、项目融资等方面的不同专业的讲师，根据阶段以及具体案例来进一步讨论。	根据培训给出的结构，需要的工作与上述的计划相同或者不需要工作。
在一个非专业背景下，为科学、文学专业的学生，工程学院，以及大学水平的项目提供创业培训课程。	内容与上述的相近，但此时需要进行商业模式的初始工作。由不同的讲师授课。	商业模式（BM）在评审团面前，需要不同的案例研究。可能需要笔试。
在一般培训计划中的创业培训课程，该课程可能包括一个专业的特定选项（例如，在硕士学位的第一年）	课程具有学术性质，基于第一部分的理论模型，探索创业的奇异性以及其各种表现形式，而且这个模型的每一个组成部分可以追溯至偶发元素。随后，这一流程将客观地展示该模型的行为学组成部分。指出与和管理相关的主要主题的联系。	笔试，如果商业模式构成部分计划的专业选项，则商业模式（BM）可能在评审团面前受到保护。
专业培训计划中的创业培训课程，旨在使学生熟练掌握创业方面的智慧。波尔多硕士学位的专用时间量为 350 个小时	具体细节详见孟德斯鸠波尔多第四大学的网站或在 www.adreg.net 查询资讯。	笔试、案例研究、展示、具体成果（如报纸）、商业计划、论文、实习。

将理论产出与现场研究相结合的教学计划最近已经在波尔多和法国硕士学位项目中开展。学生参加研究方法研讨会，然后选择一个说明创业现象的具体案例，例如，项目的创建、收购、一个特定的创业战略、一组创业公司等等。六个月来，学生们进行案例研究，使用理论概念逐步明确案例中尚未研究的方面，如："大公司" 概念，这是米歇尔·马切萨（Michel Marchesnay）针对那些不愿意成长的创业者所提出的概念，因为他们具有独特的竞争优势，导致他们做出不发展的决定；描述环境，例如创业者家庭和股东；采样——收集与他们逐渐发现的问题有关的具体数据。未来的创业者要学习如何选择数据，如何选择可以帮助他们了解正在研究的现象的创业概念，如何描述所发现的现实、以及如何分析通过观察、访谈和书面信息所收集到的定性数据。在实地研究期间，针对每一位学生，一位导师会组织两次见面。学生为此次见面进行准备（他或她会问的具体问题，预先分析的数据，第一解释，等等）。电子邮件交流也很常见。

五、结论

对于大多数人来说，从一开始通用模型（第一节）以及过程（第二节）就将研究和教学相结合。教学人员主要由创业领域（其他成员包括创业家、天使投资人等等）的一支研究团队的成员构成，这一事实或许可以解释这种现象。博士学位实际上是与这些模型相关联的。例如，一位博士的工作涉及商业模式，旨在回答后面的问题。[12]

创业者的主要问题是说服利益相关者坚持开展这一项目。我们可以通过创业者旨在获得相关方资源所施展的强大说服力来解释未来商业的成功关键点：把他们 "转化" 为股东，让他们坚持商业惯例。这一关键点是必要的。这个问题可以转化为一个结合两个主体的理论问题：惯例理论和股东理论。理论问题有助于理解如何使用说服力，这种能力使资源所有人坚持所建议的商业模式。这种结合的理论对商业模式的概念化是有用的，而且可以帮助创业者清晰地阐释他们的商业模式，让股东买账。

本博士论文阐述了本文讨论的概念能够带来的理论、教学和实践上的益处。从实用的角度来看，方法论规则是一种行动研究，其将博士候选人置于指导创业者创建自己公司的情况下。事实上，对我们来说，在研究计划目标内拥有连贯的运行框架是非常重要的。这需要讨论创业精神的研究方法，那就是另外一个“故事”了。

注

1. 企业家的子女看起来更容易成为企业家。社会化的过程以及父母作为企业家所起到的模范作用在这里不予讨论。通常情况下，明尼蒂和拜格雷夫（1999）认为如果所观察的行为数量超过一定的界限，那么观察自身周围与其正在考虑的行为类似的行为这一简单的事实将对这种行为产生积极影响，并且尽管开始会有所拘谨，但会慢慢接受。从这种发现来看，基于美国社会学家马克·格拉诺维特（Mark Granovetter）的骚乱理论，以建立公司的决定为例可以支持该论证走下去。他们的工作是对解释不同地区的创业几率差异问题进行初步探索。与社会表征理论结合，传统理论为企业家行为数量的增加提供了另外一套分析框架（Verstraete，2005）。

2. 我们在此引用贝查德和格雷戈里（2005）所述的类型学，其中四个极点可以构建教育理论：第一个强调内容（学术理论），第二个强调个人（个人以及精神/伦理理论），第三个强调与社会的连接（社会/经济理论），最后一个是这四个点之间的联系。（精神—认知理论，社会认知理论，技术理论）

3. 资源所有者同意成为股东，但须认同本项目的价值以及应该建立价值交换体系。

4. 读者可参考韦斯特拉特（2002；2005）。

5. 三种类型的关系是可能存在的：共生，共食与寄生关系。请记住，共食者通过转移主体的部分资源与主体共同生存，而寄生关系中寄生物会感染其主体导致其死亡。而共生关系与此相反，主体之间相互受益。

6. 在法国，INPI（见 www.inpi.fr）审核在 BObi（工业产权的官方公告板）上发布的工业产权的请求与转让。该 App 意在保护计算机程序（见 HTTP：//applegalis.net）。著名作家（Honoré de Balzac，Victor Hugo，Alexandre Dumas，

George Sand）于 1838 年成立学者公司，其任务是保护作品与智力创造的作者的权益，并且可提供协助工作。（见 http：//sdgl.org）

7. 在此可视 KFS 为导致商业成功的几项必要因素之一。如果不对 KFS 加以控制，将会导致失败（例如，披萨外送公司外送披萨所必要的时间）。

8. 对于商业的发展来说，SRF 与 KFS 发挥着同等重要的作用，但是 SRF 并非直接可控。为了抵制其产生的负面影响，我们建议使用退缩策略（例如，农业公司应设想建立基础设施，在温室内种植作物或者保持土壤干燥等等，以应对可能发生的极端天气）。

9. 社会学家布尔迪厄（Pierre Bourdieu）的授权资本的概念可以在这里使用。

10. 详见韦斯特拉特等级训练细节（2005）。

11. 如果学生有计划建立公司或者成为咨询专家。

12. 该工作由阿斯特拉·乔伊森（Estèle Jouison）完成。

参考文献

Argyris, C. and Schon, P.A. (1978), *Organizational Learning: A Theory of Action Approach*, Massachusetts: Addison Wesley.

Béchard, J.–P. and Grégoire, D. (2005), 'Entrepreneurship education research revisited: the case of higher education', *Academy of Management Learning and Education*, **4** (1), 23–43.

Bertrand, Y. (1995), *Contemporary Theories and Practices in Education, Madison*, WI: Atwood.

Bruyat, C. (1993), 'Création d'entreprise: contributions épistémologiques et modélisation', thèse pour le Doctorat de Sciences de Gestion, ESA – Université Grenoble II.

Fiet, J.O. (2000a), 'The theoretical side of teaching entrepreneurship', *Journal of Business Venturing*, **16** (1), 1–25.

Fiet, J.O. (2000b), 'The pedagogical side of entrepreneurship theory', *Journal of Business Venturing*, **16** (2), 101–18.

Gumpert, D.E. (1996), *How to Really Start Your Own Business*, Boston: Inc magazine and

Goldhirsh Group.

Hlady-Rispal, M. (2002), *La méthode des cas: application à la recherche en gestion*, collection Perspectives Marketing, Bruselles: De Boeck.

Jouison, E. (2005), 'Délimitation théorique du Business Model', Conférence International de Management Stratégique, Caen.

Minniti, M. and Bygrave, W. (1999), 'The microfoundations of entrepreneurship', *Entrepreneurship Theory and Practice*, **23** (4), 41–52.

Saint-Onge, M. (1996), *Moi j'enseigne, mais eux apprennent-ils?*, Laval, Québec Editions Beauchemin.

Stutely, R. (2002), *Business Plan – to Conceive an Effective Business Plan*, Paris: Echoes Edition.

Verstraete, T. (2002), 'Essay on the singularity of entrepreneurship as a research domain', Les Editions de l' ADREG, May, www.editions-adreg.net, accessed in 2000, reprinted in D. Watkins ARPENT – *Annual Review of Progress in Entrepreneurship Research*, vol.1, Brussels: European Foundation for Management Development, 2002.

Verstraete, T. (2005), 'Proposal for a theoretical framework for research in entrepreneurship', Les Editions de l' ADREG, April, www.editions-adreg.net, accessed 2000.

Verstraete, T. and Fayolle, A. (2005), 'Quatre paradigmes pour cerner le domaine de l'entrepreneuriat', *Revue de l'Entrepreneuriat*, **4** (1), www.revue-entrepreneuriat.com, accessed 2001.

Verstraete, T. and Jouison, E. (2006), 'Connecting stakeholders theory and conventions theory to highlight the adhesion of stakeholders to the business model of a start-up', International Council for Small Business 51st world conference, Melbourne, Australia, June.

Weil-Barais, A. (1999), *L'homme cognitif*, Paris: Presses Universitaires de France.

第七章　高等教育课程对创业目标和意图的影响

迈克尔·T. 沙佩尔和吉安·卡西米尔

一、引言

在过去的二十年里，大学教育提供的小企业课程和创业课程的数量在国际范围内出现了急剧增长（Ulrich，1997）。这曾经是一个相对深奥的研究领域，而如今，很多商学院开始在小企业和创业领域开设课程；实际上，许多学校还在这一领域设立了学位项目或专项课程项目（De Faoite et al.，2003；Vesper and Gartner，1999）。一方面，受学生需求的驱动，另一方面，教育者的观念改变了，认为创业可能可以培育更多具有创业头脑的学生，这两方面最终会促使更多的学生有创业的意愿。这种做法也得到了政府的政策制定者的鼓励，他们已经意识到创立新企业在地区和国家经济中发挥了重要的作用（Lean，1998）。

伴随着这种教学增长，创业教学法的研究文献也随着大幅增加（Bechard and Grégoire，2005）。不同的教学方式、实践技巧和研究得出的证据融合的方式以及将创业融合到更大范围内的商业课程里等问题已经有了若干重大研究（Garavan and O’Cinneide，1994）。

创业和创业相关主题（如商业规划、新公司设立、小企业管理和／或家庭企业管理）的教学是培养更多创业家的有效方式，这是关于创业最主要的观点。然而，这种论断的有效性却很少得到检验。很少有研究明确指出参与一门创业课程就可以真正培养更多的企业家。很少有证据可以证明或否认创业项目是培养新一代企业家的有效方式这种看法。

这一领域的研究对于关心教学的实际应用的教育者来说是很重要的。例如，正式的创业课程在何种程度上实际转变了学生后来的行为？大学阶段的教育是否真的对个人创业的倾向产生较大影响？

对政府来说，大学课程的影响也是一个很重要的问题，因为在很多国家公共资金为大学提供了大量的资金支持。政府为商学院提供预算支持是基于大学课程（以及最终颁发的学位）总体提高了商业技巧水平这一前提之上的。但是，事实真是这样吗？评估学生技巧和知识的实证研究数据经常是十分有限的。

最后，创业课程的有效性对整个社会也是十分重要的。"创业社会"的概念近几年也越来越流行，它指一个更加愿意创新、承担风险和挑战的社会发展形态。教育通常是建设这种社会的关键工具。最最基本地，创业课程应当按照我们的理想产生这样的效果，培养出来的毕业生更加愿意创立自己的企业。

总而言之，正式的创业课程的实际影响还有待我们进一步了解。大专院校的商学院课程在何种程度上提高了学生的知识和创业水平、改善了创业流程以及企业创立相关的问题呢？这些课程是否可以影响学生创立企业的意愿？是否有一些特殊的学生比其他学生更愿意创立自己的企业？所有这些问题对创业教育家、政府和政策制定者都十分重要。

本章的研究目标是考察一种最普遍的大学创业教育——单一学期课程。很多商学院都开设了这类课程，为学生介绍创业和公司设立方面的一些核心基本概念。典型地说，这些课程介绍了创业的概念，讨论了新的商业构思产生的流程和可行性检测，考察了企业创立和发展的流程，最后以如何最终完成创业为结尾。这个研究项目试图回答下列问题：

（1）完成一门创业课程是否影响一个人对自己的创业知识的评价？

（2）学习一门创业课程是否影响一个人创立一家企业的意愿？

（3）知识水平的提高是否可以促进人们创立企业的倾向性？

（4）是否有其他基础广泛、易于识别的特征可以用于预测一名学生创立企业的可能性？

二、背景：文献综述

政策制定者、教育家和商人通常有一个预设，即开设创业课程促进了创业产出的提高——典型地说，以新企业创立的形式。例如，塞克斯顿和卡萨达（Sexton and Kasarda，1991）认为，尽管商业教学课程的最重要的两个目标是为人们的职业成功做准备并提高学习的能力。衡量创业教育与培训成功的最终标准是是否激发了人们的创业愿望并促进了新的企业的产生。

高曼等人（Gorman et al.，1997，p. 56）认为："创业和创立小企业的倾向性或意愿通常与一个个人特质有关系，这些特征可能会受到正式的教育课程的影响。"这些特质包括态度、个人目标、创造力、承担风险的倾向性和控制点。戴尔（Dyer，1994）总结认为，参加创业教育可能会提高一个人成为企业家的可能性，因为这种教育提供了了解创业模范的机会。在经过创业作为一条可行的职业路径这种社会化的过程后，创业模范让创业看起来更加吸引人。类似地，斯科特和图米（Scott and Twomey，1988）考察了创业课程参与者的倾向于自主创业的职业意愿，发现了影响创业意愿的三个因素。这三个因素是诱导、引发和拥有一个创业构思。

因此，有理由做出以下猜想：

猜想 1：参与一门创业课程提高了一个人对自己的创业知识的评价。

一些证据表明，学习一门创业课程导致人们有更加明确的创立自己企业的愿望（Lean，1998）。一些研究直接关注参与创业课程是否会让参与者创立企业。例如，韦伯等人（Webb et al.，1982）发现，在巴布森学院这家以创业为强势学科的美国大学里，在这里学习创业课程的学生比对照组更有可能创业。在另一项研究中，卡尼尔和加塞（Garnier and Gasse，1990）发现，许多通过报纸和电视参加培训项目的被调查者都创立了自己的企业。此外，科尔沃雷德和穆恩（Kolvereid and Moen，1997）还发现，主修创业的毕业生更容易创业，比其他学生更有创业意图。

然而，总体而言，证明创业教育可以直接带来更多的创业家的证据不具有很强的说服力。加拉万和奥辛奈德（Garavan and O'Cinneide，1994，p. 3）认为："缺乏证据证明创业教育的学习策略影响了创业能力的发展以及这些能力如何转换为新的项目 / 企业。"这一观点也得到了福克和艾伯蒂（Falk and Alberti，2000）的回应。他们评估了过去二十年的创业教育，总结认为，如今仍然需要研究创业课程的有效性以及这些课程对创立企业的实际影响。

这两种相互冲突的观点说明，下列假设需要重新讨论：

猜想 2：参与一门创业课程提高了一个人创立一家企业的意愿。

有效的创业教育不仅仅只是使学生掌握创业流程的知识，真正有意义的是，这些额外的知识应当可以有效增加学生创业的数量。这个观点由班杜拉（Bandura，1986）提出，他认为教育可以为创业做准备，知识的传授和技能的掌握与发展应当可以提高具体领域内的自我效能。事实真是这样吗？

琼斯和英格利希（Jones and English，2006）提出了一个完全相反的观点，认为大多数大学阶段的创业课程的传统重心还是增强创业技巧和知识，毫无疑问，这种知识的进步足以促使更多学生创业。他们还认为，其他因素，如外部环境风险等，可能过于强大而抵消了知识的增长。尽管这个观点看似有理，但仍然需要检验。

猜想 3：知识水平的提高可以增强人们创立企业的倾向性。

最后，似乎有证据表明学生的创业意图可能因为一些人口统计学因素，如性别和年龄，而发生改变。例如，威尔逊等人（Wilson et al.，2004）发现，女性比男性的创业意愿低。而一份针对中学生创业意图的性别差异的研究也认为，相比男性，女性不太愿意创业（Kourilsky and Walstad，1998）。类似的现象也存在于 MBA 学生群体中，女性比男性更不太可能创立事业（Thandi and Sharma，2004）。

年龄也是许多创立事业者的一个考虑因素（Thandi and Sharma，

2004）。许多研究人员表示，年轻人比年纪大的人更有可能创业（Thandi and Sharma，2004），尽管这绝不总是如此。例如，韦伯和沙佩尔（Weber and Schaper，2004）认为，在有些情况下，年纪大的人实际上更可能创业，因为他们已经积累了较高水平的技术和商业能力，有更多的财政资源支持创业，也有更广的商业网络。

可通过检测以下假设来检验这些人口统计特征的作用。

猜想 4：学生的年龄和性别可以预测创业的可能性。

三、方法

参与这项研究的学生本科阶段就读于澳大利亚最好的商学院之一，并学习了一门创业入门课程。在这项研究中，“单元”是指一所澳大利亚商学院的一个学期的学习课程。这项研究的采样范围十分广泛，包括创业学专业的学生、选修创业学的学生（即学习其他专业，但是选择这个单元以补充核心课程）以及其他商科专业但被要求选择这个单元作为本专业的前设课程。

测量知识水平是一个很棘手的问题。有许多不同的方式来评估学生从一门课程学到了多少知识。泰斯赫斯特和维尔（Ticehurst and Veal，2000）以及埃曼（Heiman，2001）指出，衡量效果和结果通常都十分困难，自我测量的反馈通常和客观的测量方法一样有效。常见的创业教学极大依赖于外部评估（例如考试和作业）来判断学习水平。然而，这种方式并不是完美的（例如，有的人会不通过，而有些人则通过），一些评估内容只考察习得知识的一部分（例如，论说文可以十分方便地评估正式文体写作能力和研究技巧，在评估其他习得知识时就不那么合适了）。此外，这些手段只能在学期结束时使用；而在学期开始时可以采用的手段最终的表现乏善可陈。出于这些原因，衡量创业知识的外部客观指标通常是有缺陷的。

相反地，就一个人的知识进行自我报告的方式（在许多方面）比任何其他客观的知识水平评估手段还要重要，因为相比对客观事实作出回应，人们更经常的按照自己的观念行动（参阅 Hunt，1991）。换句话说，学生对自身知识水平自我报告的方式对于理解创业课程结果带来的影响十分重要，不应该被认为是一种偶然现象。这种评估创业知识水平的过程大致类似于约翰尼松（Johannisson，1991）的“知道什么”内容层面的创业知识。

出于本研究的目的，我们决定采纳自我报告知识水平作为最有效的学习评估手段。根据埃曼（Heiman，2001）建议的指南，本研究中的学生要求用李克特量表评价自己的知识水平（从 1= 知识水平非常低到 5= 非常高）。

为了衡量学生们的创业意图，所有参与者都被问及是否在未来五年内创业。如果将这个时间范围设定太短，可能会人为地将那些可能在中期创业的学生排除在外，而设置太长则会被认为不太现实。

参与者还被问及很多补充问题，包括他们的年龄、性别、是否已经参与创业以及是否参与到已有的家庭企业中。

这些数据是在学期的第一节课的开始通过一页的调查问卷收集的，在同一学期期末的最后一节课又采用了这种方法。调查问卷由其作者之一分发并当场完成。参与者还被要求在每份问卷写上学号，这样完整的问卷反馈才可以匹配起来，为研究人员提供一整套匹配的抽样样本。

四、结果和分析

一共有 180 位参与者提供了可利用的问卷。其中，有 42 位参与者被排除，因为他们要么已经拥有一家企业（n=15）要么他们的家庭拥有企业而他们已经参与其中的管理（n=27）。这些参与者不适合本研究，因为该研究的主要目的是考察创业课程对创业意愿的影响。

其他 138 名参与者的平均年龄在学期开始时为 25.5 岁（标准方差 = 9.3）。学生的实际年龄分布广泛，从 18 岁到 66 岁均有。从性别比较的角度，所有参与者中，男性 75 名（54%），女性 63 名（46%）。有趣的是，女性学生的年龄比男性学生年龄大很多（$t = 3.3$，$p < .01$）；女性的平均年龄为 28.4 岁（标准方差 = 11.3）而男性仅有 23.1 岁（标准方差 = 6.4）。

23 名学生（17%）以创业学专业的学生身份选择本单元，而 74 名

（54%）学生以选修课学生身份参与。剩下 41 名学生（30%）选择本单元，因为他们是非创业学专业学生而被要求选择此门课。

猜想 1：参与一门创业课程提高了学生自我报告的创业知识水平。

学生首先被问及在多大程度上同意这个命题："你认为你有用于创业的商业知识吗？"（1= 非常少 / 几乎没有，5= 很多 / 相当多）。学期开始时，学生的反馈平均值为 3.1（标准方差 = 0.9）（最高为 5），而在学期末，这一数字为 3.8（标准方差 = 0.9）。

随后进行了一项相关的 T– 检验，用于考察学期始与学期末分数的差异。检验结果显示，自我报告知识水平的增长很明显地反映在统计数据上（$t = 7.6$，$p < .001$）。很显然，参与者认为比起学期始，他们在学期末更强烈地认为自己拥有了创业所需的商业知识。这一结论支持了泰蒂和夏尔马（Thandi and Sharma，2004）和其他研究人员的发现，即创业课程确实可以提高学生对创业活动的知识了解。

猜想 2：参与一门创业课程提高了一个人创立一家企业的意愿。

参与者还被问到是否打算在未来五年创业。

在学期开始时，138 名中的 34 名学生（25%）计划创业，44 名（32%）无此打算，而 60 名（43%）不确定。在学期结束时，这些数字只有很小的变化：34 名（25%）仍然计划创业，49 名（35%）无此打算，55 名（40%）仍然不确定未来是否创业（见表 7–1）。乍一看，这些数字似乎证实了这一假设无效，即创业课程并不会影响学生计划经营自己的事业的打算。

仔细观察表 7–1 发现，尽管学期始和学期末的调查得出的总体意图具有一致性，但是每一个类别的学生均改变主意，打算创业（$x^2 = 56.9$，$df = 4$，$p < .001$）。特别地，在 34 名一开始即打算创业的学生中，超过三分之一的人（也就是 12 名）在学期末改变了主意。类似的，在 44 名一开始即不打算创业的学生中，15 名（34%）在学期末要么不确定要么打算创业。最后，在 60 名最初不确定是否创业的学生中，19 名（32%）在学期末报告他们不会选择创业而 9 名（15%）报告选择创业。这些发现十分有趣，因为揭示了 40%（即 138 名中的 55 人）改变主意，选择创业。

表 7–1　学期始和学期末学生创业打算

学期始	学期末			
	是	否	不确定	总计
是	22	1	11	34
否	3	29	12	44
不确定	9	19	32	60
总计	34	49	55	138

在某种程度上，这些发现证实了加拉万和奥辛奈德（Garavan and O'Cinneide，1994）的观点。他们认为，教育和 / 或培训可以影响企业家角色的发展。然而，这种影响可能具有双重性：一些学生更加倾向于创业，而其他人则放弃了创业的想法。更为具体地讲，当前研究的结果说明，教育并非一直产生可预测的、单向的结果——更多的创业教育并不总是会让更多学生倾向于选择创业。

猜想 3：学生知识水平的提高有助于提高学生创业的倾向性。

我们做了一项单向方差分析（ANOVA），检测三种态度群体（即是、否和不确定）在学期始对于是否有足够的创业知识的态度。表 7–2 包含了这三种态度群体的平均值。方差分析数据揭示了一个显著的主效应｛F（2，135）= 5.8，p < .01｝。最小显著差异的事后分析显示，打算创业的学生相比选择不创业或不确定的学生更倾向于认为他们已经拥有足够的知识用于创业。态度为“否”和“不确定”的群体之间的差异不显著。

同时，我们还做了一项单向方差分析，检测三种态度群体（即是、否和不确定）在学期末对于是否有足够的创业知识的态度。表 7–2 包含了这三种态度群体的平均值。方差分析数据揭示了一个显著的主效应{F（2，135）= 4.2，p < .05}。最小显著差异的事后分析显示，不打算创业的学生相比选择创业的学生和态度不确定的学生更不倾向于认为他们有足够的知识创业。态度为“是”和“不确定”的群体之间的差异不显著。

表 7–2 关于创业态度群体是否具有足够知识进行创业事后分析结果和平均值（标准方差）

	学期始的打算			学期末的打算		
	是①	否②	不确定③	是①	否②	不确定③
是否具备知识	3.5（0.8）***	2.8（1.0）	3.9（0.7）	3.0（0.8）*	3.9（0.9）*	3.5（1.0）**
N 值	34	44	60	34	49	55

注：

①“是”和“否”群体之间的统计显著性差异的指数。

②“否”和“不确定”群体之间的统计显著性差异的指数。

③“不确定”和“是”群体之间的统计显著性差异的指数。

* $p < .05$，** $p < .01$，*** $p < .001$.

这两项单向方差分析的结果显示，创业意图与是否相信自己有足够的创业知识有关。具体说来，在学期始和学期末，相比不打算创业的学生，打算创业的学生对自己有足够的创业知识拥有显著的自信。值得指出的是，在学期末，关于是否相信自己有足够的知识来创业，不确定是否创业的学生与打算创业的学生并没有显著变化。

这些发现说明，除了商业知识以外，还有其他很多因素影响创业意图。这一点也不奇怪，有证据已经表明，人的个性、商业机会的性质以及外部因素在创业意图上发挥了调节作用（Schaper and Volery，2004）。

猜想 4：通过学生的年龄和性别可以预测一个人创业的可行性。

上述数据并没有指出年龄或性别与今后创业之间的联系。年龄与创业并没有显著的关联性，不论是在学期始（$r = -.15$，$p > .05$）还是在学期末（$r = -.07$，$p > .05$）。在学期始，男性（平均值 = 2.4，标准方差 = 0.7）比女性（平均值 =2.0，标准方差 =0.9）更容易报告他们打算创业（$t=2.6$，$p < .05$），但是在学期末，创业意图方面，男性（平均值 = 2.2，标准方差 = 0.7）与女性（平均值 = 2.1，标准方差 = 0.9）之间的性别差异不显著（$t = 1.2$，$p > .05$）。这些结果说明，无论学生的年龄还是性别对于课程结束后创业的倾向性来说均不是显著影响因素。这一结论与威尔逊等人（Wilson et al.，2004），库里斯基和沃尔斯塔德（Kourilsky and Walstad，1998）以及泰蒂和夏马尔（Thandi and Sharma，2004）的发现相矛盾。

在考虑这些结果时，最后一点需要注意的是所采用的方法内在的局限性。例如，这项研究仅限于澳大利亚两所特殊大学的商学院本科生，并且，本研究并不试图宣称这些学生在创业课程方面具有充分的代表性。由于本研究并不评估课程的长期影响，只是致力于评估创业课程对自我报告知识水平和创业倾向性的即时（即一个学期）影响，因此本研究难免存在一定的局限性。

五、结论

正如本研究揭示的那样，创业教育的结果纷繁复杂。一方面，很明显，创业教育提高了学生在如何创业和管理一家企业方面的知识水平；另一方面，创业教育似乎没有改变打算创业的学生的整体比例，尽管这掩盖了在一群人中可能出现的变化。一些学生更加坚定了自己的观点；之前充满热情的学生后来放弃了；一些持怀疑态度的人现在认为最终创业还是可行的；而最初不确定的学生也通过课程证明了自己的焦虑。

这些结果也对教育者产生了一些十分明显的影响：

- 不是所有学生都将成为企业家。正如本项研究中的参与者所表明的，大部分学生并不打算在可预见的未来创业。对应地，创业课程的设置和开放对象不仅仅要面向希望创业的学生，还要考虑到那些不会选择创业这条道路的学生，为他们提供更多的信息。
- 不确定性是确定的。正如上述讨论的结果，创业课程有时候给学生造成更多的焦虑和混沌。例如，有的学生发现他们此前认为乐观的想法可能远远不能奏效，或者他们之前的预测是不现实的，也无法确保有效。创业不是一个非黑即白的话题，没有一种方式可以确保成功，学生和老师都需要小心避免理所当然地认为有奇迹发生。
- 我们只能猜测谁将成为企业家。在一学期的课程中，学生有可能从

> 一种视角转移到另一种视角，一开始有热情的学生可能不是最后实际打算创业的那些学生。因此，教育者应该避免将注意力放到班级中最有可能的学生身上，因为他们很多人实际上在学期末时成为最不可能创业的那群人。

很显然，这个问题值得更多的探讨，也有必要用更多的检测来证实这一单项研究得出的结论。对此，首要工作就是基于更大采样数量重复本实验，将更多不同大学的创业导论课程纳入研究中，这样方可确定这些原始结论在更大的学生范围内是否是可靠的、具有概括性的。

另一个值得探讨的话题可能就是进行纵向研究设计，同时包含对照组（即非参与者），以更好理解创业课程项目对参与者的长期影响（Garavan and O'Cinneide，1994）。例如，创业课程可能在某些人心中种下的种子或许在很多年都不会发芽，因为在他们能够创业之前，他们需要进一步提升某些必备的技能和开发更多的资源。

最后，从一个更加哲学的角度来看，下面这个问题也值得提出：创业课程应该致力于培养更多的企业家吗？普遍认为，不是所有学生都是企业家或将成为企业家。这些人实际上是非常少的，也不是所有人都希望成为企业家。如果创业项目没有培养更多的企业家，那么它就是失败的——这种观点过于简单化了。毕竟，教育的作用在于教导，有许多同企业家一同工作的人（例如银行家、商业咨询师和政策制定者），他们从未期望自己成为其中一员，但是他们的决策将会受到他们对于企业家和创业流程了解程度的影响。对于他们而言，创业课程并非浪费，尽管他们自己确实没有成为企业家。

参考文献

Bandura, A. (1986), *Social Foundations of Thought and Action*, Englewood Cliffs, NJ: Prentice Hall.

Béchard, J.P. and Grégoire, D. (2005), 'Entrepreneurship education research revisited: the case of higher education', *Academy of Management Journal*, **4** (1), 22–43.

De Faoite, D., Henry, C., Johnston, K. and Van der Sijde, P. (2003), 'Education and training for entrepreneurs: a consideration of initiatives in Ireland and the Netherlands', *Education + Training*, **45** (8/9), 430–8.

Dyer, W.G. (1994), 'Toward a theory of entrepreneurial careers', *Entrepreneurship Theory and Practice*, **19** (2), 7–21.

Falk, J. and Alberti, F. (2000), 'The assessment of entrepreneurship education', *Industry and Higher Education*, **14** (2), 101–9.

Garavan, T.N. and O'Cinneide, B. (1994), 'Entrepreneurship education and training programmes: a review and evaluation', *Journal of European Industrial Training*, **18** (8), 3–12.

Garnier, B. and Gasse, Y. (1990), 'Training entrepreneurs through newspapers', *Journal of Small Business Management*, **28** (1), 70–73.

Gorman, G., Hanlon, D. and King, W. (1997), 'Some research perspectives on entrepreneurship education, enterprise education, and education for small business management: a ten-year literature review', *International Small Business Journal*, **15** (3), 56–77.

Heiman, G. (2001), *Understanding Research Methods and Statistics: An Integrated Introduction for Psychology*, New York: Houghton Mifflin.

Hunt, J.G. (1991), *Leadership: A New Synthesis*, London: Sage.

Johannisson, B. (1991), 'University training for entrepreneurship: a Swedish approach', *Entrepreneurship and Regional Development*, **3** (1), 67–82.

Jones, C. and English, J. (2004), 'A contemporary approach to entrepreneurship education', *Education and Training*, **46** (8–9), 416–23.

Kolvereid, L. and Moen, O. (1997), 'Entrepreneurship among business graduates: does a major in entrepreneurship make a difference?', *Journal of European Industrial Training*, **21** (4), 154–60.

Kourilsky, M.L. and Walstad, W.B. (1998), 'Entrepreneurship and female youth: knowledge, attitudes, gender differences, and educational practices', *Journal of*

Business Venturing, **13** (1), 77–89.

Lean, J. (1998), 'Training and business development support for micro businesses in a peripheral area', *Journal of European Industrial Training*, **22** (6), 231–6.

Schaper, M. and Volery, T. (2004), *Entrepreneurship and Small Business: A Pacific Rim Perspective*, Brisbane: John Wiley & Sons.

Scott, M.G. and Twomey, D.F. (1988), 'The long-term supply of entrepreneurs: students' career aspirations in relation to entrepreneurship', *Journal of Small Business Management*, **26** (4), 5–14.

Sexton, D.L. and Kasarda, J.D. (1991), *The State of the Art of Entrepreneurship*, Boston, MA: P.W. Kent.

Thandi, H. and Sharma, R. (2004), 'MBA students' preparedness for entrepreneurial efforts', *Tertiary Education and Management*, (10), 209–26.

Ticehurst, G.W. and Veal, A.J. (2000), *Business Research Methods: A Managerial Approach*, Sydney: Longman.

Ulrich, T. (1997), 'An empirical approach to entrepreneurial-learning styles', paper presented at the Internationalising Entrepreneurship Education and Training Conference, IneEnt97, California, 25–27 June.

Vesper, K.H. and Gartner, W.B. (1999), University entrepreneurship programs, Lloyd Greif Center for

Entrepreneurial Studies, Marshall School of Business, University of Southern California, Los Angeles, CA. Webb, T., Quince, T. and Wathers, D. (1982), *Small Business Research: The Development of Entrepreneurs* Aldershot: Gower.

Weber, P. and Schaper, M. (2004), 'Understanding the grey entrepreneur', *Journal of Enterprising Culture*, **12** (2), 147–64.

Wilson, F., Marlino, D. and Kickul, J. (2004), 'Our entrepreneurial future: examining the diverse attitudes and motivations of teens across gender and ethnic identity', *Journal of Developmental Entrepreneurship*, **9** (3), 177–98.

第八章　在一所大型多学科大学运营一家创业中心：解决正确的问题

塞西尔·克莱若和娜塔莉·席布－宾法伊特

自20世纪90年代末期开始，法国高等教育机构已经对创业十分感兴趣。将创业培训纳入教学课程和设立创业为中心的机制即反映了这一点。这些倡议得到了政府机构和公司机构合作伙伴的支持。确实，这种变化和项目的实施已经带来了一些挑战，就项目的教学和方法以及分析提出了诸多问题。这也是本研究的中心。本研究基于作者由一家大型法国大学设立创业资源中心得出的经验。这一经验对于其他实施此类项目的法国大学来说是先驱。该项目得到了法国政府的认可，并于2004年获得“创业之家”称号。

目前，人们对创业教育是什么以及如何教学并没有达成共识（Kirby，2003）；众多文献（Scott et al.，1998；Vesper，1982）所描述的缺乏共识是本文所讨论项目实施的第一个难题。研究人员、教师、学生和外部合作伙伴（如商会和区域委员会）必须参与到这一过程中，每一个个体都有自己的目标和对创业的认识及期待。此外，协商是否成功取决于参与者能否指出项目的合法性。换句话说，在法国大学机构这样的条件下，尤其是当这所大学规模大、学科众多且文化不亲近创业时，不仅与人员和机构的沟通遭遇困难，而且文化、习惯和工作方式上的沟通也会面临压力。

在简述背景和项目实施历史后，我们明确认可这样的创业中心所面临的现实。换句话说，为了在大学课程里加强创业教育的合理性并实施后续的创业教育项目，明确考虑这一组织的任务、优先事项、目标人群和限制因素似乎是先决条件。

本章继续评估哪些创业教学的选择和内容似乎与高等教育中的具体框架吻合。

本章其他内容分析并讨论各种教育和政治话题以及大学创业教育项目实施所产生的各种冲突。本文为设立类似中心和开展类似项目提供了一个很好的实践模型。

一、项目产生的背景

许多参与者在这所大学已经形成了提高科学技术和人才潜力的初步意识。该项目即产生于这种有利的条件之下。这就意味着在大学的不同部门出现了相对独立的创业倡议。但是，如果没有若干内外因素的综合促使该项目成形，那么设立这样一个创业资源中心的道路将会极其漫长。

（一）有利的国家背景

20 世纪 90 年代，大量的新动向促使法国更加有利于在大学里孵化创业项目。1998 年，法国教育部和研究与技术部呼吁博士培养机构实施其他的培养课程，培养未来的博士应对专业生活。从此，这些学校就有义务传播经济领域方面的信息，提高学生的企业意识，为便利学生未来的专业生活建立各类设施。

一年后，《创新法》的通过重申了政府对创业的支持。除此之外，它为通过创业来加强大学研究提供了一个法律支撑，因为这些创业如今已经将研究人员和教授包括进去。

与此同时，法国“创业学院”的成立和各类研究机构及研讨会（Fayolle and Livian，1995；Saporta and Verstraete，1999；Schieb-Bienfait，2004）的设立更为清晰地说明了政府的努力。这些机构的成立增加了不同项目不同关联方之间的会晤机会。这些会议可以在大学或研究生院召开，也可以加强各方之间的观点交流。随着与创业导向实践相关的教学法观测平台的建立（OPPE），观测相关机制已经成为一种体制化的活动，最终使得考虑进行一项卡尔·韦斯珀（Karl Vesper，1985；1993；Vesper and Gartner，1994；1997；2000）所建议的对比研究成为可能。

（二）地方背景：在综合大学实施的若干孤立的倡议

南特大学（The University of Nantes）是一所多学科大学，有学生35000名，教授/研究人员1500名。该学校由五个不同规模的部分组成：人文科学与艺术有学生1300名左右，理学院有约5600名学生，卫生系有约4200名学生，法律/经济/管理有约6300名学生，高等技术研究院有约3200名学生。南特大学有13个部门，两所高等技术研究院和一所工程学院。学校共有73个正式研究团队，其中58个获得相关研究监督机构的认可。

1. 一所综合性大学

"创新南特"（The CRÉACTIV' NANTES）项目之所以成立，是因为学生、教师/研究人员缺乏或无法平等获知创业世界及其文化。很早就有人发现，工程领域、生命科学以及其他学科（社会人文、医学等等）均在培训和研究中存在鸿沟。因此，生命科学和工程学科的博士学院设立了"提高创业意识日"。类似的，工程学院和高等技术研究院在课程中引进了创业意识提高的课程。在经济/管理领域，工商管理研究院与科技园区联合设立了两个硕士学位，研究创业和新产品开发以及开展创新型企业创设的专项培训。法律、社会学、现代语言、艺术、历史/地理学和哲学等部门均没有进行创业培训或开展创业意识提高活动。这种联合行动在整个大学层次并不是协调一致的，这使得每项倡议自行其是。此外，这些行动还仅停留在学位授予的逻辑上，并没有形成系统性的创新意识提高的流程，大部分学生都被忽视了（尤其是本科生）。

2. 第一批倡议行动

在1998~1999年，若干横向创业倡议实施，向一些以大学里的整体学生/研究人员为对象的创业实施项目拨款资助。之所以实施的原因是为了向各种创业想法和研究项目提供对外宣传的机会，不断提升并得以实现。

有人提议，相关人员与学生管理团队共同工作好几个月，这些学生将会帮助开展项目实施之前的可行性研究。

这种倡议得到了大学管理层的积极回应，这说明了将有极大机会在大学设立一所机构为创业和创业活动的开展提供帮助。这个想法随后被大学管理层所采纳，并成为其 1999~2003 年学校发展主规划中的其中一个发展战略。这让该项目更为明确，也将其置于外部政治范围。之后，这个项目的实施面临了大量的难题，受到了极大的阻碍。

首先，当该项目被纳入一个能使得它接触到学校的社会经济环境的流程中时，它就必须要有合作伙伴，如来自不同经济领域的参与者或其他高等教育机构的参与者，尤其是管理学研究生院。自然地，这个项目在制定时接受了监督。尽管如此，该项目被与可能的地方参与者之间合作的商讨和界定拖累了。这就意味着，前期学校没有考虑项目的内容、目标和组织。实际上，学校是打算将该项目视为与其他合作伙伴之间的协商。因此，由于观点矛盾、文化差异和利益冲突，这种办法带来了很多问题。此外，由于拖延也造成了一些误解，极大地损害了该项目的落地实施。

其次，该项目与若干参与者群体之间原本建立了诸多联系：一方面，大学人员、大学委员会的成员主导项目的协商；另一方面，创业项目的制定者和执行者在培育创业发展。鉴于这种多方参与的项目具有“政治”特征，第一群体负责与机构合作伙伴协商。第二群体是教师 / 研究人员，他们设计了该项目，希望能够参与项目的落地和实施过程中。实际上，在项目确定之前，人们已经就项目进行讨价还价了。因此，政治上的协商已经让项目初露端倪了。换句话说，这个项目的发起人可能在未来负责本项目，但是他们没有参与项目的确定。这种情况让大学和合作伙伴感到困惑，也让热情参与的教师失去了动力。

因此，在面临项目停摆的情况下，这所大学的校长将该项目的监督权授予一名教师 / 研究人员。一旦内外部对大学和合作伙伴有期待，这名监督人员将会完成在大学建立一所合适的创业资源中心这项任务。将一个项目交予一人，之前面临的窘况就一扫而光了，这表明这所大学希望利用清晰的原始的架构。

（三）外部合作伙伴的决定性帮助

不久，“创新南特”就成为该大学的一个战略项目，因为它对于其与社会经济环境的关系来说是富于成果的。它受到了人们的热烈欢迎，尤其是商业和工业委员会及地区委员会。这种欢迎也是互惠互利的。对于前者来说，这是一个加强与世界高等教育中的佼佼者相互联系的机会，意味着面向更多的人群。对于后者来说，这是一般区域发展经济政策与研究的一部分（Henriquez et al.，2001）。地区委员会希望“创新南特”成为一个试点项目，后期能在本地区的众多大学内推广。商业和工业委员会已经协商并签署了多项合同，而地区委员会将这个创业资源中心视为一项计划行动。

合作伙伴做出的承诺为该项目带来了绝佳的优势。一方面，为资源动员提供了一个解决方案。因此，商业和工业委员会打算为资源中心设立一个任务监督员，专注于协助企业设立。另一方面，这种承诺也有利于建立合作伙伴网络，更便于加强与经济领域中的中介机构、事务所、企业家以及其他市场参与者的联系。

二、为目标而努力：在大学营造创业文化

2002 年 9 月，“创新南特”正式成立。其主要任务是确定创业资源中心的各项任务，以下列三个原则为出发点：提高意识、培训和协助（Fayolle，2003；Fayolle and Degeorge，2003；Serton and Bowman，1988；Vesper，1971）。由于在大学环境下做出这种行动意味着压力，也要考虑到文化差异，因此行动方式的评估事无巨细。最后，人们就其任务和运作方式提出了一系列问题。

（一）基本范式

2001~2002 年，人们针对提高创业意识和教学项目做了一份评估。评估结果得出了一个普遍观点，这一观点也为项目发起人所接受，即创业应当关心：

- 私营企业的设立；
- 新技术的创造。

这些培训项目与贝沙尔（1994）以及贝沙尔和图卢兹（Toulouse）（1998）在创业教学分析中得出的第一个范式完全吻合。

第一个范式与商业经济有关（Drucker，1985）。这一范式从经济的角度考虑创业这一现象，还特别地从企业设立这个角度来考虑。实际上，这就意味着课程被严格限制到创业教学。创业教学也被限于提供企业设立的培训课程。此外，企业设立的培训也仅仅指向像熊彼特（Schumpeter）这样通过抓住新机遇创造财富的人，这是一种英雄而又脸谱化的人物。

第二种范式包括那些通过观察不断涌现的创新所带来的经济力量而创业的人，这种视角更为宽广。该范式还包括心理和文化因素，只有这些因素的存在才使得创新和社会变革得以实现。最后，该范式还将通过交换网络达成的组织力量考虑在内。在这一点上，社会化的创业家是主角（布蒂利耶和乌祖尼德，1999a；1999b；格兰诺维特，1985），他们拥有社会资本，而这种社会资本来源于金融、认知和关系三大领域。这种范式为其他创业教学目标开辟了新的道路。

（二）潜在争论：任务与现实

在建立创业中心这个想法实现和在内部传达前，我们似乎有必要讨论每一个人提出的保留意见和疑问，方可确定我们的主题和任务。

相关参与者和组成人员（大学部门、实验室和研究机构）的多样性并没有促成谅解或达成一致。争论的议题就是创业教学中的利益和大学作为实际的创业教学活动的构思者所享有的权利。这一议题引起了相当多的争论。例如，有人觉得这些任务并不属于教育系统的范围。这可能主要是因为这一体系或许面临若干限制因素，特别是当教育系统提倡创业所需的自主权和创新时。他们认为，教育体制化意味着在大学环境里，创业精神是不切实际的。在人文和社会科学部，一些教师并不赞同这样一个充满了经济甚至是商业顾虑的项目。人们提出了很多问题，质疑“创新南特”的定位和服务是否合适。此外，人们还质疑在实施方法上经济逻辑占据主导——在最短的时间里培养学生以帮助他们创立企业——是否合理。各种不同的任务必须十分明确，这样在讨论时才能为人所理解。

在这个关头，将诸如学生创业指导、职业目标（选择就业还是创业）、是否可以雇佣的问题（内部创业）和项目备份作为该中心的任务，其必要性显得越来越明确。此外，该中心提出的干预手段应当不仅仅限于经济上的企业创立，这种说法似乎也很明智。中心还应当致力于让大量学生意识到企业家的重要性（Saporta and Verstraete，1999），尤其是提高创业活动的地位（Filion，1990；1991；Gasse；1985；1992）。实际上，对创业教育的偏好是引起关注并将这种关注转化为创业行为的首要因素。

三、创业指导和选择

在扩大项目的目标后，人们对培训提出了疑问。受众参与的多样性和大学的需求通过这种方式得以匹配起来。最终的做法是设计一个包含不同层次的行动和干预的项目。这可以让学生熟悉这个项目的主题，让他们发现创业模型，激发参与该项目的意愿。

放弃普通的方案，方能适应具体的背景和职业指导，例如像研究人员/企业家、法学学生或心理学学生、自谋职业、药学专业学生/药剂师等等这类不同学科和领域的学生。与此同时，构思能够促进学生创业能力发展的手段似乎也是可取的。

创业教学一般有两大主要目标：从意图出发的行动和从行动出发的行动。就该种教学方式而言，“创新南特”致力于提高学生的兴趣。一方面，在年轻学生中，只有为数不多的学生将会在大学学习结束后创业；另一方面，考虑到大学和创业之间的文化差异，该项目的目标更加侧重于创业文化，而不是创业项目的实施。协助相关项目的实施就要留待专业的组织了。因此，该项目的目标并非培养企业家也不是创立新的企业，而是培养学生成为企业家或是在任何公共/私人组织或机构中进行内部创业的意愿（Saporta and Verstraete，1999）。

（一）最初的定位：为所有人服务的资源中心

由于通过家庭[1]、亲友或已有的创业企业接触创业文化通常是很少人享受的特权，“创新南特”的主要目标是将创业纳入到学校文化和学生、教师/研究人员的愿景中。如图 8-1 所示，这一目标可分为如下分目标：

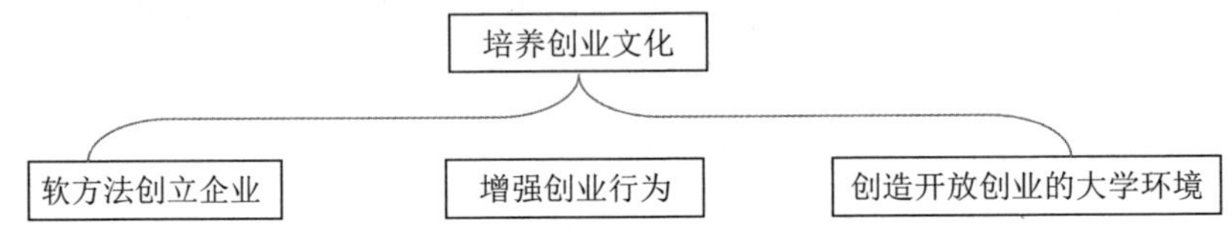

图 8-1　创业文化培养目标关系图

在“创新南特”项目构思之时，大学的多学科性毫无疑问是一种无形资产。实际上，这种多学科性让人们有必要考虑文化、思想的多样性和一般人的想法，增强了适应这些多样性的必要性。“创新南特”必须是一项对整个大学有益的服务，同时也要适应教学、研究、文化和背景的多样性。这就意味着，在设计这样一个项目时，必须要符合教师、研究人员和学生的预期，便于其接受。

（二）“创新南特”带来了什么

“创新南特”致力于让所有大学的成员都参与到它的活动中。这些活动均是与商业和工业委员会一同开发的。该委员会为这个项目提供了支持并引入了创业知识。

1. 圆桌讨论

为了加强两种群体之间潜移默化的影响，“创新南特”召集大学人员（学生、教师和研究人员）和企业家举行圆桌会议。其目标是为了让学生适应创业文化（Drucker，1985；Fayolle，2003；Casse，1985）。这些讨论通常都是应教师要求举办的，他们通常教授很少数量的学生。另一个目标就是邀请那些学生认为合适的人员参与到演讲中。此外，我们还邀请曾经参与过大学培训甚至是有可能与在座的学生和教师同属一个领域的企业家参与。

这些讨论的定位并非会议，而是交流，其主要好处在于学生可以提一些私人问题，如“你是否有时间送子女上学？”“你是否觉得自己工作太努力了？”“当你告诉你丈夫你的计划时，他如何反应？”“为什么你第一次创业没有成功？”“资金从何而来？银行不大相信我们这样的年轻人。”这些问题可以打破人们对企业家的脸谱化印象：不食人间烟火，难以让人接近。这些会谈让学生了解企业家的职能以及职业工作，让来自不同世界的人们相互交流。

这些会谈也培养了学生的自我意识，即他们如何看待自己以及他们看待自己的方式（Filion，1994；1990）。这样一来，学生有可能模仿这些企业家，从他们身上获得激励。因此，越早安排学生与企业家会谈，学生就有越多时间思考他想要做什么，谋划自己的未来。

最后，这些会谈让学生意识到，甚至是改变他们对于公司与自己的关系的看法。当学生发现，成为一名创业者能够铺就职业之路，自己也能成为企业家时，他们可能考虑选择创业而不是就业。从这种角度来看，我们可以分辨出什么是“自我激励”，什么是“为生活而创业”。

随着项目的推进，教师的积极参与以及他们提供的支持体系已经成为该项目的基石，教师意见的权重也随之提高。更为普遍地讲，大学环境必需起到推动者的作用，以便通过传播本地企业家的规范行为，让其他人意识到“成为一名创业者”也是一条职业道路。大学对此也十分感兴趣。

除了通过扩大学生和研究人员的视野以便于简化创业流程，这些会谈还可以帮助大学更好地融入环境。创业者们也经常遇到这种情形并接触到大学不为人知的一面，了解之前不曾了解的大学教学。因此，他们在会谈时更加开放和活跃，但是不管怎样，这些会谈都说明了大学拥有资源、技能与技术，这些对于企业也是一种资源。

2. 工作坊

“创新南特”第二个主要特色就是工作坊。工作坊一般分为 12 小时（意见箱）和 21 小时（工具箱）。学生和研究人员在此期间内评估他们的创业能力、职业发展路径和他们在项目中的地位（见表 8–1）。在工具箱里，他们学习一些贯穿创业项目和商业计划书撰写过程的基本内容。

举行工作坊的最初的目的是强化大学的跨学科特点：

- 各小组由 15 人组成，包括背景不同的学生和研究人员。因此，一名工程专业的学生和一位管理专业的学生以及一位社会学专业的讲师可能同属一个小组。
- 所有的项目都会被考虑，不论是创立一家小型私人企业还是一家学生服务组织。

当然，这些工作坊并非强制参加，尽管在课程结束后应学生要求可以颁发课程研修证书。

这些工作坊最初仅面向有创业项目的学生或教师。这并不是说这些工作坊设立的目的是为了与学生或教师一起研究这个项目，而是在早期帮助他们完成评估。如果已经与项目合作伙伴，尤其是商业和工业委员会及科技园区达成协议，项目的每一个承担人将会获得临时帮助。实际上，这些工作坊与其说是帮助实现目标还不如说是项目的初期孵化器。

表 8–1　“创新南特”工作坊计划表

意见箱：4大发现模块	工具箱：7大操作模块
• 成为一名创业者的不同途径 • 我的创业能力：更好地了解自己才能更有效地创业 • 为了获得创业点子必须研究发现点子的技能 • 项目方法	• 方法论和项目实施工具 • 了解经济环境和市场 • 项目的经济可行性 • 寻找资金支持 • 确定商业方式 • 选择角色和行政程序 • 陈述商业计划

自 2004 年开始，建议课程向没有创业项目但却“一无所知”地“受到了冒险的诱惑”的人开放。

3. 创业日

创业日为创业者、咨询师、学生和教师 / 研究人员提供了见面的机会。这一活动由学校及商业和工业委员会联合举办，而委员会也号召他们自己组建的创业家网络内的成员参与创业日。在这些会议中有三个主题：通过创立企业强化和促进研究、创立和收购企业以及创立社会经济企业。

从分析个人的创业能力到通过一系列论坛演讲引发头脑风暴，正是围绕着不同主题开展的活动吸引了学生的参与。“我的创业能力”这个主题是所有工作坊中学生最为感兴趣的主题。大约有 100 名学生轮流与心理学家面谈，接受测试，或参与到与创业能力有关的讨论中。该工作坊所引发的人们的兴趣说明，创业实际上被学生认为是第一项也是最重要的人生冒险。创业的“技术”方面依然是为这一冒险服务的工具。

4. 个人化的接受

“创新南特”项目坐落于大学校园中间。该项目的领导人以兼职身份在此处值班，在这里接待展示项目的学生，为他们答疑解惑，提供建议。项目领导在商业和工业委员会从来没有见到任何学生前来，而在大学校园内设立办公室让学生克服了很多心理压力，让学生不再感到害怕，也不必顾虑一定要有什么结果，甚至不必为了从建议中获益而去实施自己的项目。地理上的相近造成了社会亲近。随着项目领导人接触越来越多的教师 / 研究人员，为那些在校园见过他或在项目信息中见过其名字的学生组织工作坊，他开始了解大学。实际上，在逐渐打破壁垒、吸引更多学生咨询意见方面，他为促进双方的理解做出了重要的贡献。

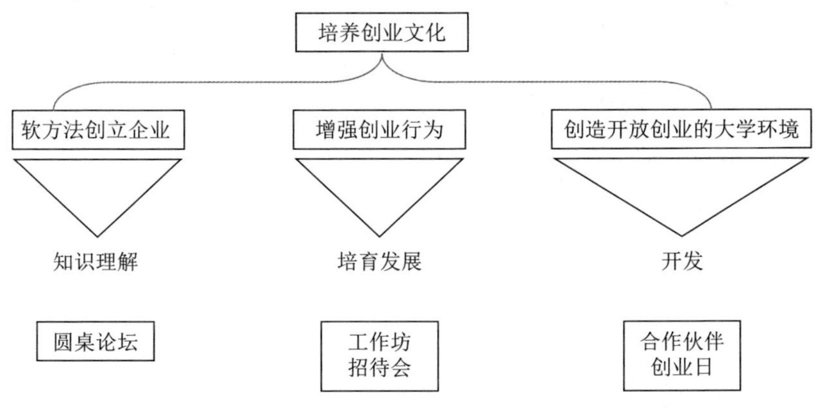

图 8–2　“创新南特”项目

5. 融合

图 8–2 融合了“创新南特”教育项目。

四、教学、疑问与前景

“创新南特”是意图在大型机构实施的创业项目的典范。最初，该项目仅有少数独立的教师 / 研究人员参加并依赖不同的组成机构。我们有必要考虑这项开拓性的项目，为实施做好准备。此外，我们也有必要清晰地定义项目的任务和目标，并与他人分享。随着项目陷入大学行政体制这一相对具有对抗性的组织与创业行为之间的紧张关系中，项目的推进十分耗时。实际上，“创新南特”需要一定的自主性 / 创新性来寻找新的方向和动力。该项目同时还可以称得上是一种实验，因为大学总是会自然地去培育一种制度（March，1988）。因此，归属条件（调拨现有资源、项目之间的选择、组成机构之间的选择和功能的选择）与创新条件（项目发展、新的行为和探索新的资源）之间会产生明显的冲突。

此外，由于该项目使用现有的培训设施和操作流程，它破坏了当前的预算和行政规定，因此要求制定新的规范（Deynaud，1989）。

最后，“创新南特”是参与者网络产生的新动态的一部分。该项目最初由一群教师发起，他们已经检验了若干与创业有关的教学方法项目，因此，与诸如企业承诺援助机构等网络保持了较好联系。[2] 这个项目也是大学行动计划的一部分，是与大学的机构参与方讨论和协商之后的结果。因此，“创新南特”将会由大学及其合作伙伴在不同层面展开讨论和协商并最终设计方案，这些不同的层次包括大学领导机构的不同部门以及去中心化的单位和部门。该项目的创新性、实验性和网格化特征使得项目在运行阶段围绕项目的实施和教育问题出现了很多紧张关系。

（一）网格化协商

正如大型组织开启的创新一样，围绕项目有许多需要协商的领域并且根据组织的规则需要协商项目的功能。

第一个协商领域是策划项目的教师与大学领导机构之间。教师寻求扩展并将这一倡议行动形成机制。尽管领导机构认可设立创业中心所带来的利益，但是认为发起项目的教师缺乏运营一项与全体部门有关的公共服务所需的合法性。尽管认可项目发起人的资格，但是担心他们非法地将这样一个公共项目转换为私人所有。这一协商领域属于内部政治问题。所有的组织内部展开的协商都是围绕创新带来的权力分享和不确定性。组织社会学的分析已经说明了这一点。（Crozier and Friedberg，1977；Friedberg，1995）

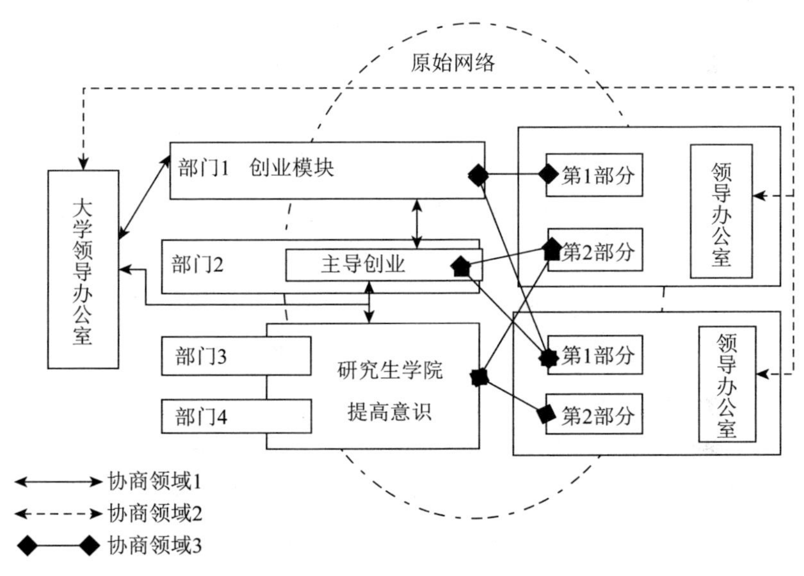

图 8–3　项目协商领域

第二个协商领域是大学领导机构与其机构合作伙伴（商业和工业委员会及地区委员会）。大学十分热衷于与这些合作伙伴合作并参与到这一主流趋势中。实际上，人们通常认为大学有点跟不上时代了，因为几千年来，大学的本职是传播文化和知识，而将学生职业化这一现代需求是大学无法满足的。大学还面临着预算紧缩，在发起原创项目上也面临诸多难题（Musselin，2001）。此外，大学也参与到一项商业组织流程，而这对于它而言，既难以开发也难以实施。对于机构合作伙伴而言，它们都有自己的视角。地区委员会及商业和工业委员会认为创业是地方经济发展的一个重要工具，创业率与失业率基本相当。地区委员会已经开展了针对博士生的行动，希望能为他们打开新的职业视野。此外，该委员会还努力提升所有有助于技术发展的倡议行动。商业和工业委员会将大学视为未来创业家的培育场所，这些创业家可以为委员会提供咨询意见。因此，这一协商领域属于外部政治问题。

第三个协商领域十分显而易见：涉及经营创业项目的教师和机构合作伙伴。这一协商领域包含“创新南特”项目最初的关系网络，还涉及到内部创业者，也就是那些进行项目动员并构思创业项目的教师 / 研究人员。在这一领域，参与者彼此十分了解，充满了互相信任。一些教师有时候希望将长期存续的合作项目体制化，强烈希望在这一过程中发挥关键角色。而另一些不希望这样，他们认为已经开发的去中心化的项目就足够了。所有人都意识到，一切都将以“高标准”完成，这或许可以解释为何有些人对投入到普通项目表达出不安。在第三个协商领域，参与者之间的关系和他们的层次体系没有太多相似之处。机构合作者的员工表现出非常大的协调性，而来自大学的参与者十分分散。

在这三个维度的协商流程中（见图 8–3），如果彼此之间无法沟通，那么这个项目就有流产的危险。参与者的多样性、水平和行为背后的依据要求这三个协商维度均需围绕同一个项目展开，并要求每个人的诉求最终保持一致。正如布雷顿和温特罗布（Breton and Wintrobe，1982）所描述的，项目领导人实现一个真正的内部创业者的功能，这就意味着关系网络动员和信心激励能够有效地促进协商。项目领导人担当着协调人的角色（Pettigrew，1987），这说明他可以有效影响来自大学的参与者和相关参与人的关系网络。

合法性是人们对协商流程抱有信心及获得成功的关键因素。当涉及创业问题时，人们很少在大学里观察到合法性。因此，合作伙伴对于大学是否有能力实施相关的并且是可行的创业项目有所怀疑。人们经常认为，大学对于经济活动一无所知（Musselin，2001）。因此，有必要为大学发起一项创业合法化的流程（Bourgeois and Nizet，1995）。大学人员的个人社交网络已经参与到创业项目中，而项目领导人的个人社交网络也发挥了不甚连续但却至关重要的影响。例如，这些项目使得人们有机会与商业领导人或管理者沟通，而他们在行动项目的微调上给予的支持及个人直接参与项目以监督学生或参与研讨会能够为项目提高信誉、信心和合法性。

（二）充满紧张关系的项目

"创新南特"项目的实施过程体现出了政治决策的所有特征：参与者不同价值观念的交汇和相互调整、相对自主权和他们自己的权力（Monnier，1987）。"创新南特"与其说是实施过程的前置条件还不如说是结果，是不同行动逻辑、利益和价值的妥协，项目的稳定和发展有赖于规制。

"创新南特"试图在图 8–4 所列的各种紧张关系中达成平衡，这些紧张关系包括行动逻辑（经济的与教育的）、创业的观点、政治操控、资金提供和围绕大学使命及参与方的技能产生的各种争论。

这种平衡是内在不稳定的，要求项目试点方不断调整和优化这种大量的投入。由推动三个主要项目合作伙伴的试点委员会作为其成立标志的联合管制，其目标是为了选择调整和妥协的合适方式。

（三）建构合法性

正如雷诺（Reynaud，1989）在其社会规制理论中所特别强调的那样，在突破性过程中，调整的动态取决于参与者建构合法性的能力，即与结果有关的外部合法性和帮助培训的群体内部的合法性。

建构"创新南特"项目的合法性要求考虑以下若干方面：

1. 希望得到什么样的结果？该创业中心有哪些优先事项？因此，似乎有必要敲定优先事项，帮助人们清楚地了解并分享目标明确的年度战略规划（在主规划中确定），让人们准确获知采取的行动及行动的有效性。这类问题指的是活动导向（针对已经接触的学生或设立的企业）。这些都证明是十分艰难的，因为这意味着合作伙伴可能拥有超过自身工作周期的长远眼光。结果的问题直接影响了教育的问题。根据确定的目标，将会得到改善的教学法会或多或少倾向于提高创业意识、增强责任感和行为的主动性。另外，教育学将会被用于涉及公司设立的技术方面。这将有可能使这些方式应用于真正受到创业激励的学生和研究人员，他们拥有创业项目，值得我们认真考虑。

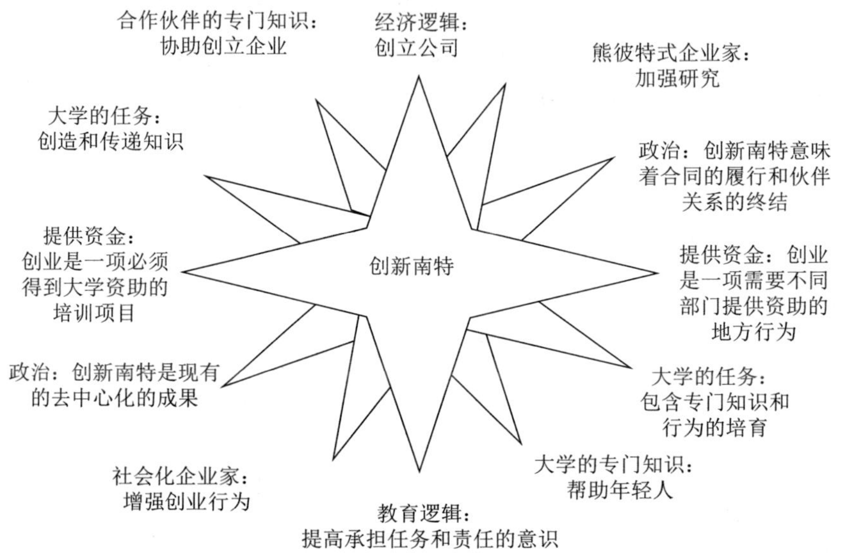

图 8–4 “创新南特”项目中的紧张关系

2. 创业中心在协助创业的这样一个体系中扮演了什么样的角色？该创业中心是否适合于上游人群，能够吸引 1600 万法国人民（他们或许在未来的某一天选择创业）？以拥有项目的学生和研究人员为中心，并且还冒着与最初协助创业的合作伙伴艰难地分享技能的风险，这样做是否太过于注重下游，目标过于单一？

3. 创业中心在大学内扮演了什么样的角色？作为一个实验项目，“创新南特”在没有法律地位的情况下运行了一整年。由于该项目已被接受，大学决定将其置于经济管理部门。这给项目带来了很多优势，但是却剥夺了项目作为一项公共服务的合法性，强迫中心为教师的上述战略角色付出更多努力来传播创业文化。

4. 项目承担人受到何种激励？大学是否赋予项目承担人活动的合法性？众所周知，公共服务是一台不鼓励内部创业的机器（Clergeau，1994）。鉴于行政程序冗长拖沓，完全缺乏对所承担的任务的职业认知以及缺少有效方式，进行这类项目的试点要求具备强大的内部影响力，运行团队应当拥有丰富的资源。除了开拓精神，这类项目没有时间限制，这就意味着必须要将各种机制应用到位，与大学所能提供的职业前景相比，团队可以看到自己的付出被认可并合法化。

五、结论

除了分享经验，本研究还希望分析定义之下的原理和紧张关系以及在一所大学内运行一家创业中心的情况。在法国，这类设施的增长和从政府得到的激励（设立“创业之家”）将很快会引起与评估有关的疑问。确实，在我们的想法中，了解参与者背后的逻辑和项目实施中潜在的紧张关系已经成为评估之前的一个必要措施。

相比案例研究，本章更多地讨论行动研究，因为作者本人也参与到这个项目中。项目中存在着利益和缺点。鉴于作者全程参与到“创新南特”，作者很早就指出项目中的一些紧张关系，并被迫在一个框架体系内与其他参与各方协商。因此，在被研究的现实中采取行动使得分析泛化变得十分困难。

在此之前，法国的大学文化并不包容这种项目，因为它与人们对大学的主流解读不相容。鉴于教师在教育与培训的创新传播过程中发挥的战略作用以及可复制模式的多样性[3]，他们与项目的关联就是该项目成功的必要条件。正因为如此，大学的参与承诺是实施这一渴望提高创业意识项目的前置条件。

但是，大学的监督也带来了行政上的繁杂，与创业中心的项目组织不相容。这是“创新南特”项目最后的紧张关系，也就是说，提高担责意识和在一个集权化及官僚化的组织中实施一项创业项目之间存在的紧张态势。这样的项目都需要有灵活性和自主性，才可以应对开放网络中项目管理带来的压力。正因为这样，设立“创业之家”才有可能改变某些惯性路径和迟疑。对我们来说，这样的中心才是发展大学架构的一个重要途径。蒂蒙斯（Timmons，1989）认为，创业是一种白手起家进行创造和建设的能力。创业是发起、实施、实现和建设的行为，而不是观察、分析或描述的过程，是在他人眼里看到的是混沌、矛盾和疑惑时寻找到机会的能力（Timmons，1989）。根据对创业所达成一致的这一定义，创业教育要求教学方法更多关注实践、更多面向行动（Hills and Morris，1998）。在大学培育创业文化要求各个组织鼓励合作和协调、关系网络建构、团队精神和创新。这就意味着要创造更加灵活的、不受拘束和更加面向真实世界的学习环境。令人吃惊的是，这些新的教育方法已经受到了外部合作伙伴和同事们的支持。对教育灵活性的需要满足了协商流程中灵活性的要求，这将成为项目合法化和推进项目的有利机会。

不管怎样，这种培育导向的项目引起了人们对于项目评估的疑问。为了考虑到合作伙伴自身的评估流程，教育项目应当是针对不同层次的结果导向的项目。例如，政治合作伙伴比大学更加注重短期目标。此外，结果评估应当在个人、组织和地区层次引入。我们的实践经验告诉我们，需要有更多此领域的深入研究。

2004 年 7 月，“创新南特”项目获得研究部门授予的“创业之家”称号。政府的认可是过去几个月来寻求合法化的最后一个步骤。尽管活动分散，但是教育倡议行动的成功凸显了这类项目的发展机遇。总之，“创新南特”在这类行动倡议下得以有力地扎根于机构社会网络中，而这一网络也是项目的有效的参与者。随着大学领导机构逐渐意识到培育创业文化的必要性，并将“创新南特”项目纳入商业项目流程，由此也带来了极大的有利条件，并因此得以实施内部的合法化流程。

注

1. 拜格雷夫（1997）认为，美国的巴布森学院中有超过一半选择创业的学生家庭拥有企业。

2. 科学园区、基金会、创业网络、工业联合会和青年创业组织。

3. 流行病学模型、社会互动模式、制度化模型和行动研究模型。

参考文献

Béchard, J.P. (1994), 'Les grandes questions de recherche en entrepreneurship et éducation', *Cahier de recherche HEC Montréal*, n°94–11–02.

Béchard, J.–P. and Toulouse, J.–M. (1998), 'Validation of a didactic model for the analysis of training objectives in entrepreneurship', *Journal of Business Venturing*, **13**, 317–32.

Bourgeois, E. and Nizet, J. (1995), *Pression et légitimation*, Paris: PUF.

Boutillier, S. and Uzunidis, D. (1999a), 'Entrepreneur, esprit d'entreprise et économie: un enseignement supérieur basé sur le tryptique Structures-Comportements-Performances', *Actes du premier congrès, Académie de l'entrepreneuriat*, Lille.

Boutillier, S. and Uzunidis, D. (1999b), *La légende de l'entrepreneur*, Paris: La découverte, Syros.

Breton, A. and Wintrobe, R. (1982), *The Logic of Bureaucratic Conduct*, New York: Cambridge University Press.

Bygrave, W.D. (1997), 'The entrepreneurial process', in W.D. Bygrave (ed.), *The Portable MBA in Entrepreneurship*, New York: John Wiley and Sons.

Clergeau, C. (1994), Bureaucraties publiques et innovation, éléments d' une analyse économique, thèse pour le Doctorat en Sciences Economiques, Université de Nantes.

Crozier, M. and Friedberg, E. (1977), *L' acteur et le système*, Paris: Le Seuil, coll Points.

Drucker, P.F. (1985), *Innovation and Entrepreneurship: Practices and Principles*, New-York: Harper and Row.

Fayolle, A. (2003), 'Using the theory of planned behaviour in assessing entrepreneurship teaching program: exploratory research approach', *13th IntEnt Conference Proceedings*, Grenoble, 7–10 September.

Fayolle, A. and Degeorge, J.–G. (2003), 'Role of entrepreneurship teaching on some entrepreneurial intention determinants: exploratory study', *13th IntEnt Conference Proceedings*, Grenoble, 7–10 September.

Fayolle, A. and Livian, Y.F. (1995), 'Entrepreneurial behavior of French engineers: an exploratory study', in S. Birley and I. MacMillan (eds), *International Entrepreneurship*, London: Routledge, pp. 202–28.

Filion, L.J. (1990), 'Vision and relations: elements for an entrepreneurial metamodel', in Neil C. Churchill et al. (eds), *Frontiers of entrepreneurship research*, Wellesley, MA: Babson College, pp. 57–71.

Filion, L.J. (1991), 'L'éducation en entrepreneuriat. Sur quoi devrions nous mettre l' accent: le médium ou le message?', *Revue Organization*, **1** (1), Autumn.

Filion, L.J. (1994), 'Compétences à concevoir et espace de soi: éléments de soutien au système d' activité entrepreneuriale', *Cahier de recherche*, n°94–10–02.

Friedberg, E. (1995), *Le pouvoir et la règle*, Paris: Le Seuil, coll. Points.

Gasse, Y. (1985), 'A strategy for the promotion and identification of potential entrepreneurs at the secondary school level', *Frontiers of Entrepreneurship Research*, Wellesley, MA: Babson College, pp. 538–59.

Gasse, Y. (1992), 'Pour une éducation plus entrepreneuriale: quelques voies et moyens', *Colloque l'éducation et l'entrepreneuriat*, centre entrepreneuriat, Québec, Trois Rivières.

Granovetter, M. (1985), 'Economic action and social structure: the problem of embeddedness', *American of Journal of Sociology*, **91**, 481–510.

Henriquez, C., Verheul, I., Van der Knaap, I. and Bischoff, C. (2001), 'Determinants of entrepreneurship in France: policies, institutions and culture', Institute for Development Strategies Indiana University, available at www.spea.indiana.edu/ids/pdfholder/ISSN–01–4.pdf, accessed in March 2005.

Hills, G.E. and Morris, M.H. (1998), 'Entrepreneurship education, a conceptual model and review', in M.G. Scott, P. Rosa and H. Klandt (eds), *Educating Entrepreneurs for Wealth Creation*, Aldershot: Ashgate.

Kirby, D.A. (2003), *Entrepreneurship*, Maidenhead: McGraw-Hill.

March, J.G. (1988), *Decisions and Organizations*, New York: Blackwell.

Monnier, E. (1987), *Evaluation de l'action des pouvoirs publics*, Paris: Economica.

Musselin, C. (2001), *La longue marche des universités françaises*, Paris: PUF.

Pettigrew, A. (1987), 'Context and action in the transformation of the firm', *Journal of Management Studies*, **24** (6), 649–70.

Reynaud, J.D. (1989), *Les règles du jeu. L' action collective et la régulation sociale*, Paris: Armand Collin.

Saporta, B. and Verstraete, T. (1999), 'Réflexions pour une pédagogie de l' entrepreneuriat dans les composantes en sciences de gestion des Universités françaises', *Actes du premier congrès de l' Académie de l' Entrepreneuriat*, Lille.

Schieb-Bienfait, N. (2004), 'A real world project driven approach, a pilot experience in a graduate enterprise programme: ten years on', *International Journal of Entrepreneurship and Small Business*, **1** (1/2), 176–91.

Scott, M.G., Rosa, P. and Klandt, H. (eds) (1998), *Educating Entrepreneurs for Wealth Creation*, Aldershot: Ashgate.

Sexton, D.L. and Bowman, N.B. (1988), 'Validation of an innovative teaching approach for entrepreneurship courses', *American Journal of Small Business*, **12** (3), 11–18.

Timmons, J.A. (1989), *The Entrepreneurial Mind: Winning Strategies For Starting, Renewing and Harvesting New and Existing Ventures*, Andover, MA: Brick House.

Vesper, K.H. (1971), 'Venture initiation courses in U.S. business schools', *Academy of Management Journal*, **6**, 14–19.

Vesper, K.H. (1982), 'Research on education for entrepreneurship', in C. Kent, D. Sexton and K. Vesper (eds), *Encyclopedia of Entrepreneurship*, Englewood Cliffs, NJ: Prentice-Hall.

Vesper, K.H. (1985), *Entrepreneurship Education*, Wellesley, MA: Babson College.

Vesper, K.H. (1993), *Entrepreneurship Education*, Washington: University of Washington.

Vesper, K.H. and Gartner, W.B. (1994), 'Experiments in entrepreneurship education:

successes and failures', *Journal of Business Venturing*, 9, 179–87.

Vesper, K.H. and Gartner, W.B. (1997), 'Measuring progress in entrepreneurship education', *Journal of Business Venturing*, 12, 403–21.

Vesper, K.H. and Gartner, W.B. (2000), *University Entrepreneurship Programs – 1999*, University of Southern California, Marshall School of Business, Lloyd Greif Center for Entrepreneurial Studies, Los Angeles.

第九章　创业教育项目中的跨学科方法

弗兰克·扬森，瓦莱丽·埃克豪特和贝努瓦·加伊

一、介绍

过去30年以来，由于中小型企业（SMEs）在创造就业和创新方面日益活跃的作用，以及新的商业环境、新技术和全球化的出现，科学界对创业的兴趣与日俱增（Fiet，2000）。与此同时，出现了越来越多的创业教育项目（EEPs），最初是在美国，现在，美国有超过1600所学校提供超过2200门课程（Katz，2003；Kuratko，2005），而最近，在欧洲，那里大多数的课程都是在过去十年间建立起来的（Klandt，2004）。

欧洲教育系统迟缓的反应，尤其是大学，可以解释为是由于欧洲相对缺乏创业文化（Commission of the European Communities，2003），在欧洲，学生们往往不会认为创业道路是一个有吸引力的选择。事实上，大多数（学术）课程往往会推广低风险的职业道路，从而使学生们不敢选择那些失败风险较大的职业。此外，在学术界许多人仍然认为，创业家是“天生的”，因此，创业教不了。然而众多的研究已经表明，创业涉及的技能和能力是可以培养和学习的（Gorman et al.，1997）。最后，创业教育项目有时会被认为没有坚实的理论基础，因此不够“科学性”，不足以在大学里教授。

尽管有这些因素阻碍学术性创业课程的发展，教育系统，尤其是大学，在创业文化的出现和普及中扮演着重要角色（Fayolle，2000）。这对学生如何发现、评估和获取有吸引力的价值创造机会影响重大。因此，教育是

创业精神和积极性的核心要素。这一点，再加上中小企业在社会经济环境中日益重要的作用，使得越来越多的欧洲大学设立创业教育项目。

如今，创业往往被视为一个学术领域（Bruyat and Julien，2000；Cooper，2003）。它有一群重要的学术团体，已经做了大量的研究（Acs and Audretsch，2003；McGrath，2003）。为了相信这一点，我们应该看看世界各地举行的众多会议，以及以创业为主旨的 44 份英语学术杂志（Katz，2003）。因为与其他领域的界限模糊，同时缺乏对共有范例的统一意见（Bruyat and Julien，2003），一些作者认为它是一个正在成长中的跨学科领域（Acs and Audretsch，2003）。也可以认为该领域是具有包容性和折衷性的（Low，2001），而且它结构太过复杂以至于无法得出一个单一的定义（Verstraete and Fayolle，2004）。它当然也比简单的“创办企业”的概念更加广泛。它还包括寻找机会、承担风险、创造价值、创新等方面。库洛特克（2005，p. 578）认为，“企业视角”能够在个人身上开发。这种观点可以以提出创意观点为目的，在组织内部或外部，在盈利或非盈利的企业，在商业或非商业活动中展示。从教育的观点出发，这意味着创业教育不能仅限于公司创立，而要扩大至一种创业精神的培养，这种精神包括在商业活动或任何其他人类的活动中，识别机会和收集不同的资源，以创造财富满足可解决的需求（Albert and Marion，1998）。

不论是新兴的还是成熟的，创业作为一个学术领域，其本质上是跨学科的，因此需要调整教学方法。几所大学已经为了创业教育项目的特定目标和要求，尝试开发这样的教学方法。然而，似乎只有少数的大学已采取真正的跨学科教学方法。事实上，大学往往会受到自己学科结构的束缚，而创业课程是学校特有的，且只提供给一个或有时两个学科的学生。在此背景下，本章的目标将是通过对鲁汶天主教大学从 1997 年开始运行的跨院系创业教育项目的案例分析，讨论创业和跨学科教学方法之间的联系。因此，就贝查德和格雷戈里（2005）最近强调的针对创业教育文献资料的一项批评，本文试图做出回答。由于这种文献很少借用除管理学科之外的概念或理论（Gorman et al.，1997），这些作者强调了建立在创业和教育科学的交叉点上的研究和专业。

我们在下一节将讨论创业教育项目潜在的学习目标和相应涉及的教学策略。然后，我们在雷杰·科利特（Rege Colet）的概念框架的基础上，回顾创业和它所涉及的跨学科方法之间的联系。我们将通过分析现有创业教育项目来讨论这一点，特别是其跨学科的特点。我们在结论中也会讨论到跨学科创业教育项目在创业方面的影响。

二、创业教育项目的目标以及相应的教学和学习策略

创业教育项目作为学术研究的课题已经超过了十年（Gartner and Vesper，1994；Johannisson，1991），其成果根据每个创业教育项目的特定目标也会相应有所差别（Gibb，1992）。法约尔（1999）将创业教育项目分为三类，分别对应在有关学生影响方面的不同类型的目标。

第一类涉及动员项目。这些创业教育项目针对普通学生，并且旨在提高他们的创业精神和文化，以及让他们接触到更多的创业经验和机会。它们往往是在管理和技术类学校运行，大多是在本科水平。

第二类涉及创业培训项目。这些创业教育项目针对渴望或有意向开展创业活动，但尚未确定具体的商业机会的学生。这一类的创业教育项目旨在为学生提供特定的创业技能和能力，让他们能够培养自己的创业态度和能力，并且做好准备建立或购买一个新的企业或在现有公司中开发新的活动。

最后一类涉及创业支持项目。这些创业教育项目针对已经确定了潜在商业机会，并且正在寻找有针对性的和/或个性化的援助及咨询，以帮助他们把握这一特定机会的学生。它们往往涉及更年长、经验更丰富的学生，同时一般涉及将予以支持的项目或学生的前期选择。

一个调整过后的教育方法可以符合各个类别的项目。动员项目大多数是通过传统的教学方法教学，主要是老师“告诉”学生关于创业的知识。这种项目通常要学习该领域已建立起的模型、概念和理论，同时概念和理论水平可以满足任何基于大学的方法的先决条件（Fiet，2000b）。除了这

些，这样的创业教育项目可以帮助学生发现开始创办企业意味着什么，同时决定这是否可以成为他们未来的职业选择（Fayolle，1999）。因此，这类创业教育项目通常也会包含案例研究和创业者的经验之谈。

尽管创业培训项目涉及创业模型、概念和理论，但必须打破传统的知识“传播—接收”的教学方法。事实上，它们必须让学生面对现实，以培养他们的创业态度和能力（Saporta and Verstraete，2000）。那些“以学生为中心的方法”可以来自于创业理论的本质，也可以来自于其跨学科的特点，同时很难确定这两个因素中哪一个起着最重要的作用。学生的积极参与和“基于问题的学习”方法常常会在这些创业教育项目中出现，以便将理论概念和实际的商业问题结合起来。这些结合可能涉及实际生活问题的解决、与创业家和商界领袖的直接接触或者虚拟的模拟经营游戏。这些教学方法可以让学生围绕商业挑战进行学习、交流、讨论和协商，以及在高度不确定、快速变化和有限的信息环境中做出决定并采取措施。最后，这些项目，与任何以学习者为中心的项目一样，往往包含多个重要的教学资源和/或比传统学术项目更小的学生团体。

第三种创业教育项目——支持项目——通常包括一个更加个性化的方法，根据每个学生或团队发现的商业机会的具体特点精心调整，同时涉及很多训练、社交和专门的数据收集。这种类型的学习经历，可以通过例如学生的论文、一个商业计划比赛等形式实现，或通过提供个性化辅导实现。

虽然这三种类别涉及不同的目标和手段，但是在这三种情况下，学生都必须面对相关领域的问题，这些领域从经济学、管理学和法学到心理学、社会学，在某些情况下，还有科学技术。因此尽管三种类别对应的教育方法在性质和范围上有所区别，但必须在所有情况下都包含一个很大的跨学科维度。他们必须这样做，这样做不仅可以同时解决每个领域的问题，而且也可以横向比较，如同实际的创业者必须同时管理一个企业的不同方面一样。在下一节中，我们将回顾创业教育项目背景下这样一个跨学科方法的概念模型。

三、跨学科方法和创业教育项目

在此，我们将一个跨学科的教学方法作为“学习经验的一种实践，即学科技能和知识都面临一个特定的定义为非学科性的情况或问题，以便获得综合性的知识”（Rege Colet，2002，p. 11）。虽然多学科方法只考虑几个学科的并置，但跨学科的教学方法会涉及学科之间的整合。这来自于“学科悖论”（Petrie，1992），也就是尽管科学学科的存在使得必须运用跨学科方法来解决现实生活中的问题以及避免学科中心主义（Campbell，1969），但任何跨学科方法都必须依赖学科以获得可信度。

整合、协作和综合是跨学科教学方法模型的三个基本要素（Rege Colet，2002），这已经体现在图 9-1 中。整合原则确定了各个学科知识体系之间的相互关系和相对的重要性。而协作原则解决了跨学科项目的利益相关者如何一起进行互动和管理工作流程。最后，综合原则涵盖了前两个原则的冲突，最终的学习经验和影响。这三个原则可以与何赛教学三角（pedagogical triangle of Houssage）的三个坐标联系起来（1993），教学三角定义了老师、学生和知识三者之间的关系，以及把他们联系起来的教学过程：教授、学习、培训和管理（后者更多是在组织层面上设想的）。我们必须强调雷杰·科利特的模型使我们能够重新考虑学科之间的联系，无论是从体制角度（学术机构），还是服务组合的角度（提供给学生的项目）或教育的角度（教学方法）。

跨学科教学方法的认知目的主要是引导学生改变他们的视角和学科观点。如果我们考虑到学科观点可能与学科文化有关，那么跨学科教学方法就会因此涉及跨文化的教育（Rege Colet，2002）。此外一个综合的知识结构包括一段学习经历，以及参考分类中最高水平的认知过程：分析、综合和评价（Bloom，1979）。为了达到这个水平，学习活动和工作方法比内容更加重要。跨学科方法变得重要起来，将涉及的各个学科融合起来解决手头的情况或问题。这种融合过程使得学科可以跨越分类和现实复杂性的简化表达，实现以真实问题或情况为基础的学习体验的普及（Rege Colet，

2002）。在这个意义上，它可以被认为是一种启发式的方法（Bayad et al., 2002）。结果不再重要，但过程很重要——其目的是建立起目标和所运用的方法之间的一致性，以找到一个解决方案，它可能不是最佳的，但是最令人满意的。项目不能与环境分离开来，因此，从教育观点来看，跨学科方法十分必要（Bayad et al., 2002）。

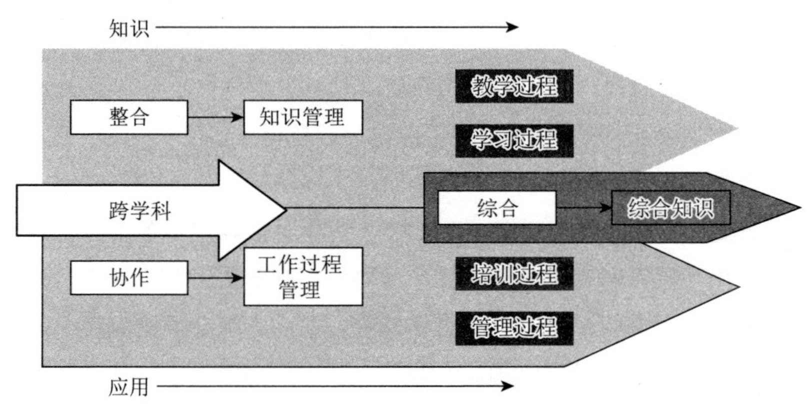

资料来源：Rege Colet（2004）。

图 9–1　跨学科的教学方法的概念模型

因此，项目和基于问题的学习方法似乎为跨学科的要求提供了答案。因此，它们似乎是创业教育项目自然的选择，不仅是因为创业具有“现实生活”的维度，也因为它的跨学科性。我们将在下一节中举例说明跨学科教学方法和创业的紧密联系，同时也将分析比利时的鲁汶天主教大学（UCL）从1997年开始创建的跨院系创业教育项目。

四、一个跨学科的创业教育项目：鲁汶天主教大学的经验

我们将在本节介绍已经由鲁汶天主教大学在比利时创建的创业教育项目，它的目标、目标受众、结构和内容以及教学方法，接着会着重讨论其跨学科性。

（一）创业教育项目

学术专家们在推出该计划之初的目标是刺激新业务开发和创业，尤其是在当地社会经济环境之内。事实上，当地（“瓦隆地区”，比利时南部地区）已被全球创业观察（GEM，2002；2003）[1]列为在创业方面表现不佳的地区之一，当地几个龙头产业（钢铁、纺织等）自20世纪80年代初开始急剧衰退。因此，有利于在其环境中“推动创业”被大学视为自身社会服务使命背景下一个很有价值的目标。

这个创业教育项目最初的既定目标是“培养学生处理有关新业务开发的问题”和“给潜在的学生创业者提供分析和解决问题的工具和概念，这将在他们新业务开发的过程中有所帮助”。此后，创业教育项目的目标实际上已经扩大，包含最广泛意义上的创业技能和活动（企业收购、内部创业、附属公司、不以营利为目的的初创企业等）。

项目的目标受众是正在完成法学、管理学、生物科学或工程专业的大学本科二年级学生。他们的选拔是通过书面申请和以他们的动机以及在将来开展创业活动中可能需要的能力为基础的面试。该项目本身并不是一个独立的硕士学位，但由一系列连贯的专门选修课程组成，这些课程包含在由学生完成的相应的法律、管理、生物科学或工程学学士学位和硕士学位中，并与管理这些学位的院系密切合作。

在结构和内容方面，该项目在它的“主修”学士和硕士学位的后三年中都有出现，并且会产生一个解决新业务活动开发方面问题的硕士论文项目。每年约有30名学生入选，算上那些已经失败或离开项目的学生，三届学生的总数达到80名左右。第一年的选修课程总计135小时（相当于20学分，依据欧洲学分转换系统），涵盖中小企业管理和创立在法律、财务和管理方面的问题。第二年的选修课程包含100小时（15学分），主要解决创业本身以及新业务活动的管理和发展等方面的问题。第二年结合了学术专家、中小企业专家和创业者的介入，案例研究，实地考察和开发新业务的虚拟游戏。最后一年（第三年）主要致力于硕士论文项目的完成，同时还有一个有关商业规划方法的30小时的课程（5学分）。硕士论文项目必须由来自三个不同学院的三名学生组成的跨学科小组完成。

在适用于创业的教育方法方面（Dilts and Fowler，1999），项目侧重于基于问题的学习方法和师生之间的频繁互动。该项目的设置（课程安排、设施和设备等）经过了特别设计，以更好地培养学生的自主性、责任感和专业技能。这些课程是于晚间在专门的大楼内进行，同时学生有专属的每天 24 小时使用项目设施的权利，包括计算机和电信设备、小组教室、后勤保障等等。这些设施是由学生自己管理，三届学生共同承担责任。这种合作和专属空间的使用权在学生当中产生了“俱乐部”效应，他们建立起了横跨三届并且跨越各自原有学科领域的一个学习社区。此外，共享一个物理空间促进了学生之间知识和经验的交流，并产生凝聚效果，提供了安全感。这在学生尝试面临创业的挑战和不确定性时都有所帮助。

至于学习目标，该项目主要有培训和支持两个目标，这与本章第一节说的第二类和第三类创业教育项目有所重合。它采用了相应的教育方法。事实上，前两年更接近第二类创业教育项目，通过回顾相关概念和方法提供给学生特定的创业技巧和能力，以及基于问题的学习活动，并将学术专家、中小企业专家和创业者的介入与案例分析、实地考察和开发新业务的虚拟游戏结合起来。第三年更接近于第三类创业教育项目，学生接受专业的辅导和支持，来完成他们解决新业务活动开发方面问题的硕士论文项目。通过这两个目标，该项目既解决了认知（综合原则）能力，也解决了非认知（协作原则）的能力。特别是在非认知方面，这样的学术创业教育项目也旨在培养自主且负责的公民以及懂得协作的领导者。

（二）项目设计的跨学科层面

在跨学科的教学设计上，学生必须在整个项目过程内首先完成多个涉及不同学科学生的小组项目，包括他们的硕士论文项目。但该项目设计在目标受众、管理和学习经验方面的跨学科层面更加深入。这些方面将在下文进行讨论。

首先，在目标受众方面，如上文提到的，有抱负的创业者是在项目早期（他们学士学位学习的第二年年底）从四个不同学院（管理学、法学、工程学和生物科学）选拔出来的。这使得学生可以在学习他们学科专业的同时接受培训，而不是之后再进行。这一特点使这个项目区别于其他依赖于在研究生、终身学习或高管教育课程等背景下提供的创业教育的情况。

其次，在管理方面，该项目是由一个包含来自这四个学院的学术代表的科学委员会来管理。此外，项目结构和内容已由每个院系验证，并且被认定为他们各自学士和硕士学位的一个组成部分。项目的硕士论文项目就说明了这种充分的肯定，虽然它由项目跨学科的科学委员会管理，但事实上已经取代了各个硕士学科学位所要求的硕士论文项目。

应该指出的是，考虑到大多数大学固有的和古老的学科传统，该项目在各自学科项目中的高度整合，无论是在学生受众方面，还是管理方面，都是独一无二的。它为真正的跨学科教学和学习经历的出现提供了沃土。

最后，除了根植于大学的学科结构和过程当中，该项目是通过自身的教育方法来致力于达到真正的跨学科。老师和教练团队、学生项目、学习和评估活动，以及考试和硕士论文审查小组都具有强大的跨学科背景。一系列的学习活动和内容都是用来激励学生逐步摆脱他们的学科观点，并采取更宽泛的视角，可以使他们理解到创业是一个知识的综合体。最初的课程先从基础学科（管理学、法学等）开始，让学生迅速进入解决实际问题的阶段。这种早期的对现实问题的接触迫使学生检验他们利用自己学科知识的能力以及判断这些学科知识在商业背景下如何互相影响和重叠的能力。

这种从学科概念到现实问题的过渡依赖于学生逐步深入的参与和互动。虽然初期的课程通常包括教师与学生分享具体的问题、概念和工具（教学过程），但后面更多的是互动环节，这其中老师的介入仅限于给学生展示在给定的认知背景下一起解决的商业问题（框架建立过程）。最后，通过他们对新业务项目的联合开发，学生必须识别、分析和结合他们自身相关的特定知识，并在此基础上有所发展（学习过程）。这种日益增长的学生自主权出现的同时，围绕学生群体的具体期望、目标和能力的辅导及支持也越来越个性化。老师的参与本身就具有创业色彩，不得不应对不断变化的需求，处理前景不明的项目，有时还要探索未知的领域。

（三）项目目标和评估的跨学科层面

在职业发展目标方面，该项目的最终目的是促使跨学科创业团队的建立。作为由未来专业人士组成的学生群体，他们应该能够结合各自的专长，学会采纳对方的观点，并使用对方的语言。跨越多个学科的跨文化学习过程就是学生和老师经常强调的创业教育项目的一个关键要素。这也再次凸显了创业教育项目的跨学科特色。接触那些最终可以成为创业生涯机会的真实商业项目也有助于这一特色，因为学生如果想要成功应对实际商业问题的复杂性，他们必须采取跨学科的视角。作为一个创业团队来做这些，要求学生一方面学会如何达到一定水平的自主性和专业性，而另一方面，要学会信任，利用和识别小组每个成员的专业技能。在创业教育项目过程中，由学生逐步打造的创业方案也就因此成为了该项目专业发展目标的基石。

对于该项目的发起人和赞助商而言，要开发的新业务应该有助于区域经济的发展，这也是设立该项目的初始既定目标之一。对于老师和项目管理者而言，这些项目构成了核心或主干，各个学科的贡献可以围绕它们结合并整合成为创业的不同方面。该项目还坚定了学生要取得具体成果的决心，从而也导致他们更加积极地参与到学习过程中。

我们要再一次强调，学习过程本身可以说比最终产品更加重要，因为即使创业项目最终没有成功，也可以吸取到重要的学习经验。通过这种主动的学习过程，学生将在三年内，通过检验、探索、挑战、评估和最终验证（或没有成功验证）他们的创业项目，理解和处理创业的方方面面及各种工具、含义和视角。这得益于所提供的工具和概念，以及与他们的学习同伴的互动。我们要注意到，基于项目的学习确实是创业教育项目必然的一个选择，因为项目的概念适用于所有类型的创业活动（Bayad et al., 2002）。

另外，与其他任何并非仅仅习得简单的学科概念和工具的教学项目一样，该项目的评估本身就是很难实现的，无论是定义还是评估标准的制定。

但作为与大学的学士和硕士学位融合的学术项目，它必须包含与各个学科的要求相一致的正式的学生评估，并得到各个学术机构的认证。

考虑到各个学科往往会采取不同的评估标准、计算方法、等级或理念，对学生学习的跨学科评估确实是个不小的挑战。因此，这种评估不仅要考虑到该项目的整合原则（对一个综合知识体系习得的评估），还要考虑到协作原则。它必须也致力于评估每个创业团队的成员之间是如何分配任务、分担职责和共享成果的。这两个原则经常是相互联系的，因为每个成员往往会负责与他或她的学科领域相关的问题，但也要负责这些问题和他们的解决方法在项目其他方面的影响，以及最终与其他团队成员的交流互动。

根据创业项目的这些特点，当下的任务和问题可能严重偏向于一些团队成员的学科专业知识（例如，在一个高科技项目中，会偏向于工程学，或者是在涉及复杂的合同协议的服务业务中，会偏向于法学）。然而，评估的是学生的集体工作和成果，也就意味着所有团队成员的成绩都是基于团队协作的总体质量来评定的。这样一来，就把平衡工作量和成果质量的责任留给了团队成员自己。因此，个人评估仅用于评估该项目涉及的学科技能和学生对学习活动的持续参与。此外，评估的是小组工作质量，而不是他们创业项目的经济潜力。事实上，一个小组可能正确地总结，他们曾考量过的创业机会由于功能、资源需求、竞争环境和市场等原因而没有潜力或潜力有限，这样也可以出色地完成任务。项目的结果本身不能成为唯一的评估标准。将要得到评估的是团队得出结论、提出论据以及将这些综合起来的能力，因为它反映了他们是否具备创业背景下所要求的综合视野的能力。

在项目结束时必须完成的硕士论文项目很好地说明了这种总体的跨学科评估及其复杂性。由于每个小组包含来自不同学科的成员，他们将由一个专家小组进行辅导，该小组包括来自相应院系的成员。这通常会涉及来自大学三个不同学院的三个论文导师（而不是传统项目中的一个）。这种有时会让学者感到不舒服的多人指导模式，可能会产生消极的副作用，并且可能会影响到该项目强调的合作原则。事实上，每一个导师都能感觉到他或她的贡献被淡化或者没有在项目中完全展现出来，因此可能不会为了项目的成功付出足够多的努力。反之，论文导师中的一位可以试着将项目偏向于他或她自己的学科兴趣和考核标准，从而威胁到创业项目的总体平衡性和一致性。创业教育项目管理者的责任就是确保每年产生的项目组合都避免这些潜在的隐患。

因此，详细的、可量化的考核标准是很难制定和/或实现的，并且每个项目的评估往往是基于合意的，项目管理者需要平衡所涉及的每个论文导师的意见。虽然这种方法相对实用，但我们必须强调的是，它也会导致一些不满，因为学生面临的评估过程有时会显得武断随意，或者至少缺乏透明度。这一评估问题在学生提供的反馈中经常被提起，尽管它不会影响到他们对该项目本身的整体（积极的）评价。学生对该项目本身影响的评价，以及从创业角度对项目影响的评价，会在接下来的章节中讨论到。

五、该跨学科创业教育项目的评估与影响

该项目的影响已经或正在根据三个坐标来进行评估：学生满意度、跨学科水平和创业影响力。学生的满意度是通过自2000年以来完成的年度报告进行评估的。跨学科水平是利用一个考核网格进行评估的（Rege Colet，2002）。最后，创业影响力的评估是依据该项目最初想要通过开发新业务促进区域发展的目标进行的。这三种评估将在下文一一介绍。

（一）学生满意度

为了评估学生的满意度，第一个定性调查问卷（包括开放式和半开放式的问题）被送到最早的三届学生手里，他们分别在2000、2001和2002年完成该项目。在此初步调查的基础上，制定了一份由57个封闭式问题和3个开放问题（分别涉及该计划的主要优势，其主要的局限性和一些建议）组成的调查问卷，并邮寄给了2003和2004年完成项目的学生。所有的学生完成了第一个定性调查，54%的学生对邮寄的调查问卷作出了回复。

这些调查提供了非常可喜的结果：它们表明，98%的学生对该项目整体“很满意”或“非常满意”。学生提到的两个主要的积极动机，一方面

与该项目的跨学科方法有关，另一方面与学习过程中的高度交互性有关。该项目的这两个特点也成为事后学生满意度的主要驱动力，这表明已经达到了他们对跨学科方法和交互性的预期。

相比传统的课程，该项目要求学生付出更多的努力，他们需要在三年间每周花费两个晚上参与提供给他们的创业课程，并为了不同的作业完成许多额外的工作。这意味着，这些学生可能动机更强，但也可能比“普通”学生的要求更高。在评估方面，我们可以认为这个过程更加类似于成人教育课程，把不同背景和期望的人进行分组，而不像传统学科的学生评价。然而，相对于成人教育的评估，学生们拥有不同教育背景的事实不会成为问题，因为跨学科是项目的核心。因此，学生没有因为同伴之间不同的初始知识水平而不满。

有关可以改善的因素，学生提到，第一，教师之间的协作，第二，评估过程。他们反映不同课程之间的联系应更明确，这表明不同课程之间的融合可以改进。他们往往也察觉到整体评估过程缺乏透明度，在某种程度上是不公平的。特别是，如上所述，相对于该组的集体成果，只有很小一部分的重心放在个人贡献上。此外，该项目的跨学科特点使得我们很难选择详细和明确的评估标准及门槛，来应对学生项目在规模、内容和所用学科知识等方面的多样性。尤其是来自不同学科的老师各自的期望值，以及它们是如何结合起来达成合意的，有时学生并不清楚这些，或者至少传达得不够清楚。因而该项目的弱点似乎是出现在合作原则上。但是，我们必须记住，跨学科特点体现在项目内容、教学团队、学生群体、嘉宾主讲人和评估审查小组的水平上。跨学科的多种来源或许可以解释他们一部分的不满。

（二）跨学科特点

在进行上述学生调查的同时，我们已经采取了由雷杰·科利特（2002）开发的考核跨学科特点的方法来评估该项目。该作者提出的这个方法以李克特量表的调查为基础，评估跨学科学习过程中整合、协作和综合的水平。这种方法确定了，一方面，知识内容的结构（整合原则）和，另一方面，工作流程的组织（协作原则）之间的平衡。

在这种方法中，整合原则是根据四个指标发生变化的：内容整合的类型和水平、基于问题的学习过程以及最后的评估。协作原则是根据其他四个指标发生变化的：教师合作、学生合作、师生互动以及课程设置。这八个指标分别包含几个事项，问卷调查就是围绕它们来测试学生的认同程度（完全认同等）。最终，根据围绕整合和协作方面的分数比例来确定一个跨学科指数。一个真正的跨学科项目应该在这两个方面达到平衡，也就是实现跨学科指数为 1（Rege Colet，2002）。

2004 年 4 月和 12 月在一年级、二年级和三年级学生中间展开的这项测试，确认了该项目是跨学科的，项目三年的跨学科指数分别是 1.08，1.17 和 0.99。三年中内容结构与项目的工作组织之间的平衡也因此很好地被学生所理解。

这项测试还就该项目在教学策略一致性方面的已知优点和缺点提供了详细信息。这些结果与上节提到的学生满意度调查的结果是一致的。再次明确了在老师协作和学生评估过程的透明度等方面还有改进的余地。正如前文所强调的，老师之间的协作和有关评估过程的合意，依赖于来自不同学科的老师和主讲人共同努力、交流信息和经验以及作为一个团队工作的意愿和能力——所有的这些都不是很常见的，通常也不会从学术环境中自发产生。

我们要强调的是，这两项评估的设计和开展都是为了给老师和项目管理者提供反馈，以便他们用来评价和管理这一复杂的跨学科项目的质量。

鉴于第一批学生只有在 2000 年才毕业，有关项目在短期和中期职业发展方面的评估还需要进一步的调查。特别是，还不能全面检验该项目帮助学生开发新业务活动的职业发展目标完成情况。我们将在下一节讨论该项目创业影响力的问题。

（三）创业影响

在该项目的早期阶段，至少从形式上，其目标仅限于最严格意义上的创业，那就是，创立新公司。从这个角度来看，这种项目只能针对潜在的公司创立者，且将由一个成功的必要条件所影响：成立的新公司的数量（Schmitt，2003）。这种方法在高校创业课程和 / 或计划中普遍存在。在学生和教授的同时影响下，该项目的目标实际上已经从严格意义上的公司创立，扩展到包括内部创业、为中小型企业工作、不以营利为目的创立公司或附属公司等等。创业意图（Fayolle，2003；2005；Fayolle et al.，2005）和观点，例如自我效能感（Ehrlich，2000），的确也可以通过在已有企业中开发新业务、加入年轻的中小企业或参与不以营利为目的的活动等方式来展示。特别是，任何年轻的毕业生加入一个初创企业，在某种程度上都可以被视为具有创业精神，即使他或她没有自己创立公司。

在该项目的校友当中，有的已经推出了自己的业务、创办一个不以营利为目的的组织或加入了初创公司抑或大学的附属公司。[2]将最广泛意义上的创业活动纳入考虑范围内，而不仅仅是直接开发或收购新业务，则该项目整体的创业影响从这个角度来说可以说是相当积极的。然而，有很大一部分的校友做出了“传统”的职业选择，加盟大公司或组织。这些选择一般与其学科相对应。随着时间的推移，我们已经在滞后的效果、选择偏见、技术强度或创业文化的缺失等方面，找出这种明显失配的各种可能解释。接下来我们将讨论到这些。

滞后的效果是由于该项目实际上已经教会学生小心谨慎地去理解创业职业，并强调了缺乏经验的“网络公司类型”项目的陷阱。因此，有些具有较强创业愿望的学生可能会决定在尝试推出自己的企业之前，先进入一个传统的组织内学习有关“商业”的知识。对于那些学生来说，该项目在未来意向方面的影响（Kolvereid and Moen，1997，Noel，2001）尚未出现，并且只能从一个长远的角度来观察。学生的这种“谨慎的耐心”和该项目影响的“滞后观察”与若干实证研究的结果一致，这些研究表明创业者丰富的职能经验或以行业为基础的职业经验，实际上会改善后来的生存前景以及提高其企业的增长潜力（Dahlqvist et al.，1999；Dunkelberg and Cooper，1982；Hambrick and Mason，1984；Storey，1994；Westhead and Birley，1995）。因此一个创业教育项目的创业影响只能在推出几年后进行评估（Block and Stumpf，1992）。韦斯珀和加特内（Vesper and Gartner，1997）引用的非正式研究已经表明，在创业课程的参与程度和今后推出自己业务的可能性之间有很强的相关性。在讨论参加完整的创业教育项目，而不是一门课程的学生时，情况也应该是这样的。

参加该项目的学生的选择偏见，不同于开发新业务的目标，也可能是另一个削弱该项目创业影响的潜在因素。轶事证据确实表明，一些学生申请参加该项目不是因为他们想成为企业家，而是因为他们认为，参加这一项目将提升他们在就业市场上的认知价值，不管是因为它的跨学科特色，还是因为招聘人员对创业的积极看法。这些“简历驱动型”的学生可能永远不会开展一个新的商业活动，无论是否给他们提供这样的创业培训。面对这种选择偏见，要求该项目的管理者预先选出具有正确创业态度的学生。学术研究的一个调查（Brenner et al.，1991；Chen et al.，1998；Chell et al.，1991；Filion，1997）指出，有几个因素与创业态度具有因果关系：个人特征（独立性、结果导向、内控力 、灵活性、领导力），动机（自我实现、对自主性的追求）和外部因素（社会文化环境、家庭环境、教育）。同样，创业者的类型学也被提出。然而，创业过程仍然具有多面性和依赖性，并不能只靠一个用来识别假定的未来创业者的预定模型。事实上，一些为了“找出”创业者而开发的心理测试或类型学已经受到严厉批评（Chell，1985）。如果以上提到的要素可以有助于改善甄选过程的设计和实施（也就是书面申请和面试的形式及内容），学生的创业态度仍然很难通过系统的推理演绎来评估。然而，即使是“简历驱动型”的学生受众，也可以发挥作用，促进创业文化在他们未来的组织内部或社会中的传播，从而有助于该项目目标的实现。实际上，创业文化的推广还应包括对那些职业生涯将具有间接创业特点的学生的教育（Saporta and Verstraete，2000）。这类学生将与作为经理和顾问的创业者关系密切，或者有助于更具创业特色的环境的出现。

该项目的“技术强度”也可能削弱了该项目迄今的创业影响力，因为技术型导向的初创企业，如大学附属企业，在该项目的第一版本中出现过多。作为跨学科要求的一部分，所有项目小组最初的确都包括一名来自工程学院的学生。其结果就是大部分的硕士论文项目具有强烈的技术导向。特别是，这些项目大部分都与知识产权和大学内所开发技术的评估有关。这种技术偏见实际上将很大一部分的创业机会排除在外，比如零售和服务行业创业，这些本来可以在该项目的背景下寻求的。为了解决这个“技术”问题，确定硕士论文小组构成的规则变得更加灵活。学生现在可以发展自己的项目，即使它不涉及或只涉及有限的技术，这样一来，工程专业的学生贡献巨大的可能性也就变得十分有限。但是所有小组都必须保持跨学科性，那就是包括至少来自两个不同学院的学生。

最后一个可以解释该项目创业影响所受限制的因素，与创业文化，作为一个整体，在欧洲教育系统普遍较低的水平息息相关，在比利时更是如此。但是这个问题远远超出了本文所讨论的该项目的范围和覆盖面，并且可能应该通过其他如本章前面所定义的“动员型”创业项目来解决，目的是在大学教育的第一年就引入更具创业特色的文化氛围，或者甚至在更早的阶段。

六、结论

创业是希望发展新的跨学科教育方法的大学的选择之一，不论是因为创业知识的理论体系本身就是一个跨学科领域，还是因为创业教育非常适合与跨学科内容有关的教学方法。然而，如前所述，创业教育项目的跨学科特点在学术环境中也面临一些特殊的挑战，例如学者缺乏跨越各自学科领域进行协作的意愿，或者很难确定和应用共享的评估标准和方法。

此外，本章所展示的大学创业教育项目的案例分析说明了，本科或硕士学位水平的大学跨学科项目可以怎样帮助学生在学术界和“真正的”世界之间架起桥梁，以及在自己和自己未来的职业发展之间建立联系。它不仅可以让学生接触到跨学科的内容和问题，也可以让他们接触到跨学科的团队合作，在该项目的情境下就是围绕他们的创业硕士论文项目所进行的合作。这样的跨学科创业教育项目为老师开发新的教学方法提供了沃土，这些方法可以延伸至大学的其他（学科）项目。这也强调了跨学科性是大学的核心财富之一，在那里各种经验、理论和知识可以相互碰撞和滋养。正如熊彼特在几十年前所强调的，大部分的创新都来自于现有知识的创造性结合。

另外，如学生所强调的，跨学科项目开发的交互性和嵌入式的学习方法，比如本文所展示的创业教育项目，是它们最吸引人的特点之一。现在这些方法在学术机构内受到重视，并且在整个大学内发展成为用来解决各自背景下的新问题的方法。自相矛盾的是，这可能会导致学生对该项目的兴趣有所减退，因为它在教育方法方面的原有特色现在也可以在许多其他项目中找到。但是，回顾过去，普及主动性和背景化的教学方法可能会导致更多的学生被像天主教鲁汶大学这样的跨学科项目所吸引，因为他们已经习惯了它的方法。

在《管理学习和教育学会》（*Academy of Management Learning and Education*）创业教育特刊的引言中，格林等人（Greehe et al.，2004）强调，创业课程经常被当作教学方法的练兵场，这些方法现在往往会在传统的商业课程中普及，例如计算机模拟、从业者的经验和跨学科教学。我们认为这种普及可以视为大学作为一个整体的成功，并且对于创业项目更是如此，因为这些可以作为榜样。

最后，该项目的跨学科特色应综合其总体目标来考虑。这些目标绝对不应该只与短期内建立的初创企业有关，还应该考虑最广泛意义上的创业活动、意图和态度。这包括开发新业务、参与中小企业和所有与创业直接或间接相关的活动。由于其促进了激励就业和重视就业的环境的产生，一个创业教育项目的目标因此也应该从文化角度来对待。换句话说，正如大卫·伯奇（David Birch）在最近的采访（Aronsson，2004）中所宣称的，创业教育的作用是强调创业的社会和经济作用及重要性，以及让公众和政治领导人意识到这一点，从而产生一个有利的环境。在所有促成这一文化目标的机制中，大学课程项目是“创业社会化空间”（Vaudelin and Levy，2003，p. 5）。如欧洲大学在公共机构和私人组织的支持下推出的多项计划所示，大学可以在开发和培养创业天赋、意图和态度方面发挥积极作用。但是，尽管这样往往可以满足学生的明确要求，学校仍然无法独自发挥这种教育作用。在学生上大学之前推出的计划，可能也是必要的。

至于进一步的研究发展，我们目前正尝试通过对学生的纵向调查和在校友中开展的调查，来更加准确地评估所分析的项目在就业意图和创业职业道路方面的影响力。另一个有趣的研究途径是，比较学生通过此类跨学科创业教育项目培养的技能和具有类似跨学科背景的学生，但只通过本院教学的创业课程所培养的技能。这样的研究可以帮助回答以下问题：跨学科是否是创业教学唯一的方法？或者它是否在本质上必然存在于创业教育项目，并且是创业学术领域及其教学的一个显著特点？

备注：

1. 这只是两份专门研究瓦隆区的报告。虽然 2003 年的数据显示情况有一定的改善，随后关于比利时总体的报告的结论是形势依然令人担忧。

2. 我们目前正在进行有关创业教育项目在职业道路方面的影响的研究。我们目前对过往学生的创业活动的了解是基于非正式的信息。

参考文献

Acs, Z.J. and Audretsch, D.B. (2003), ‘Introduction to the Handbook of Entrepreneurship Research’, in Z.J. Acs and D.B. Audrestch (eds), *Handbook of Entrepreneurship Research*, Boston, MA, Dordrecht and London: Kluwer Academic, pp. 3–20.

Albert, P. and Marion, S. (1998), ‘Ouvrir l’enseignement à l’esprit d’entreprendre’, in S. Birley and D. Muzyka (eds), *L’ art d’ entreprendre*, Paris: Village Mondial, pp. 28–30.

Aronsson, M. (2004), ‘Education matters – but does entrepreneurship education. An interview with David Birch’, *Academy of Management Learning and Education*, **3** (3), 289–92.

Bayad, M., Schmitt, C. and Grandhaye, J.–P. (2002), ‘Pédagogie par projet et entrepreneuriat: réflexions autour d'une démarche et de différentes expériences', *Actes du 2ème Congrès de l'Académie de l'Entrepreneuriat*, Bordeaux, April.

Béchard, J.-P. and Grégoire, D. (2005), 'Entrepreneurship education research revisited: the case of higher education', *Academy of Management Learning and Education*, **4** (1), 22–43.

Block, Z. and Stumpf, S.A. (1992), 'Entrepreneurship education research: experience and challenge', in D.L. Sexton and J.M. Kasarda (eds), *The State of the Art of Entrepreneurship*, Boston, MA: PWS-Kent, pp. 17–45.

Bloom, B.S. (1979), *Taxonomy of Educational Objectives: The Classification of Educational Goals*, London: Longman.

Brenner, O.C., Pringle, C.D. and Greenhaus, J.H. (1991), 'Perceived fulfilment of organizational employment versus entrepreneurship: work values and career intentions of business college graduates', *Journal of Small Business Management*, **29** (3), 62–74.

Bruyat, C. and Julien, P.-A. (2000), 'Defining the field of research in entrepreneurship', *Journal of Business Venturing*, **16**, 165–80.

Campbell, D.T. (1969), 'Ethnocentrism of disciplines and the fish-scale model of omniscience', in M. Sherif and C. Sherif (eds), *Interdisciplinary Relationships in Social Sciences*, Chicago, IL: Aldine.

Chell, E. (1985), 'The entrepreneurial personality: a few ghosts laid to rest?' *International Small Business Journal*, **3** (3), 43–54.

Chell, E., Haworth, J. and Brearley, S. (1991), *The Entrepreneurial Personality: Concepts, Cases and Categories*, London: Routledge.

Chen, C.C., Greene, P.G. and Crick, A. (1998), 'Does entrepreneurial self-efficacy distinguish entrepreneurs from managers?', *Journal of Business Venturing*, **13** (4), 295–316.

Commission of the European Communities (2003), *Green Paper: Entrepreneurship in Europe*, COM (2003) 27 final, Brussels, 21 March.

Cooper, A. (2003), 'Entrepreneurship: the past, the present and the future', in Z.J. Acs and D.B. Audrestch (eds), *Handbook of Entrepreneurship Research*, Boston, MA, Dordrecht and London: Kluwer Academic, pp. 21–34.

Dahlqvist, J., Davidsson, P. and Wiklund, J. (1999), 'Initial conditions as predictors of new venture performance: a replication and extension of the Cooper et al. study', paper presented at the 44th World Conference of the International Council for Small Business, Naples, 20–23 June.

Dilts, J.C. and Fowler, S.M. (1999), 'Internships: preparing students for an entrepreneurial career', *Journal of Business and Entrepreneurship*, **11** (1), 51–63.

Dunkelberg, W.G. and Cooper, A.C. (1982), 'Patterns of small business growth', *Academy of Management Proceedings*, 409–13.

Ehrlich, S.B., De Noble, A.F., Jung, D. and Pearson, D. (2000), 'The impact of entrepreneurship training programs on an individual's entrepreneurial self-efficacy', *Frontiers of Entrepreneurship Research*, Babson Conference Proceedings, www. babson.edu/entrep/fer, accessed May 2006.

Fayolle, A. (1999), 'Orientation entrepreneuriale des étudiants et évaluation de l'impact des programmes d'enseignement de l'entrepreneuriat sur les comportements entrepreneuriaux des étudiants des grandes écoles de gestion françaises: étude exploratoire', in *Actes du premier Congrès de l'Académie de l' Entrepreneuriat*, Lille, November, pp. 180–91.

Fayolle, A. (2000), 'Editorial du dossier sur l'enseignement de l' entrepreneuriat', *Revue Gestion 2000*, **17** (3), 74–5.

Fayolle, A. (2003), 'Using the theory of planned behaviour in assessing entrepreneurship teaching program', *IntEnt 2003 Conference*, September, Grenoble.

Fayolle, A. (2005), 'Evaluation of entrepreneurship education: behaviour performing or intention increasing?', *International Journal of Entrepreneurship and Small Business*, **2** (1), 89–98.

Fayolle, A., Gailly B. and Lassas-Clerc N. (2005), 'The long-term effect of entrepreneurship teaching programmes on entrepreneurial intention', *RENT XIX* –

Research in Entrepreneurship and Small Business Naples, 17–18 November.

Fiet, J.O. (2000a), 'The pedagogical side of teaching entrepreneurship', *Journal of Business Venturing*, **16**, 101–17.

Fiet, J.O. (2000b), 'The theoretical side of teaching entrepreneurship', *Journal of Business Venturing*, **16**, 1–24.

Filion, L.J. (1997), 'Le champ de l' entrepreneuriat: historique, évolutions et tendances', *Revue Internationale P.M.E.*, **10** (2), 129–72.

Gartner, W.B. and Vesper, K.H. (1994), 'Experiments in entrepreneurship education: successes and failures', *Journal of Business Venturing*, **9** (2), 179–87.

Gibb, A. (1992), 'The enterprise culture and education: understanding enterprise education and its links with small business, entrepreneurial and wider education goals', *International Small Business Journal*, **11** (3), 11–35.

Global Entrepreneurship Monitor (GEM) (2002), *The Global Entrepreneurship Monitor: Rapport Régional sur la Wallonie*, www.gemconsortium.org/, May 2006.

Global Entrepreneurship Monitor (GEM) (2003), *The Global Entrepreneurship Monitor: Rapport Régional sur la Wallonie*, www.gemconsortium.org/, May 2006.

Gorman, G., Hanlon, D. and King, W. (1997), 'Some research perspectives on entrepreneurship education, enterprise education and education for small business management: a ten-year literature review', *International Small Business Journal*, **15**, 56–77.

Greene, P., Katz, J. and Johannisson, B. (2004), 'From the guest co-editors: entrepreneurship Education', *Academy of Management Learning and Education*, **3** (3), 238–41.

Hambrick, D.C. and Mason, P.A. (1984), 'Upper-echelons: the organization as a reflection of its top managers', *Academy of Management Review*, **9** (2), 193–206.

Houssaye, J. (1993), 'Le triangle pédagogique, ou comment comprendre la situation pédagogique', in J. Houssaye (ed.), *La pédagogie: une encyclopédie pour aujourd'hui*, Paris: ESF éditeur.

Johannisson, B. (1991), 'University training for entrepreneurship: a Swedish approach', *Entrepreneurship and Regional Development*, **3** (1), 67–82.

Katz, J.A. (2003), 'The chronology and intellectual trajectory of American entrepreneurship education: 1876–1999', *Journal of Business Venturing*, 18, 283–300.

Klandt, H. (2004), 'Entrepreneurship education and research in German-speaking Europe', *Academy of Management Learning and Education*, **3** (3), 293–301.

Kolvereid, L. and Moen, O. (1997), 'Entrepreneurship among business graduates: does a major in entrepreneurship make a difference?', *Journal of European Industrial Training*, **21** (4), 154–60.

Kuratko, D.F. (2005), 'The emergence of entrepreneurship education: development, trends and challenges', *Entrepreneurship Theory and Practice*, **29** (5), 577–97.

Low, M.B. (2001), 'The adolescence of entrepreneurship research: specification of purpose', *Entrepreneurship Theory and Practice*, **25** (4), 17–27.

McGrath, R.G. (2003), 'Connecting the study of entrepreneurship and theories of capitalist progress: an epilogue', in Z.J. Acs and D.B. Audrestch (eds), *Handbook of Entrepreneurship Research*, Boston, MA, Dordrecht and London: Kluwer Academic, pp. 515–31.

Noel, T.W. (2001), 'Effects of entrepreneurial education on intent to open a business', *Frontiers of Entrepreneurship Research*, Babson Conference Proceedings, www.babson.edu/entrep/fer, May 2006.

Petrie, H.G. (1992), 'Interdisciplinary education: are we faced with insurmountable opportunities?', *Review of Research Education*, 18, 299–333.

Rege Colet, N. (2002), *Enseignement universitaire et interdisciplinarité: un cadre pour analyser, agir et évaluer*, Bruxelles, De Boeck Université.

Rege Colet, N. (2004), 'Plenary conference of the Chaire de Pédagogie Universitaire', *Enseignement interdisciplinaire: le défi de la cohérence pédagogique*, UCL, Louvain-la-Neuve, February.

Saporta, B. and Verstraete, T. (2000), 'Réflexions sur l' enseignement de l' entrepreneuriat dans les composantes en sciences de gestion des universités françaises', *Revue Gestion 2000*, **17** (3), 97–121.

Schmitt, C. (2003), 'De la formation à l' entrepreneuriat à la formation en entrepreneuriat: le rôle de la complexité', Grand Atelier MCX-APC, *La formation au défi de la ccomplexité: interoger et modéliser les interventions de formation en situations complexes*, Lille, September.

Storey, D.J. (1994), *Understanding the Small Business Sector*, London and Boston, MA: International Thomson Business Press.

Vaudelin, J.-P. and Levy, T. (2003), 'L' entrepreneuriat est-il énonçable et enseignable', in AIREPME, *L' entrepreneur en actions: contextes et pratiques*, Agadir, October.

Verstraete, T. and Fayolle, A. (2004), 'Quatre paradigmes pour cerner le domaine de recherche en entrepreneuriat', *Proceedings of the 7ème Congrès International Francophone en Entrepreneuriat et PME*, October, Montpellier.

Vesper, K.H. and Gartner, W.B. (1997), 'Measuring progress in entrepreneurship education', *Journal of Business Venturing*, **12** (5), 403–21.

Westhead, P. and Birley, S. (1995), 'Employment growth in new independent owner-managed firms in Great Britain', *International Small Business Journal*, **13** (3), 11–34.

第三部分

国家背景

第十章　比利时的创业和教育：全球创业观察的调查结果和启示

迪尔克·德克勒克和汉斯·克来因斯

一、引言

本章的目的是提供一项研究项目所得到的实证研究结果，这项研究主要针对的是创业和教育在比利时所扮演的角色。更具体地讲，我们强调的是由全球创业观察发现的关于比利时的教育在促进或抑制创业活动方面的作用的研究结果。[1] 我们的研究与世界各地的决策者和教育工作者的认识是一致的，一国之内创业活动的水平和成功程度在很大程度上与其教育项目的质量和重点有关（Acs et al.，2005；Minniti et al.，2006；Reynolds et al.，2004）。

一个国家的教育系统可能对刺激创业很重要的原因有以下几点（Reynolds et al.，1999；Verheul et al.，2002）。例如，教育可以为个人提供自主性、独立性和自信感，这些都是开始创业时潜在的重要特征。此外，教育还拓宽了个人的视野，从而使人们能够更好地发现新的商业机会。但是也有人建议，需要将一方面的“普通”教育与另一方面着重推广创业和促进掌握创业技能与知识的“特殊”教育加以区分。例如，教育系统可以专门用来提高商业意识，并且促进必要的创业技能的发展，如谈判和机会识别（Gavron et al.，1998 年）。

总体来说，本章提供了关于教育在促进创业中的作用的实证结果。本章的结构如下。第一，简短地展示全球创业观察（GEM）项目及其主要目标，即关于创业和经济增长之间的关系，以及教育在促进创业中的作用。第二，简短地回顾创业和教育方面的学术文献，如关于“创业教育”的定义和教育（以及人力资本）对创业者的成功所起到的作用。第三，提出本研究的方法，并介绍使用到的数据收集机制。第四，展示从本研究中得出的实证研究结果，并区分定量和定性结果。第五，得出关于教育可以怎样进一步鼓励创业的几点特别启示。第六，做出整体总结。

二、全球创业观察

在过去的十年间，创业这一概念已经受到国际上越来越多的重视。思维的转变已经把创业作为推动经济增长的核心力量——不同于以前对已建立的大公司的重视（Wennekers and Thurik，1999）。现在人们普遍认为创业能力是一个国家维持经济增长能力的核心要素（Thurik and Wennekers，2002）。因此，什么决定了创业活动的水平，以及这样的活动应该得到怎样的推广，对学者和决策者而言都变得非常重要。所以，最近很多的研究都在试图了解哪些因素决定创业活动的提供，从而影响新企业的创立（例如，Brock and Evans，1989；Gavron et al.，1998；Grilo and Thurik，2004；Storey，1999；Thurik and Wennekers，2002）。

全球创业观察项目填补了国际创业研究的一个重要空白，因为它深入了解经济中创业部门的优点和影响力，也就是新公司的创立和发展。全球创业观察是巴布森学院和伦敦商学院领导的一个合作项目，并由世界各地多个国家的小组实施（包括 Acs et al.，2005；Minniti et al.，2006；Reynolds et al.，2004；Reynolds et al.，2005）。历年以来，已经有 40 多个国家和地区参与到该项研究当中。[2] 全球创业观察项目的主要目标是建立起对以下几方面的年度评估:（1）不同国家创业活动的水平和性质，（2）引起各国内部创业率系统性差异的因素，（3）创业的国内影响。在本章中，我们将讨论一个更宽泛的问题，即如何在一个国家内刺激创业，同时我们还会特别关注教育在促进或抑制创业方面的作用。

图 10–1 展示了整体的全球创业观察模型（Reynolds et al.，2005）。该模型为评估创业与经济增长之间的重要经验关系提供了框架。该模型的核心观点是，国家的经济增长受两种平行的相互关联的活动影响:（a）与已建立的公司有关的活动，以及（b）直接与创业过程有关的活动。

图 10–1 的上半部分展示了已建立的较大公司的作用。大公司，往往在全球范围内展开竞争，显然对经济的增长和繁荣做出了重大贡献。此外，这些大企业通过大量的合作协议促进了现有较小企业的发展（例如，研发合作伙伴关系，供应商与客户的关系等等）。这些已建立的企业的成功，部分是由其公司运营所处的国家背景所决定的，“国内总体框架条件”（例如，劳动力市场的特点、金融市场的效率）提出的模型中已经说到了这一点。

图 10–1 的下半部分展示了初创企业和创业的作用。在此之前的研究表明，较大公司之间的交易活动只能解释经济增长中的一部分变量（Wennekers and Thurik，1999）。更确切地讲，创业过程也对国家之间经济繁荣程度上的差异起到重要作用。创业活动的驱动力来自于对创业机会的洞察力和利用这些机会的能力（即，技能和动机）的结合。当机会与个人的技能和动机有效结合，结果就是新公司的创立，从而也就实现了经济增长。

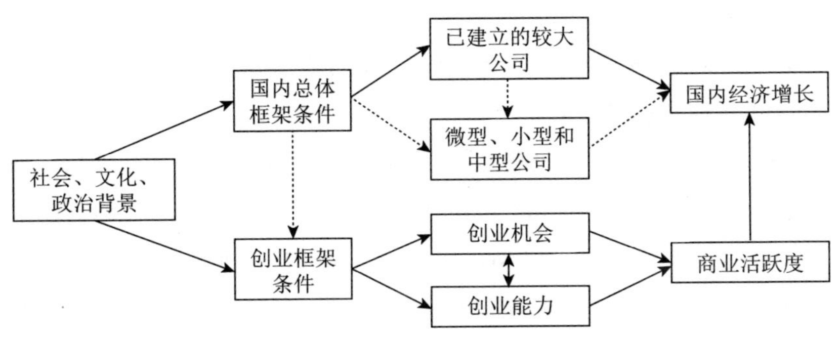

图 10–1　全球创业观察概念模型

图 10–1 的下半部分展示的动态交易过程发生在特定的背景之下，创业观察模型将其称为“创业框架条件”（Reynolds et al.，2005）。这些条件包括以下关键变量，如旨在支持初创企业的政府政策和计划，或建立刺激创业的教育系统。我们关注的是最后一点：一个国家的教育系统如何能够促进或阻碍其居民的创业行为？

本章提供的结果涉及一个特定的国家，也就是比利时。虽然对比研究不同国家的创业教育工作可能十分有趣，但这样的做法并不属于本章的范畴。然而，尽管我们只提供了一个特定国家的结果，但我们认为，从该研究得到的启示可以在很大程度上推广到许多其他的（欧盟）国家。而且，相比于其他欧盟国家，比利时整体的受教育程度相对较高（如第十章第四节第二部分中所说），这使得它成为“创业”教育这一特殊问题的一个有趣案例。

三、创业教育学术研究

专家和决策者都认为，创业型社会的实现在很大程度上与创业教育纳入教育系统各个层面的程度有关，从小学、中学到大学和商学院。我们首先会就前期研究对创业教育的理解提供一些见解。其次，我们提供一些理论基础，解释为什么教育是影响一个国家国内创业水平的一个如此关键的因素，同时我们在此也借助了之前的学术研究的帮助，这些研究已经强调了教育和一般人力资本在推动新的企业活动中的作用。

（一）创业教育的定义

一些研究人员将“创业教育”定义为提供个人认识新的商业机会所必要的概念和技能，以及提供他们利用这些机会开始行动的自信心的过程（McIntyre and Roche，1999；Verheul et al.，2002）。除了机会识别之外，这类教育还应包括一些重要方面，那就是面临风险的资源调配，真正发起一个企业创业活动，商业计划书的起草，资本发展和资金流转的分析。此外，文献资料中存在有关创业者的特征品质是否能够被教学这样一种争论（Gibb，1993），而这种争论与创业教育的范围问题有关。

事实上，关于创业教育的确切定义，创业学者之间并没有达成共识。一些研究人员指出，在创业教育的本质方面，存在两派：一派提倡关注小型企业的管理，而另一派则更重视初创企业及其成长（Solomon et al.，1994；Zeithaml and Rice，1987）。这两派的一个共同主题是创业教育项目应提供丰富的具有创造性的管理技能和知识。这两种教育方法的差异体现在要达到的最终目标不同：小型企业管理课程旨在为学生提供有关现有企业的管理和运营的坚实的理论基础，而“单纯的”创业课程重点关注的是成立和发展新的成长企业所涉及到的活动。在本研究中，我们同意第二种方法，并强调创业教育应针对那些努力寻求快速增长、高利润并可能迅速将商品售罄而获得巨大资本收益的潜在创业者。

（二）人力资本与创业

有关教育在促进创业中的作用的一个重要概念就是“人力资本”。“人力资本”这一术语指的是个人获得并且吸收的知识和技能（Becker，1975）。人力资本的一个重要来源就是个人受到的正规教育和培训。此前的研究表明，人力资本对于社会而言十分重要且有所裨益。例如，马斯克尔和马姆伯格（Maskell and Malmberg，1999）认为，一个国家整体的技能储备决定了其所开展的商业活动的类型，并因此影响国家的整体竞争力。同样，坎农（Cannon，2000）认为，人力资本通过影响体力和脑力投资的领域，从而提高社会的整体生产率。普雷斯（Prais，1995）研究了一个国家的教育和培训系统是如何促进整体生产力的，同时他还强调需要在提供给一般学术问题的教育资源与提供给直接关系到职业生涯的事项的教育资源之间掌握好平衡。此外，达克莱和德·克莱尔（Dakhli and De Clercq，2004）指出，一个国家的人力资本水平（一部分是基于公民的受教育程度）与创新水平呈正相关。

此前的研究已经区分了不同类型的人力资本（Florin et al.，2003），可以被归类为“一般”人力资本和“特殊”人力资本。一般人力资本指的是适用于广泛的活动的知识和技能，而特别人力资本指的是有关具体活动的技能，例如，创业和新企业创立。有人认为，一个社会特殊人力资本的水平与个人决定从事创业活动的可能性呈正相关（De Clercq and Arenius，2006）。这种正相关关系的基本原理，部分是基于自我效能感的想法。

“自我效能感”这一术语指的是个人对他或她可以成功开展与职业相关的活动的技能和能力的信心（Bandura，1978）。自我效能感对个人行为的影响与学习在自我效能感中的作用有关，个人需要必要的知识来成功执行一项特定任务。例如，此前的研究已经发现，自我效能感与成绩之间存在正相关的关系（例如，Bandura，1978；Locke et al.，1984）。然而，自我效能感不仅直接影响成绩，还推动了个人的选择和行为。的确有人认为，对个人技能和能力的认知理解对个人努力的方向和在遇到阻碍时如何坚持有重要的影响（Bandura，1978）。此外，个人对自己能力的信心可能是一个重要的机制，可以通过它使个人设定未来行动的目标（Locke et al.，1984）。举例来说，如果他们相信已经具备创业成功所需要的知识，可能更倾向于选择创业这条道路（Boyd and Vozikis，1994；Krueger et al.，2000）。

综上所述，鉴于人力资本在活动各个层面中的重要性，可以推断，一个国家创业特定的人力资本的水平（部分通过教育系统实现）将影响其境内初创企业的建立。个人基于他们的培训或教育可能会拥有不同创业能力的天赋。因此，他们对自己成功开展创业活动的信心水平不同。在新企业创立的背景下，人力资本很大程度上体现在创始人的技能和能力上（Davidsson and Honig，2003）。这些技能可能在很大的程度上取决于创业者的教育背景。在其训练中，已经接触过创业相关问题的人更有可能从事创业活动，因为他或她将具备必要的训练和背景，可以成功实施创业活动。

四、研究方法

为了评估比利时教育系统在刺激创业方面的表现，在2000年至2004年期间通过全球创业观察收集了信息。更具体地讲，从大量“行业专家”提供的信息中收集了重要的见解。这些人从他们的经验中获得了关于创业的特殊知识。

行业专家的选拔经过了以下步骤:（1）利用正式和非正式的网络以及搜索关于创业、经济和商业发展的媒体报道，列出一个潜在的专家名单;（2）调查每个潜在专家的背景来总结出其有关创业的知识和经验;（3）确保包含不同地位、性别和地理位置的众多专家。

（在专家选拔中）实际上接触并采访了两种人，那就是专业人士和创业家。专业人士包括风险投资家、学者、银行家、顾问、政治家和其他在自己的全职专业活动之外参与到创业企业中的人。创业家是指在他们的国家内有过实际创业活动历史的个人（例如，公司的创始人，或者在公司发展的有关领域工作的人）。自 2000 年以来，每年至少有 36 名专家参与该项研究。

表 10–1　面对面访谈中问到的三个标准问题

优点	在您看来，促进比利时创业的最重要的相关教育因素是什么？
缺点	在您看来，限制比利时创业的最重要的相关教育因素是什么？
建议	您能就如何在教育方面增加比利时的创业给出宝贵建议吗？

专家的数据是通过两个数据收集机制来获取的，即面对面的访谈和专家问卷调查。面对面访谈是半结构式的，目标基本上都是用以确定促进或限制创业在比利时的发展的有关因素的定性信息。此外，采访中专家们会被询问关于如何刺激创业的有关建议。表 10–1 展示了访谈中被当作参考标准的相应问题。

专家问卷调查的目的是收集有关影响比利时创业的几个环境条件的定量信息。调查问卷的一个重要组成部分是教育系统在促进或抑制创业行为中的作用。表 10–2 给出了六个问题的概述，它们是关于创业教育的作用的。专家们必须根据一到五分的李克特量表，表达自己对这六个陈述的同意程度。

五、实证研究结果

我们首先提供数据采集定量部分的结果（即专家问卷调查结果），然后再将注意力转移到面对面访谈所获得的定性研究结果。

（一）定量调查结果

在全球创业观察的研究中，教育的作用是指各级教育和培训系统（从小学、中学到大学和商学院）在多大程度上解决了独立的新企业或成长中的企业的创建和管理问题。

如上所述，多年来，参与全球创业观察的比利时专家都会被问到，比利时的教育系统是如何（不够）有效地培养年轻人为创业生涯做好准备。详细的结果列在表 10–3 中。更具体地说，我们展示了比利时从 2000 年到 2004 年期间的结果，同时我们还比较了比利时的分数与 2004 年参加全球创业观察研究的 12 个欧盟成员国的平均分数。[3]

总体上来讲，当我们比较过去五年的纵向数据时，可以看出关于教育的答案变化得相对较少。考虑到一个国家的教育体系，尤其是人们对于该体系的看法，每年不会有太大的变化，这种稳定性是非常合理的。此外，结果的一致性体现了全球创业观察方法的可靠性。

表 10–2　专家问卷调查中的六个标准问题

标准问题	答案						
初等教育和中等教育中的教学鼓励创造性、自足性和个人主动性。	1	2	3	4	5	K	NA
初等教育和中等教育中的教学在市场经济的原则下，提供充分的指导。	1	2	3	4	5	K	NA
初等教育和中等教育中的教学对创业和新企业创立提供足够的重视。	1	2	3	4	5	K	NA
大学和其他高等教育机构有充足的创业课程和项目。	1	2	3	4	5	K	NA
商科和管理教育是真正的世界一流水平。	1	2	3	4	5	K	NA
职业、专业和继续教育系统为自我创业做好准备。	1	2	3	4	5	K	NA

备注：1 代表完全错误；2 代表部分错误；3 代表既不正确也不错误；4 代表部分正确；5 代表完全正确；K 代表不知道；NA 代表不适用。

表 10–3 中前三个陈述是关于初等和中等教育中对创业相关问题的关注的。由此可以看出，初等和中等阶段的（创业）教育状况是比利时的问

题领域之一。更具体地说，在初等和中等教育体系方面，比利时的分数随着时间的推移一直持续在较低的水平，而且比利时 2004 年的分数在以下方面都低于欧盟平均分数：（1）对创新性、自足性以及个人主动性的鼓励，（2）在市场经济的原则下，提供充分的指导，（3）对创业和新企业创立提供足够的重视。总之，可以看出初等和中等教育在刺激创业方面的努力仍然不足，同时比欧盟平均水平略低。

此外，尽管有关大专教育和继续教育的陈述得到的分数比初等和中等教育体系得到的分数略微乐观，同时也比欧盟平均水平高一点点，但这些分数一直以来都是相对较低的。此外，与 2002 年达到的峰值相比，2004 年的分数有所下降。换句话说，高等教育系统中的刺激创业还需在以下几方面做出努力：（1）大学和其他高等教育机构有充足的创业课程和项目，（2）世界一流水平的商科和管理教育，（3）通过职业、专业和继续教育系统为创业生涯做好准备。

表 10-3　比利时关键受访者有关教育的观点（5 分制）

	比利时					欧盟
	2004	2003	2002	2001	2000	2004
初等教育和中等教育中的教学鼓励创造性、自足性和个人主动性。	2.12	2.08	1.95	2.17	2.02	2.27
初等教育和中等教育中的教学在市场经济的原则下，提供充分的指导。	2.08	2.13	1.87	2.26	2.15	2.14
初等教育和中等教育中的教学对创业和新企业创立提供足够的重视。	1.62	1.59	1.68	1.66	1.52	1.76
大学和其他高等教育机构有充足的创业课程和项目。	2.49	2.41	2.58	2.47	2.20	2.45
商科和管理教育是真正的世界一流水平。	3.04	3.37	3.82	3.32	2.95	2.93
职业、专业和继续教育系统为自我创业做好准备。	2.86	2.78	n/a	n/a	n/a	2.62

备注：n/a 代表不适用。

总结有关教育在创业中的作用的定量结果，我们将比利时 2004 年六个创业问题的综合得分与其他欧盟国家的分数进行了比较（见图 10–2）。在接下来的章节中，面对面的访谈获得的定性结果会对上述讨论的定量研究结果有所补充。

（二）定性结果

在面对面的访谈中，要求专家们指出：（1）促进创业的有关教育因素，（2）限制创业的有关教育因素，（3）关于如何刺激创业的建议。下面我们会概述关于第一点和第二点的结果；在最后一节中，我们将讨论一些相关建议。

1. 教育系统的优点

许多重要的受访者都认为，比利时学生的教育水平与外国学生的水平相比，是相当高的，例如，那些来比利时参加伊拉斯谟交流计划的学生。还有一种说法，即比利时的学生在国外学习时，与他们的国际同学相比，会获得相对较高的分数。另一个积极的因素就是比利时的学生坚持大专学习的意愿。此外，技术和商业培训水平很高，人们也不愿意长时间学习。不过，最后一点也可能要归功于比利时教育系统的低廉成本。

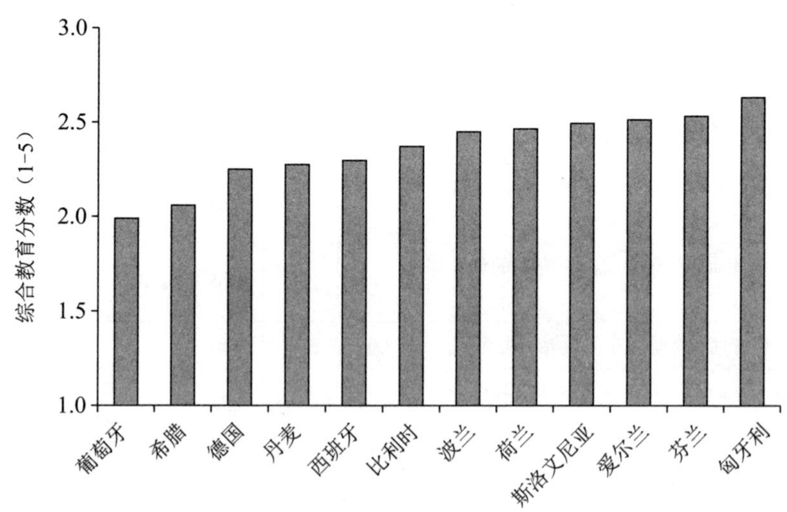

图 10–2　若干欧盟国家的教育系统在创业方面的优点比较（2004 年的数据）

在过去几年里，比利时在关注创业方面似乎也已经采取一些积极的措施。一个很好的例子就是大专教育中的“微型企业”项目和“DREAM”项目。在这些项目中，学生设立自己的企业，同时需要做出决策，这些决策类似于现实生活中创业者们所面临的决策。企业与一系列可以使人们基于变化进行创新和发展的特性、技能及态度有关。企业教育让学生建立自信，自力更生，并且愿意接受改变。通过参与迷你企业，学生可以练习风险管理，从错误中学习，并且更具创新意识。

另一个积极的方面是，大学层面和其他大专教育中的创业课程数量一直在增长，而且这些课程的招生人数一直在稳步上升。例如，随着新的“学士—硕士”结构（从博洛尼亚协议之后）的引入，大多数大学都已决定将创业课程作为所有学生的必修课。大学和大专教育（如弗拉瑞克鲁汶根特管理学院、根特大学、鲁汶大学、比利时列日大学、比利时布鲁塞尔自由大学、新鲁汶大学和索尔维商学院确实提供了越来越多的有关创业、商业规划等的课程。不过，也有人表示，有必要在比利时建立起一个正式的编目系统，来管理在创业领域实施的教育举措。

在比利时法语区，刺激创业教育的一项有趣的举措就是“FREE 基金会”，它在教育系统的各个阶段刺激创业。这一举措的目的之一是在大学和其他层面提供更多的创业课程，以及使教育机构达到对创业者更加广泛的覆盖（例如，在教育和支持项目方面）。

此外，组织地区性和全国性的商业计划书竞赛，旨在提高学生的创业目标。例如，全国性的“创新有奖”竞赛在 2003 年第一次举行，并大获成功。有超过 180 个项目报名参加，比招生目标多出 50%。“比兹迪”项目是“创新有奖”竞赛的合作伙伴，它的任务是鼓励佛兰德斯青年人的创业精神。“创新有奖”竞赛的另一个合作伙伴是比利时创业教育网（NFTE），它通过创业教育帮助来自低收入群体的年轻人培养技能和发现他们的创业创造力。为了做到这一点，NFTE 培养自己的创业认证教师。

还有，根据关键受访者所说的，专业和跨专业的组织越来越重视教育在促进创业中的作用。提出的另一个很好的举措与地区技术中心有关，它促进了学校和商界之间的合作，并为老师提供在公司进行实践培训的机会。此外，还打算进一步重组“针对老师的教学”，以便提高老师在以后的创业教学中的能力。

2. 教育系统的缺点

尽管比利时教育系统对创业的关注越来越多，但仍然存在严重的障碍，阻碍了创业教育在学校和大学内的实施。

总体而言，比利时的专家认为，他们的教育系统在改善创业态度方面的成绩并不令人满意。与定量结果相一致，人们普遍认为，尽管商科和管理教育具有很高的质量，但对于刺激初等和中等教育中的创业行为存在负面的看法。经常有人提到，这些较低水平的培训体系并没有激发创造力、独立性和个人主动性以及成为未来的企业家所需要的所有必要特征。此外，接触创业的阶段为时太晚。这些学校往往没有付出任何努力，让年轻人更多地了解如何评估合理的经济风险，并承担经济责任。

根据专家所说，一个重要的问题与课程相关。如果学校打算在他们的课程中引入创业元素，这些元素必然会取代目前正在授课的其他科目。因此，某些老师会眼睁睁地失去他们一部分的工作，自然就会反对这种改变。据专家所说，致力于将创业纳入初等教育的最终学业水平和中等教育跨学科的最终学业水平中的政策将会很受欢迎。这将成为一个重大突破。

此外，人们十分关心教育系统中所用的方法。创业无疑是最难教的主题之一。它涉及创业态度和创业技能的培养。想要成为一名成功的创业者，不仅要掌握基本的商业技能，比如会计、金融、企业战略规划和商业法，而且这种知识输入的同时必须伴随着更加困难的过程，即获得更为普遍和基础的技巧及见解。许多专家认为，学生必须在更为细致的问题上接受训练，例如人事管理技巧、机会识别、组织能力、商业道德和谈判技巧。与此同时，课程必须重视创业态度，例如创造力、冒险性、主动性和自我领导能力。据专家介绍，需要一种适应各个教育层面需求的方法。专家们建议，将比利时和其他国家在初等和中等教育水平，在教学、商业计划书撰写或经营类游戏等方面成功的案例研究列成一份清单。有人还建议，可以为将创业元素纳入课程中开发新的学习方法的试点项目设立资助计划。幸运的是，如今在比利时的一些学校中比较常见的概念——项目驱动型的教育，已经允许引入创业项目。

另外一个经常被提及的重要事项就是教师的作用。据专家介绍，创业教学的老师面临的任务十分艰巨，因为他们往往还没有准备充分。专家们通常认为，教师对于这个任务准备不足。商业世界和教育机构之间存在障碍，尤其是在中学阶段。许多教师不认识任何一个企业家或者和商界没有任何接触，因此他们在课堂上倾向于跳过诸如“公司”或“经济学”一类的概念。应该鼓励教师去公司参观，或者甚至在这些公司以实习生的身份工作一段时间。

最后一个问题，也是一个更加普遍性的问题，那就是专家们认为社会中许多人反对教育只专注于商业需要和要求。这些人担心教育项目过多地关注实践问题，会不利于整体的教育水平。因此，据专家介绍，必须证明创业教育的好处是与其他的教育目标相辅相成的。一些核心专家相关的担忧就是许多年轻人对创业的狭隘理解。对于他们来说，公司仍是贪婪、贿赂和欺骗的代名词。因此，教育系统各个层面教师的义务就是改变这种思维方式。

六、启示

根据上述的调查结果，我们可以提出一些建议。重点是教育系统如何能够使学生为创业行为做好准备。我们认为，以下提到的建议不仅适用于比利时，也适用于许多其他面临着相似的文化、经济和政治背景的国家。

总体而言，我们建议，一般性的创业态度，特别是创业理念的开发与实施，应更广泛地纳入教育系统。初等、中等和大专教育需要更加关注对自我就业、独立性、创造性和创业导向等意识的培养。与会计、金融、法律以及市场营销等一样重要的是，在诸如机会识别、谈判技巧、商业道德和人事管理技巧等方面提供培训。尽管政府各部门相继推出有关这些“创业”主题的各种举措（例如欧盟的“创业绿皮书”），这似乎（还）没有成为贯穿整个教育各个层级的案例。

在下面的段落中，我们会就教育改革如何能够促进创业给出一些具体的建议。我们会将有关一般教育系统的问题与有关纳入具体创业课题的问题加以区分。

（一）普通教育

依照传统，比利时的教育系统一直是——而且往往还是——以教师和内容为导向。从某种程度上说，这抑制了创业精神的发展。本章所包含的结果表明，如果目标是促进创业行为，那么进一步的改变十分有必要。一个更侧重于创意和沟通的教育体系能提高学生的创业技能。儿童和学生将学习如何系统地思考，并养成批判性的态度。这将会把人们培养成为知识渊博的公民和准备充分的潜在创业者，他们可以并将会促进经济的增长和繁荣。换句话说，应该更加重视激发独立性、创造性、冒险性和主动性，并帮助个人变得更加独立进取。目前的教育系统互动性不够：课题经常是采用权威教学的方法，不与学生进行任何互动。应该鼓励学生更具好奇心，以便发现新的事物。当前信息和通信技术（ICT）的可能性已经改变了老师和学生之间的关系。例如，由于互联网的关系，学生可能对某一主题比老师了解得更多，因此，教师的角色必须从单纯的信息提供者转变成为创意信息处理过程的推动者。

此外，可以通过缩小教育系统和商业世界之间的巨大差距来鼓励创业活动。一方面，学校可以更多地关注人们如何应对（商业）问题，以及如何在有效的信息收集的基础上找到解决这些问题的创造性方法。另一方面，企业还应该更好地理解到，不是所有的东西都可以在学校里学到，培训不能保证永远与时俱进，也就是说，有必要进行继续学习。当公司明确他们的教育需求，同时学校开始意识到并充分回应这些需求时，企业和学校之间的更加积极的合作就可以实现。例如，应给予老师机会参与公司课程。

简而言之，创业态度要求驱动力、创造力和持久性。考虑到性格和管理技能都是成功的关键因素，有关创业的一般个人技能应从早期阶段开始学习，并维持到大学层面，在那里同时还可以培养管理能力。从儿时起，人们常常教育他们不要去发现和培养自己的创造天赋。然而，应该教育孩子，他们有机会发展自己的天赋。创新应以积极的方式呈现，而且应该是在一个人生命的更早阶段（小学）。

（二）创业教育

创业教育应该很早开始。如今，这样的教育限制太多：它只在某些特定情况下出现在中学后两年的课程中，并且只针对有限的一些学生。但是，非常有必要激励年轻人追求创业，因为创业的根源往往可以追溯到创业者的童年（大多数创业者是受到父母或其他榜样的启发）。教育系统作为促进教育的推动力，可以同时提供技能和接触机会。因此，创业培训应该成为学校课程的一部分，创业家应该被请进课堂，应该提供学生与经验丰富的创业家共同工作的实习机会等。

在大学和商学院中，也有必要进行更多的创业培训。创业培训不仅要提供给 MBA 的学生，也应该提供给其他领域的学生；例如，在技术学院，这样可能有助于将创业前景和技术潜力进行匹配。

有趣的是，我们的研究结果表明，在教育的各个层面中，教学能力方面存在差距。由于其跨学科的性质，创业是一项特殊的“教学”课题，需要一个特定的跨学科方法。令人惊讶的是，在比利时大量新兴的培训项目中，只有有限的“培训培训者”的创业项目。因为教育项目应该更侧重于激发创造力，教师还需要学习如何才能更好地进行创业教学。将来的一些措施将会利用那些主要集中在创业课题的流动教师，或者让现有的教师更加熟悉创业生活。

下面我们将提到更多可能会用来在教育系统中促进创业的具体举措。这里的重点是针对大学生：

- 当地企业家是为学生提供实践智慧的一个重要来源。他们可以在创立新企业时通过指导学生，提供一个经验之窗。
- 实习和咨询机会可以让学生应用创业技能。大学可以为现有的创业者提供机会，让他们能够以微乎其微的成本得到学生和/或教师对其企业的“评估”。

- 教育机构可以开发创新的方法，以确保学生“拉伸”了他们的创业“肌肉”，同时意识到创业真正的风险回报的特性。例如，可以要求学生制定一个商业计划书，并提供他们种子资金来创业。然后，课程可以指导学生规划、开办和管理一个营利性企业。这些企业可以在学年结束时进行清算，所得利润可以用来资助慈善项目。
- 为了帮助学生更好地理解投资人的立场，可以把他们放在“投资者的位置”上。更具体地讲，可以让学生在经验丰富的风险投资家的指导下，负责运营一项私人股权投资基金。
- 在大学领导的支持下，同时授权风险承担和创新，可以创立创新教授的职位。这些职位的目标应该是使现有的创业项目创造更具深度，在校园知名度更大，以及课堂与商界之间的联系更紧密。

七、结论

在本章中，我们就比利时的教育系统如何能够鼓励各个发展层级的学生进行创业提供了一些建议。我们承认，虽然我们的研究结果可能适用于许多其他的国家（尤其是其他的欧盟国家），这项研究的限制是它只专注一个特定的国家。因此，未来的研究工作应该会从不同国家的创业教育观念的比较中获益。这样的比较可能使得最佳做法在各国之间传播。尽管我们的研究结果所关注的地域有限，但是我们认为其结论对其他地区具有外部效度。更具体地说，我们认为考虑如何发展创业教育时，可能需要实现三个重要的目标。

第一个目标是提高对创业的重要性及其对社会和经济福利的贡献的普遍认识。虽然对于大部分人来讲，终身受雇于同一个公司不再是既定的事实，但教育系统并没有充分反映出这一趋势，因为它一般趋向于培养人们做好就业准备，很少会让他们为创业这种职业生涯做好准备。为了鼓励扭转这种趋势，必须让学生意识到自谋职业所提供的机会可以作为雇员工作的一个正经的替代选择。第二个目标是激发年轻人（和广大人群）积极的创业态度，同时鼓励和培养他们的创业态度。这种创业态度是指个人特征，如创造力、冒险性、主动性和目标设定能力。一个重要的观念就是，创业可以培养，即使这些创业态度似乎与个人身份和个性密切相关。因此，创业精神应该从早期开始培养，即在小学和中学阶段，这也是一个人性格开始养成的阶段。最后的目标是培养学生某些创业技能，比如一般的管理技能、财务管理和制定商业计划。教学生这些技能可以培养学生自己成为创业家。

综上所述，应该可以很清楚地看到，如果年轻人从学校毕业时具有高度的创业精神，许多国家，例如比利时，可以从中获取经济利益。我们希望这一章可以作为垫脚石，以便进一步调查和研究一个国家的教育系统如何能够刺激其境内的企业活动，从而促进经济增长。

注

1. 有关全球创业观察的目标和内容的更多具体信息会在本章第二节中呈现。

2. 参加全球创业观察的国家和地区有：阿根廷、澳大利亚、比利时、巴西、加拿大、智利、中国、克罗地亚、丹麦、厄瓜多尔、芬兰、法国、德国、希腊、中国香港、匈牙利、冰岛、印度、爱尔兰、以色列、意大利、日本、约旦、韩国、墨西哥、荷兰、新西兰、挪威、秘鲁、波兰、葡萄牙、俄罗斯、新加坡、斯洛文尼亚、南非、西班牙、瑞典、瑞士、中国台湾、泰国、乌干达、英国、美国和委内瑞拉。

3. 参加 2004 年全球创业观察的欧盟国家有：比利时、丹麦、芬兰、德国、希腊、匈牙利、爱尔兰、荷兰、波兰、葡萄牙、斯洛文尼亚和西班牙。

参考文献

Acs, Z., Arenius, P., Hay, M. and Minniti, M. (2005), *2004 Global Entrepreneurship Monitor,* London and Babson Park, MA: London Business School and Babson College.

Bandura, A. (1978), 'Reflections on self-efficacy', *Advances in Behavioral Research and Therapy,* **1**, 237–69.

Becker, G. (1975), *Human Capital,* New York: National Bureau of Economic Research.

Boyd, N.G. and Vozikis, G.S. (1994), 'The influences of self-efficacy on the development of entrepreneurial intentions and actions', *Entrepreneurial Theory and Practice*, **18**, 63–90.

Brock, W.A. and Evans, D.S. (1989), 'Small business economics', *Small Business Economics*, **1** (1), 7–20.

Cannon, E. (2000), 'Human capital: level versus growth effects', *Oxford Economic Papers*, **52**, 670–77.

Dakhli, M. and De Clercq, D. (2004), 'Human capital, social capital and innovation: a multi-country study', *Entrepreneurship and Regional Development*, **16**, 107–28.

Davidsson, P. and Honig, B. (2003), 'The role of social and human capital among nascent entrepreneurs', *Journal of Business Venturing*, **18**, 301–30.

De Clercq, D. and Arenius, P. (2006), 'The role of knowledge in business start-up activity', *International Small Business Journal*, **24** (4), 339–58.

Florin, J., Lubatkin, M. and Schultze, W. (2003), 'A social capital model of high-growth ventures', *Academy of Management Journa*l, **46** (3), 374–84.

Gavron, R., Cowling, M., Holtham, G. and Westall, A. (1998), *The Entrepreneurial Society*, London: Institute for Public Policy Research.

Gibb, A.A. (1993), 'The enterprise culture and education: understanding enterprise education and its links with small business, entrepreneurship and wider educational goals', *International Business Journal*, **11** (3), 11–34.

Grilo, I. and Thurik, A.R. (2004), 'Determinants of entrepreneurship in Europe', working paper, ERIM Report Series Research in Management (ERS–2004–106–ORG).

Krueger, N.F., Reilly, M.D. and Carsrud, A.L. (2000), 'Competing models of entrepreneurial intentions', *Journal of Business Venturing*, **15**, 411–32.

Locke, E.A., Frederick, E., Lee, C. and Bobko, P. (1984), 'The effect of self-efficacy, goals, and task strategies on task performance', *Journal of Applied Psychology*, **69**, 241–51.

Maskell, P. and Malmberg, A. (1999), 'Localized learning and industrial competitiveness', *Cambridge Journal of Economics*, **23**, 167–85.

McIntyre, J.R. and Roche, M. (1999), University education for entrepreneurs in the United States: a critical and retrospective analysis of trends in the 1990s, working paper, Georgia Institute of Technology.

Minniti, M., Bygrave, W.D. and Autio, E. (2006), *Global Entrepreneurship Monitor: 2005 Executive Report*, London and Babson Park, MA: London Business School and Babson College.

Prais, S.J. (1995), *Productivity, Education and Training: An International Perspective*, Cambridge: Cambridge University Press.

Reynolds, P., Bosma, N., Autio, E., Hunt, S., De Bono, N., Sevais, I., Lopez-Garcia, P. and Chin, N. (2005), 'Global Entrepreneurship Monitor: data collection design and implementation 1998–2003', *Small Business Economics*, **24** (3), 205–31.

Reynolds, P.D., Bygrave, W.D., Autio, E. (2004), *Global Entrepreneurship Monitor: 2003 Global Report*, Wellesley, MA: Babson College.

Reynolds, P.D., Hay, M. and Camp, S.M. (1999), *Global Entrepreneurship Monitor: 1999 Executive Report*, Wellesley, MA: Babson College.

Solomon, G.T., Weaver, K.M. and Fernald, L.W. (1994), 'A historical examination of small business management and entrepreneurship pedagogy', *Simulation and Gaming*, **25** (3), 338–52.

Storey, D.J. (1999), 'Six steps to heaven: evaluating the impact of public policies to support small business in developed economies', in D.L. Sexton and H. Landström (eds), *Handbook of Entrepreneurship*, Oxford: Blackwell, pp. 176–94.

Thurik, A.R. and Wennekers, A.R.M. (2002), 'Entrepreneurship, small business and economic growth', *Journal of Small Business and Enterprise Development*, **11** (1), 140–49.

Verheul, I., Wennekers, A.R.M., Audretsch, D.B. and Thurik, A.R. (2002), 'An eclectic theory of entrepreneurship', in D.B. Audretsch, A.R. Thurik, I. Verheul and A.R.M. Wennekers (eds), *Entrepreneurship: Determinants and Policy in a European–US Comparison*, Boston, MA and Dordrecht: Kluwer Academic, pp. 11–81.

Wennekers, A.R.M. and Thurik, A.R. (1999), 'Linking entrepreneurship and economic growth', *Small Business Economics*, **13**, 27–55.

Zeithaml, C.O. and Rice, G.H. (1987), 'Entrepreneurship/small business education in American universities', *Journal of Small Business Management*, **25**, 44–50.

第十一章　增强土著经济发展能力：土著发展推进理事会[1]

罗伯特·安德森，斯科特·麦考利，沃伦·韦尔和汪达·乌图尼

一、引言

北美土著人民在全球化（或至少是其他类似的趋势）方面的体验不仅仅是当代的一个特征。自五百年前与欧洲人第一次接触，这种体验就开始了。其消极影响也被历史所记录：具有社会凝聚力的社区遭受颠沛流离之苦。不为人关注但却更加重要的是仍然保留下来的这种凝聚力的程度，以及土著希望在此基础上重建社区的强烈愿望。尤为重要的是，他们打算通过参与全球经济来实现这一愿望，只不过是按照他们自己的方式。商业开发（即创业）和参与就业是他们参与全球经济的中心议题。

土著发展推进理事会在创业能力培养中发挥了核心作用；创业能力的培养是成功参与全球经济的必要议题。本章描述土著发展推进理事会的活动，尤其是其开发的面向土著社区和组织经济发展官员的国家培训和专业认证项目。这个项目认为土著发展推进理事会的成功是对能力建设的最新思考成果。

本章所讨论内容以三小节展开。第一小节简要描述土著人民当前社会经济现实以及他们对现实的回应——通过商业开发来参与世界经济，论述了土著经济发展活动发生的背景。第二小节简要回顾了发展理论。随着全球经济的崛起，发展理论也随之进化（尽管有所延滞）。创业和能力建设

作为有效参与全球经济的两种方式发挥了十分特殊的作用。第二小节在结尾处讨论了土著人民为了达到目标采用哪些方式管理发展流程、设立了哪些必要的机构和开展了哪些活动。最后一小节将视线转移到一个土著机构的兴起，即土著发展推进理事会，以及该机构为支持土著创业和经济发展开展的活动。

二、背景

当前，加拿大的土著人民的经济状况十分糟糕。例如，根据 1991 年[2]的人口普查，42% 的土著人民依靠社会福利生活，然而其他加拿大人中只有 8%。土著人的失业率在 24.6%，几乎是加拿大平均失业率 10.2% 的 2.5 倍之多。土著人的保留地率更高，通常高于 30%，而一些边远社区甚至达到 90%。住房情况也是类似，有 65% 的保留地和 49% 的非保留地的土著人生活在标准住房内。

加拿大的土著居民并没有坐以待毙。他们正在谋求经济发展战略，其目标包括：（1）传统土地上的活动拥有更大的控制，（2）通过提高经济自给率摆脱依赖，（3）传统价值及其在经济发展和商业活动中的保留和加强，以及（4）提高个人、家庭和社区的社会经济条件。达成这些目标的流程涉及设立一些能够长期在全球经济中有效竞争的企业并运营。具体而言，这些流程包括以下关键因素，如发现机遇和创业、土著人内部及与非土著人结成联盟、通过教育进行能力建设、设立机构以及实现土著人的土地权和资源所有权。[3]

三、理论基础

现代化和属地思想占据着 20 世纪中期发展思想的主流。即使因为这两种思想在 20 世纪后半期有所修正而将远东和拉丁美洲发生的一些事件考虑在内，但是这两种思想仍然在“发展中”的社区 / 区域（土著或其他群体）和“发达”世界之间的关系上产生了很多自相矛盾的观点。就这种矛盾和冲突发表的评论中，斯图亚特 · 科布里奇（Stuart Corbridge）的观点最为典型。他认为：

> 相比于马克思主义研究，全球生产的变化图景更加不再适合现代化理论和新经典经济学的观点：元理论对分配或自由市场的承诺远不如对欠发达的开发信心更加有效。

很多人都总结认为，这两种观点是不完善的，每一种观点都只是描述了发展中的区域和全球经济之间的互动结果的可能性而非不可避免性。相反，科布里奇以及其他人认为，特殊事件和特殊地点得到的结果取决于多种因素，而很多因素至少部分受到发展中地区的人民的控制。科布里奇认为"在强调偶然性的资本主义发展理论中"出现一股强大的趋势，"开始重视人类施为和临时性而又高技巧性的社会关系重新生产"（1989，p. 633）。规制理论、后帝国主义时代视角和替代性的/内生的发展方式是三种互相依存的经济发展方式，这些方式均来源于现代化和属地思想之间形成的僵局。

与这三种互相依存的视角[4]类似的一种观点认为，特殊地区的经济活动是并且必须是与全球经济融合的，这种经济活动可以展现这一地区的独特特征并且能够满足本地区人民的需求。例如，迪肯（Dicken）强调，成功参与到全球经济体系"只有通过高度本土化的流程才可以达到并得以持续"，并且"经济结构、价值、文化、机制和历史能够极大地有利于目标的成功实现"（1992，p. 307）。斯考特（Scott）认为，其结果"是本地情况和资本主义发展的一个非常特定的结合。"（1988，p. 108）土著人民采取的策略是参与到全球经济中"高度本土化流程"的典范。至少，在抽象的理论层面，土著人的发展方式看起来是合理的，是有可能成功的。

除了这些理论之外，面临的问题是，人们如何成功参与到全球经济体系并建设好自己的经济呢？答案就是通过创业，这里的创业不仅仅限于小型企业和/或企业家创立一家新企业，而是指建设经济的这样一个广泛的过程。迈克尔·莫里斯（Michael Morris）在其《创业强度：对个人、组织和社会的可持续优势》（*Entrepreneurial Intensity: Sustainable Advantages for Individuals, Organizations and Societies, 1998*）中捕捉到了这种流程的广泛性质，说道：“创业是一种普遍的建构，适用于任何人、组织（私人或公共，大型或小型）和国家。”他还认为，“创业指导对于企业的生存和发展以及国家的经济繁荣至关重要。”（1998，p. 2）肯·布拉瓦特（Ken Blawatt）也认同这种关于创业的广泛性质，在谈到这种广泛性质与经济的关系时，他说：“创业是一系列的技巧，但更是一系列源于人类早期进化形成的固有原则。创业本身是商业活动的起源。更为重要的是，创业为经济提供了基础，按照某些标准来说，它也是一个国家的经济自身。”（1998，p. xii）

在同意莫里斯和布拉瓦特关于创业普遍性的观点后，我们希望强调一点，即创业可能是并且可能一直是被文化背景所塑造的（Corbridge，1989；Dicken，1992；Scott，1988）。从建立一个个人逐利的社会这一狭隘的目标到建立一个社会企业家和机构的网络（其目标在于加强社会凝聚力和促进社会经济发展）这一宏大的目标，创业能够服务于一系列不同的目标。土著人即采用了后者这种宏大目标（Basso and Johnstone，1999）。

我们同意参与全球经济所带来的结果具有偶然性这一结论以及创业在这一参与过程中发挥的角色，最后仍然有一个问题面临解答，那就是，为了完成这些宏大的目标，土著人民如何管理发展流程、核心机构和商业？我们将从大卫·纽豪斯（David Newhouse，2000b）的工作出发，来回答这个问题。

纽豪斯认为，对于土著人来说，发展流程的管理涉及一系列亟待解决的紧张关系。一般认为，这些紧张关系发生于两个维度。第一个维度是经济目标和宏大的社会目标之间的关系；第二个维度是现代与传统的管理价值理念、原则和实践之间的紧张关系。

这些紧张关系并不必然会产生一系列相互排斥的替代方案。实际上，通过解决某一个潜在的问题以满足最初看起来比较有挑战性的目标，这种方式通常可以解决某种紧张关系。正如在管理各类组织时所出现的尊重和利用传统土著价值观的强烈愿望。

相比个人主义社会，集体主义社会更难以忍受权力距离。确实，对于土著社会也是这样，并体现在他们关于（1）社会分工，（2）领导力（和决策）等方面的传统价值观念里。对于社会分工，雷德帕思（Redpath）和尼尔森（Nielsen）认为，土著社会“没有等级，社会分工是基于经验和责任”。而对于领导力，他们认为，“领导人不寻求权力，由社区采用非正式方法选择或认可，不仅仅是基于他们高超的技巧，也是基于他们在生活方式和价值观念上所体现出的模范作用……领导者必须得到群体的支持才可以保证自己的地位。”最后，对于决策，他们认为，“协商一致的决策方式十分盛行”（Redpath and Nielsen，1997，p. 331）。这些观点并非雷德帕思和尼尔森所独有；有关加拿大土著人和世界各地的原住民社会的一系列文献也接受这种观点。

这些传统的价值观念和实践并非与现代管理理论中的社会分工、领导者、领导力和决策相抵触，它们其实是处于主流之中。实际上，我们可以说，这些观念与实践其实是前沿的。彼此之间没有冲突，而这些紧张关系也是可以解决的。关于传统的组织架构、赔偿手段、人力资源政策、所有权形式等等，我们需要进一步探讨其他类似的观点。有土著人的管理方式，有日本人的方式，有美国人的方式，也有西班牙人的方式，诸如此类。在当代社会，方法的修改必须适合土著人的商业现实。

除了管理之外，纽豪斯明确地谈到“拥有红色面孔的资本主义”，反映出人们为改变资本主义并让其“与土著的信仰体系相适应”（2000a，p. 56）做出的努力。纽豪斯建议了很多方法，可以（也正在）修正资本主义经济发展的实践以适应土著的价值观念。我们重点选取三种似乎与我们的讨论特别有关系的方式。

第一，“发展将会被视为个人、社会与机构的联合努力”（Newhouse，2000a，p. 59）。第二，“为发展付出的努力将强调人力资本投资而不是个人资本的积累。这种重视人的发展将促使开发人员考虑他们的行为对包括环境在内的生活质量的影响；生活质量可以影响发展的选择”（同上）。第三，“有各种各样的刺激经济支持机构，如开发机构、管理咨询集团、贷款机构等等，其主要功能并非是经济活动本身，而是提高经济[内的能力]的效率。（同上，pp. 59–60）”。更广泛地说，按照韦恩（Wein）的观点，土著发展的流程部分地涉及到“土著社区内的体制能力建设，然后方可开始解决土著人民生活的难题和问题（Wein，1999，p. 61）”。这类体制能力建设就包括像土著发展推进理事会。

四、土著发展推进理事会

1990年，来自加拿大各地的土著经济发展官员成立了该组织。1991年，该组织被联邦吸收为一家非营利性组织。在过去15年间，它已经成为一家致力于推动加拿大土著社区高水平经济发展活动的主要机构。到2006年1月，该组织拥有来自于加拿大各省和各地区的321名成员。

该组织取得的最关键的一项成就就是开发了一套面向致力于土著社区和组织经济发展官员的国家培训和职业资格认证项目。本文后两节将描述该组织在过去15年里开展的一系列活动。

（一）简介

自20世纪90年代开始，提供经济发展服务的职能已经从加拿大政府的高级部门下放到社区。这种下放在很多土著社区催生了经济发展服务提供机制。典型地，这些地方举措包括设立经济发展官员，他们与社区成员一起鼓励设立成功的以社区为基础的企业。此外，其他土著机构开始在区、部落和省/地区雇佣经济发展官员。

下放随之在土著社区带来了很多的挑战和机遇。经济发展官员之所以设立土著发展推进理事会，一方面是为了利用一个系统而有组织的方式来应对这些挑战和机遇。这些成员最初的设想是将该组织视作一个可以通过持续提升经济发展官员的技能和能力来帮助社区成员更好地生活的组织。1990年该组织发布的使命宣言即可体现这一点，其宣称“积极推广并为致力于发展原住民社区经济的人员提供发展机遇和发展网络”。

根据这一使命，该组织的发起人拟定了五大首要目标以指导其战略活动。这五大首要目标是：

1. 为成员提供一个交流思想、分享信息和解决彼此关心的问题的论坛。在很多社区，经济发展官员是唯一的实践者，因此，有必要为他们与其他面临相似情形的经济发展官员建立并维护一个沟通渠道。

2. 通过持续的训练和教育增强经济发展官员的能力。

3. 从政策发展 / 宣传的角度来研究关键的经济问题以协助土著社区的政策发展 / 宣传。

4. 建立提升有效管理能力、有效的服务提供机制和合理的金融及行政架构以确保实现总体目标。

5. 鼓励以社区为基础的商业开发与就业。

为实现这些目标，该组织开展了若干项倡议行动，包括时事通讯、公告板、面向经济发展官员的工作坊、面向土著经济发展的实践者发行的国家级期刊、经济发展官员人名簿、人力资源开发评估工作簿、为社区战略规划过程制作的调解人指南、经济发展官员参考材料数据库以及加拿大地区超过 150 所教育机构的信息辑录（这些教育机构提供与土著社区、经济和商业发展有关的专业课程或项目）。

该理事会的任务和目标已经在过去 15 年里随时间逐渐演变。如今，它的使命宣言是“建设加强土著社区的能力”，而它的目标演变为：

1. 为职业发展和经济发展官员能力建设提供机制；

2. 改善土著社区和经济问题的大众教育和意识；

3. 协助稳定社区环境，经济方可繁荣；

4. 为土著社区及其经济发展建立各种合作伙伴关系和联盟；

5. 维持负责任、高质量和有效的运行。

就实现其目标而言，土著发展推进理事会所取得的最重要并且最为持续的成就就是为在土著社区和组织内外工作的经济发展官员开发并实施了一项国家培训和职业认证项目。这一职业认证是全球首创。关于该项目的发展是下一个小节讨论的主题。

（二）国家培训和职业认证项目

为在土著背景之下的经济发展官员开发并实施一项国家培训和职业认证项目这个想法，起源于土著发展推进理事会于 1993 年发布的《经济发展官员培训需求分析》（Price Waterhouse，1993）。该报告的结论是基于分析经济发展官员在整个加拿大完成的165份电话调查得出的。该报告的结果显示,“相比土著社区和政府,经济发展官员不太了解经济发展方面的商业和经济问题。”这一调查的结果还说明,“为原住民社区的经济发展官员开展特殊培训的需求十分强烈。”报告的作者在结尾认为,土著发展推进理事会可以在开发和管理这类项目上发挥作用,而这种作用可以用下列两种方式实现。

第一种方式,土著发展推进理事会可以设计、开发并实施一个满足土著社区经济发展官员需求的培训项目。第二种方式要求土著发展推进理事会评估和鉴定加拿大大专院校现有的课程和项目。报告的作者认为,第一种方式面临两个问题:成本高昂且该组织的定位并不是培训机构。就积极的一面而言,采用第一种方式,则项目的内容可以按照土著社区内和/或为土著社区工作的经济发展官员的具体需要而调整。相反地,第二种方式的成本不会那么高,也不要求土著发展推进理事会像教育机构那样运行。但是,第二种方式的问题是项目内容。现有的项目能够解决土著社区内经济发展官员知识和技能要求的问题吗?

理事会决定采取第二种方式,条件是只有符合土著要求的项目才会获得认可。很显然,在能够认证这些项目/课程之前,该理事会必须开发出一套职业标准或指南。这揭示了在土著社区工作的经济发展官员所面临的挑战以及应对这些挑战所需的技能和知识。只有这样,他们才能评估现有课程和项目的适当性。1994年,该理事会的董事会成立了教育、培训和就业常务委员会。[6]该委员会的任务是“通过研究和成员之间的交流,开发并加速为经济发展官员提供相关的、可获得的并且人们承受起并经过认证的课程”。

为了给这项工作打下坚实的基础,该理事会举行了两次为期三天的工作坊以制定DACUM(开发一项课程)的流程表。来自乡村和城市的24名经济发展官员志愿者参与到了这些活动中。DACUM流程表为理事会提供了评估在土著社区工作的经济发展官员全面能力的剖析表,其目的有两个:鉴定和资格认证。鉴定是指所提供的信息是用来确保某一所大学或学院的项目与土著经济发展有关。资格认证是指评估寻求职业认证的个人的能力水平。

自 1994 年到 1996 年，土著发展推进理事会持续地推动资格认证项目。1996 年，在一份提交给土著发展推进理事会的报告中，教育、培训和就业常务委员会建议在土著经济发展官员资格鉴定上应当遵循下列 10 项原则：

1. 土著发展推进理事会应当制定、指导并控制资格认证的一系列流程。

2. 土著发展推进理事会应当在申请人完成要求后予以认证。

3. 土著发展推进理事会应当制定资格认证标准。

4. 土著经济发展官员资格认证的标准应当基于 1996 年的经济发展官员能力剖析表。

5. 为寻求土著发展推进理事会认证的个人提供培训和教育的方式应当与土著发展推进理事会向加拿大皇家土著人民委员会建议的内容相一致。这些内容包括：

（a）由土著人所属机构提供；

（b）应当是模块化的；

（c）由颁发证书、学位或学位课程认定的高等教育机构鉴定。

6. 个人应当通过以下两种方式的结合满足认证要求：

（a）高等教育机构提供的认证课程，并且

（b）通过先前学习评估（PLA）[7] 来评估经验。申请认证的候选人还应当有大量的实际经验。

7. 符合条件并拿到土著发展推进理事会认证的个人可以使用已注册的专业名称。

8. 获得土著发展推进理事会的专业名称的个人有望参与持续的职业发展活动以保留其资格认证。

9. 获得土著发展推进理事会的专业名称的个人开展的活动应当遵循 1994 年 8 月通过的土著发展推进理事会的道德规范。

10. 个人必须成为土著发展推进理事会信誉良好的会员以保留他们的专业名称。

1996年10月29日，周二，在萨斯卡通召开的第三届土著发展推进理事会年会上，埃塞尔·布隆丹－安德鲁（Ethel Blondin-Andrew，加拿大国家培训和青年部部长）宣布联邦政府将为资格认证/鉴定项目提供43.6万加币。在财政援助之下，土著发展推进理事会和教育常设小组能够开始实施经过认证的土著经济发展项目。教育常设小组由来自加拿大各大学术机构的教授和致力于设立该项目的社区成员组成。他们带来了大量的专业知识并为满足无可比拟的卓越标准而努力。

本小节其余内容描述了这个项目。候选人必须满足项目的第一个或“技术”阶段的要求才能进入到第一个或专业阶段。技术阶段包含16项核心能力（从1994年DACUM结果中收集），包括：

1. 经济体的性质、结构功能和发展；
2. 社区经济发展的哲学与理论；
3. 社区经济发展的实践；
4. 社区和政治流程；
5. 组织的性质、结构和功能；
6. 土著经济发展的背景；
7. 当代土著发展的方式和问题；
8. 财务会计；
9. 管理会计；
10. 社区影响分析和评估；
11. 入门级市场营销；
12. 新企业开发；
13. 以社区为基础的研究方法；
14. 土著商业法和政策；
15. 书面和口头形式的沟通；
16. 计算机应用。

候选人可以使用三种方法中的其中一个来证明上述列出的16个方面的能力。他们可以选择完成大学或学院提供的项目，这些大学或学院已经由土著发展推进理事会认证并满足上述所有 16 项条件。或者他们也可以选择按照单门课程考核的课程。例如，成功完成一门经济学入门课程可以证明达到了能力 1 的要求，即经济的性质、结构、功能和发展。最后，他们可以使用“先前学习评估”手段来证明他们达到了任何一个技术水平的能力要求。第二个或专业水平要求包括（1）参与并完成土著发展推进理事会发展课程，（2）完成土著经济发展的两年经验要求，以及（3）完成并发表一项与土著经济发展相关的论文或案例研究。

职业发展课程——综合知识与经验——代表了该认证项目专业水平要求的最高水平。在为期五天的强化过程中，这门课程要求参与者将认证项目前几个环节学习到的知识加以综合运用，讨论各自的经验并就道德、沟通与领导力这三个主要的议题发表看法。这门课的目的是为了鼓励人们参与并公开直接地讨论专业标准，这些标准包括土著发展推进理事会行为准则（CED）以及其他相关的紧迫问题。在一周结束之时，参与者创作并展示要求撰写的关于土著经济发展的论文或案例研究。到目前为止，专业发展课程（PDC）已经开展过两次。1999 年，土著发展推进理事会与不列颠哥伦比亚的彻梅纳斯原住民学院（Chemainus Native College）联合开展了专业发展课程。当时，这门课程主要着眼于道德、领导力、沟通和当前话题 / 问题。2001 年，土著发展推进理事会与位于悉尼的卡普顿大学合作，第二次实施了该项目。

认证依然是土著发展推进理事会董事会的主要目标之一。在其 1999~2002 年的工作计划中，第一个目标是“为经济发展官员提供专业发展和能力建设的机制”。该工作计划列举了三年内三大活动，（1）将该项目作为年轻人 / 学生的新职业路径推广到其成员单位的经济发展官员和土著社区领导人那里，（2）将该项目推广到大学和学院并鼓励他们申请鉴定，以及（3）更新土著发展推进理事会网站上的认证材料。本土的经济发展官员和中南美洲的教育机构也要求参与该项目并获得西班牙语的培训课程。

至今为止，该项目广受好评。个人和教育机构的兴趣及参与程度十分令人感到鼓舞。至 2004 年 7 月，共有 195 名候选人进入认证流程，而从技术水平课程毕业的有 34 名。表 11–1 按照省份分析了这些候选人和技术毕业生。同期举行的还有五项鉴定项目：不列颠哥伦比亚的尼古拉河谷理工学院，努纳武北极学院，凯普波瑞顿大学，育空极光学院和安大略阿尔戈马大学。该理事会还将持续与高等教育机构合作推进土著经济发展人员认证流程的认证项目。

表 11–1 按省和地区统计的认证项目参与人员

省/地区	候选人	技术人员
育空地区	16	0
努尔武特地区	26	0
西北地区	4	0
不列颠哥伦比亚省	41	21
阿尔伯塔省	16	4
萨斯喀彻温省	23	0
马尼托巴省	9	2
安大略省	10	1
魁北克省	7	2
新不伦瑞克省	17	0
新斯科舍省	22	4
爱德华王子岛	5	0
纽芬兰省	2	0

五、总结

该理事会就认证（及其他活动）所做出的努力可以被当作为支持创业和经济发展而进行有效的机制建设的典范。专业认证项目的诞生源于增进个人在促进土著社区和组织的经济发展中所发挥的作用的有效性。经济发展官员处于创业过程的最前沿，而创业流程是土著实施经济发展方式的最关键因素。他们必须有效地开展工作——如果土著的发展方式是“本地情况和资本主义发展的一个非常特定的结合”（Scott，1988，p. 108），而土著的“价值、文化、机制和历史”能够做出极大的贡献。

注

1. 本文的精简版于 2001 年在魁北克举行的加拿大小企业和创业委员会大会上做了宣读。

2. 这里使用了 1991 年的数据，因为皇家土著人民委员会（1996）在其基准数据中使用了相同的人口统计数据。

3. 关于该方法以及正在实施的相关证据的深度描述，参阅安德森和吉普森（Anderson and Giberson，2002，p. 3）。

4. 关于这些视角的深度讨论和其中一种观点，参阅安德森和博恩（Anderson and Bone，1995）和安德森（Anderson，1997；2002）。这些讨论和这种观点可能综合成经济发展的“应变视角”。

5. 基于霍夫斯泰德（Hofstede，1980）。

6. 本章作者均为该委员会的常设委员。

7. 有价值的学习不仅仅限于正式的教育环境，也可以在其他环境中得到，这就是先前学习评估所依赖的思想。许多经济发展官员已经掌握了第一个层次的核心能力，而先前学习评估正是承认和评估这种经验的流程。

参考文献

Anderson R.B. (1997), ‘First nations economic development: the role of corporate Aboriginal partnerships’, *World Development*, **25** (9), 1483–503.

Anderson, R.B. (2002), *Aboriginal Entrepreneurship and Business Development*, North York: Captus Press.

Anderson R.B. and Bone, R.M. (1995), ‘First nations economic development: a contingency perspective’, *The Canadian Geographer*, **39** (2), 120–30.

Anderson, R.B. and Giberson, R.J. (2002), ‘Aboriginal economic development: theory and practise’, paper presented at the 2002 Babson Kauffman Entrepreneurship Research

Conference, Boulder, CO: BKERC.

Anderson, R.B. and Giberson, R. (2003), 'Aboriginal economic development in Canada: thoughts on current theory and practise', in C. Stile and C. Galbraith (eds), *Ethnic Entrepreneurship: Structure and Process*, Oxford: JAI Press/Elsevier, pp. 141–67.

Basso, G. and Johnstone, H. (1999), 'Social entrepreneurs and community development', paper presented at the Atlantic Schools of Business 1999 Conference, Halifax, Nova Scotia.

Blawatt, K. (1998), *Entrepreneurship: Process and Management*, Scarborough: Prentice Hall, Canada.

Corbridge, S. (1989), 'Post-Marxism and development studies: beyond the impasse', *World Development*, **8** (5), 623–39.

Dicken, P. (1992), 'International production in a volatile regulatory environment', *Geoforum*, **23** (3), 303–16.

Hofstede, G.H. (1980), *Culture's Consequences: International Differences in Work-related Values*, Beverly Hills, CA: Sage Publications.

Morris, D. (1996), 'Communities: building authority, responsibility and capacity', in J. Mander and E. Goldsmith (eds), *The Case against the Global Economy: And for a Turn toward the Local*, San Francisco, CA: Sierra Club Books.

Morris, M. (1998), *Entrepreneurial Intensity: Sustainable Advantages for Individuals*, Organizations and Societies, Westport, CT: Quorom Books.

Newhouse, D. (2000a), 'Modern Aboriginal economies: capitalism with a red face', *Journal of Aboriginal Economic Development*, **1** (2), 55–61.

Newhouse, D. (2000b), 'Review of community development around the world: practice, theory, research and training', H. Campfens (ed.), *Journal of Aboriginal Economic Development*, **1** (2), 65–6.

Price Waterhouse (1993), *Training Needs Analysis of Economic Development Officers*, Edmonton: Price Waterhouse.

Redpath, L. and Nielsen, M. (1997), 'A comparison of native culture, non-native culture and new management ideology', *Canadian Journal of Administrative Sciences*, **14** (3), 327–39.

Royal Commission on Aboriginal Peoples (1996), *Report of the Royal Commission on Aboriginal Peoples*, Ottawa: Royal Commission on Aboriginal Peoples.

Schuurman, F.J. (ed.) (1993), *Beyond the Impasse: New Directions in Development Theory*. London: Zed Books.

Scott, A.J. (1988), *New Industrial Spaces: Flexible Production Organization and Regional Development in NorthAmerica and Western Europe*, London: Pion Ltd.

So, A. (1990), *Social Change and Development: Modernization, Dependency, and World-System Theories*, Newbury Park, CA: Sage Publications.

Wein, F. (1999), 'The Royal Commission report: nine steps to rebuild Aboriginal economies', *Journal of Aboriginal Economic Development*, **1** (1), 102–19.

第十二章　创业中的新西兰毕业生：互相依赖的一个范例

莱奥–保罗·达纳

一、简介和方法

学生们大学毕业后干什么？本章是针对新西兰克莱斯特彻奇（基督城）的坎特伯雷大学的毕业生的研究结果。克莱斯特彻奇是新西兰南岛最大的城市，与政府或大公司相关的就业机会在这里很有限。

研究方法包含与坎特伯雷大学已经毕业的学生举行的七次焦点小组活动。那些选择涉足创业，而不是寻求就业机会的，被邀请参加开放式的采访。

与美国式创业者的个人主义和寻求独立的刻板印象相反，受访的毕业生倾向于寻求网络的合作。这表现为两种形式：(1)成为特许经销商的倾向；(2)积极参与到现有的网络中。

很多文献资料讨论到网络是根据种族关系建立的，因为创业者与志同道合的、互相理解以及相处融洽的人做生意时，会更舒服。该研究的受访者没有使用种族作为创建网络的基础，而是与其他拥有相同的技术文化的人建立网络。

以下各节将讨论这种技术文化，然后回顾与教育和创业有关的文献。这之后是关于典型的独立创业家的文献综述，可以看出受访者并不符合这一传统形象。在关于网络创建的文献综述和新西兰的介绍之后，就是对新西兰的技术文化网络创建的讨论。特许经营被视为网络创建的一种形式。本章结尾处会讨论对未来研究的启示和建议。

二、技术文化

在全球化影响整个社会之前，一个国家的精英就经常与另一个国家的精英合作。虽然英格兰的农民与欧洲大陆几乎没有接触，王室成员却与欧洲贵族通信、混合甚至是结婚。尽管英国平民与普鲁士人几乎没有任何共同之处，维多利亚和阿尔伯特却共享超越国界的王室生活。维多利亚女王与她说着德语的丈夫的共同点比她和东伦敦的工人阶级或者苏格兰高地的牧民的共同点更多。换句话说，精英享受着超越国界的跨国文化。

在当今世界，传统的生产要素已经让位给了知识，知识已经成为创造财富的原动力。一群知识分子创造了一个新的围绕新技术的跨国文化，依附它的人彼此吸引。黛娜等人（Dana et al.，2002）称此为技术文化。本章介绍了新西兰的技术文化，并研究了与之相关的网络。再一次说明，物以类聚，人以群分。研究结果表明，在一个技术文化网络中与其他毕业生的联系可以增加合作的机会，并且提高创业的盈利。研究结果还显示，因为技术概念较少，毕业生被特许经营系统所吸引。

三、教育和创业

库珀和邓克尔伯格（Cooper and Dunkelberg，1987）发现创业者比非创业者受的教育更多。那么，调查毕业生中的创业情况是有道理的。

但是，对于大学是否真的对创业有贡献，有人持怀疑态度。据耐特（Knight，1987）介绍，潜在的创业者可以受到学校的鼓励，但他却认为商学院的毕业生成为创业者是出于对教育系统的不满，而不是因为它的积极作用。卡奥（Kao，1988）也说过同样的话，许多人就是因为教育系统根本不鼓励推陈出新而丧失了创业精神。与这一观点一致，卡斯特罗等人（Castro et al.，1988）提出北美大学对已成立的新企业的贡献微乎其微。弗莱明（Fleming，1988）调查了澳大利亚的大学是否促进了创业家的形成，结果发现样本中只有 16% 的人认为学术界的贡献有价值。

然而，实证研究表明，教育的增加与成为自我雇佣的可能性的增加呈正相关。罗宾逊和塞克斯顿（Robinson and Sexton，1994）发现教育和自我就业之间存在正相关关系。他们的研究认为，每一年的教育提高 0.8% 的自我就业的可能性，同时年收入增加 1208 美元。作者总结，“最终的结果是，虽然教育对工薪收入者很重要，但是它对于自我雇佣的人们的成功更为重要”（Robinson and Sexton，1994，p. 152）。

莱特与罗森斯坦（Light and Rosenstein，1995）同意教育和自我就业之间存在正相关关系。他们研究认为，每一年的教育提高 0.7% 的自我就业的可能性。

本章所基于的研究发现，新西兰的毕业生在与对技术文化感兴趣的受过良好教育的毕业生建立网络的过程中，获益匪浅。受访者表示与其他毕业生建立网络可以增加合作的机会，并且提高创业的盈利。尽管文献资料中的传统创业者是个人主义的我行我素派，新西兰的毕业生似乎更愿意与技术文化网络中志同道合的毕业生合作。

四、独立的创业者

创业文献资料的传统关注点是创业者的个人素质。坎蒂利翁（Cantinllon，1755）是第一个将创业者比作冒险家的人。塞伊（Say，1803；1815）和密尔（Mill，1848）也将创业与风险联系在一起。伊利（Ely）和赫斯（Hess）将创业者定义为“商业企业的最终所有者，做出最终决策，并承担这些决策所涉及的风险的人”（1893，p. 95）。耐特（1921）将创业者描述为非量化风险的承担者，并且将承担风险所获得的回报作为收益。奥克斯菲尔德特（Oxenfeldt，1943）认识到风险在创业中的核心地位。科尔（Cole，1959）也调查了不确定性的风险。柯克兰（Cochran，1968）认为风险是创业者的一个独特属性。夏皮罗（Shapero）发现，“几乎在所有关于创业的定义中，都存在一种共识，那就是我们正在探讨的是一种包括……对风险的接受的行为”（1975，p. 87）。

许多关于创业者个性的研究已经完成。例如包括贝格利和博伊德（Begley and Boyd，1987），布洛克豪斯（Brockhaus，1982），布洛克豪斯和霍维茨（Brockhaus and Horwitz，1986），加塞（Gasse，1977；1985），凯茨·德·弗里斯（Kets de Vries，1977），塞克斯顿和鲍曼（Sexton and Bowman，1985），塞克斯顿和鲍曼·厄普顿（Sexton and Bowman Upton，1990）和蒂蒙斯等人（Timmons et al.，1985）。尽管这些文献资料很多都表明，创业者通常拥有某些与生俱来的特性，但其他包括吉布（Gibb，1986）和耐特（Knight，1987）在内的人表示，创业行为也可以通过培训来提高。

虽然关于什么是创业者，没有一个唯一的、普遍接受的定义，研究者认为创业者是拥有独特品质的个体。

个人主义和对独立的渴望通常在这些特征之列。

五、网络

尽管企业家的刻板印象是个人主义与对独立的渴望，但是大量的社会学文献开始关注那些因为网络而降低风险，并从中获益的创业者。建立网络涉及在信息、支持和协助等方面建立起联系人网络。互惠性优惠待遇会降低交易成本。

奥尔德里奇和齐默（Aldrich and Zimmer，1986）将社会网络理论融合到创业的研究中，并研究社会网络对自我就业的影响；他们总结出，网络可能是创业成功的基本要求。卡斯鲁德等人（Carsrud et al.，1986）也发现网络对理解新企业的发展非常重要。

奥尔德里奇等人（Aldrich et al.，1987）研究了社会网络对营利的影响，以及对业务开发的影响；他们发现网络的可使用性在预测新企业创建方面十分重要。同样地，杜比尼和奥尔德里奇（Dubini and Aldrich，1991）发现网络对创业至关重要。戈麦斯－卡塞雷斯（Gomes-Casseres，1996）关注的是小型企业的联盟战略。安德森（Anderson，1995），邓宁（Dunning，1995），霍尔姆等人（Holm et al.，1997）以及约翰森和他的同事们（Johanson and Associates，1994）研究了商业网络对企业国际化的影响。

其他发现网络对创业活动十分重要的研究包括：奥尔德里奇（Aldrich，1989）；伯利（Birley，1985）；约翰尼松（Johannisson，1987）；奥尔姆等人（Olm et al.，1988）；以及谢弗和斯科特（Shaver and Scott，1991）。

网络的建立经常发生在拥有类似的文化或种族关联的创业者之间。奥尔德里奇等人（Aldrich et al.，1984）重点关注的是移民创业者和他们的原籍国之间的网络。通过分析在英国的亚洲创业者，他们的研究发现，亚洲的创业者从“某些禁止非种族竞争对手的优势”中获益（Aldrich et al.，1984，p. 193）。他们发现这种种族飞地内部十分团结。韦伯纳（Werbner，1984）同样考察了英国的巴基斯坦创业者之间的网络。由于利用机会的可能性似乎与小组内部组织能力有关，如创建一个种族网络，奥斯特和奥尔德里奇（Auster and Aldrich，1984）总结出，种族飞地通过提供种族市场，以及一般的社会和经济支持，包括信贷，降低了小型企业的脆弱性。

在关于亚特兰大的韩国人的研究中，民和贾勒特（Min and Jaret，1985）发现他们的网络被作为创业者的一个人才来源。奥尔德里奇和齐默（Aldrich and Zimmer，1986）同样发现民族网络在英国也有效果。

布瓦塞万和格罗滕布雷格（Boissevain and Grotenbreg，1987），在他们关于阿姆斯特丹的苏里南人的研究中提出，人脉网络的获得是创业者的重要资源。他们指出，例如，网络可以提供关于批发商的介绍和政府检查的警告，他们还展示了阿姆斯特丹的小型企业在一个志同道合的人组成的社会支持网络中获得成功。伊耶和夏皮罗（Iyer and Shapiro，1999）阐述了外来种族的创业者在移民的国家内，是如何利用其在当地种族网络中的成员身份从他们原籍国进口的；因此，这些商人将国际活动融入到了这两个国家的社会 / 种族网络的供应链和价值链中。

其他对种族企业的文献资料有所贡献的包括奥尔德里奇等人（Aldrich et al.，1984）；奥尔德里奇和沃尔丁格（Aldrich and Waldinger，1990）；卡明斯（Cummings，1980）；黛娜（Dana，1995）；詹金斯（Jenkins，1984）；莱特（Light，1972；1980；1984）；莱特与博纳西奇（Light and

Bonacich，1988）；民（Min，1984；1986–1987；1987）；民和贾勒特（Min and Jaret，1985）；波特斯和巴赫（Portes and Bach，1985）；波特斯和詹森（Portes and Jensen，1987；1989；1992）；桑德斯和尼（Sanders and Nee，1987）；沃尔丁格（Waldinger，1984；1986a；1986b）；沃尔丁格和奥尔德里奇（Waldinger and Aldrich，1990）；沃尔丁格等人（Waldinger et al.，1990 a）；沃尔丁格、麦克沃伊和奥尔德里奇（Waldinger，McEvoy and Aldrich，1990b）；沃德（Ward，1987）；沃德和詹金斯（Ward and Jenkins，1984）；黄（Wong，1987）；和吴（Wu，1983）。很明显，在欧洲、美洲和亚洲，创业者通常会向由类似种族的人组成的种族网络寻求商业支持。

与此相反，本章所依据的实证研究显示，新西兰的毕业生没有采取积极的行动，将他们的网络限制于种族联系。相反，他们是和与他们拥有相同技术文化的人建立网络联系。

六、新西兰

如今，新西兰拥有世界上最开放的经济体之一和管制最松的商业部门之一。鉴于这种市场化的环境，以及国内市场的规模较小，新西兰的独立小型企业越来越难实现自身的蓬勃发展。考虑到新西兰被视为小型企业之国（Linowes and Dixon，1992），这个问题很重要，可能会影响到这个国家很大一部分的人口。卡梅伦等人（Cameron et al.，1997）计算出所有新西兰的公司中有 85% 的公司聘用 5 人或以下。麦格雷戈和戈麦斯（McGregor and Gomes，1999）指出中小型企业聘用了当时新西兰劳动力的 60%。弗莱彻（Fletcher，1999）指出，在新西兰总共 250 万家公司中，只有 1300 家雇员超过 100 人。

大家对新西兰小型公司的兴趣一直在增长。莱文·H. 和莱文·M.（Levine H. and Levine M.，1983）重点关注的是斯图尔特岛上的小型企业。莱文（1985）开展了一项关于斯图尔特岛上的个体户渔民以及他们对社区的社会组织的影响的人种学研究。泰勒（Taylor，1993）发现，新西兰的小型企业相比较大的企业而言，市场导向性不足。同样的，在他们对 427 名受访者（来自于新西兰统计局提供的一份 1250 个组织的列表）的研究中，泰勒和布鲁克斯邦（Taylor and Brooksbank，1995）发现小型企业和大型企业之间存在明显的差别。

结合深入的案例研究和邮件调查，科维耶洛和芒罗（Coviello and Munro，1995）从 25 家总部设在新西兰的计算机软件公司获得了数据。他们的研究发现，国外市场的选择和准入措施来自于通过正式和非正式网络联系人所创建的机会。网络关系促进了快速增长，同时积极地影响到增长模式和国际化的进程。他们总结出，新西兰的小型软件公司依靠网络关系在国外市场开展与营销相关的活动。

在他们对 12 个业主控制的新西兰制造商的出口因果过程的定性研究中，切蒂和汉密尔顿（Chetty and Hamilton，1996）发现了支持里德（Reid，1981）的阶段模型和心理距离概念的证据。该研究也揭示了其他影响出口过程的因果要素；这些包括相对的技术复杂性、企业规模和国内的市场环境。

卡尔松（Carlsson，1996）对欧洲、新西兰和美国的制造企业进行了一次国际性的比较研究。这项研究发现了新西兰的一个独特情况。虽然经济下滑，制造业机构数量增长迅速，但是制造业就业人数下降。因此，制造商的平均规模从 1978 年 30.9 名员工下降至 1993 年的 11.5 名员工。

科维耶洛和芒罗（Coviello and Munro，1997）研究了新西兰 4 家软件企业的国际化进程。他们发现建立环节十分快速，并且被压缩成只有三个阶段，特点是通过投资网络关系，将市场开发活动具体化。这些作者建议可以通过将渐进式国际化的模型与网络视角结合，来更好地理解国际化的模式。

迪恩等人（Dean et al.，1998）集中研究了坎特伯雷省的制造企业。在他们对出口发展的研究中，他们发现两种类型的出口障碍：在各个发展阶段一直不变的和重要程度一直变化的。伯格和汉密尔顿（Berg and Hamilton，1998）专注于新西兰企业在国际化方面做出的努力，发现合资企业往往会以失败告终。萨德勒和切蒂（Sadler and Chetty，2000）发现，新西兰的出口商受到业务网络的影响。

七、新西兰的技术文化网络

每个星期，在基督城，志同道合的大学毕业生——对科学和技术感兴趣的——会聚集在看起来似乎不太正式的烧烤聚会上。这一事件被称为技术 BBQ（烧烤），最初它是由参与当地人才培育计划的个人主办的。如今，代表着各种业务和技术的创业者和创新者都会定期参加这项聚会。在此聚会上，毕业生进行社交，建立网络和达成交易。

人才培育计划的目标是扶持创业，以及刺激出口。然而，人们感觉人才培育计划本身的推广却太少。为了提高社区意识，同时为志同道合的毕业生创造见面的机会，其参与者选择了技术 BBQ。计划之外的人对这一活动也很感兴趣，所以它已经成为一个技术文化的地方机构，尽管不是正式的。它将技术开发人员、行业人士、投资者，甚至是艺术家聚集在一起，他们彼此互补的技能可以帮助各自的业务。用 *Newztel News* 发言人玛丽·威尔逊的话说，“这可不是烤烤香肠那么简单。”

技术 BBQ 有很多创新领袖出席。这些领袖包括：科林·查普曼（Colin Chapman），英维思能源（原名施威特克）的创始人；坎特伯雷创新培育计划的约翰·汉密尔顿（John Hamilton）；克里斯汀·莫尔（Christine More），单词工程师；沃里克·谢佛尔（Warwick Schaeffer），大道（布尔瓦）网络系统公司背后的创业家。大道（布尔瓦）网络系统公司的品牌和标识是由当地艺术家设计的，谢佛尔先生就是在技术 BBQ 上遇见他的。谢佛尔先生在这一建立联系网络的聚会上还发掘了一个投资者，以及种子客户。同样，大卫·莱恩（David Lane），一位自由职业的开源软件专家，进一步发展了网站的功能，他就是通过每周一次的聚会寻找新客户；他在 BBQ 上遇到的平面设计师已经加入了他的一些项目。

雨果·克里斯廷松（Hugo Kristinsson）总结了他从这些聚会上业已获得的好处：法律问题、保险问题、分销协议；寻找办公空间；金融问题，社会问题，包装问题和就业问题，这些都找到了解决途径。罗布·格拉西（Rob Glassey，）解释说："许多联系都是在大多数技术公司的人们已经熟知的'技术'环境之外达成的。例如，为公关、平面设计、会计、法律工作、营销和分销寻求联系。"

此外，技术BBQ为其参与者提供机会分享经验，探讨问题，以及相互学习。这不仅包括商业战略还包括技术。同时，成功的创业家成为有抱负的商业人士的导师或榜样，使后者提升了自信心。坎特伯雷出口协会原副会长，黛博拉·夏普林（Deborah Sharplin）补充道："事实上，出口是基于关系……"

参与者之间的互惠性优惠待遇确实降低了交易成本。创业者情愿放弃一部分的独立性，从相互依存的优势中获益。用克里斯汀·莫尔的话来说，"这是一个社区。它支持……"

八、特许经营

尽管非正式的技术文化网络对于一些毕业生来说很有效，但其他毕业生更倾向于更大的组织结构和形式，例如特许经营所提供的产品和服务的分销方法，特许人通过特许经营者的网络扩展自己。特许经营网络是通过一个较大的特许人和较小的特许经营者之间的合同协议绑定在一起的。特许经营从而建立起小型企业的网络，代理大型企业经过验证的产品和/或服务的分销。

对于特许人而言，特许经营是快速打入市场的一种手段。对于特许经营者而言，这是一种获得现有商业网络的方式。特许经营同时帮助特许人和特许经营者获得规模经济。由于独立的小型企业单靠自己的力量茁壮成长越来越难，除非他们具有全球竞争力，因此特许经营正在成为新西兰企业之间越来越受欢迎的合作手段。

对于刚毕业的学生，特许经营具有吸引力，因为特许人为小规模的创业者提供了一个营销方案。这其中包括品牌名称和标识、商标、产品、服务标准、技术专长、广告和运营方法。从特许经营者的角度来看，特许经营的优势包括来自特许人的承诺，其中涉及一个支持体系。特许经营者在选址、早期设计、运营和广告方面获得协助。特许人提供产品和服务质量。由于特许人的网络，特许经营者可以获得开展规模经济的途径。特许人还会提供获得专业知识、经验、培训和营销的途径。对于刚毕业的大学生而言，这意味着成功的机会更高，这都得益于更短的学习曲线和特许人提供的已经建立起的商标/服务标志。此外，银行融资常常会更偏向于连锁经营。这样的协议让特许经营者可以通过融入到较大特许人的网络中来实现规模经济。对于特许人来说，特许经营提供了较为廉价的扩张资本来源，同时提供比战略联盟更大的控制权。新的共生关系由此产生，从而使企业实现与国际化接轨的扩张范围和效率——与他们单靠自己相比，更加快速和有效。

直到最近，在新西兰，小型公司和大公司之间的其他类型的合作协议都是以交易为基础的；换句话说，他们可能会因为任何一方的意愿而终止——通常是较大公司一方。相反，特许经营的特点是相互依存，双方以一种持久且不断发展的方式相互依赖。在一个真正的共生关系中，特许人离不开特许经营人。

特许经营使公司可以建立起共生关系，在这种关系中，特许人和特许经营人互相依赖，使他们的整个网络获得世界级的竞争力。最终，在效率方面的提升使网络作为一个整体，可以更加有效地竞争，并且在全球范围内赢得市场份额。年轻的毕业生可以借鉴整个网络所汇集的能力和知识储备，而不是自己学习所需要的知识。

九、启示

尽管创业者的传统形象被塑造成独立的冒险家，但是在新西兰，目前存在一种倾向于相互依存的网络的趋势。相比传统的文献资料，这是一个相当大的转变。不同于其他地方所盛行的种族网络，本章的重点是拥有相同的技术文化的个人之间的网络建立。这是一个相当新的现象，并且与现有的理论之间存在脱节。

如今，新西兰的毕业生想要成为独立的创业者不再那么容易，因为环境已经不再对此给予保护。网络正在争夺全球的市场份额。

这样一来也给教学带来一些启示。为了在网络中工作，创业者需要相比以往更多的人际交往能力。他们需要学习与同一网络中的其他创业者高效地互动，以及与其他网络高效地互动。

同时对实践也有所启示。在知识网络的基础上发展是一项新的战略竞争力，这也必然会对管理者产生冲击，尤其是那些仍然坚持完全独立运营这一方向的。从独立到相互依存的这种范式转换，影响十分深远。这些启示在很大程度上违背了有关小型企业的独立发展和管理的传统思维。全球环境需要新的战略，经常会涉及独立性和利润之间的平衡取舍。

共生网络正在引领商业中的相互依存；我们正在将重点从公司转移到与网络的关系。在新西兰，那些为了效率和利润的提升而自发合作的毕业生中，权力和控制权是分开的。

十、针对未来的研究

传统的创业研究都集中在个人创业者身上。这些可能是不够的。如果创业者在网络中工作，那么或许关注的对象应该是网络。

进一步的研究可能会比较新西兰与其他地方的情况。建立网络是成为了普遍的现象，还是它只是经济萎靡环境下的必需品？

参考文献

Aldrich, H.E. (1989), ‘Networking among women entrepreneurs’, in O. Hagen, C. Rivehum and D.L. Sexton (eds), *Women-Owned Businesses*, New York: Praeger, pp. 103–32.

Aldrich, H.E. and Waldinger, R.D. (1990), ‘Ethnicity and entrepreneurship’, in W. Scott and J. Blake (eds), *Annual Review of Sociology*, **16**, 111–35.

Aldrich, H.E. and Zimmer, C. (1986), ‘Entrepreneurship through social networks’, in D.L. Sexton and R.W. Smilor (eds), *The Art and Science of Entrepreneurship*, Cambridge,

MA: Ballinger, pp. 3–24.

Aldrich, H.E., Jones, T.P. and McEvoy, D. (1984), 'Ethnic advantage and minority business development', in R. Ward and R. Jenkins (eds), *Ethnic Communities in Business: Strategies for Economic Survival*, Cambridge: Cambridge University Press.

Aldrich, H.E., Rosen, B. and Woodward, W. (1987), 'The impact of social networks on business foundings and profit in a longitudinal study', *Frontiers of Entrepreneurship Research*, Wellesley, MA: Babson College, pp. 154–68.

Anderson, P.H. (1995), *Collaborative Internationalisation of Small and Medium-Sized Enterprises*, Copenhagen: DJOF.

Auster, E. and Aldrich, H.E. (1984), 'Small business vulnerability, ethnic enclaves and ethnic enterprise', in R.Ward and R. Jenkins (eds), *Ethnic Communities in Business: Strategies for Economic Survival*, Cambridge: Cambridge University Press, pp. 39–54.

Begley, T.M. and Boyd, D.P. (1987), 'Psychological characteristics associated with performance in entrepreneurial firms and smaller businesses', *Journal of Business Venturing*, **2**, 79–93.

Berg, J.N. and Hamilton, R.T. (1998), 'Born to fail? International strategic alliances experiences of New Zealand companies', *Journal of International Business and Entrepreneurship*, **6** (1 and 2), 63–76.

Birley, S. (1985), 'The role of networks in the entrepreneurial process', *Frontiers of Entrepreneurship Research*, Wellesley, MA: Babson College, pp. 325–37.

Boissevain, J. and Grotenbreg, H. (1987), 'Ethnic enterprise in the Netherlands: the Surinamese of Amsterdam', in R. Goffee and R. Scase (eds), *Entrepreneurship in Europe: The Social Process*, London: Croom Helm, pp. 105–30.

Brockhaus, R.H. (1982), 'The psychology of the entrepreneur', in C.A. Kent, D.L. Sexton and K.H. Vesper (eds), *Encyclopedia of Entrepreneurship*, Englewood Cliffs, NJ: Prentice-Hall, pp. 41–56.

Brockhaus, R.H. and Horwitz, P.S. (1986), 'The psychology of the entrepreneur', in D. Sexton and R.W. Smilor (eds), *The Art and Science of Entrepreneurship*, Cambridge,

MA: Ballinger, pp. 25–48.

Cameron, A.F., Massey, C. and Tweed, D. (1997), 'New Zealand small business: a review', *Chartered Accountants Journal of New Zealand*, **76** (9), 4–12.

Cantillon, R. (1755), *Essai sur la nature du commerce en général*, London and Paris: R. Gyles; translated (1931), by Henry Higgs, London: Macmillan.

Carlsson, B. (1996), 'Differing patterns of industrial dynamics: New Zealand, Ohio, and Sweden, 1878–1994', *Small Business Economics*, **8**, 219–34.

Carsrud, A.L., Gaglio, C.M. and Olm, K.W. (1986), 'Entrepreneurs – mentors, networks and successful new venture development: an exploratory study', *Frontiers of Entrepreneurship Research*, Wellesley, MA: Babson College, pp. 229–43.

Castro, C., McMullan, W.E., Vesper, K.H. and Raymount, M. (1988), 'The venture generating potential of a university', in R.W.Y. Kao (ed.), *Readings in Entrepreneurship*, Toronto: Ryerson, pp. 178–87.

Chetty, S.K. and Hamilton, R.T. (1996), 'The process of exporting in owner-controlled firms', *International Small Business Journal*, **14** (2), 12–25.

Cochran, T.C. (1968), 'Entrepreneurship', in D.L. Sills (ed.), *International Encyclopedia of the Social Sciences*, London and New York: Macmillan.

Cole, A.H. (1959), *Business Enterprise in its Social Setting*, Cambridge, MA: Harvard University Press.

Cooper, A.C. and Dunkelberg, W.C. (1987), 'Entrepreneurial research: old questions, new answers and methodological issues', *American Journal of Small Business*, **11** (3), 11–23.

Coviello, N.E. and Munro, H.J. (1995), 'Growing the entrepreneurial firm: networking for international market development', *European Journal of Marketing*, **29** (7), 49–61.

Coviello, N.E. and Munro, H.J. (1997), 'Network relationships and the internationalisation process of small software firms', *International Business Review*, **6** (2), 1–26.

Cummings, S. (ed.) (1980), *Self-Help in Urban America: Patterns of Minority Business Enterprise*, Port Washington, NY: Kennikat, pp. 33–57.

Dana, L.P. (1995), 'Entrepreneurship in a remote sub-Arctic community: Nome, Alaska', *Entrepreneurship: Theory and Practice*, **20** (1), 57–72.

Dana, L.P., Korot, L. and Tovstiga, G. (2002), 'Toward a trans-national techno-culture: an empirical investigation of knowledge management', in H. Etemad and R. Wright (eds), *Globalization and Entrepreneurship: Policy and Strategy Perspectives*, Northampton, MA: Edward Elgar.

Dean, D., Gan, C. and Myers, C. (1998), 'An investigation of the relationship between a firm's perceived export barriers and stages of export development: an analysis of Canterbury manufacturing firms', *Journal of Enterprising Culture*, **6** (2), 199–216.

Dubini, P. and Aldrich, H.E. (1991), 'Personal and extended networks are central to the entrepreneurship process', *Journal of Business Venturing*, **6** (5), 305–13.

Dunning, J.H. (1995), 'Reappraising the eclectic paradigm in an age of alliance capitalism', *Journal of International Business Studies*, **26** (3), 461–91.

Ely, R.T. and Hess, R.H. (1893), *Outline of Economics*, New York: Macmillan.

Fleming, D. (1988), *Creating Entrepreneurs*, Sydney: Allen and Unwin.

Fletcher, H. (1999), 'How can New Zealand win the globalisation game?', *University of Auckland Business Review*, **1** (1), 74–81.

Gasse, Y. (1977), *Entrepreneurial Characteristics and Practices: A Study of the Dynamics of Small Business Organization and Their Effectiveness in Different Environments*, Sherbrooke, Quebec: René Prince.

Gasse, Y. (1985), 'A strategy for the promotion and identification of potential entrepreneurs at the secondary school level', *Frontiers of Entrepreneurial Research*, Wellesley, MA: Babson College, pp. 538–59.

Gibb, A.A. (1986), 'Understanding and influencing the business start-up process', *Proceedings of the First Canadian Conference on Entrepreneurial Studies*, Memorial University, St John' s, Newfoundland, pp. 1–35.

Gomes-Casseres, B. (1996), *The Alliance Revolution*, Cambridge, MA: Harvard University Press.

Holm, D.B., Eriksson, K. and Johanson, J. (1997), 'Business networks and cooperation in international business relationships', in P.W. Beamish and J.P. Killing (eds), *Cooperative Strategies: European Perspectives*, San Francisco, CA: New Lexington Press, pp. 242–66.

Iyer, G. and Shapiro, J.M. (1999), 'Ethnic entrepreneurship and marketing systems: implications for the global economy', *Journal of International Marketing*, **7** (4), 83–110.

Jenkins, R. (1984), 'Ethnicity and the rise of capitalism in Ulster', in R. Ward and R. Jenkins (eds), *Ethnic Communities in Business: Strategies for Economic Survival*, Cambridge: Cambridge University Press, pp. 57–72.

Johannisson, B. (1987), 'Towards a theory of local entrepreneurship', in R.G. Wyckham, L.N. Meredith and G.R. Bushe (eds), *The Spirit of Entrepreneurship*, Vancouver: Faculty of Business Administration, Simon Fraser University, pp. 1–14.

Johanson, J. and Associates (1994), *Internationalization, Relationships and Networks*, Stockholm: Almquist and Wiksell International.

Kao, R. (1988), 'Can we teach entrepreneurship?', in R.W.Y. Kao (ed.), *Readings in Entrepreneurship*, Toronto: Ryerson, pp. 161–3.

Kets de Vries, M.F.R. (1977), 'The entrepreneurial personality: a person at the crossroads', *Journal of Management Studies*, **14** (1), 34–57.

Knight, F.H. (1921), *Risk Uncertainty and Profit*, Boston, MA and New York: Houghton Mifflin.

Knight, R.M. (1987), 'Can business schools produce entrepreneurs? An empirical study', *Journal of Small Business and Entrepreneurship*, **5**, 17–26.

Levine, H.B. (1985), 'Entrepreneurship and social change: implications from a New Zealand case study', *Human Organization*, **44** (4), 293–300.

Levine, H.B. and Levine, M.W. (1983), 'Socio-economic patterns and crayfishing zones: implications for managing the Stewart Island Crayfishery', *New Zealand Geographer*, October, 83–5.

Light, I. (1972), *Ethnic Enterprise in America: Business and Welfare among Chinese, Japanese and Blacks*, Berkeley, CA: University of California Press.

Light, I. (1980), 'Asian enterprise in America: Chinese, Japanese, and Koreans in small business', inS.Cummings (ed.), *Self-Help in Urban America*, Port Washington, NY: Kennikat Press, pp. 33–57.

Light, I. (1984), 'Immigrant and ethnic enterprise in North America', *Ethnic and Racial Studies*, **7** (2), 195–216.

Light, I. and Bonacich, E. (1988), *Immigrant Entrepreneurs: Koreans in Los Angeles 1965–1985,* Berkeley, CA: University of California Press.

Light, I. and Rosenstein, C. (1995), *Race, Ethnicity and Entrepreneurship in Urban America*, New York: Aldine De Gruyther.

Linowes, R.G. and Dixon, B.R. (1992), 'Small business management development for a newly deregulated economy: the case of New Zealand', *Journal of Small Business Management*, **30** (4), 131–6.

McGregor, J. and Gomes, C. (1999), 'Technology uptake in small and medium-sized enterprises: some evidence from New Zealand', *Journal of Small Business Management*, **37** (3), 94–102.

Mill, J.S. (1848), *The Principles of Political Economy with Some of Their Applications to Social Philosophy*, vols 1 and 2, London: John W. Parker; revised 1886, London: Longman, Green.

Min, P.G. (1984), 'From white-collar occupation to small business: Korean immigrants' occupational adjustment', *Sociological Quarterly*, **25** (3), 333–52.

Min, P.G. (1986–87), 'Filipino and Korean immigrants in small business: a comparative analysis', *Amerasia*, **13** (1), 53–71.

Min, P.G. (1987), 'Factors contributing to ethnic business: a comprehensive synthesis', *International Journal of Comparative Sociology*, **28** (3–4), 173–93.

Min, P.G. and Jaret, C. (1985), 'Ethnic business success: the case of Korean small business in Atlanta', *Sociology and Social Research*, **69** (3), 412–35.

Olm, K., Carsrud, A.L. and Alvey, L. (1988), 'The role of networks in new venture funding of female entrepreneurs: a continuing analysis', *Frontiers of Entrepreneurial Research*, Wellesley, MA: Babson College, pp. 658–9.

Oxenfeldt, A.R. (1943), *New Firms and Free Enterprise: Pre-War and Post-War Aspects*, Washington, DC: American Council of Public Affairs.

Portes, A. and Bach, R.C. (1985), *Latin Journey*, Berkeley, CA: University of California Press.

Portes, A. and Jensen, L. (1987), 'What's an ethnic enclave? The case for conceptual clarity', *American Sociological Review*, **52** (6), 768–71.

Portes, A. and Jensen, L. (1989), 'The enclave and the entrants: patterns of ethnic enterprise in Miami before and after Mariel', *American Sociological Review*, **54** (6), 929–49.

Portes, A. and Jensen, L. (1992), 'Disproving the enclave hypothesis', *American Sociological Review*, **57** (3), 418–20.

Reid, S.D. (1981), 'The decision-maker and export entry and expansion', *Journal of International Business Studies*, **11**, 101–12.

Robinson, P.B. and Sexton, E.A. (1994), 'The effect of education and experience on self-employment success', *Journal of Business Venturing*, **9**, 141–56.

Sadler, A. and Chetty, S. (2000), 'The impact of networks on New Zealand', in L.P. Dana (ed.), *Global Marketing Co-operation and Networks*, New York: International Business Press, pp. 37–58.

Sanders, J.M. and Nee, V. (1987), 'Limits of ethnic solidarity in the enclave economy', *American Sociological Review,* **52** (6), 745–67.

Say, J.B. (1803), *Traite d'économie politique ou simple exposition de la manière dont se forment, se distribuent, et se consomment les richesses*; revised (1819) ; translated (1830) by C.R. Prinsep, *A Treatise on Political Economy: On Familiar Conversations On the Manner in Which Wealth is Produced, Distributed and Consumed by Society*, Philadelphia, PA: John Grigg and Elliot.

Say, J.B. (1815), *Catechisme d' économie politique; translated* (1821) by J. Richter, *Catechism of Political Economy*, London: Sherwood.

Sexton, D. and Bowman, N. (1985), 'The entrepreneur: a capable executive and more', *Journal of Business Venturing*, **1**, 129–40.

Sexton, D. and Bowman Upton, N. (1990), 'Female and male entrepreneurs: psychological characteristics', *Journal of Business Venturing*, **5**, 29–36.

Shapero, A. (1975), 'The displaced, uncomfortable entrepreneur', *Psychology Today*, **7** (11), 83–9.

Shaver, K.G. and Scott, L.R. (1991), 'Person, process, choice: the psychology of new venture creation', *Entrepreneurship, Theory and Practice*, **16** (2), 23–64.

Taylor, D.B. (1993), 'Marketing: contrasting attributes of small and large manufacturers', *Journal of Small Business and Entrepreneurship*, April-June, 116–20.

Taylor, D.B. and Brooksbank, R. (1995), 'Marketing practices among small New Zealand organizations', *Journal of Enterprising Culture*, **3** (2), 149–60.

Timmons, J.A., Smoller, L. and Dingee, A.L.M. (1985), 'The entrepreneurial mind', in *New Venture Creation, A Guide to Entrepreneurship*, Homewood, IL: Richard D. Irwin, pp. 139–79.

Waldinger, R.D. (1984), 'Immigrant enterprise in the New York garment industry', *Social Problems*, **32** (1), 60–71.

Waldinger, R.D. (1986a), 'Immigrant enterprise: a critique and reformulation', *Theory and Society*, **15** (1–2), 249–85.

Waldinger, R.D. (1986b), *Through the Eye of the Needle: Immigrants and Enterprise in New York' s Garment Trades*, New York: New York University Press.

Waldinger, R.D. and Aldrich, H.E. (1990), 'Trends in ethnic business in the United States', in R.D. Waldinger, H.E. Aldrich, R. Ward and associates, *Ethnic Entrepreneurs: Immigrant Business in Industrial Societies*, Newbury Park, CA: Sage, pp. 49–78.

Waldinger, R.D., Aldrich, H.E. and Ward, R. (1990a), 'Opportunities, group characteristics and strategies', inR.D. Waldinger, H.E. Aldrich, R. Ward and associates, *Ethnic*

Entrepreneurs: Immigrant Business in Industrial Societies, Newbury Park, CA: Sage, pp. 13–48.

Waldinger, R.D., McEvoy, D. and Aldrich, H.E. (1990b), 'Spatial dimensions of opportunity structures', in R.D. Waldinger, H.E. Aldrich, R. Ward and associates, *Ethnic Entrepreneurs: Immigrant Business in Industrial Societies*, Newbury Park, CA: Sage, pp. 106–30.

Ward, R. (1987), 'Ethnic entrepreneurs in Britain and in Europe', in R. Scase and R. Goffee (eds), *Entrepreneurship in Europe*, London: Croom Helm, pp. 83–104.

Ward, R. and Jenkins, R. (eds) (1984), *Ethnic Communities in Business: Strategies For Economic Survival*, Cambridge: Cambridge University Press, pp. 105–24.

Werbner, P. (1984), 'Business trust: Pakistani entrepreneurship in the Manchester garment trade', in R. Ward and R. Jenkins (eds), *Ethnic Communities: Strategies for Economic Survival*, Cambridge: Cambridge University Press, pp. 166–88.

Wong, B. (1987), 'The role of ethnicity in enclave enterprises: a study of the Chinese garment factories in New York City', *Human Organization*, **66** (2), 120–30.

Wu, Y.L. (1983), 'The role of alien entrepreneurs in economic development: an entrepreneurial problem', *American Economic Review*, **73** (2), 112–17.

第十三章　商学院毕业生中的创业：以挪威为例

拉尔斯·科尔沃雷德和比约恩·威利·阿莫

一、简介

在过去十年中，创业已经成为大学中广泛教学的一个课题。许多商学院在提供诸如金融、会计和市场营销等更加传统领域的专业主修的同时，会提供创业专业的主修课程。自 1985 年成立以来，博德研究生商学院一直将创业作为其商业科学硕士项目（Siviløkonom）的一部分，第一批创业专业的学生于 1987 年毕业。目前情况下需要解决的研究问题就是，创业专业取得了何种程度的成功？更具体地说，创业专业的商科毕业生是否比其他专业的学生更具创业精神？为了回答这些问题，同时得出一些实践启示，本文会使用从学生数据库中获得的数据，以及在五个不同时间点从校友会收集的数据。

本章的第一部分会简要介绍创业教育的历史。这一小节将指出创业教育的目标和预期效果，同时还将讨论评估创业教育效果的各种建议措施。下一小节将介绍博德研究生商学院被调查研究的项目，以及创建这一项目的理由。随后的小节将说明研究数据是如何收集的。最后一节包含结论。最后一部分将探讨在研究了 16 年的数据、五份调查以及 2300 多名学生之后，所得出的结论以及评估创业培训和教育成功与否的可行措施。

二、创业培训和教育

全球范围内的学生对创业的兴趣都在与日俱增（Fiet，2000）。芬克尔和迪兹（Finkle and Deeds，2001）的报告指出商学院和大学内的创业项目数量激增，状态提升。创业课程在研究生和本科生中间的受欢迎程度显著提高。

创业教学的历史相对较短，第一门创业课程是于 1947 年在美国开设的（Katz，2003）。1953 年，伊利诺伊大学开设了一门“小型企业或创业发展”的课程，1967 年，现代第一个 MBA 创业课程在斯坦福大学和纽约大学推出（Katz，2003）。与美国相比，欧洲将创业作为大学提供的课程的时间更晚（Volkman，2004）。1980 年左右，欧洲大学才将创业作为课程提供给学生（Volkman，2004）。早在 20 世纪 70 年代中期，瑞典的大学就开设了第一批创业课程（Landström，2000）。在挪威，小型企业管理课程自 20 世纪 70 年代末就存在，创业课程自 1985 年就存在。

1985 年，当博德研究生商学院成立时，美国有 253 所学院 / 大学开设创业课程（Vesper，1993）。欧洲创业课程和专业的成长十分显者，但基本上未被注意（Katz，2003）。即便如此，卡茨（Katz，2003）仍然声称美国之外的大部分创业项目都是在 1993 年之后才开始的。在 1988 年到 1993 年期间，欧洲创业教育和培训的发展增长迅速（Garavan and O’Cinneide，1994a）。从那以后，人们对创业课程的兴趣激增，如今创业课程被广泛开设（Katz，2003；Landström，2000）。这使得报告最早开设创业课程的大学所取得的进展和成功变得十分重要。这些报告的目的应该是分享有关一个历史悠久的创业教育项目的有效性和效率的知识，从而使后来者可以向经验更丰富的创业教育者学习，从中获益。

在创业教育学中，对于关键命题的实证研究十分稀缺，亟待补充（Hindle and Cutting，2002）。对创业教育的成果研究很少（Garavan and O’Cinneide，1994a；Honig，2004）。此外，关于创业培训和教育的影响，几乎没有研究会采用较大的样本规模、对照组和长期的纵向研究（Peterman and Kennedy，2003）。韦斯珀和加特内（Vesper and Gartner，1997）要求研究指出教育过程中的哪个因素会在校友的创业中影响决策甄选和行动。目前的研究符合针对创业培训和教育研究的理想标准中的两项：它采用了一个大的样本，并且是长期的，涵盖了一个长达 18 年的周期。

（一）创业教育的目标

经济增长在很大程度上依赖于作为驱动力的创业，尤其是创业培训和教育，可以开拓通向繁荣的大道（Kourilsky and Esfandiari，1997）。创业教学和推广对社会可能是有利的，因为创业可能是高失业率的一个解决方法，同时是经济繁荣的秘诀（Garavan and O'Cinneide，1994 b）。麦克米伦和吉林（McMullan and Gillin，1998）认为创业培训和教育可能是政府可用来发展当地经济的为数不多的未开发的、有成本效益的微观经济工具之一。欧洲的公共政策都旨在通过教学刺激创业（Rae and Carswell，2001），而且在挪威，政府已经推出了创新和创业教学的国家战略。

一个高效创业项目的目标应该是提高学生发现或识别商机的能力以及开发这些机会的能力（Landström，2000）。研究人员将创业培训和创业教育区分开来。创业培训包括有计划的系统性过程，这些过程旨在修正或开发能够使个人实现有效表现的知识或技能（Hynes，1996）。创业教育是一系列旨在使个人吸收和发展知识、技能、价值观的过程，从而能够解决更加广泛的问题（Hynes，1996）。兰斯特龙（Landström，2000）认为学习的最低水平是“知道什么”，然后是“知道何时”和“知道如何”，学习的最高水平是“知道为什么”。在创业教育中，“知道什么”是教导学生注册一个公司的技能，以及如何撰写商业计划书。“知道何时”和“知道如何”是教导学生识别一个创业理念的技能，以及如何和何时开发它的技能。我们认为，这就构成了创业培训。因此，“知道为什么”就是创业教育，也就是，教育学生理解创业现象、它的社会地位和用途。“知道为什么”是教导学生一些理论，让他们明白为什么有些人更倾向于创办和运营他们自己的企业，而为什么有的人不愿意。“知道为什么”还包括了解创业是如何影响社会和人们的生活条件的。约翰尼松（Johannisson，1991）认为创业教育只关注创业知识方面“知道什么”，有所局限。所提供的创业项目的意图应该与该项目的内容一致，同时在研究该项目结果所利用的评估措施中也应该有所体现。

（二）创业教育的影响

贝沙尔和图卢兹（Béchard and Toulouse，1998）认为，创业领域的主要研究问题是创业在何种程度上是具有特定性格特点的人们的表现，或者创业是否涉及可以通过教育培养的知识和技能。这里重点研究的问题就是：已经取得创业专业学位的商科毕业生的表现是否比那些主修其他领域的学生更具创业精神？

当前关于创业培训和教育的讨论集中在例如成就和结果输出等问题上（Adcroft et al.，2004）。有必要确定哪些创业培训和教育的方法及模型是适合大学的（Volkman，2004）。教学内容和方法将是21世纪创业教学成功的决定性因素（Volkman，2004）。为了提高项目的有效性和效率，改善不同创业教学模型和方法之间的经验交流尤为重要（Volkman，2004）。沃克曼（Volkman，2004）强调了评估的重要性，以及创业项目成功程度的对比评价的重要性。本研究将通过提供关于欧洲历史最悠久的创业项目之一的完整描述和这个教育项目的结果，以期实现此目的。既然假设创业可以被教学，确保实施有质量的教学至关重要（Hynes，1996）。从单一机构的创业项目得出的纵向研究结果使我们能够认识到更多有效的教学设计（McMullan and Vesper，2000）。

衡量创业教学成功的一个行之有效的措施就是之前的学生创办企业的比率。然而，一些作者认为需要更好的衡量创业教学成功的措施（Hynes，1996，Menzies and Paradi，2003）。一个创业教育项目想要成功，必须要解决以下三个核心领域的问题：（1）如何认识或识别市场机会，并产生一个可行的商业计划书来应对这一市场机会；（2）如何在面对风险时收集资源，追求机会；（3）如何创办一个正在运营的商业机构来实施这个机会驱动型的创业理念（Kourilsky and Esfandiari，1997）。

即便如此，在技能培养、行为变化以及更具创业精神的毕业生的发展等方面，从广义上衡量创业教学的输出很重要。输出不应该只按照严格意义上的企业成立来衡量，因为除了企业成立，还有更多可追求的目标（Hynes，1996）。孟席斯和帕拉迪（Menzies and Paradi，2003）认为在评估主修创业的毕业生的成功时，成立企业的比率的研究价值可能低于拥有成功企业的数量。文献资料也在呼吁将机会识别列入创业教育，因为创造力理论家们早就认识到可以教导个人识别机会（De Tienne and Chandler，2004）。有关创业培训和教育对创业态度或看法的影响的研究仍然处于相对较少的阶段（Peterman and Kennedy，2003）。

据克洛夫斯滕（Klofsten，2000）所说，创业者和非创业者之间存在一个重大差异。创业者会创办机构，而非创业者不会。克洛夫斯滕（2000）认为通过教育和培训可能会促进创业行为。教育是为了中期或长期的结果而设立的，但在创业教学的情况下，可以基于毕业生创办企业的可能性发现成功的早期迹象（McMullan and Gillin，1998）。被建议用来为创业项目排名的七个成功标准之一就是校友创业的数量（Vesper and Gartner，1997）。

衡量创业教学成功的另一个可行标准就是项目是否受欢迎（McMullan and Gillin，1998）。如果教育项目在毕业生人数方面一直在增长，那么这是衡量创业教学成功的途径之一。衡量一个创业教育项目成功的另一项标准就是它是否被其他大学或研究生商学院模仿（McMullan and Gillin，1998）。

创业更多的是关于知识和过程，而不是动机和个人能力（Caravan and O’Cinneide，1994a）。关于过程以及商业机会的认识或识别，如何形成一个可行的商业计划书来应对市场机遇，如何收集资源，以及如何创办一个正在运营的商业机构等方面的知识，都可以教学。由于主题很复杂，而且有些部分涉及正式的程序，因此实验性学习对创业教育尤为重要（DeTienne and Chandler，2004）。即便如此，想要达到更高层次的学习，需要一个坚实的理论基础来充分理解构成创业的人类行为，因为创业者需要解决的问题是结构混乱和开放式的（Honig，2004）。学习可以看作是习得和构建知识、从经验中寻找意义，以及从现有知识中找到新的解决方法的一个认知过程（Rae and Carswell，2001）。学习和成就之间的关系是十分明显的（Rae and Carswell，2001）。

三、博德研究生商学院

挪威获得高等教育的人口比例正呈上升趋势。2001 年，56.6% 的人口完成了高中教育，同时 17.5% 的人完成了至少四年的大学教育。公立大学无需任何学费。费用由国家运用税收来支付。博德研究生商学院是挪威第一所提供创业专业的科学硕士学位的商学院。博德地区大学建立于 1971 年，提供企业管理、水产养殖和社会科学等学士学位。1985 年，博德研究生商学院作为大学的一个独立部门而建立。从一开始，商业科学硕士项目提供两个专业：创业和管理控制。1987 年，25 名学生毕业，这其中有 14 名主修创业专业。商学院从那时起开始稳步发展。

在学习的第四个年头，博德研究生商学院的商业科学硕士学生需要选择一个专业。该专业占他们最后一年学习的 75%，由 50% 的课程作业和 50% 的论文作业组成。课程内容每年都有变化，但是新企业的创立、创新和战略一直都是课程的核心组成部分。

关于创业教育的“知道什么”这一元素，创新博览会为学生提供有关如何开始创办一个企业和如何制作一个商业计划书的实际操作知识。创新博览会还开发了“知道谁”的知识，因为学生必须组队开始创办一个实际的公司，并且从中盈利。企业赚到的利润会用于支付出国学习旅行的费用。该课程的商业发展部分进一步解决了“知道谁”的问题，它涉及新企业的发展及改善现有组织所用到的方法和条件。真正的创业者是利用实际的创业理念来完成这一步的。“知道谁”部分解决的另外一个问题就是关于团队建设和资源基础理论的理论探讨。其他主题解决了“知道为什么”的问题，例如区域发展、性别和创业，以及创业的定义和理论方面的发展。

博德研究生项目的设立不仅是为了培训和教育未来的创业家，也是为了向支持创业者的各种商业和社会机构输送候选人才。但是，毕业生不仅要当求职者，还要成为提供就业的人。麦克米伦和吉林（McMullan and Gillin）的报告称，这个创业项目模型似乎与苏格兰在同一时间设立的斯特林项目十分相似。

创业发展项目已被定义为，通过激发创业意识、企业创立、小型企业发展或者培训教员的一个项目来告知、培训以及教育任何有兴趣参与社会经济发展的人的正规教育的集合（Bechard and Toulouse，1998；Interman，1992）。在因特曼（Interman，1992）关于创业发展项目的分类中，创业专业的目标是培育创业意识、小型企业发展和培训教员，而不仅仅是培训创办新企业的技能。因此，鼓励学生创办企业并成为自我雇佣人士不是创业专业唯一的目标。博德研究生商学院提供的创业项目可以归为沃克曼（2004）分类中的“集中”一类。如果一个项目的教师、学生和工作人员都集中在商业领域，那么它就是集中的。博德研究生商学院提供的专业不只是其他课程的一个附加部分，它本身就是一门课程。

课程描述中揭示了支撑该项目的一些核心价值观。该项目的观点是，应该鼓励参与者将环境作为他们可以改变的东西。在学生手册中，课程目标是以如下方式描述的（2004/05）：

> 该课程应让学生了解到与创新、战略和创业相关的一系列过程。应该通过提供理解这些主题的理论基础的学术讲座，利用自己的实践经验和例子来讲授这些主题的客座讲师，以及项目作业等方式来实现。追求这一教育目标所使用的学习策略有几种。该课程还应当通过每年的创新博览会，以及参与新企业创办的研讨会，提供新企业创办的实践经验。

2004年，学校提供了8个不同的专业，152名学生毕业并取得商业科学硕士学位。其中，28名学生为创业专业。每个专业的学生上限为30人，且根据学生的学士学位成绩排名招收学生一直是博德研究生商学院的招生政策。创业一直是最受欢迎的专业之一，有些年份30名学生的专业人数上限不得不被搁弃。表13-1展示了博德研究生商学院毕业的学生数量，表格列项包括年份、创业专业毕业生数量、创业专业女性毕业生的百分比、学生的累计人数和创业专业学生的累计人数等。

在1992年、1993年、1994年和1999年这四年间，为了满足学生对创业教育的巨大需求，使学校能够超过 30 名学生的专业人数上限，招收更多的学生，不得不分配给创业专业额外的资源。选择创业专业的毕业生的累积比例从 1987 年的 56% 逐渐降为 2002 年的 18%，但此后一直保持不变。因此，创业在学生中一直并且仍然很流行。尽管诸如市场营销、国际商务、环境管理、信息管理和物流等专业领域一直难以吸引到足够的学生数量，而创业专业经常存在相反的困扰。正如麦克米伦和吉林（1988）所建议的，用学生中的受欢迎程度作为标准，创业专业毫无疑问是成功的。

四、调查

在 1995、1997 、1999、2001 和 2003 年的 3 月，针对博德研究生商学院的所有毕业生共进行了五次调查。在调查当时想要获得所有毕业生的地址是不可能的，因为有些毕业生已移居国外，有的在调查当时还没有一个永久地址。这些调查的目的是揭示毕业生对可能由商学院提供的额外教育的需求。另外一个目的是为了收集有关毕业生职业经历的信息。收集之前毕业生的职业经历是为了让未来的新生了解到毕业后的预期收入和职位。第三个目的是为了监测研究生商学院提供的创业硕士项目的成功率。

五个调查的回复率占被调查的毕业生的 49% 到 56% 之间。创业硕士毕业生的回复率与其他毕业生相比，并没有明显的差别（$P < 0.05$）。此外，男性和女性毕业生的回复率之间没有明显的数据差别。表 13–2 展示的为 1995、1997、1999、2001 和 2003 年调查中的毕业生回复率。调查询问了受访者的职业经历，他们对学习的有用性的反馈以及对进一步教育的需求。

表 13-1　博德研究生商学院毕业生统计数据（1987~2004 年）

年份	1987	1988	1989	1990	1991	1992	1993	1994	1995	1996	1997	1998	1999	2000	2001	2002	2003	2004
毕业生总数	25	61	68	83	89	119	123	152	140	139	146	171	175	201	217	163	144	152
累计毕业生人数	25	86	154	237	326	445	568	720	860	999	1145	1316	1491	1692	1909	2072	2216	2368
提供的不同专业的数量	2	3	5	5	6	6	6	7	8	8	8	8	8	7	7	7	8	8
创业专业毕业生人数	14	21	14	17	20	31	36	34	22	21	19	19	37	22	25	19	24	28
创业专业毕业生中女性百分比（%）	21	33	29	0	40	58	33	38	36	19	11	32	24	32	32	42	54	57
创业专业累计毕业生人数	14	35	49	66	86	117	153	187	209	230	249	268	305	327	352	371	395	423
创业专业毕业生百分比（%）	56	34	21	20	22	26	29	22	16	15	13	11	21	11	12	12	17	18
创业专业毕业生累计百分比（%）	56	41	32	28	26	26	27	26	24	23	22	20	20	19	18	18	18	18

表 13-2 1995 年至 2003 年间每两年在 3 月份寄出的调查的回复率

调查年份	1995	1997	1999	2001	2003
毕业生数量	720	999	1316	1491	2072
寄送调查的受访者数量	668	1038	1262	1431	1798
调查问卷的回复数量	374	520	626	772	883
回复率（%）	56	50	50	54	49
创业专业的受访者数量	105	115	138	152	224
创业专业的回复率（%）	56	50	51	46	60

关于创业包括什么存在一个争论。沙恩和文卡塔拉曼（Shane and Venkataraman，2000）认为创业并不需要，但可以包括创建新组织。这项调查包含了关于初创企业、继续创业和机会识别等方面的问题，这也反映了他们的观点。全部五次调查中，衡量初创企业数量的问题一直是相同的："你已经创办了多少企业（单独或与平等的伙伴共同创办）？"为了避免缺失值的问题，受访者如果还没有开始创办企业，必须回答"0"。初创企业的数量计算的是受访者表示已经成立的所有企业的总和。企业创始人表示已经开始创办企业的受访者的数量。五个调查中，衡量所拥有企业的数量的问题也是相同的："至今你已经拥有多少企业（单独或作为平等的合作伙伴拥有）？"同样，受访者如果在调查当时还没有自己的企业，必须回答"0"。所拥有企业计算的是拥有的所有企业的总和。企业主表示拥有一家企业的受访者的总和。表 13-3 展示的是在五个时间点所得到的有创业硕士学位和没有创业硕士学位的毕业生创办和拥有的企业数量。

如表 13-3 所示，从 1995 年和 1997 年的调查可以明显看出，创业专业的毕业生比其他专业的毕业生更有可能创办和拥有一家企业。科尔沃雷德和摩恩（Kolvereid and Moen，1997）利用 1995 年的数据，发现在对 23 项不同的个人和工作特性的指标的逻辑回归控制中，主修创业与创办企业的可能性之间明显存在数据联系。前两份调查显示，创业专业的毕业生创办企业的可能性大约是其他毕业生的三倍。创业专业的影响在最近的调查中似乎有所弱化，但创业专业毕业生创办和拥有企业的可能性仍然是其他专业毕业生的两倍多。

表 13–3　商科毕业生中的初创企业数量和企业所有权数据

调查年份	专业	人数	初创企业	企业创始人		所拥有企业	企业主	
				人数	%		人数	%
1995	创业	105	38	19	18.1	24	15	14.3
	其他	265	17	15	5.7	13	11	4.2
1997	创业	115	56	19	16.5	32	20	17.4
	其他	415	35	25	6.2	30	23	5.5
1999	创业	129	59	42	32.6	38	27	20.9
	其他	482	60	29	6.0	77	47	9.8
2001	创业	141	51	30	21.3	35	25	17.7
	其他	577	87	51	8.8	75	46	8.0
2003	创业	142	42	25	29.6	28	24	16.9
	其他	768	110	79	10.3	98	66	8.6
五份调查的平均值	创业	126	49	27	21.4	31	22	17.6
	其他	501	62	40	7.9	59	39	7.7

根据兰斯特龙（2000）所说，创业教育的目标之一就是培养学生发现或识别商业机会的能力。因此，一项评估受访者所发现的商业选择的问题被纳入 2003 年的调查中。这一问题是“过去五年间你已经识别或发现了多少建立或收购一家企业的机会？”过去五年间发现的商业机会将计算为过去五年间所有被发现或识别的商业机会的总和。商业理念的持有者即报告发现 / 确定一个或多个商业机会的应答者的数量。在 2003 年调查的受访者中，142 名创业专业的学生表示已经发现或识别 264 个商业机会，而 768 名其他专业的毕业生表示已经发现或识别了 389 个这样的机会。此外，

48.6% 的创业专业的毕业生表示至少已经发现或识别了一个商业机会，相比之下，其他专业的学生只有 24.3% 拥有商业理念。创业专业的毕业生也比其他专业的毕业生有更强的意愿去创办一家企业。

2003 年的调查问题还涉及员工的创新行为。员工创新行为的衡量标准和项目是在一项关于白领工人的创新行为的调查中展示的（Åmo and Kolvereid，2005）。这一衡量标准由五项关于员工在其雇佣组织的创新活动中的参与程度的问题组成。利用主成分分析法创建变量，所有的项目都加载于一个因子上。在一群创业专业的商科毕业生（164 人）和其他商科毕业生（680 人）之间进行的有关他们在工作地点的创新行为的 T– 检验显示，两个群体之间的差异不大，相差不超过 5% 的水平。

虽然数据显示，创业专业的学生比其他专业更具创业精神，但数据也表明创业专业的毕业生与其他毕业生之间确实存在更多的相似之处，而不是不同点。他们有类似的工作，同样的薪水，并且在类似的组织中工作。这一发现表明，对于员工而言，创业专业的学生与来自诸如管理控制、金融和营销等传统专业的毕业生具有同样的吸引力。

五、结论

创业是一个受到博德研究生商学院学生欢迎的专业，并且已经长达 18 年。尽管教育项目招收的学生与商科毕业生的人数之间存在反馈漏洞，我们还是应该谨慎地将受欢迎程度作为成功的一个衡量标准。教育项目在学生中的受欢迎程度可以作为潜在成功潜力的一项衡量标准，但并不代表一定能成功。

尽管在最近的调查中，主修创业对开始创办和运营一家企业的倾向的影响似乎有所下降，但是创业专业的学生开始创办企业和成为企业主的可能性仍然是其他专业毕业生的两倍。这些结果与之前的研究一致（Garavan and O’Cinneide，1994a；Menzies，2004）。

调查表明，创业专业的商科毕业生发现或识别的商业机会更多，并且更有可能拥有经营理念。创业专业的毕业生不仅比其他毕业生更具创业精神，在很多组织中，他们是与其他专业学生具有相同吸引力的员工。这一发现表明，研究生商学院提供的创业专业是成功的，因为创业专业的学生比其他专业的学生素质更加全面。他们也更倾向于成为创业家。创业专业的学生也许会有一个更加明智的选择，因为他们比其他专业的学生更加了解如何才能成为创业家。

这种分析主要集中在商科毕业生的创业行为，而不是他们对于创业的态度上。这是有意识的，因为创业教育项目的社会和个人目的或目标只有通过行动，也就是行为，来实现。这意味着上述的研究有一定的局限性；调查中没有包含任何有关创业教育的“知道为什么”元素的衡量标准。此外，调查中没有包含评估商科毕业生是否参与制定国家或地区的创业政策的项目。也没有包含评估商科毕业生在何种程度上参与了帮助或指导他人释放自己创业潜力的活动的项目。我们鼓励其他研究人员将有关此类观点和活动的评估纳入未来有关创业教育项目成功与否的研究中。

为了确定优秀的创业专业的衡量标准，还需要进一步研究。此外，进一步的研究应该尝试阐明创业教育中不同利益相关者的目标。学生、学校、教授、创业研究界以及为创业专业所在的大学和商学院提供资助的社会团体的目标在何种程度上是一致的？最后，未来的研究应该尝试评估毕业生创业的质量。迄今为止，我们几乎没有实证资料将创业专业毕业生创办的企业的绩效、发展和生存情况与其他毕业生作对比研究。这类研究还指出，有必要确定更好的衡量标准来对比评估创业专业毕业生创办的企业的成功率和其他专业毕业生创办的企业的成功率。这样的衡量标准会使对创业感兴趣的研究界证实，创业学生是否拥有一个更好的方法来判断所寻求的机遇。

参考文献

Adcroft, A., Willis, R. and Dahliwal, S. (2004), ‘Missing the point? Management education and entrepreneurship’, *Management Decision*, **42** (3/4), 521–30.

Åmo, B.W. and Kolvereid, L. (2005), ‘Organizational strategy, individual personality and innovation behavior', *Journal of Enterprising Culture*, **13** (1), 7–20.

Béchard, J. and Toulouse, J.M. (1998), 'Validation of a didactic model for the analysis of training objectives in entrepreneurship', *Journal of Business Venturing*, **13** (3), 317–32.

DeTienne, D.R. and Chandler, G.N. (2004), 'Opportunity identification and its role in the entrepreneurial classroom: a pedagogical approach and empirical test', *Academy of Management Learning and Education*, **2** (3), 242–57.

Fiet, J.O. (2000), 'The pedagogical side of entrepreneurship theory', *Journal of Business Venturing*, **16** (2), 101–17.

Finkle, T.A. and Deeds, D. (2001), 'Trends in the market for entrepreneurship faculty, 1989–1998', *Journal of Business Venturing*, **16** (6), 613–30.

Garavan, T.N. and O'Cinneide, B. (1994a), 'Entrepreneurship education and training programmes: a review and evaluation – Part 1', *Academy of Management Learning and Education*, **2** (3), 242–57.

Garavan, T.N. and O'Cinneide, B. (1994b), 'Entrepreneurship education and training programmes: a review and evaluation – Part 2', *Journal of European Industrial Training*, **18** (11), 13–21.

Hindle, K and Cutting, N. (2002), 'Can applied entrepreneurship education enhance job satisfaction and financial performance?An empirical investigation in the Australian pharmacy profession', *Journal of Small Business Management*, **40** (2), 162–7.

Honig, B. (2004), 'Entrepreneurship education: toward a model of contingency-based business planning', *Academy of Management Learning and Education*, **3** (3), 258–373.

Hynes, B. (1996), 'Entrepreneurship education and training – introducing entrepreneurship into non-business disciplines', *Journal of European Industrial Training*, **20** (8), 10–17.

International Management Development Network in cooperation with the United Nations Development Program and the International Labour Office (Interman) (1992), *Networking for Entrepreneurship Development*, Geneva: International Labour Office.

Johannisson, B. (1991), 'University training for entrepreneurship: Swedish approaches', *Entrepreneurship and Regional Development*, **3** (1), 67–82.

Katz, J.A. (2003), 'The chronology and intellectual trajectory of American entrepreneurship education 1876–1999', *Journal of Business Venturing*, **18** (2), 283–300.

Klofsten, M. (2000), 'Training entrepreneurship at universities: a Swedish case', *Journal of European Industrial Training*, **24** (6), 337–44.

Kolvereid, L. and Moen, Ø. (1997), 'Entrepreneurship among business graduates: does a major in entrepreneurship make a difference?', *Journal of European Industrial Training*, **21** (4/5), 154–60.

Kourilsky, M.L. and Esfandiari, M. (1997), 'Entrepreneurship education and lower socioeconomic black youth: an empirical investigation', *The Urban Review*, **29** (3), 205–15.

Landström, H. (2000), *Entreprenörskapetsrötter*, 2nd edn, Lund: Studentlitteratur.

McMullan, W.E. and Gillin, L.M. (1998), 'Industrial viewpoint – entrepreneurship education', *Technovation*, **18** (4), 275–86.

McMullan, W.E. and Vesper, K.H. (2000), 'Becoming an entrepreneur: a participant's perspective', *Entrepreneurship and Innovation*, (February), 33–43.

Menzies, T.V. (2004), 'Are universities playing a role in nurturing and developing high-technology entrepreneurs?', *Entrepreneurship and Innovation* (August), 149–57.

Menzies, T.V. and Paradi, J.C. (2003) 'Entrepreneurship education and engineering students', *Entrepreneurship and Innovation* (May), 121–32.

Peterman, N.E. and Kennedy, J. (2003), 'Enterprise education: perceptions of entrepreneurship', *Entrepreneurship Theory and Practice,* **28** (2), 129–44.

Rae, D. and Carswell, M. (2001), 'Towards a conceptual understanding of entrepreneurial learning', *Journal of Small Business and Enterprise Development*, **8** (2), 150–58.

Shane, S. and Venkataraman, S. (2000) 'The promise of entrepreneurship as a field of research', *Academy of Management*, **25** (1), 217–26.

Students handbook (2004/05), *Studies Offered at Bodø Graduate School of Business*, Bodø Graduate School of Business, Bodø, Norway.

Vesper, K.H. (1993), *Entrepreneurship Education*, Entrepreneurial Studies Centre, UCLA, Los Angeles, CA.

Vesper, K.H. and Gartner, W.B. (1997), 'Measuring progress in entrepreneurship education', *Journal of Business Venturing*, **12** (5), 403–21.

Volkman, C. (2004), 'Entrepreneurship studies – an ascending academic discipline in the twenty-first century', Higher Education in Europe, **29** (2), 177–85.

第四部分

政治背景

第十四章　创业教育评估：评估设计的规划问题、概念和建议

诺伯特·凯利亚

一、介绍

增加初创企业和企业继承的数量，提高对年轻创业者的支持力度，对国际经济和人才市场具有重要意义（European Commission，2004a；2004b；Schauer et al.，2005）。大量研究表明，创业能力和创业成功之间具有很强的相关性（Fayolle，2000，p. 171；2004b；Garavan and O'Cinneide，1994；Van de Sluis et al.，2004）。隐性创业知识（工作经验，特定行业的专业知识）（Onstenk，2000，p. 33；Staudt et al.，1997）与新企业的经济成功之间的关联（Schulte，2004）得到了充分研究（Hendry et al.，1991；Henry et al.，2003，p. 54；Storey and Westhead，1994）。

大规模的公共投资带动了支持性基础设施的扩建，同时在为新兴创业者和初创企业提供培训、辅导、咨询和融资方面也有所提升。创业教育本身即是一个正在成长的行业。然而必须指出，创业教育一词还未有明确定义。“一般来说，创业教育课程集中在三个主要的领域：教育，包括学位和非学位课程；研究和实际应用”（Hisrich，1992，p. 27）。施坦福和许蒂（Stampfl and Hytti，2002，p. 129）则强调了创业教育课程的以下功能：“学会理解创业，学习创业精神，成为创业家。”

创新型以及成长定位型的初创企业成员一般来自于大学毕业生。因此，

创业教育在大学校园内广泛开展（Gibb，1993；1996；Jack and Anderson，1999，p. 114；Klandt，2004，p. 293；Koch，2003）。调查显示，创业讲座在美国及欧盟的数量增长迅速（Katz，2004；Klandt et al.，2005；Salomon et al.，2002；Twaalfhoven，2000，p. 11；2001，Wilson，2004）。普莱特纳（Pleitner，2001，p. 1148）曾说，创业是大学中发展最快的学科领域。

然而布劳恩和丁斯贝格（Braun and Diensberg，2003，p. 205）却指出，创业教育重要性的增长还有另外一层意义。他们认为，对于教育机会的改善及扩大，谁都没资格批评；并且推行这些措施的部门无需为自己的行动辩护，因为并不需要证明这些手段行之有效。希尔斯和莫里斯（Hill and Morris，1998）发现创业教育的有效性评估中存在不足。对于欧洲绝大多数的中小型企业（SME）支持项目缺乏明确目标，斯托里也提出了批评。因此，评估几乎不太可能实现。“如果把公共资金投入到中小型企业的支持项目中去，那么必须对这些措施所产生的影响进行评估。不幸的是，除非目标明确具体、原则上可衡量，否则评估几乎无从谈起”（Storey，2000，p. 190）。

考虑到针对新兴创业者及继承者的意识宣传活动和支持项目开支高昂，证明这些措施的效能和效率显得尤为重要。例如，地方性创业计划大赛在最终促成的初创企业数量方面受到的批评（Boehme et al.，2005；Kaschube and Lang-von Wins，1999）。斯腾伯格和克洛泽（Sternberg and Klose，2001，p. 57）也指出，参与资助课程的很多人原本也会创办企业。最后也同样重要的是，必须要考虑到排挤效应。它会导致这些课程被过分高估。当资助期满或必须延期时，获得捐赠的创业讲座也需要证明自己的影响力。

本章的出发点就是创业教育的风靡和针对这些措施的影响缺乏评判而与日俱增的批评（Henry et al.，2003，p. 102）；本章将着手解决如何设计并建立实践导向的评估模型。在论述过评估的定义后，第二节将简要介绍近期分析评估的利用与缺陷的实证研究。第三节将分析大学创业课程的评估研究。第四节将讨论引进评估的相关问题。第五节将讨论在评估规划过程中的问题和决定，并提出评估模型。最后一节将重点关注针对设计和实施评估研究切实可行的建议。

二、评估的利用与问题

文献中有关评估的种种定义各不相同。评估意在激发课程创新力，控制并优化项目，预测结果，从政策和项目层面支持战略决策（Neuberger，1991，p. 273）。沃塔瓦和瑟洛（Wottawa and Thierau 1990，p. 9）指出，评估是目的导向型的，它通过评估多项可选择的措施对规划和决策提供支持。其目的是评估所采取的步骤，以谋求改善。考虑到时间和预算的限制，这就需要关注特定的方面和标准（Neuberger，1991，p. 273）。韦斯（Weiss，1972）曾说，评估研究的目标是要将课程效果与其预期目标进行比较。评估有利于课程的后续决策，并对未来的课程规划有所改善。伊斯特拜－史密斯（Easterby-Smith，1986，p. 13）将评估分类为证明、改进和学习三种功能，并指出评估是学习和发展过程中不可或缺的一部分。评估研究人员也强调了评估手段的重要性，认为它与当下科技水平和研究方法相适应（Beywl and Taut，2000，p. 359；Wottawa and Thierau，1990，p. 9）。它还旨在开发用于评估的通用标准。

已有大量的出版文献讨论了对于培训和咨询的评估。评估的概念历经多次发展，参见柯克帕特里克（Kirkpatrick，1976）、沃尔等（Warr et al.，1971）、汉布林（Hamblin，1974）和伊斯特拜－史密斯（1986）。人力资源开发（HRD）手册，如克雷格和比特尔（Craig and Bittel，1976）或芒福德（Mumford，1986），已经包含了有关评估的章节。评估方法专为用于培训和管理发展（Easterby-Smith et al.，1980；House，1967；Smith and Piper，1990；Stiefel，1974；Von Landsberg and Weiss，1995）。在人力资源开发领域，目标和结果导向型方法的重要性很受乌尔里希（Ulrich，1990）推崇。创业教育评估的概念是由希尔斯和莫里斯（Hills and Morris，1998，p. 46）、亨利等（Henry et al.，2003，p. 189）和法约尔（Fayolle，2004）开发。

尽管这样的文献很多，最近的研究（例如，阿什里奇商学院管理中心，

2005）仍显示出评估实践中存在普遍问题。培训似乎只是松散地耦合到组织的整体战略规划中去；培训管理缺乏规划例程；评估仅仅在较大规模企业开展，也仅仅为了纸面上好看而已（Kailer，2001）。

这些问题也存在于创业课程的提供者中。希尔斯和莫里斯（1998，p. 48）总结了创业研究的以下几大缺陷：

- 研究变量与结果缺乏有效的实证方法；
- 未能利用没有创业教育经验的对照组；
- 除周期性随访外，缺乏创业教育前的预测试与紧接在创业教育结束后的后测试。

斯托里（Storey，2000，p. 176）分析了欧洲中小型企业支持方案，并发现评估和目标的重要缺陷。对欧洲以外的创业方案的分析也表明了评估方面存在极大缺失。因此，规划主要是基于经验法则（Braun and Diensberg，2003，p. 206）。欧盟项目"entreva.net"分析了创业教育课程的评估方法（Hytti and Kuopusjärvi，2004；Stampfl and Hytti，2002）。大多数研究仅能被列为纯监测。所有研究中，只有四分之一可以称之为评估。

> 监测比实际评估更为常见。评估的首选手段（占所分析评估的66%）是向学员征求对该课程的意见。在众多评估（50%）中，学员还被要求就课程所产生的影响给出自己的看法。我们的研究中也出现了其他类型的评估。例如不同类型的比较，如：将参与者的表现与在其他项目的背景下创办了新企业的人进行比较；将参加课程前后，学员对创业相关的态度、专业知识进行比较；将已经开始创业的学员与还未开始创业的学员进行比较（Hytti and Kuopusjärvi，2004，p. 22）。

三、大学阶段创业教育课程评估

2005 年，笔者进行了一次有关大学创业课程评估研究的互联网调查。大学课程通常包括一份强制评估（主要是书面或口头测试，通过匿名问卷对讲师进行评估），分析侧重于评估研究的影响指标。[1] 这份互联网研究的范围覆盖各大高校、支持机构，网络和后续培训机构，包括德语系国家，斯堪的纳维亚半岛各国、法国、西班牙、荷兰、丹麦、英国、爱尔兰、美国、加拿大、澳大利亚和新西兰。其他研究项目的成果，例如涵盖了欧盟内创业训练评估研究的"entreva.net"数据库（Hytti and Kuopusjärvi，2004），也在研究范围之内。

（一）结果概述

尽管是前瞻性探索，该项研究揭示了由大学、进修协会或区域网络组织的创业教育课程的广袤图景。虽然互联网上找到的课程描述细节详尽，但几乎无法找到有助于判断课程效力和效能的信息（例如，入学率、退学率、学员创业的后续发展、课程费用，等等）。一些课程提到的评估数据并未公布。对于可探究的评估来说，绝大部分仅停留在监测层面。这与斯托里（Storey，2000）、布劳恩和丁斯贝格（Braun and Diensberg，2003）及许蒂和库普亚维（Hytti and Kuopusjärvi，2004）的研究结果相似。

- 事后评估设计显然占据主导地位。在大多数情况下，评估研究仅限于发给学生的问卷（BMBF，2002；Ennoeckl，2002；Frank and Luethje，2004；Fueglistaller et al.，2004a；Golla et al.，2004；Richter，2000；Schwarz and Grieshuber，2001），发给大学毕业生或校友的问卷（Holzer and Adametz，2003；Kolvereid and Moen，1997；Leodolter，2005；Nandram and Samson，2004），或者发给某一课程项目的毕业生的问卷（CRS，2003；Fletcher and Rosa，1998；Lucas and Cooper，2004；Mitterauer，2003；Nakkula，2004；Tohmo and Kaipainen，2000）。问卷通常侧重于他们对创业的态度，以及他们的创业可能性，意识到的障碍和毕业者的创业率。由于这些调查前后跨越数年，因此也会分析学生在学业过程中对于创业态度的改变（Boissin，2003；Klapper，2004；Noel，2001；Pihkala and Miettinen，2002），以及前学员创业的发展情况（例如，员工人数，创业率，营业额）（Charney and Libecap，2000；CRS，2003；Holzer and Admetz，2003；Mitterauer，2003；Nandram and Samson，2004）。

- 前期和后期测试设计的评估很少进行：全国青年创业教育基金会（NFTE，2005）研究了学员，卡拉扬尼斯等（Carayannis et al.，2003）则分析了法国商科学生对于创业态度的变化。皮赫卡拉和米提恩（Pihkala and Miettinen.，2002）对创业课程汇总的芬兰学生作了多次分析。在由美国麻省理工学院（MIT）和剑桥大学创办的CMI企业家课程中，通过一项前期和两项后期测试来评估学员的前后改观，包括看待创业的态度、创业潜力评估，以及创业计划（Lucas and Cooper，2004）。亨利等（Henry et al.，2003）通过三年间的四份问卷调查对爱尔兰科技企业计划进行评估。法约尔等（Fayolle et al.，2005）通过对法国某商学院的课程学员进行前期和后期测试，分析了他们在创业态度方面的转变。
- 在绝大多数情况下，评估仅仅使用了一种手段（通常是以平邮方式寄送调查问卷）。很少会出现组合手段。全国青年创业教育基金会（2005）结合了多重手段：研讨室观察、焦点小组、前后测试以及与对照组的案例研究。查尼和利贝卡普（Charney and Libecap，2000）不仅向学生散发调查问卷，还对教员进行了访谈。皮赫卡拉和米提恩（Pihkala and Miettinen ，2003）和乌尔巴诺等（Urbano et al.，2003）采访了年轻企业家。弗兰克和吕特耶（Frank and Luethje，2004）运用了联合小组讨论、专家访谈和学生问卷调查。利奇和哈里森（Leitch and Harrison，1999）运用了案例研究法，塔库尔（Thakur，1995）和法约尔等（Fayolle et al.，2000）则运用了半结构式访谈。
- 评估研究几乎不会侧重课程影响 。大多数情况下，就输出水平而言，研究会分析（前）学员创业率与这些初创企业所创造的就业岗位（CRS，2003；Fueglistaller et al.，2004a；Golla et al.，2004；Henry et al.，2003；Hozler and Adametz，2003；Leitch and Harrison，1999；Mitterauer，2003；Puxi and Stetefeld，2001；Sternberg and Mueller，2004）。排挤效应产生的不正常现象或学员的意外效益一般不予

考虑。

- 只有在长时间观察的研究中，才会对初创公司的存活率和经济发展情况进行分析（Charney and Libecap，2000；Henry et al.，2003；Nandram and Samson，2004）。更敏感的数据，如营业额、销售额、个人收入发展仅在部分研究中予以收集（Charney and Libecap，2000；CRS，2003；Holzer and Adametz，2003；Mitterauer，2003）。
- 这些研究很少会包括成本—效益分析。米特罗尔（Mitterauer，2003）进行了财政补充分析：基于营业额加上估计所得税。算上缴纳的社会保险款，将总税收收入与项目总成本进行比较。天主教救济服务（CRS，2003）估算了初创公司对地区经济的影响。韦斯特海德等（Westhead et al.，2000；2001）评估了壳牌技术创业项目的课程学员效益。
- 严格意义上的对照组设计并不存在。然而，对照组是通过以下几种形式构成的：

——在对在校生和毕业生的调查中，参加创业课程的学员与未参加过的（前）学员进行了比较（Charney and Libecap，2000；Nakkula，2004；Noel，2001）。

——参与同一创业课程的毕业生中，将初创企业家和上班族进行比较（Fueglistaller et al.，2004b；Leodolter，2005）。

——根据企业发展水平，将是否参加过创业考试的企业家进行比较（MKB and VNO-NCV，1999）。

——将创业课程的学员和参加类似课程（Tohmo and Kaipainen，2000）的有相似特征（Schamp and Deschoolmeester，2002；Sternberg and Mueller，2004；Westhead et al.，2001）的年轻企业家或学生进行比较。

- 圣加仑大学（Fueglistaller et al.，2004a；Golla et al.，2004）和ISCE项目（Fueglistaller et al.，2006）仅仅是针对一项调查的常规重复。
- 国际间的对比较为少见：戈拉等（Golla et al.，2004）将德国和瑞士进行对比；卡拉扬尼斯等（Carayannis et al.，2003）比较了法国和美国；弗兰克和吕特耶（Frank and Luethje，2004）比较了奥地利维也纳经济大学、美国麻省理工学院与德国慕尼黑大学的学生。该 ISCE 项目于 2006 年开始。[2]

- 大多数研究的信息来源集中在在校生、毕业生和校友。在某些案例中，访谈对象是大学代表或项目经理（Levie，1999；Thakur，1995）。

（二）大学阶段创业教育课程评估研究的例证

1. 学生调查

在德国 EXIST 项目的背景下，对来自 10 所德国大学的 5000 名学生进行了书面问卷调查。研究重点关注了学生对创业的态度以及兴趣（BMBF，2002）。瑞士大学生创业调查是一项每两年开展的，在大学生和瑞士应用理工科大学之间进行的网络调研。该研究旨在分析学生的未来计划，尤其是针对创业而言（Fueglistaller et al.，2004）。法国创业调查（Fayolle，2003，p. 218）则研究了法国格勒诺布尔五所高校的创业教育活动，旨在提升创业率。布瓦森（Boissin，2003）通过问卷分析了学生对创业的态度变化。克拉伯（Klapper，2004）在类似的研究中分析了法国高等商业管理学院鲁昂校区的一年级生和二年级生。卡拉扬尼斯等（Carayannis et al.，2003）则通过前期及后期测试分析了法国高等商业管理学院和美国乔治华盛顿大学的学生。皮赫卡拉和米提恩（Pihkala and Miettinen，2003，p. 139）通过几项标准化测试来分析两个芬兰理工学院中大学生对创业的态度变化。在奥地利林茨大学，商学院学生展开了两项研究，着重研究了创业研究所的活动影响（Ennoeckl，2002；Richter，2000）。类似的研究还分析了奥地利格拉茨大学的学生和职工创业意图（Bauer and Kailer，2003）。

2. 校友调查

科尔沃雷德和摩恩（Kolvereid and Moen，1997）对挪威博德商学院研究生院中的创业专业毕业生进行了调查。在奥地利林茨大学进行的一项研究中，数据涵盖了过去五年的毕业生。研究收集了他们的学业和职业情况，以及自身的创业意愿（Leodolter，2005）。一项类似的研究分析了奥地利格拉茨技术大学过去14年的毕业生及其与大学和教职工的联系（Holzer and Adametz，2003）。荷兰奈耶诺德大学也通过对所有校友的书面问卷调查，着重关注了创业率、创业生涯、其公司发展历程，并以荷兰全球创业观察（GEM）的调查为基准，对研究成果进行了比较（Nandram and Samson，2004）。在一个类似的研究中，莱维等将苏格兰斯特拉斯克莱德大学的校友样本数据与苏格兰GEM调查的数据进行了对比。

3. 面向大学生和校友的受资助创业教育课程评估

在德国巴登－符腾堡州的青年创新项目中，大学毕业生的财政支持期限为一年。他们也有机会获得高校的资源和指导。斯腾伯格和穆勒（Sternberg and Mueller，2004）通过电话和网络形式，对该项目的学员和毕业生进行了访谈，并与一个没有财政资助的青年企业家的对照组在创新水平、年龄和公司规模等方面进行了比较。对比研究集中关注了企业发展（销售量、研发费用和员工人数）。奥地利和德国开展的UNIUN项目旨在促进大学环境中的学生创业。为潜在或初创企业家提供工作室是其中的一部分。经过管理人员的挑选后，这些工作室可以被使用一年。在2001至2003年间，对项目成员进行了标准化电话访谈，以评估工作室使用情况。对初创公司的发展分析涵盖了公司规模、营业额，以及对未来发展的个人预期。此外，财务分析还包括了项目成本与初创公司总税收（所得税与社会保险税）之间的比较。排挤效应的影响程度及参与者意外效益的情况也记入考察范围之内（Mitterauer，2003）。美国国家创业教育基金会对美国布兰迪斯大学科氏慈善基金会组织的创业教育课程的影响作了多次评估研究。使用到的方法包括研讨室观察、校友焦点小组、前期和后期测试，以及非课程参与者对照组的案例研究（NFTE，2005年）。该课程的某期目标群体是公立高中学生，前后期测试与心理测验均由哈佛大学教育学院完成（Nakkula，2004）。查尼和利贝卡普（Charney and Libecap，2000）对亚利桑那大学埃勒学院1985至1999年间的所有2500名毕业生进行了书面问卷调查，其中，450 人参加了伯杰创业项目。在影响力方面，创业意愿、创业公司数量和企业发展（销售额、员工）都考虑在内。此项研究侧重于创业项目参与者和非参与者之间的差异。大学教职工与项目管理层也接受了访谈。CMI 互联项目由剑桥麻省理工学院（CMI）发起，旨在培养学生的创业精神。这个为期一周的项目于 2003 年在苏格兰斯特拉斯克莱德大学开始实施和评估。55 名参与者未收到录取通知。项目评估设计包括一份先期测试和两份后期测试，分析知识继受程度，评估个人创业能力（Lucas and Cooper，2004）。评估方法的核心是评估学生的个人能力感，包括综合技能及对创业的理解和开展创业的能力；询问其所展望的职业；挖掘被认为是创业前兆的行为（Lucas and Cooper，2004，p. 6）。从其他参与大学获得的基准数据作为可替换的对照组。壳牌科技企业计划（STEP）为在校生和毕业生提供在英国公司内的培训机会。1997 年，一份书面问卷对 1994 年参加该项目的学员以及主管公司进行了纵向研究；没有参加 STEP 项目的学生设置为对照组。研究的重点在于该项目对于参与其中的学员和企业有何益处（Westhead et al.，2000；2001）。

在一项针对比利时弗拉瑞克鲁汶根特管理学院的中小型企业项目的毕业生的纵向研究中，尚普和德施霍梅斯特（Shamp and Deschoolmeester，2002）收集了有关管理培训对管理能力的影响以及佛兰德中小型企业主的创业表现的数据。年轻企业家按照年龄、公司规模、行业及运营地进行匹配，并作为对照组。

4. 其他与大学合作的受资助创业教育课程的评估

由德国与欧洲社会基金共同资助，通过问卷调查的形式对德国萨克森州的就业市场活动进行了评估。问卷中的条目包括受调查者的职业、创业率以及创造的就业岗位数量（Puxi and Stetefeld，2001）。爱尔兰科克理工学院的爱尔兰创世纪计划是一项为期一年，面向创业公司的人才培育项目。该项目评估的重点是创业率、存活率以及初创公司的销量、投资额、营业额和员工数量[3]。亨利等（Henry et al.，2003）在爱尔兰对技术企业项目的成效进行了为期三年的研究。评估设计包括一份前期测试和两份后期测试，允许预估转移效应和初创公司的发展。[4]雷奇和哈里森（Leitch and Harrison，1999）在爱尔兰开展了一个国际导向、面对高管和首席执行官的大学创业教育项目。通过项目期间以及结束后的若干次问卷，对参与者获益程度和参与企业进行了分析。此外，采访了企业管理者，并展开了案例分析。到 2001 年，在荷兰，为实现自主创业，必须通过一门包括考核在内的训练课程。五百名已从商会注册中除名的创业者，与并未满足强制条件的创业者，以及没有义务参与这项考核的中小型企业主进行了对比。项目分析侧重于公司发展和关停原因（MKB and VNO-NCV，1999）。

四、评估项目成本与效益时的问题

培训管理者意识到了不利于大范围推广评估的以下几大障碍（Kailer，1991，p. 132；Kailer，2001，p. 65）：

- “日常工作所占用时间”导致进行评估（及其他活动）缺乏时间。
- 有一些培训管理人员质疑是否有合适的方法以发现培训项目的益处；他们也不喜欢控制成本。
- 他们担心，成本效益的分析结果可能会被误解或误用（这种担心在近期培训预算被削减的组织内广为流传）。
- 以避免削减，为培训的各项费用列出各种名目，避免总开支看上去过于高昂。
- 侧重于金钱和量化层面会导致对评估过程教育意义的兴趣下降。
- 据推测，顶层管理人员对详细的评测结果并无兴趣。

所有这些结果都表明，评估的重要性与组织的学习发展文化之间存在明显关联（Arnold，1996；Neuberger，1991，p. 273）。

对项目成本和益处的分析涉及了如下问题。

学员的个人成本（如培训费、文献成本、实物出资、培训时间的机会成本）难以界定。在很多企业内部，内部培训师的工资和培训设施建设的成本往往未完全纳入考量（Kailer，1991；Kailer，2001）。虽然可以测算直接受益，如个人收入的增长或企业内增加的就业岗位数量，但想要评估间接受益则非常困难。比如，个人发展及对于创业或内部创业的态度改观，怎样才算是准确测算呢？又如，在公司层面，训练与销售额或利润间的关联不明显，难以界定。从国家经济层面来看，就业岗位的增加，收入增长，初创企业数量和质量的提升尤为重要。然而，必须要考虑到资助新企业所产生的排挤效应。在消费者和提供商层面，是否要考虑间接影响的问题非常重要；根据一项在奥地利进行的研究，每一新企业每年将产生 14 万欧元的直接附加值。如果要考虑间接影响（例如消费力影响），那么年均附加值则上升到约 32 万欧元（Getzner et al.，2003）。

内部或外部评估的问题也很重要。我们必须考虑到外部评估取决于相应的合同中标人。这也可能影响到评估设计以及评估结果。

项目目标的必要性也备受争议。斯托里强调，目标是任何评估的基础："评估的一条基本原则是，必须首先指定政策的对象"（Storey，2000，p. 177）。这里还需要考虑到股东的潜在和未声明的目的。"不仅是在中小型企业项目中存在明显的目标缺失，来指明的目标也时有冲突"（Storey，2000，p. 177）。然而，"无目标评估"（Easterby-Smith，1986，p. 36）则是基于这样的假设，即正式宣称的目标既不完整，也不稳定，还不明晰。不同的股东群体，目标与期望也不尽相同。因此，评估者不应从官方的目标入手，而应该与股东和参与者进行联络，以期发现项目的真正益处。

> 在实践中，这可能涉及在项目开展前或进行中，避免与课程负责人接触，以及有意忽视课程宣传册或认证机构的宣传。相反，评估者应与学员和其他股东进行沟通，仔细观察，评估人员应把时间花在与学员和其他利益相关者的交流上，而且应该尝试观察项目开展前或进行中发生过什么（Easterby-Smith，1986，p. 37）。

五、评估规划与评估概念

通过比较证明、改善和学习的功能间的不同，伊斯特拜-史密斯（Easterby-Smith，1986，p. 13）强调了评估是学习发展的过程中不可或缺的一部分。根据评估数据得到的反馈意见是企业学习的核心要素（Nadler，

1997）。反馈循环的重要性也体现在创业学习的概念之中（Leitch and Harrison，1999；Young and Sexton，1997，p. 231），因为创业者的学习过程基本上可看作是行动学习（Fayolle，2004b，p. 343；Johannisson，1992，p. 99）。特别是中小企业主都习惯了这种非正式学习（Donckels，1993，p. 263）。大学阶段的创业教育概念还应该强调对学习和工作经验反思及评估的重要性（Gibb，1996，p. 315；Johannisson，1991；Johannison et al.，1996，p. 3）。

据阿吉里斯（Argyris）所述，基于评估的反馈能在多重层面促进学习：

- 单回路学习：反馈信息促使更优质的资源投入，而项目目标并未提及。
- 双循环学习：项目目标受到严格评估，因此成为学习对象。
- 再学习：学习过程本身得到讨论。

只有通过运用双循环学习或者再学习层面中的反馈，应用理论才能有所改变（Argyris and Schoen，1978；Bateson，1983，p. 219）。

在此情境下，尤其要注意程序设计的参数（例如有关目标和目标群体定义的决定、挑选标准、教学决定）包含一个显性或隐性的学习理论。“作为一种有目的的活动，这些项目旨在激发、产生或推动学习过程，产生具体的学习成果”（Burgoyne and Stuart，1978，p. 93）。因此，程序的效率取决于项目设计和项目目标。这就强调了教育机构总结出一套简洁明朗的项目思想体系的重要性（Stiefel，1973）。特沃夫霍恩（Twaalfhoven，2001）研究了美国知名工商管理学院的创业计划，并提炼出三种截然不同的项目发展手段：研究导向模型、咨询模型以及教学与实践导向的学生发展模型。

（一）问题和决策评估规划过程

在规划过程中，表 14–1 中总结的问题必须得到解决。

在实践中，评估总在关注一部分问题，如学员数量、学员对项目或训练师的满意度，或是学员对创业的态度改观。

在过去几年中，管理发展领域已经涌现出许多评估概念与模型。将这些模型借用到创业教育中是明智的。因此，在后续行文中将会频繁用到一些评估概念：斯托里（Storey，2000）为评估中小企业方案特别设计了一种模型。“四步评估模型”（Kirkpatrick，1976；Kirkpatrick and Kirkpatrick，2005）可能是英美国家最受欢迎的评估工具。英国兰开斯特大学所开发的伊斯特拜－史密斯模型（1986）侧重于管理发展。冯萨森提出了学习周期，此周期针对组织发展活动中的变化过程，参见荷兰非营利研究所（von Sassen，n.d.）。

（二）斯托里的六步模型

大卫·斯托里（英国华威大学）开发了用于评估中小企业项目的模型（见表 14–2）。六个步骤按照复杂度排序。斯托里将监测（步骤 1 至步骤 3）和实际评估（步骤 4 到步骤 6）进行区分。“监测和评估之间的区别在于，后者是进行尝试，展现分析的严密性，查明政策方案的影响”（Storey，2000，p. 180）。步骤 4 到 6 主要关注的是与非参与者的对比。

表 14–1　评估规划过程中的问题

评估的原因	通过特定事件触发 系统规划
评估设计	是否有对照组（匹配） 在项目开始前、进行中、尾声或结束后 公开或保密（例如神秘购物） 自我评估或第三方评估
评估目标	支持学员学习 掌握当前项目 当前或未来的项目变更 评估：学员、训练师、培训机构、住宿等 促进（未来）学员学习 从不同层面证明项目有效：态度改进、知识增长、工作表现改观、训练对企业的影响、总体经济影响
评估主体（谁来评估？）	训练师、项目策划人、学员、评审专家 外部或内部评估 合作评估

续表

评估对象 **（评估什么？评估谁？）**	个人学习进度（有意或无意） 个人行为改变（有意或无意） 研讨气氛 工作时训练效果的有效度 项目设计（目标、内容、方法、时间） 培训师、培训管理、项目组织 环境（住宿、会议室） 培训机构（提供商）
来源信息	学员、高层、同事、文档、数据 培训师、培训机构、负责人（合同中标人）
评估时间	职场分析和需求分析 目标制定和项目规划 项目进行中或项目尾声 返回职场及以后
评估频率	前期测试、后期测试
评估方法	问卷调查法、访谈法、观察法（标准化、开放） 纸笔测试、工作表现评估 关键事件法、学习日记法、文件分析法
数据处理	是否匿名 知情（与否）条件下的数据传输

表 14–2　六步评估模型

步骤	问题	困难
监测		
第 1 步： 选取方案	有多少企业参加(行业、规模、区位)？开支有多少？	基本没有得到有关政策效果或达到目的的答复。
第 2 步： 受访人意见	学员喜欢课程吗？申请过程是否有问题？	课程满意度与效果无关。 只有关于政策传达的结果（并非关键问题）。
第 3 步： 受访人对支援所产生影响的看法	公司认为所提供课程是额外的，还是说原本也会开设？ 课程造成人事变化了吗？	仅得到公司想让你得知的答案。 无法查验回答质量。 存在幸存偏差。

续表

步骤	问题	困难
评估		
第 6 步： 考虑到选择偏差	使用统计方法。 运用随机专家组。	政策制定者对统计调整无从下手，难以解释结果。 运用随机专家组意味着公共资金不会使公司效益。
第 4 步： 将受援助公司与典型公司的表现进行比较	比较两者的就业增长、销售增长和成活率。	受援助公司并非典型，必须考虑到自选偏差。 执行委员会的选择偏差（取决于资金竞争程度和人员选拔能力）。
第 5 步： 与匹配公司比较	比较两者同期年龄、行业、所有权、地理区位的偏差。	完美符合四条标准极为困难；在实施政策后应立即展开配对 样本选择偏差（常见于更有积极性的公司，归因于期望表现有所区别而非积极性）。

资料来源：Storey（2000，pp. 180–90）

（三）柯克帕特里克的四步模型

柯克帕特里克按时间顺序将评估分为四个层级。“如果我们能把评估分解成有逻辑关系的步骤，那么它就不再复杂宽泛，而显得明朗、可以完成”（Kirkpatrick，1976，pp. 18–2）：

- 反应评估：在这一层，首要关注的是学员对于项目、训练师和组织的满意度。对于学院的评估绝大多数都是通过项目结束时散发问卷调查（满意度表）。
- 学习评估：此层评估侧重于个人的学习成功。在该项目中，学到了哪些原则、事实和技巧？这一层最常用到的评估方法是笔试和口试。
- 行为评估：参加该项目后，工作时的表现有什么改观？换言之，本层评估的是转移效果。这里用到的主要方法是对学员或其周边人群的访谈，以及在工作场合的观察。

- 结果评估：通过项目取得了什么有形成效？本层评估公司层面的结果（例如成本降低、质量改善、缺勤改进、销售提高）。

在汉布林（Hamblin，1974）的“评估循环”理论中，他还把策划和准备阶段加入了评估步骤。他认为评估是：

> 获得训练项目效果的反馈信息，以及根据该信息评估训练价值的尝试。必须要注意到，这种定义还包含了训练前中后各阶段的调查。除非用训练前后的情况进行比较，否则训练效果将无法得到评估。（Hamblin，1974，p. 8）

沃尔等（Warr et al.，1971，p. 16）在他们的CIRO模型中进一步阐述了这些分层。它们分为：

- 情境评估（训练需求和目标的调查）
- 输入评估（达成目标所用资源）
- 反应评估
- 结果评估（直接结果：知识和态度的改观；中间结果：工作场所工作表现的改变；最终结果：公司层面的影响）

（四）伊斯特拜 – 史密斯的CAIPO模型

CAIPO评估模型有5大出发点，或5个评估层：情境、执行、输入、流程与结果（见表14–3）。这些分层不能相互替代。评估者需要自行决定各分层的重要性。“……框架旨在将项目或事件的若干层面加以区分，每一层都能拥有评估要点”（Easterby-Smith，1986，p. 46）。

表14–3　CAIPO模型

评估层级	焦点	典型问题
情境	项目自身及外部环境	资助及运作项目的原因 股东们各式各样的目标 项目评估的原因
执行	具体培训和发展活动 项目管理	提名、遴选、通报和后续活动的机制 训练理由及学员加入项目的流程 执行安排

续表

评估层级	焦点	典型问题
输入	运用到的方法、技巧和人员	不同方法的潜在影响 不同方法的影响评估，包括演讲、角色扮演、商业游戏、讲解、咨询和评价环节
流程	培训和发展活动中的流程	流程描述 流程理解 对流程具体维度的调查（例如互动流程、隐藏课程）
结果	学员潜力及其在工作场所的潜力展现	学员潜力的变化描述：学习或发展的定性和定量分析（汲取经验的能力、自信心和自我胜任感） 以行为人际关系、工作态度等形式发挥潜力（包括转化问题）

资料来源：Easterby-Smith（1986）

（五）非营利研究所学习循环

该模型由荷兰非营利研究所提出（见下页图 14–1）。该模型的出发点是“工作世界”（工作地点）与“学习世界”（课程、研讨会）间的差异造成的“转移调隙”。

该模型强调在总体规划中，基于供应商明晰的项目思想，嵌入评估和学习理念的重要性。[5]

在此模型中，评估是学习循环所有阶段中的一部分。该模型强调评估的概念必须在项目开始前就确定好。

项目目标基于第 1 步的工作情境与训练需求分析。然而，仅有部分目标可以操作。我们还必须考虑到潜在或实际学员、赞助者和训练师所追求目标有所不同，有可能会带来严重冲突。“隐性目标”的问题也必须要考虑到。在第 2 步中，项目要根据既定目标做好计划组织。

参与该计划后，会产生意想之中或之外的学习效果（态度、知识或行为的变化）。这种学习进步将通过第 3 步中的评估和测验展示。

然而，只有学习效果的一部分会成功转移到工作场所。为了减小这种巨大的转移差距，在第 4 步中，促进学习转移的措施是极为重要的。在这一阶段，职业环境和社会环境起着核心的作用，例如，作为导师或发起人的上司。当学习成果顺利从项目转移到工作环境，才能认为学习循环完成（von Sassen，n.d.）。然而，工作地点中、任务中或工作环境中的表现变化会产生新的训练需求。因此，这种模型才会被称为学习循环。

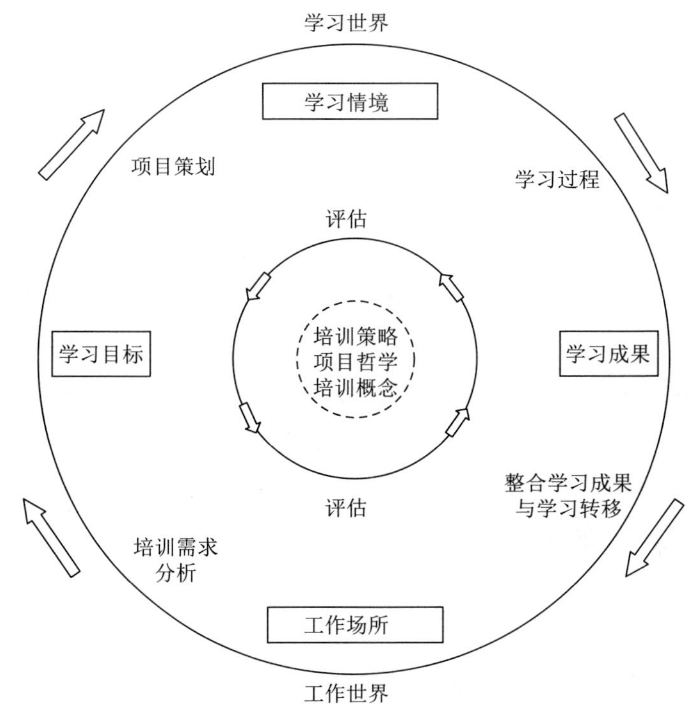

资料来源：von Sassen（n.d.）

图 14-1　非营利研究所提出的学习循环

评估涵盖了该模型的所有阶段。

- 需求分析评估：目标是从训练需求分析的结果中正确推导出来的吗？
- 项目规划评估：项目规划，特别是教学概念，是否充分反映了框架条件、目标群体以及既定目标？

- 项目执行情况评估：项目是否充分执行，以实现既定目标？
- 学习成果转移评估：学习成果有多少转移到了工作场所？促进转移的策略是否有效？

因此，评估作为整体项目概念的一部分，必须处理好以下几个方面：

- 评估的目标（各利益相关方）
- 在评估的各个阶段中所使用评估方法的协调
- 评估者的任务和能力
- 评测（尤其是时间、预算）的框架条件。

六、结论

互联网上以及文献中的研究揭示了多种多样的创业教育课程。然而，这些项目中只有一部分包含了评估并且绝大多数都仅仅是后期评估的设计（绝大部分就是一张调查问卷）。很少会有更加复杂的评估流程了。对于影响的评估（例如创业的启动、公司发展、财报分析）也是如此。排挤效应产生的不正常现象或学员的意外效益很少予以研究。

研究的局限性当然也要考虑在内，例如互联网调查的探究特征。我们可以对（受资助）项目的评估展开更复杂的研究，然而考虑到许多内部原因，很多这样的研究并未公开。

在过去的几年中，评估研究的焦点已经有所改变，转移的前提条件不再是输入指标，而是态度变化（Fayolle et al.，2005）。然而，高层人员、捐赠者和负责促进企业发展的政府部门对创业教育课程在最终结果层面影响的关注越来越多（Kirkpatrick，1976）。因此，项目设计者应投入更多精力去发展推行项目设计。若是想要做到这一点，本章中提出的模型代表可以作为参考基石。未来评估领域的主要关注点将是针对不同目标群体（例如商科学生及非商科学生），评估设计和组合教学手段所产生的不同影响。最后，组织文化和评估设计之间的关系还需要更仔细的探究。

总之，可以总结出针对评估设计研究的几条切实建议：

1. 尽快将受评估影响的人列入其中。相关人员（项目经理、教练、训练师、参加者）应从一开始就参与到评估目标的制定和评估设计中去（Easterby-Smith，1986，p. 17）。各种不一样的观点有利于评估设计被广为接受，并开发各种易操作工具。后续的评估讨论将影响到学员的态度和表现。

2. 评估中考虑到目标群体之前的经验。在规划评估、选择方法的时候，最好能够考虑到目标群体对评估的过去经验，以免有抗拒心理。

3. 使用简单、可管理的方法。为支持学员和训练员评估，评估方法必须设计得越简单越好，并考虑到实用性和易理解性（“简约而不简单”）。此外，还应当提供自我评估的工具。“由于项目及其环境变得越来越复杂，监测和控制必须更加系统，但不能太过复杂，影响现场员工的反应和理解……系统可以设计得简单小巧而又精细”（Paul，1983，p. 102）。

4. 预算评估的成本和效益。评估设计起码要大约估算评估费用（包括评估者和目标群体在整个规划、数据采集和反馈期间的机会成本）以及项目评估的潜在收益，以作为决策和设计依据。预算限制越来越多，集中精力研究某一层面的评估决策优于用粗枝大叶的数据支撑的面面俱到的评估。[6]

5. 使用复杂评估设计。定性定量的研究手段越多，评估进行的频率越高（至少要有前期和后期测验），评估的重要性越高，结果也就越有可信度。这样当然也就能做出更精确的结论（Henry et al.，2003，p. 106），并公布符合科学界标准的评估报告。

但是，评估预算的时限及财政限制以及股东不同（及隐性）的目标都是需要解决的重要问题。在这种情况下，评估目的应该在展开任何活动前就予以明确。规划流程的首要战略决策之一就是确定评估层级的重要性（Easterby-Smith，1986，p. 13）：

（a）评估不可以与其研究对象分割开来，它应是学习发展过程本身不可分割的一部分。根据其首要目标，评估设计应支持学员的学习过程（Argyris and Schoen，1978；Nadler，1997）。课程进行时，定性数据相对容易收集（例如，半结构式访谈和问卷调查、小组讨论、自我测试）。例如，利用课前问卷设计一个量身定做的课程，或在课程进行时，运用已许可的方法评估学习气氛和个人学习进度。

（b）将重点放在“改进”上意味着重点放在当下或未来项目的改进上。在这里，形成性评估是项目设计者和组织者的决策辅助，并为培训师和教练员提供信息以提高自身效能。

（c）“证明”的重点旨在展示项目成果。这和股东对于项目价值的判断有关，比如效能（这是实现预期目标的正确活动吗？）、效率（活动完成得好吗？）和成本效益比（它是否值得这样的成本投入？）。尤其是对创业项目的发起者和资助者来说，这能够证明钱花在了刀刃上，可以追加投资；这至关重要。因此，评估研究重点应考虑项目的长期影响，包括成本—收益分析以及前期和后期测试。另外，为证明在工作地点的转移效果，添加额外的后期测试也是可取的。对照组（Gensler et al.，2005）旨在总结出选择影响。盖拉范和奥肯奈德（Garavan and O’Cinneide，1994，p. 5）认为，为检验项目的最终成效，需要用到未参加项目人员的对照组的纵向研究设计；而斯托里（Storey，2000）主张运用配对公司的对照样本。但是，复杂设计与结果难以理解运用，问题依然存在。最后，为削减令人不满结果的概率，需要判断，股东是有兴趣获得认真研究的评估数据（包括选择和排挤效应），还是更倾向于仅仅是监测的数据（例如学员数量）呢？

6. 避免“评估官僚作风”。综合一系列方法以及复杂评估设计组合能够提升结果的可行度，但也会增强评估官僚风气的印象（Hanblin，1974，p. 67）。这可能会导致适得其反的后果，如不愿意在评估过程或反馈中保持合作。因此，需要时刻牢记选定的评估目标和层级，只运用必须的评估方法。

7. 主动运用评估数据。评估数据应持续用于外部（潜在学员、媒体和公众）和内部（合同中标人与学员）市场。这种做法超越了公开报告结论的传统，并对于确认作为选择依据的股东群体的价值观和标准，巩固了其重要性（Easterby-Smith，1986，p. 15）。

注

1. 例如，影响到的初创公司数量、创建企业的存活率、营业额、利润、企业销售额、财政影响。

2. 大学生创业国际调研项目（ISCE）是一项由瑞士圣加仑大学和德国欧洲商学院发起的研究项目。它旨在通过定期在线问卷调查，发现学生的潜能。在 2006 年开始的第一轮调查中，有 14 个国家参与。

3. 并没有公开的评估报告。来源：www.gep.ie.

4. 详见亨利等（Henry et al.，2003）；亨利（Henry）、希尔（Hill）和雷奇（Leitch）在本书中做出很大贡献。

5. 伊斯特拜－史密斯（Easterby-Smith，1986，p. 137）也强调了评估层级方法、课程和政策区分的重要性。

6. 伊斯特拜－史密斯（Easterby-Smith，1986，p. 18）发表了一份清单，用以评估特定课程、项目或系统。

参考文献

Argyris, C. and Schoen, D. (1978), *Organizational Learning: A Theory of Action Perspective*, Reading, MA: Addison-Wesley.

Arnold, R. (1996), Von der Erfolgskontrolle zur entwicklungsorientierten Evaluation, in J. Muench (ed.), *Okoenomie betrieblicher Bildungsarbeit*, Berlin: Schmidt Verlag, pp. 251–67.

Ashridge Management Center (2005), *Executive Education: Evaluating the Return on Investment*, www.ashridge.com/www./newsandevents.nsf, accessed 25 May 2005.

Bateson, G. (1983), *Oekologie des Geistes*, 6th edn, Frankfurt am Main: Suhrkamp Verlag.

Bauer, U. and Kailer, N. (2003), Gruendungsneigung von Technikern am Beispiel der

Technischen Universitaet Graz und ausgewaehlten Wirtschaftsingenieurstudiengaen-gen, *Schriftenreihe BWL Education & Research*, No. 7, Graz, Austria.

Beywl, W. and Taut, S. (2000), Standards – Aktuelle Strategie zur Qualitaetsentwicklung in der Evaluation, *DIW-Vierteljahreshefte zur Wirtschaftsforschung*, **3**, 358–70.

Boehme, M., Tuertscher, G. and Pechlaner, H. (2005), Business Plan-Wettbewerbe als Instrument der Gruendungsforderung – Zufriedenheitsanalyse von Teilnehmern, in H. Pechlaner, H. Hinterhuber and E.–M. Hammann (eds), *Unternehmertum und Unternehmensgruendung*, Wiesbaden: DUV Gabler Edition Wissenschaft, pp. 136–57.

Boissin, J.–P. (2003), *Le concept de 'Maison de l'Entrepreneuriat' – Un outil d'action pour l'initiative économique sur les campus*, Direction de la Technologie du Ministère de la Jeunesse, Paris, www.entrepreneuriat– grenoble.org/servlet/com.univ.utils, accessed 9 March 2005.

Braun, G. and Diensberg, C. (2003), Evaluation und Erfolgsbewertung internationaler Entrepreneurship-Trainings, in K. Walterscheid (ed.), *Entrepreneurship in Forschung und Lehre*, Frankfurt am Main: Peter Lang Verlag, pp. 205–21.

Bundesministerium fuer Bildung und Forschung (BMBF) (ed.) (2002), *Studierende und Selbstaendigkeit – Ergebnisse der EXIST-Studierendenbefragung*, Bonn: BMBF.

Burgoyne, J. and Stuart, R. (1978), Management development programmes: underlying assumptions about learning, in J. Burgoyne and R. Stuart (eds), *Management Development: Context and Strategies*, Aldershot: Gower Press, pp. 93–114.

Carayannis, E., Evans, D. and Hanson, M. (2003), A cross-cultural learning strategy for entrepreneurship education: outline of key concepts and lessons learned from a comparative study of entrepreneurship students in France and the US, *Technovation*, **23**, 757–71.

Center for Rural Studies, University of Vermont (CRS) (2003), *NECFE – Northeast Center for Food Entrepreneurship, Client Outcome Report*, October, www.crs.uvm.edu/evaluation, accessed 10 March 2005.

Charney, A. Libecap, G. (2000), *The Impact of Entrepreneurship Education: An*

Evaluation of the Berger Entrepreneurship Program at the University of Arizona 1995–1999, revised final report to the Kauffman Center for Entrepreneurial Leadership, Eller College of Business and Public Administration, University of Arizona.

Craig, R. and Bittel, L. (eds) (1976), *Training and Development Handbook*, American Society for Training and Development, New York: McGraw-Hill.

Donckels, R. (1993), *Pleins Feux Sur Les PME – De la théorie à la pratique*, Bruxelles: Roularta Books/Foundation Roi Baudoin.

Easterby-Smith, M. (1986), *Evaluation of Management Education, Training & Development*, Aldershot: Gower Press.

Easterby-Smith, M., Braiden, E. and Ashton, D. (1980), *Auditing Management Development*, Aldershot: Gower Press.

Ennoeckl, J. (2002), Hemmende und foerdernde Faktoren der Unternehmensgruendung durch Studierende, master thesis, University of Linz, Austria.

European Commission (2004a), *DG Enterprise 2004 Annual Management Plan*, Bruxelles: European Commission.

European Commission – Enterprise Directorate-General (2004b), *Final Report of the Expert Group 'Education for Entrepreneurship'*, October, Bruxelles: European Commission.

Fayolle, A. (2000), Exploratory study to assess the effects of entrepreneurship programs on French student entrepreneurial behaviours, *Journal of Enterprising Culture*, **8** (2), 169–83.

Fayolle, A. (2003), *Le métier de créateur d'entreprise – Motivations, Parcours, Facteurs clés de succès*, Paris: Editions d' Organisation.

Fayolle, A. (2004a), Value creation in changing student state of mind and behavior: new research approaches to measure the effects of entrepreneurship education, in U. Fueglistaller, T. Volery and W. Weber (eds), *Value Creation in Entrepreneurship and SMEs, Rencontres de St.-Gall 2004*, Swiss Research Institute of Small Business and Entrepreneurship at the University of St Gallen, St Gallen: Verlag KMU HSG, .

Fayolle, A. (2004b), *Entrepreneuriat – Apprendre à Entreprendre*, Paris: Dunod.

Fayolle, A., Gailly, B. and Lassas-Clerc, N. (2005), *Capturing Variations in Attitudes and Intentions: A Longitudinal Study to Assess the Pedagogical Effectiveness of Entrepreneurship Training Programmes*, EM Lyon Cahiers de Recherche No. 2005/11, Lyon.

Fayolle, A., Vernier, A. and Dijane, B. (2000), Les jeunes diplomés de l'enseignement supérieur sont-ils des créateurs d'entreprise comme les autres? Revue Gestion 2000 – *La Revue de Management pour Cadres et Universitaires – Dossier Entrepreneuriat*, No. Spécial, Mars-Avril, 39–55.

Fletcher, M. and Rosa, P. (1998), The Graduate Enterprise Programme: ten years on, in M. Scott, P. Rosa and H. Klandt (eds), *Educating Entrepreneurs for Wealth Creation*, Aldershot, UK and Brookfield, US: Ashgate, pp. 59–79.

Franke, N. and Luethje, C. (2004), *Entrepreneurial Intentions of Business Students: A Benchmarking Study, Working Paper*, Vienna University of Economics and Business Administration, Department of Entrepreneurship, Vienna.

Fueglistaller, U. et al. (2004a), *Swiss Survey on Collegiate Entrepreneurship*, KMU-HSG/START (eds), July, St Gallen.

Fueglistaller, U., Halter, F. and Hartl, R. (2004b), Unternehmertum im universitaeren Umfeld, in *IGA Zeitschrift fuer Klein- und Mittelunternehmen (Internationales Gewerbearchiv),* vol 52, Berlin and St Gallen: Duncker & Humblot Verlag, pp. 15–31.

Fueglistaller, U., Klandt, H. and Halter, F. (2006), *International Survey on Collegiate Entrepreneurship 2006*, University of St Gallen (HSG) and European Business School (ebs) (eds), St Gallen and Oestrich-Winkel.

Garavan, T. and O'Cinneide, B. (1994), Entrepreneurship education and training programmes: a review and evaluation, Part 1, *Journal of European Industrial Training*, **18** (8), 3–12.

Gensler, S., Skiera, B. and Boehm, M. (2005), Einsatzmoeglichkeiten der Matching Methode zur Beruecksichtigung von Selbstselektion, *Journal fuer Betriebswirtschaft*,

55 (1), 37–62.

Getzner, M., Haber, G. and Schwarz, E. (2003), *Gesamtwirtschaftliche Effekte der Unternehmensgruendungen in Oesterreich 2003*, University of Klagenfurt, Austria.

Gibb, A. (1993), The enterprise culture and education – understanding enterprise education and its links with small business, entrepreneurship and wider educational goals, *International Small Business Journal*, **11** (3), 11–34.

Gibb, A. (1996), Entrepreneurship and small business management: can we afford to neglect them in the twenty-first century business school? *British Journal of Management*, **7**, 309–21.

Golla, S., Halter, F., Fueglistaller, U. and Klandt, H. (2004), *Gruendungsneigung Studierender – Eine empirische Analyse in Deutschland und der Schweiz*, Stuttgart: Proceedings of G-Forum 2004.

Hamblin, A. (1974), *Evaluation and Control of Training*, London: McGraw-Hill.

Hendry, C., Jones, A. and Arthur, M. (1991), *The Delivery of Effective Training: The Concept of Skill in Small-Medium Enterprises*, Centre for Corporate Strategy and Change, Warwick Business School, University of Warwick, Coventry.

Henry, C., Hill, F. and Leitch, C. (2003), *Entrepreneurship Education and Training*, Aldershot, UK and Burlington, US: Ashgate.

Hills, G. and Morris, M. (1998), Entrepreneurship education: a conceptual model and review, in M. Scott, P. Rosa and H. Klandt (eds), *Educating Entrepreneurs for Wealth Creation*, Aldershot: Ashgate, pp. 38–58.

Hisrich, R. (1992), Toward an organization model for entrepreneurship education, in H. Klandt and D. Mueller-Boling (eds), *Internationalizing Enterpreneurship Education and Training*, Cologne and Dortmund: Foerderkreis Gruendungs-Forschung, pp. 16–41.

Holzer, F. and Adametz, C. (2003), *TUG-AbsolventInnenbefragung 2003, Endbericht (Oktober 2003),* Technical University of Graz, Graz.

House, R. (1967), *Management Development: Design, Evaluation, and Implementation,*

Bureau of Industrial Relations, Graduate School of Business Administration, The University of Michigan, Ann Arbor, MI.

Hytti, U. and Kuopusjärvi, P. (2004), *entreva.NET – Evaluating and Measuring Entrepreneurship and Enterprise Education: Methods, Tools And Practices*, Small Business Institute, Business Research and Development Centre, Turku School of Economics and Business Administration, Turku, Finland.

Jack, S. and Anderson, A. (1999), Enterpreneurship education within the enterprise culture – producing reflective practitioners, *International Journal of Entrepreneurial Behaviour and Research*, **5** (3), 110–25.

Johannisson, B. (1991), University training for entrepreneurship: Swedish approaches, *Entrepreneurship and Regional Development*, **3**, 67–82.

Johannisson, B. (1992), Entrepreneurs as learners – beyond education and training, in H. Klandt and D. Mueller-Boling (eds), *Internationalizing Entrepreneurship Education and Training*, Cologne and Dortmund: Foerderkreis Gruendungs-Forschung, pp. 95–109.

Johannisson, B., Landstrom, H. and Rosenberg, J. (1996), University training for entrepreneurship – an action frame of reference, in H. Klandt (ed.), *Internationalizing Entrepreneurship Education and Training,* Lohmar and Cologne: Josef Eul Verlag.

Kailer, N. (1991), *Organisationsformen und Entwicklungstendenzen betrieblicher Weiterbildung in Osterreich*, Research Series Institute for Bildungsforschung der Wirtschaft No. 86, Vienna.

Kailer, N. (ed.) (2001), *Betriebliche Kompetenzentwicklung – Praxiskonzepte und empirische Analysen*, Vienna: Linde Verlag.

Kaschube, J. and Lang-von Wins, T. (1999), Erfahrungen aus einem Gruendungswettbewerb an Muenchner Hochschulen, in K. Moser, B. Batinic and J. Zempel (eds), *Unternehmerisch erfolgreiches Handeln*, Goettingen: Verlag fuer Angewandte Psychologie, pp. 245–62.

Katz, J. (2004), *2004 Survey of Endowed Positions in Entrepreneurship and Related*

Fields in the United States, Kansas City, KS: Ewing Marion Kauffman Foundation.

Kirkpatrick, D. (1976), Evaluation of Training, in Craig, R. and Bittel, L. (eds), *Training and Development Handbook*, 2nd edn, New York: Mc Graw-Hill, pp. 18-1–18-27. (First edition: 1967.)

Kirkpatrick, D. and Kirkpatrick, J. (2005), *Evaluating Training Programs – The Four Levels*, 3rd edn, San Francisco, CA: Berret-Koehler.

Klandt, H. (2004), Entrepreneurship education and research in German-speaking Europe, *Academy of Management Learning and Education*, **3** (3), 293–301.

Klandt, H., Koch, L. and Knaup, U. (2005), FGF-Report, *Entrepreneurship-Professuren 2004, Eine Studie zur Entrepreneurshipforschung und -lehre an deutschsprachigen Hochschulen*, January, Cologne: FGF Forderkreis Gruendungs-Forschung e.V.

Klapper, R. (2004), Government goals and entrepreneurship education – an investigation at a Grande Ecole in France, *Education + Training*, **46** (3), 127–37.

Koch, L. (2003), Unternehmerausbildung an Hochschulen, *Zeitschrift fuer Betriebswirtschaft*, Supplementary Issue (2/2003), pp. 25–46.

Kolvereid, L. and Moen, O. (1997), Entrepreneurship among business graduates: does a major in entrepreneurship make a difference? *Journal of European Industrial Training Management*, **21** (4–5), 154–71.

Leitch, C. and Harrison, R. (1999), A process model for entrepreneurship education and development, *International Journal of Entrepreneurial Behaviour and Research*, **5** (3), 83–109.

Leodolter, M. (2005), UniversitaetsabsolventInnen als Unternehmensgruender und-uebernehmer – Eine empirische Studie an der Johannes Kepler Universitaet Linz, master thesis, University of Linz, Austria.

Levie, J. (1999), *Entrepreneurship Education in Higher Education in England – Survey 1999*, www.dfes.gov.uk/ dfee/heqe/lbs.htm, 5 March 2005.

Levie, J., Brown, W. and Steele, L. (n.d.), *How Entrepreneurial are Strathclyde Alumni?* An international comparison, working paper, University of Strathclyde, Hunter

Centre for Entrepreneurship, Strathclyde, Scotland.

Lucas, W. and Cooper, S. (2004), *Enhancing Self-efficacy to Enable Entrepreneurship: The Case of CMI's Connections*, MIT Sloan School of Management Working Paper 4489–04 (May 2004), Cambridge, MA.

Mitterauer, L. (2003), *Evaluation des Unternehmensgruendungsprogramms UNIUN – Gruendungsverlauf, Erfolgsbilanz, Fiskalanalyse der Programme UNIUN 1999 & UNIUN 2001*, final report for the Alumni-Society of the University of Vienna, Austria.

MKB-Nederland (SME Netherlands) and VNO-NCV (1999), Leren Ondernemen Loont (Studying entrepreneurship pays), MKB Nieuwsbericht 13 July, Delft, www.mkb.nl/Nieuws/287_102, accessed 20 May 2005.

Mumford, A. (ed.) (1986), *Handbook of Management Development*, Aldershot: Gower Press.

Nadler, D. (1977), *Feedback and Organization Development: Using Data-based Methods*, Reading, MA: Addison-Wesley.

Nakkula, M. (2004), *Initiating, Leading, and Feeling in Control of One's Fate – Executive Summary of Findings from the 2002–2003 Study of NFTE in Six Boston Public High Schools,* Project IF: Inventing the Future, Harvard University Graduate School of Education, Cambridge, MA, www.nfte.com/downloads/research_harvardexecsummary–01–02.pdf, accessed 22 May 2005.

Nandram, S. and Samson, K. (2004), Ahead of the pack, *Nyenrode NOW*, 2, March, Breukelen: University of Nyenrode, pp. 10–11.

National Foundation for Teaching Entrepreneurship to Youth (NFTE) (2005), Brandeis University Research, www.nfte.com/impact/brandeisresearch.asp, 2 April 2005.

Neuberger, O. (1991), *Personalentwicklung*, Stuttgart: Enke Verlag.

Noel, T. (2001), *Effects of Entrepreneurial Education on Intent to open a Business*, Wichita State University, www.babson.edu/entrep/fer/Babson2001, accessed 3 March 2005.

Onstenk, J. (2000), Onderwijs En Ondernehmerschap, CINOP Working Paper,

Ministerievan Economische Zaken (ed.), Den Haag.

Paul, S. (1983), *Strategic Management of Development Programmes*, Management Development Series, No. 19, Geneva: ILO.

Pihkala, J. and Miettinen, A. (2003), Entrepreneurship education: does it promote entrepreneurial potential? A field study in Finnish polytechnics, in H. Klandt and A. Zaki Abu Bakar (eds), *Internationalizing Entrepreneurship Education and Training*, Lohmar and Cologne: Josef Eul Verlag, pp. 139–60.

Pleitner, H.–J. (2001), Entrepreneurship – Mode oder Motor? *Zeitschrift fuer Betriebswirtschaft*, **71** (2001/10), 1145–59.

Puxi, M. and Stetefeld, A. (2001), *Kontinuierliche wissenschaftliche Begleitung und Bewertung der im Freistaat Sachsen ueber den europaeischen Sozialfonds mitfinanzierten arbeitsmarktpolitischen Maßnahmen*, Annual Report 2000, Dresden: Saechsisches Staatsministerium fuer Wirtschaft und Arbeit.

Richter, J. (2000), StudentInnen und Unternehmensgruendung, master thesis, University of Linz, Austria.

Salomon, G., Duffy, S. and Tarabishy, A. (2002), The state of entrepreneurship education in the United States: a nationwide survey and analysis, *International Journal of Entrepreneurship Education* (1/2002), 65–86.

Sassen, H. von (n.d.), *Ausbilden und Lernen*, Working Paper 3639.774 HS/LG, NPI – Instituut voor Organisatie Ontwikkeling, Zeist, The Netherlands.

Schamp, T. and Deschoolmeester, D. (2002), *Building Blocks of Strategic Planning Effectiviness and the Growth of SME's – The Impact of Management Training on Strategic Targeting Proficiency and Accuracy Revisited*, Working Paper, Department of Management and Organization, Ghent University, Ghent.

Schauer, R., Kailer, N. and Feldbauer-Durstmueller, B. (eds) (2005), *Mittelstaendische Unternehmen – Probleme der Unternehmensnachfolge*, Linz: Trauner Verlag.

Schulte, R. (2004), Was ist 'Gruendungserfolg'? – Ueberlegungen zur Operationalisierung eines folkloristischen Begriffs, in J. Merz and J. Wagner (eds), *Perspektiven der*

Mittelstandsforschung, Muenster: LIT Verlag, pp. 203–31.

Schwarz, E. and Grieshuber, E. (2001), Unternehmensgruendung als Berufsalternative osterreichischer Studierender, in S. Buchinger (ed.), *Gruenderland Osterreich*, Vienna: Bundesministerium für Wirtschaft und Arbeit, Center Wirtschaftspolitik, pp. 169–89.

Smith, A. and Piper, J. (1990), The tailor-made training maze: a practitioner' s guide to evaluation, *Journal of European Industrial Training*, **14** (8), 2–31.

Stampfl, C. and Hytti, U. (2002), *Entrepreneurship als Herausforderung an das Bildungswesen – Ansaetze in Oesterreich und europaeischer Vergleich – Ergebnisse des Projektes ENTREDU*, Vienna: Schriftenreihe des Instituts fuer Bildungsforschung der Wirtschaft Nr. 123.

Staudt, E., Kailer, N., Kriegesmann, B., Meier, A., Stephan, H. and Ziegler, A. (1997), *Kompetenz und Innovation, Reihe Innovation: Forschung und Management*, vol. 10, E. Staudt (ed.), Bochum: Institut fuer Angewandte Innovationsforschung.

Sternberg, R. and Klose, B. (2001), *Evaluation des Programms zur finanziellen Absicherung von Unternehmensgruendern aus Hochschulen (PFAU),* Cologne: Universitaet zu Köln, Wirtschafts – und Sozial geographisches Institut.

Sternberg, R. and Mueller, C. (2004), *Wissenschaftliche Begleitforschung zum Projekt 'Junge Innovatoren' des Ministeriums fuer Wissenschaft, Forschung und Kunst des Landes Baden*-W*uerttemberg*, Cologne: University of Cologne.

Stiefel, R. (1973), *Fortbildungsphilosophie und Programmplanung*, Cologne and Bonn: Carl Heymanns Verlag.

Stiefel, R. (1974), *Grundfragen der Evaluation in der Managementschulung*, Frankfurt am Main: RKW.

Storey, D. (2000), Six steps to heaven: evaluating the impact of public policies to support small businesses in developed economies, in D. Sexton and H. Landstrom (eds), *The Blackwell Handbook of Entrepreneurship*, Oxford: Blackwell Business Series, pp. 176–94.

Storey, D. and Westhead, P. (1994), *Management Training and Small Firm Performance:*

A Critical Review, Working Paper No. 18 (October), Warwick Business School – Centre for Small and Medium Sized Enterprises, University of Warwick, Coventry.

Thakur, S.P. (1995), Size of investment, growth opportunity and human resource management typologies in entrepreneurial firms: some observations, *Frontiers of Entrepreneurship Research 1995 Edition*, Babson College, www.babson.edu/entrep/fer/papers 95/thakurc.htm, accessed 20 May 2005.

Tohmo, T. and Kaipainen, J. (2000), *Tyottomyydestae yrittaejyyteen.Evaluoinnin loppuraportti Polut yrittaejyyteen – tiomenpisteestae ohjelmakaudella 1995–1999* (From unemployment to entrepreneurship. Final evaluation report on Priority 2, Measure 2 in the European Social Fund's Objective 3 Programme in Finland), Helsinki: Research centre of the Department of Economics and Chydenius Institute, University of Jyvaeskylae, www. entreva.net, accessed 28 May 2005.

Twaalfhoven, B. (2000), Entrepreneurship education and its funding – a comparison between Europe and the United States, report, European Foundation for Entrepreneurship Research (EFER) (ed.), June, available at www.efer.nl/pdf/EntreEduFunding.pdf, accessed on 12 February 2005.

Twaalfhoven, B. (2001), Developing entrepreneurship programmes in MBA Schools: a contrast in approaches, European Foundation for Entrepreneurship Research (ed.), Spring, available at www.efer.nl/res, accessed on 10 May 2005.

Ulrich, D. (ed.) (1990), *Delivering Results*, Boston, MA: Harvard Business School Press.

Urbano, D., Capelleras, J., Guallaarte, C. and Vergés, J. (2003), *Marco Institucional Formal de la Creación de Empresas en Catalunya* (Institutional formal frame for the creation of enterprises is Catalonia), Barcelona: Universidad Autonoma de Barcelona, http: //webct.tukkk.fi/entreva/entredu/kirjallisuus/264.pdf, accessed 18 May 2005.

Van der Sluis, J., Van Praag, M. and Van Witteloostuijn, A. (2004), *Comparing the Returns to Education for Entrepreneurs and Employees*, Amsterdam: Tinbergen Institute Discussion Paper TI 2004–104/3.

Von Landsberg, G. and Weiss, R. (eds) (1995), *Bildungs-Controllung*, 2nd edn, Stuttgart:

Schaeffer-Poeschel Verlag.

Warr, P., Bird, M. and Rackham, N. (1971), *Evaluation of Management Training*, 2nd edn Aldershot: Gower Press.

Weiss, C. (1972), *Evaluation Research. Methods for Assessing Program Effectiveness*, Englewood Cliffs, NJ: Prentice-Hall.

Westhead, P., Storey, D. and Martin, F. (2000), The Shell technology enterprise programme: student outcomes, *Education + Training*, 42 (4/5 2000), 272–81.

Westhead, P., Storey, D. and Martin, F. (2001), Outcomes reported by students who participated in the 1994 Shell Technology Enterprise Programme, *Entrepreneurship and Regional Development*, **13**, 163–85.

Wilson, K. (2004), *Entrepreneurship Education at European Universities and Business Schools – Results of a Joint Pilot Survey*, EFER/EFMD (eds), September, www.efer.nl/pdf/EuEntreEduPilotSurvey.pfd, accessed 10 March 2005.

Wottawa, H. and Thierau, H. (1990), *Lehrbuch Evaluation*, Bern, Stuttgart and Toronto: Verlag Hans Huber.

Young, J. and Sexton, D. (1997), Entrepreneurial learning: a conceptual framework, *Journal of Enterprising Culture*, 5, 223–48.

第十五章　评估创业教育：评估者、项目发起人和决策者之间的权力博弈

乌拉·许蒂和葆拉·库普亚维

一、介绍

评估公共政策研究及相关文件的需求日益增长。人们迫切地想要知道他们交的税是否都用于有效的公共政策。出于这个原因，决策者需要通过进行评估——系统研究——弄清楚发生了什么，这样才能将评价体现在政策上（Venetoklis，2002）。但是这并不意味着，定期评估只在公共部门是必要的。如果数百万欧元都花在了管理培训和发展上，那么这些公司的经理有权质问，为什么这样做会培养出更好的员工，以及这样是否会提高公司的长期经济利益（Rowe，1996）。然而，问责制不是唯一的原因。参与规划和实施政策的组织——不论是作为权威部门还是代理人——也需要一些反馈来协助他们改善现行的政策或计划在未来实施的措施（Venetoklis，2002）。

评估研究需要反映出创业教育项目可以实现的目标的多样性（Storey，2000）。例如，这些目标可能是以下几个：（1）提高对创业的理解；（2）培养个人以创业方式进入"职场世界"；（3）使个人成为创业者和新企业的管理者（Hytti and O'Gorman，2004）。因此，指标和评价方法的选择需要符合这些目标，这是一项十分困难和复杂的事情（Fayolle，2005）。如果项目旨在提高对创业的理解，那么评价项目参与者的创业活动是没有任何

意义的，至少在短期内是这样的。除了不同项目的不同目标，还有一个因素会影响评估，即评估过程中涉及到的利益相关者——评估者、项目发起人和决策者——他们对所评估的项目持有不同且相互矛盾的观点（Abma，2000）。

在本章中，我们的目标是深入了解参与评估过程的不同利益相关者对企业和创业教育的不同看法。我们的分析集中在不同的目标和需求上，同时还有从三个不同角度出发的评估所需提供的论据。近来，培训和教育的评估模型已经认可了利益相关者多样化的重要性（Michalski and Cousins，2000）。因此，我们将重点关注决定评估和评估过程的权力，以及随之而来的知识主张。所以，我们应该更加客观地看待评估所涉及的权力博弈（Segerholm，2003）。

本章介绍了在六个欧洲国家开展的一个研究项目的结果。这项研究是作为欧盟委员会达芬奇计划资助的 Entreva 项目的一部分来开展的。[1] 该研究的结果在研究报告中有更加全面详尽的展示（Hytti and Koupusjärvi 2004）。电子格式的报告可在 www.entreva.net 上获得。该网站还包含一个网络工具，是有关如何规划和执行对创业教育和培训项目的评估的。

二、不同的利益相关者和权力的概念

这项研究所依据的观点是，评估是一个政治语境下的行为。因此，评价各个方面——设计、实施、结果和用途——是由利益相关者之间的权力关系决定的（Cardoza Clayson et al.，2002）。利益相关者显然是对评估结果感兴趣的群体，要么是因为他们直接受到活动的影响或参与到活动之中，要么是因为他们将来需要决定是否资助或运行一个类似的培训项目。（Michalski and Cousins，2000）。在此研究中，我们将“评估者”也列入此过程中的利益相关者名单，尽管他们本身并不一定会对评估结果有直接的兴趣或受到评估结果的直接影响。但是，他们至少会间接地受到其他利益相关者对评估结果的接受程度的影响——项目发起人和资助者，以及更广泛意义上的学术团体。其结果就是，这个过程中所有的利益相关者都易受到影响。资助者需要就开支对诸如欧盟委员会或国家政府等负责。项目管理者想要维持和改进项目，同时评估者想要开展具有较高道德和职业标准的评估。所有的利益相关者都易受到政治压力，以及因为他们的行为而导致的资金减少的压力（Cardoza Clayson et al.，2002）。

参与到评估中的不同利益相关者拥有不同的权力来源。尽管当我们考虑到项目资助者的能力后，很容易认为他们拥有最大的权力，会影响被评估项目的决策过程（Michalski and Cousins，2000），但是如果认为其他利益相关者没有任何权力也是十分天真的。项目发起人通常会和项目参与者有直接的联系，因此在影响参与者的看法和观点方面，他们的作用十分关键。同样，评估人员有权选择特定的研究方法（调查和小组访谈等），以及在报告中展示特定的问题或结果。不同的利益相关者会以不同的方式定义项目，这些定义会随着时间和地点而改变，并且获得新的含义。例如，决策者可能会将创业教育理解为增加财富和提高就业的途径，而项目发起人可能主要将其理解为提高个人技能和增加福祉的途径。从这个意义上说，评估中以及围绕评估的权力关系可能存在非对称且动态的过程。

三、数据收集

根据研究中开展的文献综述的结果，学者们已经开发出一个被应用于各种采访的采访模板。为了深入了解针对创业教育和创业培训的评估，一共采访了来自六个国家（奥地利、芬兰、爱尔兰、德国、挪威和西班牙）的 30 名专家。[2] 这些专家是从参与企业和创业教育项目评估的三个不同群体中挑选的：项目发起人，评估者和决策者。不同利益相关者的定义如下。项目发起人是负责组织企业和创业培训项目的人。评估者一般而言是指对创业项目或一批项目的内部或外部评估有一定经验的研究人员。有时评估者也会负责运行项目，所以他们会扮演项目发起人和评估者的双重角色。决策者负责制定方针政策，指导创业教育和创业培训项目的实施和资助，有时候还涉及这些项目的评估。

每一个国家都会十分谨慎地选择这些受访的专家。来自各个类别的代表至少会采访一位。在每个国家，总共会进行四到五次成功的采访。然后，每个国家的研究人员应用已开发的模板来记录采访内容。研究人员会尽力通过一些说明性的引语来传达关键信息，但不会完全记录下采访内容。在本章中，会引用记录下的采访内容来说明我们的研究结果。

四、分析

我们对这 30 份访谈已经进行了一次定性分析。在分析中，我们侧重于评估者、决策者和项目发起人这三个群体为实施评估而提出的论点。然后比较分析每个分组的答案（项目发起人、评估者和决策者）。从每个分组中，我们会确定受访者提供的有关实施评估的不同主题和论点。对不同角度的论点的对比分析会在研究结果中展示。在分析中，我们按类型将答案分类，也就是，我们旨在提供不同群体就评估而给出的典型答案。这些分类并不正式；它们并不代表任何一个受访者的态度或看法，但可能是被分析的群体的论点类型，例如，不是所有的项目发起人都认为评估研究应该独立地协助项目规划和设计问题（Eskola and Suoranta，1998）。

五、评价研究的用途

我们必须要强调，评估式的问询不只是一种收集信息的方法，还是一种探讨项目或政策的价值的手段（Russ-Eft et al.，2002）。我们会讨论评估的过程性作用和工具性作用。有必要强调评估的工具性作用，也就是，评估结果会应用于修改项目或政策，并不是评估唯一可能的用途。评估过程本身可能会在某种程度上产生重要影响，甚至在产生或公布任何结果之前，评估的实际操作就会导致改变的发生。简而言之，过程性作用就是指发生在评估过程中的研究学习（Preskill et al.，2003；Russ-Eft et al.，2002）。评估可能会以不同的方式产生过程性作用（Russ-Eft et al.，2002）：

- 增强共识（例如，围绕创业教育的交流和讨论）。巴顿借鉴了研究结果的概念性使用，其定义是“利用评估影响思维模式，并且通过提高知识水平加深理解”（Patton，2001，p. 332）。

- 支持和强化项目干预（例如，如果参与者有机会讨论项目，或者评估者对已查明问题的及时反馈可以帮助纠正这些问题，那么参与者对项目的满意度可能会增加）。
- 提高参与度，增加自决权和所有权，促进项目计划和组织的发展（例如，评价本身——而不是结果——可能会促使项目管理者开发自己的系统、实践操作和流程）。

如果“一项决策或行动是，至少部分是，根据评估而来的”，那么评估的工具性作用就产生了（Patton，2001，p. 332）。根据政策制定过程的不同阶段和评估设定的不同目标，评估的需求也有所不同。戴蒙德和斯彭斯（Diamond and Spense，1983）认为，评估研究的问题有四种基本的类型：

- 项目规划问题
- 项目监管问题
- 项目评估问题
- 经济效益问题

一个真正全面的评估方法会涉及所有四种研究活动的各个方面，尽管出于显而易见的原因，许多评估只集中于一个选择。许多研究者呼吁利用按部就班的渐进方法来评估，例如可以参考斯托雷（Storey，2000）。这种方法强调的是，这样做的意义首先是在衡量影响之前就检验项目是否按规定执行，其次按照相同的逻辑在评价效率之前先分析是否已经产生影响（Diamond and Spense，1983）。

然后，通常会围绕这些总体目标来规划项目，确定干预方式、有兴趣的利益相关者和预算。在准备确定适当的方法、利益相关者和预算时，就需要制定评估程序。因此，重点就在协助项目规划上。该想法即评估过程，而不仅仅是结果，是可能实现的，而且是有必要的。监测评估提供的是系统性的评价，评估项目是否在按照预期设计的运行，以及是否接触到目标群体。如果项目偏离了原始意图，那么必须更加谨慎地理解评估研究的结果。影响评估是有关评估人们最常想到的形式。影响评估判断的是项目在何种程度上按照预期的方向引起了变化。这意味着我们不仅对影响感兴趣，还对它们的方向感兴趣（Diamond and Spense，1983，pp. 1–2）。戴蒙德和斯彭斯（Diamond and Spense，1983）将经济效益划分为两种略有区别的方式：

- 成本—效益分析——计算成本和效益的货币价值
- 成本效益——计算成本和定性成果，即在实现目标方面取得的进展。

六、结果

根据我们在评估研究中对不同利益相关者——项目发起人、决策者和评估者——的比较分析结果，接下来会展示评估的不同用途。

（一）项目发起人

在项目发起人看来，项目的质量和持续改进是迄今为止进行评估研究的最重要的原因。“特别是，评价可能是一个非常有趣的工具，可以用来预测变化和其他需要，以及修改项目以适应这些变化”（项目发起人，西班牙）。

自然而然地，项目发起人对项目的效率和已有结果的研究也很感兴趣。通过评估，可以基于更客观的信息，而不是教师的主观见解来做出决策。随着环境的改变，预测变化并相应地调整项目是很有必要的。“为了关注项目的效率和不断改善项目”（项目发起人，爱尔兰）。

可以利用评估查明，为什么参与者会参加可能已经偏离了所设定的官方目标的项目。这些信息可以被应用于定制项目，以及使参与者更加投入。“原因之一是弄清楚参与者的最终目标，他们为什么参加项目的真相……评价是使参与者更加投入的办法之一”（项目发起人，芬兰）。

在多数情况下，会有几个讲师、培训师和顾问作为导师参与到项目中。因此，项目的质量在很大程度上依赖于这些第三方的水平。为了达到质量要求，可以利用评估来强制施加培训人员之间必要的压力，甚至是竞争。

然而，很多时候，这并不是项目发起人的最终目标，而是可以用来说明项目需要的合理性，证明资金捐赠和资助的合法性，以及进行市场营销。

评价结果可以让不同的利益集团知道培训和项目的结果。由此可以看出，这比其他的营销手段，例如项目宣传册和广告，更加客观。“具体而言，我们还会利用评估选出参与者的‘参与感言’应用到市场营销中”（项目发起人，芬兰）。

项目发起人声称，如果评估研究的结果被证实是有用的，他们会将其付诸实践。显然，在他们看来，内部的评估研究比外部的更加有用。至于外部评估，项目发起人似乎认为它们不能满足自己的要求，也就是，为项目改进和进一步的行动提供切实可行的建议。一般来说，信息的超负荷和资源的匮乏阻碍了结果的深度利用。

从政策制定的角度来看，相比评估项目，项目发起人对如何提高培训活动的创新性和独特性更感兴趣。目标是采用创新和实验性的方法，而不是逐步完善现有项目。将评估融入日常工作中总体上还是有问题的；项目发起人没有充足的时间和 / 或其他资源用来评估，因为日常工作占用了他们所有的时间。“更多注意力放在了创新性和独特性上，而不是评估上。问题是没有哪个工作团队是致力于这些问题的，所以日常工作占用了所有的时间”（决策者，西班牙）。

也有人认为虽然项目发起人对评估感兴趣，但是可能需要得到有关如何评估创业教育和培训的建议。评估者批评项目的规划，有时会导致后面的项目评估无法进行。如果一开始没有为项目设定任何目标，那么目标就是项目碰巧达成的任何一个成就（Storey，2000）。“创业研究的原因和目的有时不是很清楚，但是在开展合理的评估之前，必须明确这些问题。这与评价创业教育的总体难度有关”（评估者，芬兰）。

决策者认为项目发起人并没有真正实施评估的结果，例如，负面结果有时会被隐藏，并且不会应用在项目的未来发展上。

可以从分析中得出项目发起人易受影响的特点。在大多数情况下，项目发起人依赖于两个不同的群体，并对他们负责。首先，他们需要让他们的出资人确信项目是在按计划运行，并且能够达到目标。他们担心只考量“硬性”的定量要素（例如，财务和成本），而忽视“弹性”的方面（例如，参与者主观的学习经历）。从这个意义上来说，项目发起人认为资助人无法识别项目中要被评估的合适要素。

其次，项目发起人需要确保参与者会继续报名参加，并且对项目十分满意。评估被作为一种营销的方式，同时还要确保参与者的愿望得以实现，即使这些一开始并不在项目当中。因此，项目发起人更倾向于评估的过程性作用。其结果是，他们寻求的是将这些改变纳入原有目标的评估中。如果资助人和评估者只想要分析项目的最初目标是否达成，而不考虑参与者的具体要求，那么结果对项目不会有太大的作用。所以，项目发起人需要平衡资助人和项目参与者的意愿，同时努力满足这两个群体的需求。如果这些需求得不到满足，结果就是资金中断或者参与者不再参加该项目。

（二）决策者和金融家

决策者和资助人认为评估创业教育和培训很重要，因为它们提供了有关该领域未来需求的信息，同时有助于确定将来要资助的培训类型。经济效益对资助人来说也很重要，所以开展评估也是为了计算投资回报。

但是，最重要的是，决策者对所评估的项目的影响很感兴趣。然而，与只是控制资金使用或者实施项目规划的措施相比，这项任务更加艰巨。“我可以很容易地控制项目按计划运行，但是不能保证项目预期的效果都实现”（挪威5）。

评估也可以帮助资助人控制资金的使用，判断某些类型的项目是否存在资金短缺，或者资金过多的情况。决策者也需要通过评估来判断项目是否按照预期在运行，无论是否按照预算指导方针运行，还是发起人是否有能力提供该项目。这种类型的控制作用也可以被视为过程性作用。仅仅是对项目评估的意识就可能会影响到项目发起人在开展项目时的行为。

但是，我们应该注意到，决策者个人在有关评估的决策方面并不是完全自由的。例如，欧盟委员会有管理决策者的规章制度。如果评估需要竞标或者与或多或少相同的研究机构签约，那么也会有不同的惯例。在实践中，与已知的在政策研究方面有长期记录的研究机构签约研究，对决策者来说可能更加容易和放心。其结果是，如果是与一小群研究人员和机构签约开展研究，就会出现担忧。在极端的情况下，项目发起人会担心机构之所以被选择是因为已经知道它会给出想要的结果。

在大多数欧洲国家，创业教育和培训目前是主要议题，因此，决策者有兴趣呈现有趣的创新，并为这些创新提供实证支持。所以，存在为了"伪造"积极的项目结果而设计研究方法的风险。也有人认为资助人有时候会试图影响报告所撰写的或新闻稿所强调的内容，但有经验的研究人员不会掉入这些陷阱。对评估者而言，最坏的情况就是评估被当作决策者的托辞，甚至还没有看过就被存档。评估研究是用来捍卫他们自己的先验信念（Grubb and Ryan，1999）。"因此，从评估者的角度来看，评估的问题在于：（1）评估未经阅读；（2）没有传达给评估者的隐形目标"（评估者，奥地利）。

人们认为决策者会在一定程度上将评估研究的结果应用于决策过程。但是如果资助人在短期内期待得到过多的结果，可能就会出现一些问题。决策者一般要就自己的投资决策和相关后果对，例如，议会的公选官员负责。其结果是，他们需要确保遵守相关的资金决策和法规，以及不会出现资金的滥用。因此，评估更多的是控制开销的一种方式，而不仅仅是研究已经获得的成果。决策者着重的是"事情是否按正确的方式在进行"，而不是"是否做了正确的事情"。此外，用同样的标准评估不同的项目，这似乎是个问题。

（三）评价者

受访的评估者认为，评估对于评价项目在目标群体间的传播十分重要。同时也需要评估来衡量参与者的满意度和方案在企业创办等方面的影响。有人还指出，找出某些人没有创办公司的原因是很重要的。将客户纳入考虑范围，弄清楚他们的需求是否得以满足，以及是否信守对他们许下的承诺也很重要。因此，评估的工具性作用就突显出来。除了项目改进，汲取之前的经验，开展评估还可以确保源源不断地获得资助。一位评估者建议，还可以利用评估来传播创业文化。这两个例子可以理解为过程性作用的一种形式。

大多数评估者针对评估的目标会明显采取局内人或局外人的角度，这会影响他们理解评估的作用和目的，以及开展评估时首选的方法：

- 行动研究，为项目的发展（为项目发起人）提供信息 / 交际目的
- 影响分析，提供有关某一个项目的影响的信息和 / 或一个区域 / 国家内促进创业的组织结构的信息（对于决策者）/ 控制目的。

正在进行的行动研究的支持者显然是认为，项目完成后开展的评估常常是浮于表面的，而且没有起到特别大的作用。因此，他们更多的是采用中期评估，这样信息可以在评估者和项目发起人之间不断地交换。这样的评估更多地被视为一种学习过程，需要项目发起人和评估者之间的密切合作。所以，他们提出了评估更为明显的过程性作用。

在评估者看来，承认评估中存在利他主义也是有必要的：开展评估可能是所涉及的研究机构的核心业务，或者至少会涉及金钱因素。所以有人建议，评估者需要通过理解决策者的政治角色，确定各个利益群体，以及弄清楚他们可能会受到具体政策的何种影响，在有关权力和影响力的问题上变得更加老练。（Mustafa，1994）。

资金的来源在另一方面也会影响到评估者。在资金的支持下，评估者可能会专门研究评估的不同领域，学习了解基本领域——创业教育和培训，制定适当的指标和评估框架，开展更好的评估。“能够胜任的研究人员还是不多的。这是一个恶性循环：没有足够的钱，没有人可以胜任该领域”（决策者，奥地利）。

评价者认为他们对如何应用和使用评估研究的影响十分有限。一般来说，决策者似乎对评估感兴趣，但有时并不是真正的感兴趣，而是出于次要的目的。评估者也发现了在编写评估报告方面存在的问题，有人提议要更加重视建议。

七、提高评估的作用

如果评估者和组织希望人们从评估中有所收获，应该从一开始就设立某些条件和过程来推动这一进程（Preskill et al.，2003）。针对评估实施的

改进和结果的利用，我们提出了若干建议。除了分配更多的时间、金钱和其他资源，还提出了一些有趣的建议。评估应该被纳入三方讨论和其他政治论坛中。在更加开放的平台上讨论评估以及它们（可能）的结果，将有助于防止它们被误用或误解，同时也将所有代理人的见解传达给所有涉及到的利益相关者（也可以参考 Grubb and Ryan，1999）。可以组织研讨会或类似活动，方便项目发起人和其他利益相关者讨论结果、互相学习。为了开发评估的过程性作用，可以在较早的阶段或评估过程的一开始就组织这些研讨会。在这些场合中，不同的利益相关者——项目发起人、决策者和评估者——可以一起讨论项目的目标，如何评估项目，以及适合研究的指标和结果。评估的可用性因为缺乏普遍接受的标准和评价方法而大打折扣，普遍接受的标准和评价方法将提高评估的透明度。这将促进不同利益相关者之间的对话和理解。此外，需要更加系统和长期的方法。

应该让人们更加容易获取评估研究的内容，也就是说，结果和过程中考虑到的因素应该对外公布，而不仅仅是体现在内部研究报告中。有人建议评估应该更加关注得出实际结果的过程（也可以参考 Grubb and Ryan，1999）。评估报告的可用性也会受到报告的内容和清晰程度的影响。因此建议使用可理解的语言（“非行话”），例如摘要等，这将提高所实施的评估的可用性。

八、讨论和启示

在本章中，我们已经深入讨论了评估研究中不同利益相关者——项目发起人、决策者和评价者的论点和意见。评估是一项政治语境下的行为，评估的各个方面都是由三个利益相关者之间的权力关系决定的。我们认为依附于评估的权力问题是逃避不了的。正如我们已经展示的，这个过程中所有的利益相关者都易受到影响，因为他们所有的人都要对别人负责，同时面临政治压力，以及担心因为自己的行为而导致资金的缩水（Cardoza Clayson et al.，2002）。这一过程中，资金的作用是至关重要的。

项目发起人一般认为运行项目是他们的首要任务。他们更喜欢内部的中期评估，这些可以不断地提供信息，协助他们规划项目和实施决策。项目发起人十分警惕只关注财务问题和定量标准的评估，但是很重视对定性结果的评价。这反映了他们在两类客户（出资人和参与者）中间的地位，他们试图让这两类客户都能够满意。他们很容易受到资金短缺（如果出资人对项目不满意）和参与者减少（如果参与者对项目不满意）的影响。

决策者和资助人最关心对项目影响的评估。他们也需要评估研究来获取有关现有项目的信息（控制），并帮助他们规划未来的项目（决策）。一般来说，决策者个人还需要对自己在资金方面做出的决定负责。他们需要证明资金是按照计划使用的。这些强调了他们的控制重点。其次，决策者需要反思，从长远来看，是否资助了正确的项目。

评估者将自己定位为主要协助项目发起人或者决策者做出决策的人。为了支持项目发起人，内部方式更理想（内部的中期评估），而为了支持决策，外部方式是最佳的选择（外部的事后评估）。评估者还依赖于资助，原因有二：评估研究可能是研究机构的核心业务；资助评估研究可以使该领域的研究人员专业化，这也有助于研究的发展。

本章的理论意义分为两部分。首先，必须承认评估研究的不同作用，以及此过程中涉及的利益相关者的不同观点。因此，不可能找到或者实现一种“放之四海而皆准”的评估创业教育和培训的方法。其次，由于不同的利益相关者以及他们之间的权力博弈，评估的客观性可能会受到质疑。评估研究永远是主观的，因为评估内容的选定已经是依赖于主观的决策。

从实践的角度来看，我们认为无法避免本章中提到的政治和权力博弈。然而，我们相信可以设计出一套评估方法，既公开承认过程中存在不同的利益相关者，又尝试在过程中统一他们的观点。在评估研究的过程中可以听到不同声音（O’Sullivan J. and O’Sullivan R.，1998）。不同的用途（工具性和过程性作用）应该更为明显。很显然，评估研究需要一个更为开放的环境。评估过程中可以创办和加入研讨会或者其他活动，这样一来，项目发起人、决策者和评估者能进行互动，讨论项目的目标以及评估对项目的作用。此外，应该继续与评估者讨论评估的结果。评估报告应该被视为一种学习资源，并且予以公布和广泛传播。除此之外，评估者不仅应该更加重视找出潜在的问题来源和项目的不足，还应该为进一步的行动和政策提供建议，这些建议将有助于将评估研究的结果付诸实践。为创业教育和培训领域内不同类型的评估制定标准和评价方法的工作应该继续进行（更多例子参见 Hytti and Kuopusjärvi，2004）。

为了这项研究，我们已经询问了不同的利益相关者有关评估研究的作用和潜在障碍。我们认为进一步的研究可以从纵向研究中获益。评估报告可以作为一个起点，来考察哪些建议被付诸实践，同时是以何种方式，出于何种原因被实施的。在接受或拒绝的建议方面，针对不同的评估研究是否存在样本或相似性展开探讨，这样的研究将十分有趣。同样地，分析利益相关者自己是如何看待评估研究和研究设置中的权力因素也很有趣。

注

1. 本项目是在欧洲共同体的支持下开展的（项目编号 FIN/02/C/P/RF-82501）。该项目的内容并不一定代表欧洲共同体的立场，也不能代表欧洲共同体承担任何责任。

2. 不同国家的研究伙伴的详细信息和联系方式可从 www.entreva.net 获得。

参考文献

Abma, T.A. (2000), Stakeholder conflict: a case study, *Evaluation and Programme Planning*, **23**, 199–210.

Cardoza Clayson, Z., Castañeda, X., Sanchez, E. and Brindis, C. (2002), Unequal power – changing landscapes: negotiations between evaluation stakeholders in Latino communities, *American Journal of Evaluation*, **23** (1), 33–44.

Diamond, D. and Spence, N. (1983), *Regional Policy Evaluation: A Methodological Review and the Scottish Example*, Aldershot: Gower.

Eskola, J. and Suoranta, J. (1998), *Johdatuslaadulliseentutkimukseen*, Tampere:

OsuuskuntaVastapaino.

Fayolle, A. (2005), Evaluation of entrepreneurship education: behaviour performing or intention increasing? *International Journal of Entrepreneurship and Small Business*, **2** (1), 89–98.

Grubb, W.N. and Ryan, P. (1999), *The Roles of Evaluation for Education and Training: Plain Talk on the Field of Dreams*, London: Kogan Page/ILO.

Hytti, U. and Kuopusjärvi, P. (2004), *Evaluating and Measuring Entrepreneurship and Enterprise Education: Methods, Tools and Practices*, Small Business Institute, Turku School of Economics and Business Administration. A publication published in the Entrava-project, Leonardo da Vinci – programme of the European Commission, Turku, Finland.

Hytti, U. and O'Gorman, C. (2004), What is 'enterprise education' ? An analysis of the objectives and methods of enterprise education programmes in four European countries, *Education + Training*, **46** (1), 11–23.

Michalski, G.V. and Cousins, J.B. (2000), Differences in stakeholder perceptions about training evaluation: a concept mapping/pattern matching investigation, *Evaluation and Program Planning*, **23** (2), 211–30.

Mustafa, H. (1994), Conflict of multiple interests in cost-benefit analysis, *International Journal of Public Sector Management*, **7** (3), 16–26.

O' Sullivan, R. and O'Sullivan, J. (1998), Evaluation voices: promoting evaluation from within programs through collaboration, *Evaluation and Program Planning*, **21** (1), 21–9.

Patton, M.Q. (2001), Evaluation, knowledge management, best practices, and high quality lessons learned, *American Journal of Evaluation*, **22** (3), 329–36.

Preskill, H., Zuckerman, B. and Matthews, B. (2003), An exploratory study of process use: findings and implications for future research, *American Journal of Evaluation*, **24** (4), 423–42.

Rowe, C. (1996), Evaluating management training and development: revisiting the basic issues, *Industrial and Commercial Training*, **28** (4), 17–23.

Russ-Eft, D., Atwood, R. and Egherman, T. (2002), Use and non-use of evaluation results: case study of environmental influences in the private sector, *American Journal of Evaluation*, **23** (1), 19–31.

Segerholm, C. (2003), Researching evaluation in national (state) politics and administration: a critical approach, *American Journal of Evaluation*, **24** (3), 353–72.

Storey, D. (2000), Six steps to heaven: evaluating the impact of public policies to support small business in developed economies, in D.L. Sexton and H. Landström (eds), *Blackwell Handbook of Entrepreneurship*, Oxford: Blackwell, pp. 176–91.

Venetoklis, T. (2002), *Public Policy Evaluation: Introduction to Quantitative Methodologies*, Government Institute for Economic Research, VATT-Research Reports 90, Helsinki.

第十六章　推广创业：一项促进高校在推广创业方面进行合作的战略举措

伯纳德·叙勒蒙

一、引言

尽管欧盟委员会鼓励创业，但是高校和教育工作者都强烈反对将创业课程引入到成员国的教育项目中，尤其是在中学阶段，因为这一阶段的教育往往会试图服务于经济增长和商业发展。所以，大多数国家在实施创业项目时都会遇到很多困难。

本章将探讨这些阻力是如何与对创业真正含义的不确定联系在一起的。它所支持的观点是，必须明确区分与创业相关联的一般技术能力（也就是商业规划、机会识别、融资、盈利等）和有关创业的战略能力（自我实现、毅力、创造力、团队合作等）。这种表面上不显眼的语义的细微差别可能会对创业教育的认可程度，以及中学教师和教育工作者对创业的接受程度产生重大的影响。

本文的分析是依据创业研究和教育基金会（FREE）的经验展开的，FREE 是一个比利时的基金会，主要是推广支持初中和高中创业教育的项目。尤其是，该基金会最近进行了一项大型的研究项目，探讨教师如何能够开发出在中学阶段有助于培养创业态度的项目、课程和教学方法。

本章的观点认为，推广中学阶段的创业教育，可以作为一种途径：（1）培养学生的创业技能和态度；（2）促进中学阶段“创业文化”的引进。文章一开始会简要介绍欧洲委员会按照里斯本战略2010年要达到的目标，为在欧洲教育系统的早期阶段发展创业而提供的几点主要建议。然后，介绍了学校抵触创业教育的原因。本章的核心内容是确定创业教育的关键因素，包括其成功的关键因素，结果和对学校、学生以及教师的好处。本文的分析是基于在比利时的学校开展的关于创业教育的研究。本章的结尾会为进一步的研究提供一些重要启示和建议。

二、教育作为促进欧洲创业的杠杆

自从大卫·伯奇（David Birch，1981）的开拓性研究说明，在美国，大公司已不再是新的就业机会的主要提供者开始，许多研究已经证实，包括欧洲在内，大部分新的就业机会来自于小公司（Davis et al.，1996；Gallagher and Stewart，1986；Konings，1995）。这一发现已经渐渐开始将决策者的注意力吸引到鼓励创业上，以便创造新的就业机会和支持经济发展。

在这一点上，里斯本峰会明确指出，为了提高欧洲经济的效益，创造财富和就业机会，有必要彻底地重整欧洲经济。在需要采取行动的重点领域中，促进创业是关键。欧盟里斯本高峰会议和《欧洲中小企业宪章》也强调了这一点。特别是，《欧洲中小企业宪章》呼吁欧盟（EU）在各级学校教学商业和创业，并为管理者制定培训方案（EU，2000）。

在这样的背景下，教育在促进创业方面的作用受到越来越多的关注（EU，2004b）。事实上，一些研究人员，例如全球创业观察（GEM）的倡议中（Acs et al.，2004），已经指出文化背景是欧洲创业的最大障碍。因为教育是影响文化的一个战略性杠杆，所以决策者在设计促进创业的项目时，会更加严格地审查。仅举几个例子，法国最近推出了创业教学实践的观测站（www.entrepreneuriat.net）。为了在初中和高中推广创业，比利时在2003年5月成立了创业研究和教育基金会（参见www. freefondation. be）。在英国，教育在苏格兰企业协会开发的政策方案中处于核心地位（参见www.scottish-enterprise.com），同时在西班牙，自1994年以来，创业就已经被引入中学的官方项目当中（Ministerio de Education，2003）。

在欧洲层面，创业绿皮书倡导欧洲国家在小学课程中加入创业。“教育和培训应该通过树立正确的心态，激发将创业作为职业选择的意识以及培养技能，为鼓励创业做出贡献”（EU，2003）。该委员会在此领域一直非常积极。自 2002 年以来，创业总局（DG）已经根据最佳流程设立了四个特别工作组，分析推广创业教育和为欧洲各地的实践建立标准的方法。关于创业教育的前两份报告（EU，2002b；2004a）给出了创业教育的综述，并探索了通过初等和中等教育培养创业态度和技能的实践。最近的一份报告重点关注的是各成员国的小型企业的经验（EU，2005）。近来，委员会成立了一个专家小组，推动高等教育中非商科学生的创业。从某种程度上说，教育部门已经承担了部分支持此类举措的工作。在欧洲教育系统目标的后续行动计划的最终报告中，教育委员会用一个完整的章节强调了，为了提高积极性和培养法学专业学生进行创业，有必要在所有教育阶段发展创业（EU，2002a）。

简而言之，所有的这些举措都基于相同的理由：欧洲需要更多的就业机会，因此也就需要更多的新公司。为了促进新公司的创建，我们需要创业者，而且为了增加创业者的数量，我们需要通过在课程大纲中开设创业课程来产生或促进更多的职业。

三、教育系统反对在课堂中推广创业

如果在教育中推广创业的想法理论上是可行的，而实践却表明，如果不解决来自教育系统的反对意见，尤其是中学阶段的，那么是不可能实行这些措施的，因为中学阶段涵盖了很大一部分的学生，而且在此阶段学生往往会优先选择职业化教育。

以下几个因素可以解释中学反对的原因：

1. 总体来说，大多数欧洲的中学正处于危机之中。从财务角度看，大多数学校都承受着巨大的财政压力，所以任何没有相应财政和 / 或人力资源支持的新任务都被看作是预算上的额外压力。

2. 从学科的角度看，青少年学生越来越难对付。过去 20 年间，教师在社会中的作用已明显降低。因此，教师的积极性已经下降，这表现在越来越多的教师选择辞职和心理疾病的出现。

3. 大多数情况下，在学校内部推广创业是自上而下地组织开展的，并不一定会考虑到实现这一目标所需要的主要合作伙伴，也就是教师和学校董事。经验表明，教育系统中，创业受到的阻力确实比获得的支持多。在这方面，已有大量实例表明，鼓励合作和教师参与决策的校园文化与更高的士气、对教学更大的热情以及继续留在该职业领域的意图密切相关（Weiss，1999）。

4. 来自于教育系统之外的当局往往会督促创业在学校的推广，尤其是商界或者经济事务部。这些举措经常被解释为让商业思想入侵教室的外部压力。事实上，在学校推广创业的尝试也经常被解释为商界打入学校内部，改变学校目标和破坏整个系统的另外一种途径。教师因此十分警惕和担心自己的学术独立性。

5. 这就更不用提在学校中，创业主题的风评往往是极差的。它总是与商业、追逐金钱和利润、贸易、剥削他人、贪污腐败、全球化的黑暗面等联系在一起。

6. 这些看法可能在很大程度上是由于大多数老师在自己的职业生涯中只经历了学校和大学，所以教育系统是他们唯一的参照系。因此，他们几乎没有任何商业经历，与企业之间的接触也很有限。这种沟通的缺乏产生了对创业的误解和抵触。

7. 最近几年，外部环境施加给学校的压力显著增加。家长和整个社会似乎认为，如今学校的职责不只是教学。在欧洲各地，学校被要求在类似艾滋病的预防、民主教育、环境保护、性知识、防止种族主义等领域发挥作用。在这样一种背景下，推动创业教育的需求被认为是另一种责任。

8. 最后，中学的管理本身并不会特别作为一个创业系统来组织开展。它主要是一个自上而下发出指令的等级结构，没有任何创新地持续运转，而且积极性并不会得到特别的奖励（Mintzberg，1989）。

由于这些反对意见，创业教育往往局限于经济课程或课外活动。因此，我们估计潜在总人口中只有不到 10% 的人在他们中学教育阶段接触到了一些创业知识（欧盟，2005 年）。

四、创业（Enterprising）与创业（Entrepreneurship）：不只是语义上的细微差别

纵观在政策层面已经采取的大多数举措，创业的定义都不是主要关注点。更确切地说，大多数项目似乎将创业集中于创办或运行一个企业的能力上。这显然是欧洲委员会创业绿皮书的观点（EU，2003）。委员会最近才意识到区分两个创业概念的重要性。在最近关于“有助于打造创业文化”的报告中，企业总局明确规定：

人们似乎普遍认识到将两个不同的元素或概念纳入创业教学的定义的重要性：

- 一个更广义的概念，即关于创业态度和技能的教育，其中涉及开发某些个人品质，而不是将重点直接放在新企业的创立上；和
- 一个更狭义的概念，即关于如何创办企业的培训（EU，2004b）。

换句话说，更广泛意义上的创业是指一系列的态度、技巧、能力和资质，例如创造力、团队合作、机会识别、冒险、毅力、热情和干劲。创业的这种广义观点，我们在本章接下来的部分会将其称为“创业（Enterprising）”，可以应用于生活和工作中的任何领域，而不仅仅是商业。狭义上的创业（Entreneurship）是指一系列创办和运行一个企业的技术能力和技巧，例如商业策划、市场调研、会计和制作预算。创业的这种观点可能是研究、教育和决策中最常提及的。在实践中，大多数的国家计划和欧洲计划推广的都是主要基于狭义定义的特定项目，这种定义与针对商业的概念有关。

特别是，只有少数项目出于教育的目的强调了这种区别。正如保罗·科尔尼（Paul Kearney）提到的：“建议采用有助于所有年轻人培养他们在生活各个方面的创业能力的‘广义方法’，而不是往往只鼓励部分

学生培养商业技能，并且主要用于商业目的的‘狭义方法’”（Kearney，1999，Book 1，p. 40）。这一建议完全符合试图推广创业的FREE的经验。这种措辞上的细微差别有其重要性。这对人们是如何看待创业的和中学老师对创业的接受程度都会产生重大影响。造成这种情况的原因有很多：

- 培养广义上的创业品质为创业提供了坚实的基础。反之则不一定正确。
- 支持创业可能会减少教育工作者（有时是家长）对在校创业意味着鼓励年轻人培养商业态度这一想法的偏见。在英国进行的评估发现，如果机构开始着手实施一个专门用于企业、与广义看法相反的创业模式，那么他们更有可能遭到老师和学生的反对（UK Department of Employment，1991）。
- 创业并不意味着让教育工作者和学校过度操劳。它并不代表要做新的事情，相反，而是用不同的方式做现有的事情。在这一点上，它达到了教育项目的要求，并且“只”需要按照培养创业技能的方法修改教学方式。
- 教导创业的方式可能会涉及到课程大纲中的每一个学科，而不是仅限于经济教育。在这一点上，其潜在的受众会更广泛。
- 科尔尼的研究表明，当一些重要的学习原则被应用时，创业能力（也就是积极性、创新、冒险和其他关键技能）的学习效果最好：“这些重要的学习原则包括利用多种学科（多样性）、在多元化的背景下实践和反思（转化）、定期实践这些能力（日常经验）。广义的创业教育方法推广这种类型的学习，而狭义的创业教育通常局限于一个学科领域（例如商业研究），集中于一种背景（商业），并且对于大多数学生而言是作为偶然和孤立的事件发生的”（Kearney，1999，Book 1，p. 41）。
- 如果不表示反对，学校可能会从创业教学法中获益良多，因为老师和学生的积极性又回来了。
- 创业教学法利用了热情带来的能量，这种能量在课堂上往往会被忽略。

- 这种教学法在学生的职业指导和职业选择方面也有所帮助；更何况它培养了学生利用生活获得成功的必要能力，而不是在生活中取得成功。
- 类似地，这种广义的方法开发了不同的就业能力，因为现代职场要求员工主动、创新和承担责任。
- 创业重视在公共和社区组织内的创业意识、技能和行为，同样也重视家庭和个人层面的。狭义的创业把注意力过多地放在商业背景上，很少尝试采用非商业环境的背景和价值观，这经常会导致系统的不一致和文化的不和谐（Kearney，1999，Book 1，p. 41）。

希望我们已经得出结论，推广创业就是进入学校的方法，而这样问题就变成了:“教学创业意味着什么?”事实上，创业真的不是可以教学的某种东西，而是可以教学的一种方法。创业教学依赖于体验式学习和协作学习，学生的责任感以及反思活动。它可以采取“一学年”模块的形式，包含在全部课程内，或者最好融入学校文化和教学风格。我们研究这些措施得出的结论是，在澳大利亚已经发现作为创业教学最前线的教育系统中，保罗·科尔尼在创业教学方法和学习方法的关键因素的转化方面做出了重大贡献（Kearney，1999）。为了在创业可能比较滞后的非英语环境下证实该教学方法，FREE 在比利时法语区开展了一项大型的研究项目，识别有助于培养学生的创业态度和技能的举措、方法和项目（Aouni et al.，2005年）。这项研究是与创业专家和教育学专家密切合作而完成的。为了进行这项研究，我们明确了创业的广义定义和狭义定义。这促成了与教育主管密切合作，发起呼吁中学提出项目建议的大型活动。然后，研究小组走访了参与此类项目的老师。选择的所有项目都阐释了创业教学法的一些特点。

这些项目涵盖了各种各样的课程、学生和方法。仅举一个例子来描述一个典型的项目，我们找到了技术学校五年级提供给学生的一门叫作“科学与技术”的课程。在这个案例中，主题涉及到固体颗粒和废物的问题。项目被分为三个阶段：

1. 激活意识：要求每个学生将家中垃圾箱的内容物带到课堂上。在课堂上，这些垃圾袋被打开，内容物分散在外。分析这些垃圾袋的内容物可以使我们：(a) 展示有几种类型的废物（塑料、有机、金属废物等）；(b) 计算班上的学生整个家庭一周内产生的废物总量（按废物类型分类）；(c) 通过推算，计算出瓦隆地区的所有人口一年内产生的废物总量（按废物类型分类）；(d) 算出这些废物所占的体积。

2. 然后要求学生上网搜索关于废物问题的真实数据：谁来收集废物？如何收集？被运往何处？要用来做什么？风险是什么？等等。两人一组解决这些问题，最后提交一份书面报告。接下来，要求学生们提出可以解决现有问题的举措，并对比废物管理的问题，证明他们的建议具有说服力和相关性。这项练习的目的是在培养创造力、想象力和措辞（论据）等能力的同时，弄清楚学生从自己的研究中收获到了什么。

3. 该堂课得出的重要建议之一就是，有必要让年轻人意识到这些问题，并且鼓励这些未来的主人改正自己当前的废物管理行为。老师借此机会提议学生给小学三到四年级（9 到 10 岁）的学生上课。学生对于这个提议，热情很高，所以老师联系了小学的班级，并安排课程。

这种项目的好处可能很多：

- 对于学生来说。(1) 他们在项目上花费了很多心血，比起那些通过科学课堂上的“传统”途径了解废物问题的学生，他们对于该问题的理解更透彻。这一点已经通过使用对照组来证明了。(2) 他们在设计用来说明废物管理各个方面的问题的原创教学活动时，培养了自己的创造力和想象力（将自己的项目展示给年龄更小的学生，根据小学教师的反馈，所有小组都选择了围绕一个引人注目的游戏组织教学）。
- 对于老师来说，看到自己的学生对在小学上课的提议如此主动，他感到十分欣慰。通过信赖学生，让他们自主准备项目，老师获得了全班同学的尊重。以后，学生就有了另外一个来上课的动力。
- 对于学校来说：在上课的小学班级中，所有学生都不愿意下课休息，这样他们就可以继续上课！这不仅说明了这些孩子对废物问题的兴趣，还（尤其）说明了设法向这些孩子传授知识的四组学生完成任务的质量和影响。此外，这也加强了不同年纪、不同学校和不同老师的学生之间的联系。

毫无疑问，这样的一个项目培养了创业能力。它培养了创新、自主、团队合作、好奇、无畏和自信等态度。它要求学生学会沟通（书面和口头）、组织、敢于在公共场合上课和演讲，根据听众修改演讲内容，以及练习清晰的发音。老师能达到官方项目规定的课程要求，例如：搜索和处理数据，为了理解自然现象和工艺流程建立起一个科学的有逻辑性的推理过程，在诸如废物等课题上使用合理的论据，评估日常行为对环境的影响，解释消费的生态影响，确定一个材料的污染性和生物降解性之间的关系，以及介绍废物处理的各种模式。

一般而言，这些被分析的项目的关键特征如下：

- *可提供很强的主人翁意识的举措*。这是从学生的角度来说的。这涉及主要负责学习的是谁以及谁来掌控的问题。一般情况下，学生在学习中拥有的“话语权”和责任感越大，他们就越有可能锻炼自己的创业能力。这些方法有利于培养主动性、创造力和责任感。例如，迪南（比利时）一所技术学校的旅游部答应参加 2004 年 9 月的“文化遗产节”。在一周的准备后，学生被要求（并且能够）迎接和陪同游客，并告知他们乘坐观光巴士可以参观到的不同景点。该项目帮助学生理解了大多数课程的意义，并激发了他们的积极性和自我责任感。
- *支持经验学习的举措*。然后，学生们要在同学面前介绍他们对应的伙伴，并且录像。这份视频将被送到佛兰德斯相对应的班级（它也要执行相同的任务）。每学年末，说法语的学生参观佛兰德斯，说弗兰芒语（Flemish）的学生参观瓦隆，并以此结成一对。学生们因为与目标语言的母语使用者直接接触而获益。本课程的过程促使他们冒险，与“陌生人”接触，并在摄像头前面和同学面前讲话。

- *支持协作学习的项目*。这是指学生（1）互相学习，（2）分担学习任务和（3）向成年人而不是老师学习等情况。这些属性有利于团队合作。其中一个项目包括解决（未成年人）暴力和犯罪的问题。在这种情况下，直接由学生组织调解。学生志愿者有一个聚会场所，在那里他们可以听取其他学生的意见并且相互交换意见，以便通过调解处理冲突。
- *包含反思活动在内的项目*。确实，体验式学习的一个缺陷就是，太多的时间被用在开展实践上，而并没有从中学习的意识。反思的过程帮助学生学会学习，同时学会把未来所有的经历都当成学习的机会。例如，在有关废物管理的科学和技术项目中，每个学生结束在小学生面前的演讲后，会被要求以一份书面报告的形式进行自我评估，在报告中，学生会就自己体验项目的方式和进一步改进的建议发表看法。

40多个项目都已被分析。所有这些举措的好处和教训都指向同一个方向，并且得出了有趣的经验教训和结论：

- 创业在学校中与商业和商业需求的联系如此紧密，以至于研究团队必须做出巨大的努力来解释广义的观点。这种偏见十分严重，以至于许多老师一开始都没有带上自己的项目，原因是在他们看来，他们所做的事情与创业无关。这就是为什么有许多没来得及参加项目的人，以及为什么研究结束后许多举措才被发现。
- 所有学生对课程的积极性明显提高了。他们往往会在准备过程和课堂参与上投入更多的时间和努力。至少有三个因素可以解释这种好处：（1）学生可以更好地理解自己所学到的知识；（2）他们自信心更强，因为老师似乎会更多地考虑他们的意见，同时对外的展示让他们有了自豪感；（3）在课堂上他们更加积极主动。
- 教授也都更加满意，主要是由于学生展现的热情和逃离日常的感觉。
- 所有被识别的项目和举措都是由本身表现出创业态度和行为的老师

推出的。他们主动、自信、充满激情、热情、谦虚、坚持不懈、愿意承担风险和责任、愿意付出时间、思想开放、喜欢分享他们的经验，并且愿意与外界交流。

- 项目和创业行为大多出现在学校，学校的总体趋势还是支持创业的。董事们认为自己更像是人力资源管理人员，而不是行政机构；他们看重参与的空间，是倾听者，赞成改革和权力下放，并且对于规定可以变通。这一发现与有关企业的研究结果一致，该研究结果说明了支持自下而上进行决策的环境的战略重要性（Burgelman，1983；1984）。
- 另一个有趣的现象是创业教学似乎可以和任何学生一起进行，不论他们的受教育程度、性别、学科和能力。事实上，更为惊人的结果是来自于那些在学术教育方面陷入困境的学生。
- 老师推广创业教学法的主要障碍之一似乎是教育系统本身。按照规定慎重对待项目的压力，评价体系的严苛，缺乏变通性，家长协会的保守，都不过是这些无奈中的一部分。

五、启示和结论

总之，具体说明支持创业教育意味着什么似乎很关键。在中学发展创业课程不仅可能会遭到学校系统的反对，而且不能获得有利的优先地位。事实上，培养创办和运行企业的技能与培养创业态度和能力相比，似乎是次要目标。当然，没有任何证据显示创业教育会培养出更多的创业者，尤其是有商业头脑的创业者。然而，本文的观点是展现创业技能和态度是成为创业者的必要不充分条件。创业者确实展现了与创业教育相关的基本技能和态度。如果我们想要让更多的人变得更具创业精神，就算不具备这些技能，也需要通过教育培养和发展它们。

本文认为，支持各个学科的创业教学法将使参加项目的人口比例显著提升，无论项目的性质（商业、社会、艺术、体育等），从而也会提高拥有商业项目的人口比例。这样自然会导致学生自己对创业教育的需求水平有所提高。

换句话说，如果决策者在教育系统的各个阶段支持和推广创业教学法，而不是仅仅只在某些课程中强行要求创业，那么他们可能会实现更加深远的影响，同时更加容易达到他们的目标。本章倡议所有想要在中学阶段支持创业教育的项目更加重视创业能力。在重视创业能力的同时，必须为老师和学校董事提供充分的有关创业教育的含义和好处的信息。

因此，通过在学校培养创业技能，社会产生更多创业者的可能性将会提高。它所遵循的观点是，为了教授学生一些基本的能力，引进“传统”的创业课程可能是必要的，这些能力对于成为一个创业者来说很重要，但对于真正“成功的”创业者来说还不够。换句话说，发展创业课程对于提高学生在创建和运行企业方面的自信心，可能是很重要的，对于发展创业活动也是同等重要。此外，接触创业教育可能会产生成为创业者的欲望。

总而言之，我们的观点并不是将传统教育完全转向创业教育。根据学习的具体素材、班级的大小、可利用的时间或者教师的积极性，教学方法应该多样化。然而，从学校系统的角度来看，培养新的技能和态度需要时间、成长的过程和投入。在这一点上，创业教育在系统中应该更加根深蒂固，而不仅仅是一门入门课程或组织学生接触创业的活动。

在研究方面，本章鼓励更多的创业专家和教育学研究人员联合开展跨学科的研究。本章中涉及的领域几乎很少有人研究。关于教育和创业动机之间的联系，我们知之甚少。大多数教学方法的有效性仍然有待考证。影响评估是不存在的。解决这些问题可能需要复杂的纵向研究。教育学和创业之间其他富有成效的合作领域有：（1）为老师开发和借鉴新的方法制定合适的教学方法和指南，以及（2）发展“培训老师”的项目。

参考文献

Acs, Z.J., Arenius, P., Hay, M. and Minniti, M. (2004), *GEM 2004 Global Report*, www.gemconsortium.org, published on 27 May 2005.

Aouni, Z., De Coster, E., De Poorter, X., Donnay, J., Lambert, A.-F. and Pirnay, F. (2005),

Réalisation d'une boîte à outils pédagogiques qui contribuent au développement de l'esprit d'entreprendre à l'attention des enseignants et étudiants de l'enseignement secondaire, Centre de Recherche PME et d'Entrepreneuriat de l' Université de Liège, mai, 59.

Birch, D. (1981), Who creates jobs? *The Public Interest*, **65**, Fall, 3–14.

Burgelman, R.A. (1983), A process model of internal corporate venturing in the diversified major firm, *Administrative Science Quarterly*, **28** (2), 223–44.

Burgelman, R.A. (1984), Managing the internal corporate venturing process, *Management of Technology and Innovation*, **25** (2), 33–48.

Davis, S., Haltiwanger, J. and Schuh, S. (1996), *Job Creation and Destruction*, Cambridge, MA: MIT Press.

European Union (EU) (2000), Report adopted by the General Affairs Council and welcomed by the Feira European Council in June 2000, http: //europa.eu.int/comm/ enterprise/enterprise_policy/charter/index. htm.

European Union (EU) (2002a), *Résultat des travaux du: Conseil Education sur le programme de travail détaillé sur le suivi des objectifs des systèmes d'éducation et de formation en Europe*, doc. no. 6365/02 EDUC 27 20 février 2002.

European Union (EU) (2002b), *Training for Entrepreneurship*, November, European Commission Enterprise Directorate-General Unit B.1: Entrepreneurship (SC 27 3/4) B-1049 Brussels, http: //europa.eu.int/comm/ enterprise/entrepreneurship/support_ measures/index.htm, accessed May 2006.

European Union (EU) (2003), *Green Paper: Entrepreneurship in Europe*, Commission of the European Communities, http: //europa.eu.int/comm/enterprise/entrepreneurship/ green_paper/green_paper_final_en.pdf, accessed May 2006.

European Union (EU) (2004a), *Education for Entrepreneurship: Making Progress in Promoting Entrepreneurial Attitudes and Skills through Primary and Secondary Education*, February, European Commission Enterprise Directorate-General Unit B.1: Entrepreneurship (SC 27 3/4) B-1049 Brussels, http: //europa.eu.int/comm/ enterprise/

entrepreneurship/support_measures/index.htm, accessed May 2006.

European Union (EU) (2004b), *Helping to Create an Entrepreneurial Culture: A Guide on Good Practices in Promoting Entrepreneurial Attitudes and Skills through Education*, European Commission Directorate-General for Enterprise Unit B.1: Entrepreneurship (SC27 3/4) B-1049 BrusselsISBN 92–894–6174–8 http: //europa.eu.int/comm/enterprise/entrepreneurship/support_measures/training_education/index.htm, accessed May 2006.

European Union (EU) (2005), *Mini-companies in Secondary Education*, European Commission Enterprise Directorate-General Unit B.1: Entrepreneurship (SC 27 3/4) B–1049 Brussels.

Gallagher, C. and Stewart, H. (1986), Jobs and the business life cycle in the UK, *Applied Economics*, **18**, 875–900.

Kearney, P. (1999), *Enterprising Ways to Teach and Learn*, a series of books: Book 1, *Enterprise Principles*; Book 2, *Enterprise Activities*; Book 3, *Enterprise Briefs*; Book 4, *Enterprise Projects*; North Hobart, Tasmania, Australia: Enterprise Design Associates Pty Ltd, ISBN 0 958 5663 0 5.

Konings, J. (1995), Gross job flows and the evolution of size in U.K. establishments, *Small Business Economics*, **7**, 213–20.

Ministerio de Education (2003), *El espirituemprendedor – motor de futuro*, Ministerio de Economia Centro de publicationeset Ministerio de Education Cultura y Deporte-Fundacion Coca-Cola, Madrid, Espana.

Mintzberg, H. (1989), *Mintzberg on Management: Inside our Strange World of Organizations*, New York: Free Press.

UK Department of Employment (1991), *Enterprise in Higher Education*, cited in P. Kearney, (Book 1, 1999) .

Weiss, E.M. (1999), Perceived workplace conditions and first-year teachers' morale, career choice commitment, and planned retention: a secondary analysis, *Teaching and Teacher Education*, **15**, 861–79.

第十七章　解释法国学生的创业意向：进一步探讨职业信念

让 – 皮埃尔 · 布瓦森，巴泰勒米 · 肖莱和桑德里娜 · 艾敏

根据全球创业观察在 2003 年收集的来自 31 个国家的数据显示，法国的创业活动率最低。在法国，成为一个创业者仍然是不太常见的职业选择。其他数据显示，2002 年，年轻毕业生仅占到所有新兴创业者的 12%（INSEE Première，2003）。即使这要好于 1998 年的 4%（Tabourin and Parent，2001），但仍然需要更加努力地吸引年轻的法国毕业生从事商业活动。

因此，关于有效的创业课程的内容，我们应该提出一些疑问。法语背景下应该如何进行创业教学？我们认为答案就在学生职业信念的结构中。如果学生不打算从事商业活动，部分原因可能是他们认为创业困难重重（不是要求苛刻，就是没有吸引力）。我们认为，这样的观念应该是创业教育的起点。事实上，在设计创业课程大纲之前，我们应该首先了解学生对创业的看法；也就是，我们应该弄清楚学生是怎么看待创业的。换句话说，本章不会试图去评估该学科现有创业教育项目的有效性。相反，它的目的是确定这些项目为了激发学生的创业意向应该试图去影响的信念。

本章是以针对 809 位法国学生的两步实证研究为基础。[1] 第一阶段尝试用计划行为理论的三个典型变量来解释意向：针对行为的态度，知觉社会规范和知觉行为控制。在第二阶段中，我们利用回归分析来确定哪些职业信念是针对行为的态度和知觉行为控制的关键决定因素。

第一节根据意向模型的文献资料提出假设。第二节详细介绍了我们的

数据和方法。第三节会展示最终结果，接下来的一节留作讨论。

一、将意向模型应用到创业行为中

研究人员之前已经将意向性作为创业过程的关键因素（Bird，1988；Katz and Gartner，1988）。因此，意向模型，如计划行为理论（TPB）（Ajzen，1987；1991）似乎为更好地理解创业过程提供了正确的框架，既简单又实用（Krueger，1993）。TPB 假设执行不同种类行为的意向可以根据针对行为的态度、主观规范和知觉行为控制来准确预测。意向与对行为控制的感知对实际行为的影响巨大。数据显示，态度、主观规范和知觉行为控制与一定的重要行为信念、规范信念和行为控制信念有关（参见图 17–1）。它们是由一系列的个人和环境变量造成的（性别、社会阶层、年龄等）。

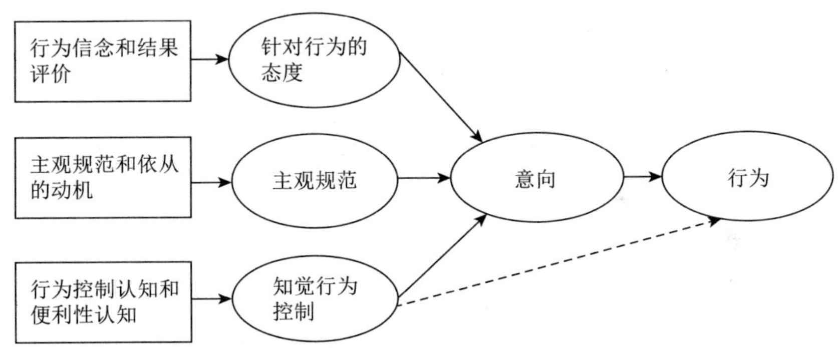

资料来源：改编自 Ajzen，1987；1991

图 17–1　计划行为理论

我们按照两个阶段来展示计划行为理论和我们的假设：首先，我们确定预测意向的变量（第一节第一部分），然后我们具体强调信念结构（第一节第二部分）。

（一）预测意向的变量

我们假定意向包含影响行为的动机因素；它们是人们愿意如何努力尝试和打算付出多少努力来执行行为的指标（Ajzen，1991）。TPB 提出了意向的三个概念独立的决定因素：态度、主观规范和知觉行为控制。简短地介绍这些概念之后，我们将详细描述该领域的主要成果。

1. 模型和假设

针对行为的态度指的是一个人评估或评价某一行为时的肯定或否定程度（Ajzen and Fishbein，1980）。主观规范是指实行或不实行某一行为所感知到的社会压力。在我们的研究中，社会规范是由那些对学生具有影响力的个人所表现出来的认同或不认同程度来确定的，他们的判断对学生而言很重要。在夏皮罗评估创业个人吸引力的创业事件模型中，对行为结果的态度和知觉社会规范反映了实施行为时所感知到的可取性。（Shapero and Sokol，1982）。

知觉行为控制是指人们对执行当前行为的难易程度的认知。更具体地说，是对实施行为所需的必要资源和机会存在与否的认知（Ajzen and Madden，1986，p. 457）。因此它与夏皮罗模型中用到的实施行为时的知觉可行性有关。知觉可行性是指个人感觉能够创业的程度。这样的概念与班杜拉（Bandura，1977；1982）的自我效能感概念也是兼容的，自我效能代表的是个人对于自己有能力实现给定结果所要求的行为的信心（Bandura，1977，p. 193），或者是对个人能够如何采取行动应对预期情况的判断（Bandura，1982，p. 122）。阿杰恩（Ajzen，2002）近来强调知觉行为控制和知觉自我效能感的差别。然而，自我效能感在理论和实践两方面都已经与许多管理问题和创业问题产生联系。例如，被克鲁格等人（Krueger et al.，2000）引用的哈克特等人（Hackett et al.，1993）的研究揭示，性别和种族对职业选择差异的影响很大程度上取决于自我效能感的差异。班杜拉（1986）和兰特等人（Lent et al.，1994），也都引用了克鲁格等人（2000）的研究，发现自我效能感与职业意向之间的相关性。按照这些作者的看法，我们在研究中保留了自我效能感的评估。自我效能感指的是学生认为自己能够创办一个新的企业的信心程度。

有关 TPB，我们的第一类假设如下：

H1a：针对创业的态度越积极，毕业后开始创业的意向越强烈。

H1b：知觉社会规范对创业越有利，毕业后开始创业的意向越强烈。

H1c: 自我效能感水平越高，毕业后开始创业的意向越强烈。

这三种假设都假定三个变量会产生积极的影响，但我们应该牢记，我们更感兴趣的是它们对解释意向的相对影响力。事实上，目标之一就是确定关键变量，以便通过创业课程对意向产生积极的影响。

2. 文献资料中的实证研究结果

几位作者已经将意向模型应用到创业行为中（Autio et al.，1997；Davidsson，1995；Emin，2003；Kolvereid，1996；Krueger and Carsrud，1993；Krueger et al.，2000；Reitan，1996；Tounés，2003）。这些研究中有一些重点关注学生，因此，对本章特别感兴趣（Autio et al.，1997；Kolvereid，1996；Krueger et al.，2000；Tounés，2003）。

科尔沃雷德（Kolvereid，1996）在挪威调查了 128 所商学院的学生。结果表明，成为自雇者的意向与针对行为的态度、知觉社会规范和知觉行为控制显著相关。没有任何人口统计变量（性别、以往作为自雇者的经验和家庭背景）对意向有明显的影响，并且它们与知觉社会规范和知觉行为控制都有相关关系。这与阿杰恩和菲什拜因（Fishbein）的理论是一致的，他们的理论假设这些变量只能通过态度、知觉社会规范和知觉行为控制对意向产生间接的影响。[2]

克鲁格、赖利和卡斯鲁德（Krueger，Reilly and Carsrud，2000）在 97 位面临职业选择的商学院校友身上测试了阿杰恩的模型。知觉可行性和针对行为的态度明显预测了意向（可行性的影响力比态度更大）。社会规范似乎是无足轻重的。这些结果与科尔沃雷德（1996）的发现是矛盾的，他发现社会压力有积极的影响。

根据来自 1956 名理科学生的数据（北欧人、美国人和亚洲人），奥蒂奥等人（Autio et al.）测试了一个改编自戴维森（Davidsson，1995）的模型。意图是学生创业信念［一个接近于夏皮罗（Shapero）的可行性和阿杰恩的知觉行为控制的变量］和社会环境（由大学提供的帮助和若干情况变量）作用的结果。信念是由学生对创业的表现形式和他们的总体态度所影响的。信念是接近于针对行动的态度（阿杰恩所定义的）和对可取性的看法［夏皮罗和索科尔（Sokol）所指出的］的一个概念。总体态度是指整体的心理特征，例如对成就的需求、自主性和变化，还有经济动机。这些因素本身就会受到个人变量的影响，例如性别、年龄、婚姻状况、受教育程度、职业生活的背景经历和家庭背景。结果显示，总体态度，尤其是对成就的需求和对自主性的需求，很大程度上会影响到创业信念。最重要的个人变量似乎是以下这几个：之前在小型企业工作过、性别（男性的创业信念比女性的更坚定），以及榜样的存在（例如：有一个父辈的创业者）。总的来说，信念是创业意向最显著的解释因素。

（二）态度、主观规范和知觉自我效能的决定因素

根据意向模型，态度和知觉行为控制是由个人信念来解释的。介绍完这些个人信念之后，我们将讨论有关信念结构的假设。

1. 个人信念

我们可以区分三种重要信念：行为信念，假定可以影响针对行为的态度；规范信念，构成了主观规范的基本要素；还有控制信念，为有关行为控制的看法提供了依据。这些信念是指个人拥有的关于他或她周围的环境的信息（真或假）。

态度被认为是取决于对于一个行动结果的信念。更确切地说，个人会对行为产生支持的态度，当：

- 一方面，他或她认为创业会带来一定的结果（例如：他或她认为这是赚大钱的方法）；
- 另一方面，他或她认为这样的结果有价值（例如：可以挣大钱的工作对于个人而言很重要）。

同样，当个人认为自己所掌握的资源与机会越多、所预期的阻碍越少，则对行为的知觉控制就越强。具体来说，知觉行为控制是基于两个独立的概念：控制信念和某个控制因素促进或抑制行为表现的知觉影响力。将针对创业的自我效能感而不是知觉控制作为核心概念，似乎是以下这些概念的一个作用：

- 针对一系列的任务所拥有的自我效能感的水平（例如：当前的个人认为他或她有能力筹集资金创办企业）
- 对于这些任务在创业过程中是否关系到成功的认知（例如：他或她认为筹集资金是成功的关键任务）。

2. 信念结构

有两种不同的方法来评估这些概念。一方面，人们可以使用态度和自我效能的通用标准，也就是，信念结构组合成一个一维结构。另一方面，人们可以选择将信念放在多维结构的视角中。尽管一维的操作已经被诸如阿杰恩或克鲁格等重要学者使用过（Krueger et al.，2000），但是它仍然饱受诟病。将潜在的动机行为作为单独的概念（即多维的方法）似乎与本研究更加相关，原因至少有两点。首先，一个针对自我效能的多维方法更具现实意义。有些任务可能会被认为是相当容易的，而另一些可能被视为可行性的重大障碍。调查法国公立研究人员中的意向，艾敏（Emin，2003）发现对于某些任务的知觉自我效能对解释知觉可行性的影响十分明显。另一种说法是，通过不同的维度来理解这些信念可以提供更好的机会找出合适的实践建议（Emin，2003，p. 254）。在每项任务中评估自我效能的重要性，是我们搞清楚创业课程为了培养学生的创业意向应该要重视哪些内容的一个先决条件。

按照类似的方法，我们可以认为，对态度信念进行剖析是很有远见的。将职业信念分成不同维度可以为创业课程的设计提供灵感，因为它可以让我们知道创业“职业”的哪一个专业方面可能会降低创业行为的可取性。与此类似，森普和考沃什（Shimp and Kavas，1984）提供了实证结果，证明多维度的方法相比单一维度的方法而言，可以达到更好的模型拟合效果。

综合所有的原因，我们选择多维度的方法。的确，我们已经声明针对创业的态度是由一系列的行为信念所决定的（H2a），同时针对创业的自我效能是由一系列的自我效能的信念决定的（H2b）。当然，我们的测试的附加价值在于确定不同信念的相对权重，而不在于证实假设本身。

为了明确我们的测试的两步逻辑，所有被测试的关系都在图 17–2 中提及。请注意，所有的测试是依次单独进行的：H1 的验证（步骤 1），然后是 H2 的验证（步骤 2）。

二、方法

（一）样本和数据

在对 72 名博士生进行预测试之后，调查问卷的最终版本由来自格勒诺布尔（法国）四所大学的 809 名法国学生填写。问卷显示，32.7% 的人学的是工商管理，22.8% 学的是体育科学，13.1% 学的是工程学，10.9% 学的是人文学科，7.3% 学的是经济学，7% 学的是法律，以及 6.1% 学的是统计学；其中有 38.9% 的人在大学里只待了一年，7.3% 待了两年，31% 待了三年，以及 22.7% 待了四到五年。我们强调了样本组成的相对差异。到现在为止，大多数研究的样本都只限于工商管理的学生（Kolvereid，1996；Krueger，Reilly and Carsrud，2000）。所有的调查问卷都由作者在课程开始时发给学生。

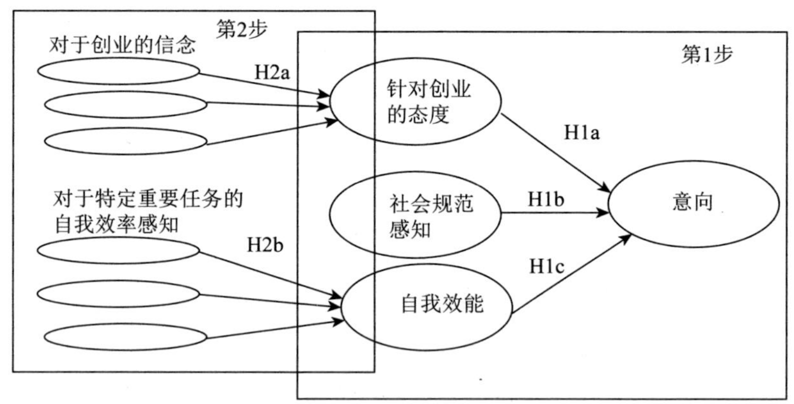

图 17–2　全局模型

（二）评估项目

七分制的李克特量表用于所有的评估项目。如下所述。

1. 意向

创办企业的意向已经按照科尔沃雷德（1996）的方法来评估。根据科尔沃雷德的方法，这样的评估必须考虑两个潜在的职业轨迹之间的二分法：在现有组织中就业与自我雇佣。根据三个不同的7分制量表的平均得分计算出了一个意向指数（克朗巴哈系数 = 0.685）。第一个量表评估的是受访者一毕业就开始创办一个新企业的可能性有多大。第二个量表评估的是受访者选择成为一个组织或公司的职员的可能性。第三个量表评估的是假设受访者拥有这样的选择机会，两种选择更倾向于哪一个（高分代表受访者更愿意创办自己的企业而不是受雇于现有的组织）。

2. 主观规范

我们利用了4个7分制量表（从“非常不利”到“非常有利”），各自对应学生所处社会环境的一部分（克朗巴哈系数 = 0.65）：“假设你开始创业，谁的意见对你很重要：（1）你的家人，（2）你的朋友，（3）你的老师，（4）其他人。”知觉社会规范代表的是这些项目的平均分。

3. 针对创业的态度

态度是由单独一项来评估的，即评估创业听上去是否有吸引力，从“没有任何吸引力”到“非常有吸引力”（参见 Krueger et al.，2000）。为了评估潜在的行为信念，我们选择了23个改编自科尔沃雷德（1996）模型的项目来描述职业选择的可能结果。对于每个项目，受访者被要求回答两个不同的问题（7分制李克特量表，分数从 –3 至 +3）：

- 他或她认为这样的结果对于自己未来的职业生涯重要吗？（“对于以下每个项目，请判断它对于你将来的职业生涯是否重要。”）
- 他或她认为创业可能会导致这样的结果吗？（“你觉得创业可以使你……？”）

4. 知觉自我效能

这一点也是由单独一项来评估的：“你认为自己有能力开始创业吗？”（从“根本没有能力”到“完全能够”）。尽管自我效能已经成为创业理论的一个关键因素（Boyd and Vozikis，1994），但是它的评估方法有很多种。首先，一些作者没有选择评估创业行为特有的任务。德诺布等人（De Noble et al.，1999）认为创业领域的作者经常将评估建立在不是创业者特有的任务上，这些任务同样可以说明管理者的工作。同样，我们觉得现有的评估手段没有完全针对那些对新公司创立过程十分重要的任务，而且有时候一旦创办了企业，更多的是针对管理企业。因此我们设置了 14 个项目来描述对于创办新企业至关重要的任务。对于每个选定的任务，受访者被要求根据 7 分制的李克特量表作答，从“根本没有能力”到“完全能够”。

三、结果

我们首先详细介绍接受调查的学生的职业信念和针对创业的态度的结构。其次，我们将展示这样的一个结构是如何影响创业意向的。

（一）信念和针对创业的态度

正如假设 H2a 所提出的，态度是由一系列针对创业的职业信念所推动的。下一小节将提供这些信念的描述性统计。另一方面，H2b 提出，针对创业的知觉自我效能是一系列有关个人能否实施对创业过程很重要的特定任务的信念的结果。有关这些信念的图表将在后文中详细展示。

1. 预期结果与评价之间的对比

这一部分将受访者认为实施行为将导致某些职业结果的重要信念与受访者对结果的评价进行比较（见图 17–3）。我们的研究结果显示，学生对职业生涯所预期的结果与创业生涯的认知结果存在一定差距。这种矛盾是法国学生对创业缺乏兴趣的部分原因。创业被认为是一种进入充满挑战的环境，展示自己的创造力以及执行有趣的任务的方式。同时，学生认为创业生涯不能确保稳定的收入，并且无法保证令人满意的业余生活。所以，这些结果正是他们预期会从职业生涯得到的结果。相反，创业被认为是一种冒险行为，一种拥有权力的方式，但学生并不认为这些结果对于职业选择是必要的。

2. 针对具体关键任务的自我效能

在创新能力、将所有的时间和精力投入到一个项目中，以及在创办新企业的过程中找到得力伙伴等方面，学生似乎相当自信（见图 17–4）。他们觉得筹集新企业所需的所有资金更加不容易做到。

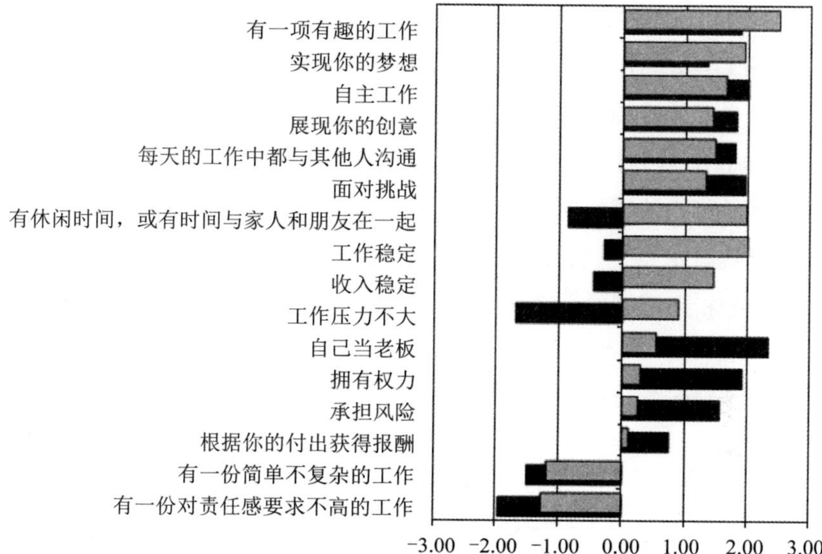

图 17–3 职业选择看重的结果和创办企业预期得到的结果

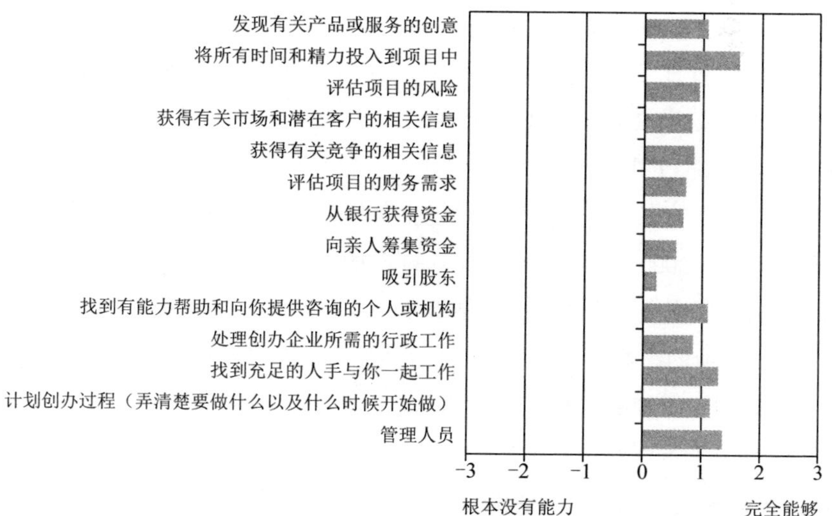

图 17–4 针对创业过程中的关键任务的自我效能感（“你觉得你有能力……”）

（二）意向的解释变量

如图 17–2 所述，我们的分析是按照两个步骤进行的。我们测试了态度、知觉自我效能和主观规范对意向的回归系数（H1a，H1b 和 H1c）。测试 H2a 和 H2b 需要用到主成分分析，这种分析本来是为了总结 23 个描述职业选择的可能结果的项目和 14 个评估针对特定任务的自我效能的项目所收集到的统计信息。这种因子分析得出一个因子列表，代表着态度和自我效能回归分析所用到的一系列信念。

表 17–1　意向回归分析

	标准化回归系数（t）	调整后的R^2	F
针对创业的态度	0.446（13.7）****	0.433	199 ****
针对创业感知的自我效能	0.289（8.9）****		
主观规范	0.035（1.2）ns		

注：**** $p < 0.001$；ns 意为“不显著”。

1. 第 1 步——解释意向（测试 H1a、H1b 和 H1c）

许多回归分析结果证实了 H1a 和 H1c，但没有证实 H1b 。与之前的研究结果一致（Emin，2003；Krueger et al.，2000），主观规范并不重要。换句话说，通过社会环境刺激而产生的创业动机对创业意向没有任何影响。一般来说，结果说明了 TPB 的相关性，因为它似乎解释了超过 40% 的总方差（参见表 17–1）。

针对创业的态度是迄今为止对创业意向而言最重要的因素。这一结果与克鲁格等人（2000）对美国学生样本的研究结果不同，但与艾敏对法国公共部门的科学研究人员样本的研究结果相一致。这可能说明了，文化差异的影响可能比职业的影响更大。这种可能存在的文化影响需要进一步的研究。

如果创业课程的目标之一是培养创业意向，我们的研究结果在教学实践方面给出了重要结论。虽然传授典型的创业任务需要的基本技能很重要（从而提高自我效能），但是我们也在思考将创业作为学生的理想行为进行推广的新途径。换句话说，教师不应该将他们的目标局限于使创业成为可能；他们也应该采取行动使之成为一个有吸引力的职业选择。

2. 第 2 步——解释针对创业的态度和知觉自我效能（测试 H2a 和 H2b）

对 23 个描述职业选择的可能结果的项目和 14 个评估针对特定任务的自我效能的项目进行了一项因子分析。

有关态度的话题，将特征值 1 作为提取因子的分界点，我们得出了五因子的解决方案，占总方差的 60.3%。因子 1（“逃避责任”）指的是工作的责任感高低和复杂程度。因子 2（“自我价值的实现”）描述的是对有趣的、创造性的和挑战性的工作的需求。因子 3（“有决策权”）包括涉及工作中的权力和自主权的项目。因子 4（“获得经济利益”）是指预期从职业生涯中获得的报酬。因子 5（“生活与工作的高度平衡”）描述的是牺牲其他的活动（休闲、家庭），将精力投入到工作中的意愿。附录 17.1（见第 371 页）提供了因子分析的详细信息。

表 17–2　针对创业的态度的回归分析

	标准化回归系数	调整后的 R^2	F
逃避责任	0.097 ***	0.211	43.83****
自我价值的实现	0.217 ****		
有决策权	0.239 ****		
获得经济利益	0.069 **		
生活与工作的高度平衡	0.098 ***		

注：**** $p < 0.001$；*** $p < 0.01$；** $p < 0.05$；* $p < 0.1$；ns 意为“不显著”。

回归分析显示，最为重要的因子似乎是“自我价值的实现”和“有决策权”（见表 17–2）。与此同时，经济激励、避免责任和确保工作与生活的高度平衡对创业态度的影响较小。[3]

就知觉自我效能而言，主成分分析得出了一个四因子结构。因子 1（“创建项目”）指的是对于创办新企业初始阶段的一系列任务的知觉自我效能感，这期间创业者需要收集和处理各种来源的信息以便构思一个可行的商业项目（评估风险、撰写商业计划书、了解市场等等）。因子 2（“成立组织”）描述的是为了实现组织“实际诞生”的任务，处理行政问题，选择合法身份，建立一个团队等等。因子 3（“募集资金”）是相当简单的一个：所有项目都明确提及与金融合作伙伴建立关系。因子 4 是比较模糊的，因为它结合了两个概念关系看似不够密切的项目，即“发现有关产品或服务的创意”和“将所有的时间和精力投入到项目中”。这个因素在我们看来似乎是一个表示个人亲自参与项目的能力的总体概念，这意味着付出精力和时间，还要设法把自己的个性融入到项目当中，以获得一个真正与众不同的产品或服务创意（因此，我们将因子 4 称为“亲自参与项目”）。附录 17.2（见第 372 页）提供了因子分析的详细信息。

正如我们前面所说的，回归分析的目的是评估这些因子（评估针对特定任务的自我效能）对针对创业的自我效能这一全局性概念的影响。我们应强调自我效能指的是受访者认知到的实施某项任务的能力。因此，例如表 17–3 第一个因子的解释效力是认知到的创建项目的能力对认知到的创业能力的影响。

我们的结果表明，针对创业的自我效能主要受到有能力创立组织（行政任务、选择合法身份、打造创业团队）的感觉和有能力亲自参与项目的感觉的影响。

表 17–3　针对创业的知觉自我效能的回归分析

	标准化回归系数	调整后的 R^2	F
创建项目	0.185 ****	0.311	87****
成立组织	0.217 ****		
募集资金	0.216***		
亲自参与项目	0.218 ****		

注：**** $p < 0.001$；*** $p < 0.01$。

四、讨论

我们希望我们的一些研究结果对当前有关创业研究的讨论能够有所帮助，特别是对教育工作者。一个重要结果就是态度在解释意向时的影响最大。态度的影响几乎是自我效能的两倍。这可能会得出一个非常简单的有关教学实践的结论：尽管有关如何开始创业的教育是一个激发创业意向的好办法，但是我们也不应该忘记态度方面的影响。我们需要进一步的研究来了解我们可以如何培养良好的态度，也就是，我们如何可以使创业不仅成为一个可能的职业选择，而且还是有吸引力的选择。

当然，本章并没有介绍将创业作为一种职业选择进行推广的课程内容。创新的教学实践仍然有待发现。不过，本研究提供了一些线索。它提供了学生对于创业的职业信念和他们对职业生涯的预期的相关信息。各种信念都可能会影响态度，但程度明显不同。为了弄清楚什么样的教学内容会对它们产生积极影响，进一步地分析信念将会十分有趣。确定对创业信念的何种看法是不正确的也是十分明智的。我们可以假设，例如，进一步的研究与我们从学生样本中收集到的结果不同，重点研究的是"真正的"创业者对待现实的方式。我们会询问这些创业者他们开始创业的选择在职业结果方面产生了什么样的影响。

态度的重要性也让我们需要思考创业课程应该是选修课还是必修课。如果它是选修课，那较低的创业欲望将得不到改善。事实上，选修课可能只会吸引到本来就想创业的人。换句话说，选修课程可能会"错失目标"。

尽管态度是最主要的因素，但我们不应该低估知觉自我效能的作用。结果表明，知觉自我效能明显受到一系列针对关键任务的自我效能感的影响。创业教师应该重点教授特定任务需要的技能，因为它们具有最强的解释力。同时，我们应该牢记，我们讨论的是看法，将这些看法与真正的创业者所认知到的现实进行对比将是本研究合乎逻辑的后续行动。这可以用来区分与现实相对应的信念（老师应通过提供相应的技能来对此信念做出回应）与我们应该通过"弄清真相"和摆脱有关创业的偏见及陈词滥调来回应的信念。

本章也有一定的局限性。纵观我们的假设，我们选择了一个决定论的方法研究意向，而其他作者可以认为，意向有时候与行为实验有紧密的联系，而且职业信念一直会根据经验而改变。为了解释这种复杂性，还需要进一步的研究，同时对意向形成采取更加基于过程的观察方法。

本章中所使用的意向模型的另一个局限在于，其没有说明任何有关机会识别的信息，以及机会识别与意向形成的关系。机会识别（或处理）是意向出现的前提条件吗？或者说，预先产生的意向会促使人们更加仔细地探索自己所处的环境，以便找到一个商业机会吗？根据巴韦（Bhave，1994）的研究，这两种情况在现实中都有可能出现。在他的创业过程模型中，他区分了外部刺激的机会和内部刺激的机会。当机会识别是创业意向的结果时，它就是内部刺激的结果。创业者愿意创业，并开始系统性处理环境信息和启动机会处理。当机会是由外部刺激产生的，创业者已经确定了市场上的新需求，然后开始考虑创业以便获得这种机会带来的优势。我们的方法是基于意向模型的，因此，不会提供考虑那种现象的可能性。为了使我们更好地理解创业课程可以如何提高学生的创业意向，进一步的研究应该探索意向和机会识别之间的相互作用。

注

1. 数据收集是在一个名为创业之家的机构项目的框架内进行的，该项目旨在促进法国学生的创业（Boissin，2006）。

2. 这也是为了配合 TPB，本研究中的回归分析没有包含人口统计变量的原因。严格来说，TPB 已经被证明是直接相关的。

3. 尽管有关“自我价值的实现”和“有决策权”的结果没有出现异常，“逃避责任”和“工作和生活的高度平衡”系数的积极影响似乎有点反常。另外，变量是基于乘积的。用于构建这两个因子的变量的描述性分析显示，几乎没有任何受访者认为逃避责任或拥有工作与生活的高度平衡是创业的结果。换句话说，它们几乎都处于有关结果评价的表格的消极部分（从 –1 到 –3）。因此，高的全局分数主要涉及到那些认为职业生涯的这些部分不重要的人（分数为负，得出（–）×（–）的乘积）。低分数代表那些认为这是职业生涯很重要的一部分的人（得出（–）×（+）的乘积）。所以，分数越高，认为逃避责任或保持工作和生活的高度平衡是职业选择的重要标准的人越少。这样一来，结果也就不再异常了。

参考文献

Ajzen, I. (1987), Attitudes, traits, and actions: dispositional prediction of behaviour in personality and social psychology, *Advances in Experimental Social Psychology*, **20**, 2–63.

Ajzen, I. (1991), The theory of planned behaviour, *Organizational Behaviour and Human Decision Processes*, **50**, 179–211.

Ajzen, I. (2002), Perceived behavioural control, self-efficacy, locus of control, and the theory of planned behaviour, *Journal of Applied Social Psychology*, **32** (4), 665–84.

Ajzen, I. and Fishbein, M. (1980), *Understanding Attitudes and Predicting Social Behaviour*, Englewood Cliffs, NJ: Prentice Hall.

Ajzen, I. and Madden, T.J. (1986), Prediction of goal-directed behaviour: attitudes, intentions, and perceived behavioural control, *Journal of Experimental Social Psychology*, **22**, 453–74.

Autio, E., Keely, R.H. and Klofsten, M. (1997), Entrepreneurial intent among students: testing an intent model in Asia, Scandinavia and USA, *Frontiers of Entrepreneurship Research*, Wellesley, MA: Babson College, pp. 133–47.

Bandura, A. (1977), Self-efficacy: toward a unifying theory of behavioural change, *Psychological Review*, **84** (2), 191–215.

Bandura, A. (1982), Self-efficacy mechanism in human agency, *American Psychologist*, **37** (2), 122–47.

Bhave, M.P. (1994), A process model of entrepreneurial venture creation, *Journal of Business Venturing*, **9**, 223–42.

Bird, B.J. (1988), Implementing entrepreneurial ideas: the case for intention, *Academy of Management Review*, **13** (3), 442–53.

Boissin, J.–P. (ed.) (2006), Du concept à l' implantation des Maisons de l' Entrepreneuriat - diagnostic des réalisations en 2005, Contrat Ministère de la Jeunesse, de l' Education Nationale et de la Recherche, Université Pierre Mendès France (Grenoble II - Sciences sociales) .

Boyd, N.G. and Vozikis, G.S. (1994), 'The influence of self-efficacy on the development of entrepreneurial intentions and actions', *Entrepreneurship Theory and Practice*, **18** (4) (Summer), 65–77.

Davidsson, P. (1995), Determinants of entrepreneurial intentions, RENT IX Workshop, Piacenza, Italy, November, pp. 23–4.

De Noble, A.F., Jung, D. and Ehrlich, B. (1999), Entrepreneurial self-efficacy: the development of a measure and its relationship to entrepreneurial intentions and actions, *Entrepreneurship Theory and Practice*, **18** (4), 63–77.

Emin, S. (2003), L' intention de crier une entreprise des chercheurs publics: le cas français, thèse pour l'obtention du doctorat en sciences et gestion, Université Pierre Mendés France de Grenoble.

INSEE Première (2003), Les créateurs d'entreprise en 2002, octobre.

Katz, J. and Gartner, W.B. (1988), Properties of emerging organizations, *Academy of Management Review*, **13** (3), 429–41.

Kolvereid, L. (1996), Prediction of employment status choice intentions, *Entrepreneurship Theory and Practice*, **20** (3) (Fall), 47–57.

Krueger, N.F. (1993), The impact of prior entrepreneurial exposure on perceptions of new venture feasibility and desirability, *Entrepreneurship Theory and Practice*, Fall, 5–20.

Krueger, N.F. and Carsrud, A.L. (1993), Entrepreneurial intentions: applying the theory of planned behaviours, *Entrepreneurship and Regional Development*, **5** (4), 315–30.

Krueger, N.F., Reilly, M.D. and Carsrud, A.L. (2000), Competing models of entrepreneurial intentions, *Journal of Business Venturing*, **15** (5/6), 411–32.

Reitan, B. (1996), Entrepreneurial intentions: a combined models approach, paper presented at 9th Nordic Small Business Research Conference, Lillehammer, Norway, 29–31 May.

Shapero, A. and Sokol, L. (1982), The social dimension of entrepreneurship, in *Encyclopaedia of Entrepreneurship*, C.A. Kent, D.L. Sexton and K.H. Vesper (eds), Englewood Cliffs, NJ: Prentice Hall, pp. 72–90.

Shimp, T.A. and Kavas, A. (1984), The theory of reasoned action applied to coupon usage, *Journal of Consumer Research*, **11** (3), 795–809.

Tabourin, R. and Parent, M.-F. (2001), *Enquête Jeunes, diplômés et créateurs d'entreprises*, Etude réalisée par INSEE-Direction régionale de Lorraine/consortium universitaire (Universités Nancy I, Grenoble I, Paris XI, Strasbourg I), Novembre, available at www.passeports-bretagne.com/Etd_1101_jd_creat%B0_insee.pdf.

Tounés, A. (2003), L'intention entrepreneuriale. Une étude comparative entre des étudiants d'écoles de management et gestion suivant des programmes ou des formations enentrepreneuriat et des étudiants en DESS CAAE, thèse pour l'obtention du doctorat en sciences et gestion, Université de Rouen.

附录 17.1　行为信念和结果评价的因子分析

（主成分分析加上方差最大化旋转）

因子分析是针对两个表格的乘积开展的：

V1 对于以下每个项目，请说明其对于你未来的职业生涯是否重要。

V2 你认为创业会使你……

项　目	公因子方差比	载　荷	因　子
有一份简单不复杂的工作	0.694	0.823	逃避责任
有一份对责任感要求不高的工作	0.648	0.791	
有一项有趣的工作	0.630	0.747	自我价值的实现
实现你的梦想	0.643	0.744	
展现你的创意	0.598	0.738	
自己当老板	0.627	0.768	有决策权
有责任感	0.675	0.643	
拥有权力	0.696	0.807	
根据你的付出获得报酬	0.591	0.757	获得经济收益
挣大钱	0.634	0.770	
有职业晋升的前景	0.575	0.700	

续表

项　　目	公因子方差比	载　荷	因　子
不需要工作太多	0.614	0.620	工作和生活的高度平衡
工作压力不大	0.674	0.802	
有休闲时间，或有时间与家人和朋友在一起	0.604	0.722	

备注：解释方差 = 63.6%。

附录 17.2　针对关键任务的自我效能的因子分析

（主成分分析加上方差最大化旋转）

项　　目	公因子方差比	载　荷	因　子
评估项目的风险	0.545	0.637	创建项目
获得有关市场和潜在客户的相关信息	0.777	0.847	
获得有关竞争的相关信息	0.783	0.854	
评估项目的财务需求	0.551	0.589	
找到有能力帮助和向你提供咨询的个人或机构（有关行政、法律和商业等）	0.585	0.660	成立组织
处理创办企业所需的行政工作	0.588	0.730	
找到充足的人手与你一起工作	0.542	0.696	
计划创办过程（弄清楚做什么及什么时候开始做）	0.524	0.641	
管理人员	0.493	0.532	
从银行 / 私募基金 / 天使投资人等获得资金	0.650	0.675	筹集资金
向亲人筹集资金	0.687	0.801	
吸引股东	0.592	0.683	
发现有关产品或服务的创意	0.609	0.726	亲自参与项目
将所有的时间和精力投入到项目中	0.596	0.752	

备注：解释方差 = 60.9%。

图书在版编目(CIP)数据

创业教育研究手册．第二卷 /（法）阿兰•法约尔(Alain Fayolle) 主编；王戎，詹继续，郑苏文译．—北京：商务印书馆，2019
（创新创业教育译丛）
ISBN 978-7-100-17305-6

Ⅰ．①创… Ⅱ．①阿… ②王… ③詹… ④郑… Ⅲ．①创造教育—手册 Ⅳ．① G40-012

中国版本图书馆 CIP 数据核字（2019）第 068951 号

创业教育研究手册（第二卷）
〔法〕阿兰·法约尔（Alain Fayolle） 主编
王 戎 詹继续 郑苏文 译
姜 丹 校

商 务 印 书 馆 出 版
（北京王府井大街 36 号 邮政编码 100710）
商 务 印 书 馆 发 行
艺堂印刷（天津）有限公司印刷
ISBN 978-7-100-17305-6

2019 年 12 月第 1 版 开本 710 × 1000 1/16
2019 年 12 月第 1 次印刷 印张 24 1/2
定价：68.00 元